# 초록 덮개
GREEN MANTLE

GREEN MANTLE

# 초록 덮개

식물에 대해 우리가 잃어버린 지식들

마이클 조던 | 이한음 옮김

지호

앞쪽 그림: 영국 남부 고지대에 형성된 오래된 참나무 숲 중 하나인 데번 타트무어의 위스트먼 숲.

THE GREEN MANTLE



* 이 책은 과학의 대중화를 위한 한국과학문화재단의 번역 지원을 받아 발간되었습니다.

〔일러두기〕

1. 본문의 각주는 모두 옮긴이가 단 것이다.
2. 성서 본문의 인용은 공동번역 성서(대한성서공회 간)를 따랐으며, 올바른 식물명을 괄호 안에 밝혀놓았다.

1998년 겨울 영국 동해안 노포크의 호움-넥스트-더-시에서 해변이 조류에 씻겨나가면서 발견된 '시헨지(Seahenge)'. 약 4천 년 전 청동기 초기의 것으로 추정된다.

# 서문

1998년 겨울 영국 이스트앵글리아. 해안이 심한 파도에 씻겨나가면서 잊혀진 종교 세계를 보여주는 놀라운 유적이 모습을 드러냈다. 한가운데에 거대한 나무 그루터기가 거꾸로 땅에 박혀 있고 그 둘레에 참나무 기둥 56개가 원형으로 둘러싸고 있는, 거의 화석이 다 된 구조물이었다. 고고학자들은 그것의 연대를 4,050년 전으로 추정했다. 윌트셔의 스톤헨지(Stonehenge)와 거의 같은 청동기 초기의 것이었다. 이 나무들의 원은 당시에 해안이 아니라, 아마 내륙으로 어느 정도 들어간 늪지에 세워져 있었을 것이다. 영국 제도의 해안선은 오랜 세월이 흐르면서 크게 바뀌었다. 그 나무들의 원은 버려진 상태로 있다가, 긴 세월이 흐르면서 늪이 메워지며 이탄층이 생기자 그 속에 잠겼다. 이탄층은 나무를 보존하는 역할을 했다. 그 뒤 바닷물이 밀려들면서 그 원은 완전히 봉인되었다.

기이한 그루터기를 둘러싸고 있는 이 나무 기둥들이 몇 년만 더 일찍 발견되었더라면, 신문에 대서특필되었을 것이고 낮이면 곳곳에서 몰려든 관광객들로 북적거렸을 것이다. 하지만 1999년 여름에 그것은, 바닷물에 영구히 잠기기 전에 파내어 박물관에 보존하자고 하는 고고학자들과 신성한 땅을 상징하는 것이므로 절대 건드려서는 안 된다고 주장하는 뉴에이지 드루이드교 추종자들 간에 팽팽한 줄다리기의 대상이 되었다. 결국 잉글리시 헤리티지(English Heritage, 영국의 문화유산을 보호하고 대중에게 알리는 비영리 기구/옮긴이)는 자연적으로 일어나는 손상을 막고 나무들을 조사해 기록으로 남기기 위해 유적 전체를 옮기기로 결정했다.

많은 사람들은 나무가 수천 년이 지나도 줄어들지 않는 특수한 신비적인 힘을 지니고 있다고 믿는다. 우리는 나무의 정신적인 힘에 이끌리며, 드넓은 숲으로 들어가면 살아 있는 숲과 하나가 되는 느낌을 받는다. 유럽 전역에서 우리 조상들은 이해할 수 없고 끝없이 펼쳐진 숲에 둘러싸인 채 살았다. 인간이 드나들던 드넓은 숲 속에는 정신적인 의미를 지닌 특별한 나무들과 숲 바닥과 가장자리에 자라는 키 작은 식물들이 있었다. 실용적인 측면에서 정신적인 측면으로의 이런 전이가 일어난 이유는 수없이 많았을 것이다. 참나무를 신성시하게 된 것은 아마도 참나무가 재생 능력이 대단히 뛰어나고 수명이 아주 길다는 점에서 비롯되었을 것이다. 정확한 이유가 무엇이었든 간에, 참나무는 대단한 신비와 비의적인 의미를 지니고 있으며, 마치 애원하는 듯이 추켜올린 마디 굵은 손가락처럼 뿌리를 위로 향하고 있는 그 원형 유적의 중앙에 놓인 그루터기도 심오한 상징적 의미를 지니고 있었음에 틀림없다. 아득한 옛날에 사람들은 이 신비한 곳에서 종교 의식을 치르고, 거꾸로 꽂은 그루터기의 뿌리로 이루어진 편평한 탁자 모양의 제단에 죽은 이의 시신을 올려놓았던 듯하다. 그것이 정말로 제단을 의미한다면 말이다. 그들은 노천에서 시신의 살을 썩히고 새와 곤충이 뼈를 깨끗이 닦아내도록 했다. 죽은 자의 영혼을 해방시키기 위해 시신을 자연력에 고스란히 맡긴 것이다. 이런 장례 풍습은 기나긴 시간이 흐른 뒤에도 많은 부족 사회에 남아 있었다.

하지만 의식이 최초로 각성한 이래로 수천 년 동안 인류가 식물과 관계를 맺어온 방식은 그것과 전혀 달랐다. 우리는 온갖 사회적 이유들을 들어 식물의 왕국을 계속

해서 착취해왔다. 그 중에는 실용과 기능만 고려한 이유들도 많다. 식물은 농업과 세계 경제의 기반이 되어왔으며, 앞으로도 계속 그럴 것이다. 하지만 그 분야에서 우리가 종종 경솔한 행동을 했던 것도 사실이다. 식물이 인류에게 의존하는 것보다 우리가 식물에게 더 크게 의존하고 있다는 것을 이해하지 못했기 때문이다. 인류는 최근에서야 그 사실을 깨달았다. 우리는 식물이 우리 자신이 존재하기 위해 의존해야만 하는 궁극적인 존재라는 사실을 깨닫지 못한 채 살아왔다. '살은 풀이다' 라는 오래된 격언은 말 그대로 진리이다. 우리가 식물을 적절히 배려하지 않으면, 식물도 결국 우리를 돌보지 않을 것이다. 지구의 생명은 식물로부터 시작되었다. 식물이 없는 상태에서 어떤 대재앙이 지구를 휩쓴다면, 동물계도 더 이상 존재할 수 없게 될 것이다. 다행히 뒤늦게나마 우리는 그 사실을 깨닫기 시작했다. 우리가 최근 들어 식물계의 복지에 관심을 보이고 있는 것도 어느 정도는 그 때문이라고 할 수 있다.

한편 옛 풍습들과 함께 거의 잊혀져 있던, 우리가 초록 세계와 맺고 있는 관계의 이면이 최근 들어서 다시 전면으로 나오기 시작하고 있다. 그것은 실용적인 측면보다는 우리 내면에 깊이 배어 있는 정신적인 측면에 바탕을 두고 있다. 인류가 세상을 체험하기 시작할 무렵, 즉 여기저기서 채집을 하면서 식물을 실용적으로 대하던 빙하기 사냥꾼의 시절에는 아마도 자연의 실용적인 측면과 신비적인 측면을 거의 구분하지 않았을 것이다. 신앙의 최초 형태인 애니미즘은 자연에 있는 모든 대상들이 유형의 차원과 무형의 차원을 모두 지니고 있으며, 원시인의 눈이 매머드나 산이나 나무나 다른 무엇을 보고 있든 간에 그 두 차원을 분리할 수 없다는 원리에 토대를 두고 있었다. 우리는 식물 세계가 그 초기 사냥꾼들의 정신 세계에서 얼마나 큰 비중을 차지하고 있었는지 알지 못한다. 그들의 신앙을 엿볼 수 있는 기록들이 대개 너무 신비적이고 너무 비의적이기 때문이다.

하지만 몇 가지 단서가 있다. 선사 시대를 더 거슬러올라가서 6만 년 전쯤에 살았던 어느 네안데르탈인 부족이 남긴 물질적인 증거들이 있다. 그 증거들은 그들이 식물의 의약적 특성을 이해하고 이용했다는 것을 암시한다. 더 뚜렷한 증거는 그들이 죽은 이를 매장할 때 약초들을 함께 묻었다는 것이다. 그들은 식물의 정신적 차원을 염두에 두었던 것이 분명하다. 또 빙하기의 선조들과 그리 다르지 않은 생활을 하고 있는 현대의 방랑하는 사냥꾼 부족들의 신앙을 살펴봄으로써 어느 정도 근거 있는 추측을 내놓을 수도 있다. 시베리아 동부 오지에 고립되어 살고 있는 부족들은 약 백 년 전 기독교 복음주의자들의 공격을 받기 전까지만 해도 자신들의 문화를 잘 보존하고 있었다. 그들도 다른 부족들과 마찬가지로 식물을 열매, 과일, 건축 자재의 원천으로 보는 실용적인 견해를 지니고 있었을 것이다. 그러나 그리 많지는 않지만 그들의 풍습과 신앙을 연구한 민족학자들의 자료를 살펴보면, 그들이 식물계와 그보다 더 심오한 정신적인 관계를 맺고 있었다는 것이 드러난다. 시베리아 부족들의 신화에는 인간의 모습을 하고 있다가 순식간에 식물로 변신할 수 있는 정신적인 존재가 깃들어 있는 풀과 나무들의 이야기가 많이 있다.

식물에 정신이 깃들어 있다는 생각을 지니게 된 이유는 많았다. 농경을 시작하기 전, 원시 사회는 지속적인 식량 공급원을 필요로 했고, 식량을 지속적으로 얻으려면 사냥을 하거나 채집을 하는 수밖에 없었다. 우리는 선사 시대 조상들을 상상할 때면 맨 먼저 사냥꾼의 모습을 떠올리는 경향이 있다. 언뜻 생각하면 옳을 수도 있지만, 우리는 조상들이 자신보다 더 크고 방어와 공격 능력이 더 뛰어난 야생 짐승들이 우글거리는 대단히 불리한 환경에서 살았다는 점도 염두에 두어야 한다. 원시적인 무기로 매머드나 말코손바닥사슴이나 오로크스(aurochs, 유럽 가축소의 조상으로 1627년 멸종했다/옮긴이)를 사냥한다는 것은 엄밀히 말해 잘 되면 좋고 안 되면 어쩔 수 없는 일이었으며, 대단히 위험하기까지 했다. 따라서 한 주일의 식량은 사냥꾼들이 집으로 가져오는 고기 한 덩어리보다는 채집한 잎과 씨앗과 열매로 해결될 때가 훨씬 더 많았다. 시행착오가 거듭되면서, 곧 먹으면 병이나 죽음을 가져오는 식물도 있고, 치료 효과를 지닌 식물도 있다는 사실이 뚜렷하게 드러났을 것이다. 이런저런 것을 맛보는 시도가 이루어졌을 것이고, 그것은 더 폭넓은 의미를 지닌 또 다른 발견으로 이어졌다. 인류는 황홀경이나 환각을 불러일으키는 특수한 식물들이 있다는 것을 알게 되었다. 미신에 사로잡히기 쉬웠던 인류는 그런 환각을 정신 세계로의 이동이라고 보았다.

식물이 정신적인 힘을 지니고 있다는 믿음은 적어도 어느 정도는 최초의 인류가 비의 특성과 기원에 관해 품고 있던 생각들에서 비롯되었다고 할 수 있다. 그들은 비를 그저 하늘에서 떨어지는 물방울이 아니라 훨씬 더 강력한 힘을 지닌 물질이라고 생각했다. 오늘날 우리는 그런 예스러운 생각들을 그럴 만도 했을 것이라면서 짐짓 수용하는 태도를 보이지만, 원시인들이 우리가 현재 당연시하는 과학을 전혀 알지 못한 채 초록 세계를 걸어다녔다는 것을 생각해야 한다. 그들에게는 쓸 만한 기술도 현미경도 없었다. 새 식물이 싹트는 모습은 언제나 그들에게 신비롭고 경이로운 일이었을 것이다. 식물의 생식 활동은 눈에 보이지 않기 때문이다. 씨방 속으로 깊이 파고들어가 새 생명을 낳을 배우체를 내놓는 미세한 꽃가루들은 원시인들에게 미풍에 흩날리는 깨끗한 먼지나 다름없었다. 하지만 해마다 봄이 되면, 얼어붙어 죽어 있던 대지에서 새로운 초록빛 피부가 만들어졌다. 대체 어떤 은밀하고 마법 같은 성교가 있었기에, 흙이라는 자궁에서 이런 덮개가 태어나 자라나는 것일까? 떠도는 사냥꾼이었던 원시인들은 하늘이 어두컴컴해진 뒤 부드럽게 내리는 봄비를 보면서 본능적으로 창조자인 정령들을 떠올렸다. 그들이 비의 원천이었다. 즉 비는 하늘의 정령들이 뿌리는 정액이었으므로, 모든 식물은 그들의 창조물이라고 보는 것이 논리적이었다. 그런 생각을 간직한 채 초록 세계로 눈을 돌리면, 그 순간 초록 세계는 특수한 종류의 에토스를 지니게 된다.

이해 수준이 높아지고 언어가 발달해 지식을 서로 교환하고 점점 더 짜임새 있게 보존할 수 있게 되면서, 초기 조상들은 주변 환경에서 더 많은 것을 발견하게 되었고, 식물을 채집하기보다는 재배하기 시작했다. 그와 동시에 식물의 실용적인 측면과 정신적인 측면을 구분하기 시작했다. 이런 새로운 해석은 계절 변화를 토대로 삼는 온갖 비법과 마법을 탄생시켰고, 나아가 식물 세계에 초점을 맞춘 체계화한 종교를 낳았다. 초록 덮개(green mantle)의 신들과 여신들은 천상의 사다리 맨 꼭대기에 자리를 잡았다. 이제 식물은 식량, 옷, 무기, 보온과 건축 자재를 제공하는 차원을 넘어서서 수많은 방식으로 인간 사회의 발전에 깊은 영향을 미치기 시작했다. 이제 식물은 문화, 종교, 의술, 약초 분야에서 중요한 역할을 하게 되었다. 식물은 상상을 자극해 쾌락을 일으키는 물질이자 주술의 도구로 자리를 잡았다. 강력한 환각 물질을 함유한 식물은 사회의 가장 엘리트 계층인 샤먼에게 육신을 벗어날 수 있게 해주었으며, 그럼으로써 샤먼은 천상으로 향한 계단을 올라갈 수 있었다.

선사 시대를 다룰 때, 우리는 고고학에서 얻은 단편적인 정보들과 현대의 원시 부족들에게서 유추해낸 것들(그 자체가 결함이 있고 결정적이라고 할 수 없는 것들이다)에서 거의 벗어나지 못한다. 하지만 초기 문명 단계로 가면, 메소포타미아와 이집트 지역의 기록들과 고대 유럽의 저술들이 남아 있어서 당시 사람들이 식물을 어떻게 대했는지 훨씬 더 자세히 알 수 있다. 고대 그리스인들과 로마인들은 현대의 우리에게는 거의 잊혀진 방식들을 통해 식물 세계의 정신적인 측면과 접촉했다. 이 지식은 고대 그리스 국가들과 로마 제국에 전해졌고, 그들의 정치적, 군사적 영향력이 쇠퇴한 지 오랜 세월이 지난 뒤에도 여과된 형태이긴 하지만 고대의 저술들을 통해 계승되었다. 중세 시대 내내 의술과 주술 치료는 식물에 의존했고, 더 깊은 이해가 부족한 상태에서 둘이 서로 떼어낼 수 없이 결합되는 경우도 가끔 있었다.

온갖 신비와 기이한 힘을 간직한 식물은 언제든 미신이라는 호화로운 옷을 입을 준비가 되어 있었다. 식물의 이름에 고대로부터 내려온 비의적인 관점이 담겨 있는 경우도 많다. 이런 이름들은 대개 겉모습이나 특성을 연상시키며, 기원을 따져 보면 고대로부터 전해진 것들도 있다. 사리풀(Black Henbane, *Hyoscyamus niger*)은 유럽 북부에 흔한 독초이다. 이 식물이 처음 기록된 것은 앵글로색슨족의 시대이지만, 이 식물과 그것이 지닌 힘은 그보다 수백 년 전부터 구전되어왔다. 이 식물의 영어 이름은 서기 1000년경에 처음 기록되었는데, '헨벨(Henbell)'이라는 이름이었다. 그 이름은 꽃받침이 종 모양이라는 점과, 사리풀이 암탉(hen)들이 돌아다니며 헤집기 좋아하는 곳인 쓰레기 더미에서 자라는 경향이 있다는 점과 어느 정도 관련이 있었다.

하지만 그 이름은 변하게 된다. 1398년이 되자 저술가들은 그 식물을 '헤네본(Hennebone)' 이라고 적었다. '본(bone)' 이라는 단어를 보고 뼈대만 남은 앙상한 모습을 지칭한다고 상상할지 모르지만, 그것은 사실 '베인(bane)' 이라는 단어의 고어이다. 베인은 독의 원천 또는 불행의 원인을 뜻한다. 닭이 그 식물의 씨를 먹으면 앓다가 죽곤 했으므로, 사람들은 그 식물이 위험한 독을 지니고 있다는 것을 알아차렸을 것이다. 그러자 곧 온갖 민담과 미신이 생겨났다. 이 식물의 양을 잘 조절해 쓰면 마취 효과를 얻을 수 있다는 발견이 또 하나의 계기가 되었을 것이다. 이 식물의 학명 중 속명인 히오스키아무스(*Hyoscyamus*)는 신들이 특정한 동물들에게 그 식물의 독에 대한 면역성을 주었다는 기이하지만 완전히 틀렸다고는 볼 수 없는 생각에서 비롯된 이름이다. 사리풀에 대해 그런 생각을 갖게 된 것은 단순한 오해 때문이었다. 그 오해는 한 그리스 식물학자에게서 비롯되었다. 히오스키아무스는 그리스어인 히오스키아모스(hyoskyamos)에서 유래한 것으로, 돼지를 뜻하는 히스(hys)와 콩을 뜻하는 크나모스(knamos)를 조합한 '돼지콩' 이라는 단어이다. 이유가 무엇일까? 서기 1세기 고대 그리스의 식물학자인 디오스코리데스(Dioskorides)가 돼지는 이 식물의 독이 있는 씨를 먹어도 전혀 해가 없다고 잘못 생각했기 때문이다. 그는 『약물에 관하여*De materia medica*』라는 저서에, 이 식물에게 디오스키아모스(dioskyamos)라는 다른 이름도 있다고 썼다. '신의 콩' 이라는 뜻이다. 사리풀의 잎이나 씨를 태울 때 나는 연기를 맡으면 일시적인 정신 착란이나 무감각 상태가 되는데, 그 같은 힘을 초기 종교 의식에 이용하면서 그런 이름이 생겼을 것이다. 학명 중 종명인 니게르(*niger*)는 검다는 뜻이며, 여기에도 이 식물이 위험한 특성을 지니고 있다는 의미가 담겨 있다. 옛 민속 신앙에서는 검은색을 죽음과 동일시했고, 유독한 식물이 피부에 닿으면 그곳의 살이 검게 변해 썩어 들어간다고 보았다.

우리는 현대 과학이 초록 덮개에서 정신적인 측면을 몰아냈다고 생각하기 쉽지만, 그렇게 성급하게 가정하는 것은 잘못이다. 우리가 기술적인 측면에서 발전한 것은 분명하지만, 정신적인 측면에 대한 관심도 아직 상당히 많이 남아 있다. 비록 그 관심의 진정한 기원과 의미를 위장해 깊이 감춰놓는 경우도 종종 있지만 말이다. 식물이 실용적 측면과 정신적 측면, 그리고 이 두 극단 사이의 다양한 측면들을 지니고 있다는 것은 자명하며 때로는 역설적이다. 식물들은 가장 치명적인 독을 만들기도 하지만, 만일 알츠하이머병, 에이즈(AIDS), 암 같은 질병들에 효과가 있는 치료제가 나온다면, 그것은 아마도 식물 추출물을 인공적으로 합성한 모방품일 것이다. 지구에서 가장 가치 있는 식물들 중 몇 가지는 화장품 산업에 쓰이고 있다. 세계적으로 볼 때, 양귀비 산업은 밀 산업만큼의 상업적 가치를 지니고 있을 것이다. 그리고 오늘날 우리는 6만 년 전 네안데르탈인이 그랬던 것과 똑같이, 관 위에 꽃을 뿌리면서 죽은 사람을 미지의 세계로 떠나 보낸다.

신비와 과학의 경계 역시 완고하게 흐릿한 채로 남아 있다. 우리는 은행나무와 인삼 추출물로 만든 알약과 물약이 활기찬 삶을 연장시켜 줄 것이라는 주장을 기꺼이 받아들인다. 우리는 머리카락에 도움이 된다는 미심쩍은 이국적인 식물 추출물이 들어 있는 샴푸를 산다. 또 당근이 어둠 속에서 잘 볼 수 있도록 도와준다고 여전히 믿고 있는 사람들도 있다. 민간 속설에서 유래한 생각들 중에 진실이 담겨 있는 것들도 많다. 페니실린이나 아스피린이 없었다면, 우리는 지금 어떻게 되었을까?

하지만 새로운 천년이 시작된 지금, 또 다른 요소가, 훨씬 더 심오한 무언가가 우리 인간의 의식 표면으로 다시 떠오르고 있다. 청동기 시대 이스트앵글리아의 거주자들이 우리가 모르는 어떤 신을 경배하기 위해 참나무 신전을 세운 이래, 아니 구석기 사냥꾼의 시대 이래 처음으로, 우리는 초록 덮개와 맺었던 정신적인 관계를 다시금 복원시키려 하고 있다. 우리는 실용적 측면과 신비주의적 측면을 매끄럽게 하나로 봉합하기 위해 과거로 되돌아가고 있다.

이스트앵글리아의 나무 원을 뽑아 옮기려는 계획을 알았을 때 사람들이 보인 분노에 찬 반응들은 기나긴 세월이 흘렀어도 비물질적이고 종교적이고 비의적인 유대감뿐 아니라, 원시적인 본능이 살아 있음을 보여준다. 수많은 사람들이 유전자 변형 작물의 확산에 대해, 우리 몸에 해를 끼친다거나 머리가 셋 달린 괴물 식물을 만들어낸

1997년 8월 영국 왕세자빈 다이애나의 죽음을 전국적으로 애도하고 있음을 알리는 상징으로서,
런던 켄싱턴 궁전의 잔디밭에 놓인 헌화의 물결.

다거나 하는 단순한 우려 차원을 넘어서는 반발심을 보이는 것도 바로 이런 영구적인 감수성의 산물이다. 이렇게 신비와 과학의 경계가 흐릿하다는 것을 보여주는 사례들은 쉽게 찾아낼 수 있다. 사회의 가장 보수적인 사람들이 고대로부터 내려온 초록빛 대지 한가운데로 새 도로가 나는 것을 막기 위해 연좌 농성을 벌이는 장면을 텔레비전에서 자주 볼 수 있지 않은가?

오늘날 우리가 식물에 대해 모호한 태도를 지니고 있다는 것을 잘 보여주는 사례로 독일가문비(*Picea abies*)만 한 것이 없을 것이다. 독일가문비를 대하는 태도에는 인간과 식물 사이의 다양한 관계 중 많은 부분이 요약되어 있다. 이 나무는 인간이 처음 등장했을 때부터 그래 왔듯이, 새 천년이 시작되는 지금도 우리의 삶에 영향을 미치고 있다. 몹시 호감이 안 가는 이 상록수는 두 가지 아주 상반되는 기능을 수행한다. 이 식물은 북반구 추운 지역에서 목재용으로 널리 심어지고 있다. 이 목재는 종이 생산에서 문짝 제작에 이르기까지 다양한 제조업에 활용된다. 한편 독일가문비는

독일 화가 카를 기라르데트(Karl Girardet, 1813~1871)의 목판화이자 19세기 유럽 낭만주의 미술의 전형적인 작품인 〈크리스마스트리〉.

실용적 가치는 배제되고 신비적 가치로 충만한 다른 용도로도 널리 쓰인다. 한겨울에도, 자연 전체가 죽은 듯한 시기에도 생명이 참고 견딘다는 것을 뚜렷이 보여주는 상징인 이 식물의 어린 나무를 집 안에 놓기 위해 유럽에서만 매년 2천만 파운드 이상이 쓰인다. 우리는 이런저런 물건들, 반짝거리는 금은 장식, 색깔 전구로 이 나무를 꾸미고 경배한 다음 새해 6일째 되는 날, 쓰레기로 내버리거나 불살라버린다.

21세기의 여명기인 지금, 전세계에서 초록 덮개에 대한 잔혹 행위가 점점 더 늘어날 것이라고 예견되고 있는 지금, 인간이 식물에 의존하고 있다는 것과 식물이 점점 더 취약해지고 있다는 것을 우리가 그 어느 때보다도 훨씬 더 날카롭게 인식하고 있다는 것은 역설적이다. 그러면서도 우리는 식물계에 위험하고 모순되는 행동을 계속한다. 긍정적인 관점에서 보면, 우리는 에덴 재단■이 서아프리카에서 벌이는 활동 같은 혁신적이면서 미래를 내다보는 프로그램들을 개발해왔다. 한편 논란이 더 분분한 '회색 지대'에서 보면, 우리는 유전자 변형 작물을 이용하기 시작했다. 그리고 부정적인 맥락에서 보면, 우리는 영국의 생울타리들을 없애는 것에서 이 행성에 아주 중요한 열대 우림을 벌목하는 것에 이르기까지 점점 더 빠른 속도로 초록 덮개를 파괴하는 일을 계속하고 있다. 우리는 호두나무 합판으로 제작된 사무실 가구, 티크 목재로 만든 진열장, 마호가니로 만든 변기 같은 불필요한 탐닉의 대상에 도취되어, 이기적인 욕구를 충족시키는 짓을 계속한다. 반면에 우리는 제3세계에 자연 식생과 여태껏 안정되어 있던 식물 생육지에 돌이킬 수 없는 피해를 입히기 쉬운 화전 대신에 환경을 덜 파괴하는 지속 가능한 농사법을 보급할 기금을 모으는 일에는 동참하지 않는다.

이 책에서 우리는 고고학에서 맨 처음 나온 증거들에서 시작해 현재에 이르기까지, 우리가 식물 세계와 맺어온 기나긴 상호 관계 중 주로 정신적인, 때로는 '어둡기도' 한 측면들을 탐구하고자 한다.

■ Eden Foundation, 1985년 스웨덴에서 설립된 에덴 재단은 1987년부터 세계에서 가장 가난한 나라 중 하나인 서아프리카의 니제르에서 농부들의 생계를 위해 척박한 사막에서 자랄 수 있는 나무와 관목들을 공급하는 프로젝트를 수행하고 있다.

프랑스 남서부 도르도뉴 지방의 라스코 동굴에서 발견된 만 5천 년 전의 구석기 시대 벽화에 그려진 이 멸종한 오로크스 그림이 말해주듯이, 고대인들의 삶은 자연 세계와 떼려야 뗄 수 없이 연결되어 있었다.

# 1

## 최초의 각성

빙하기의 가장 유명한 예술작품 중에, 프랑스 남서부에서 발견된 약 만 5천 년 전의 유물인 이른바 몽고디에 곤봉(Montgaudier baton)이 있다. 이것은 봄의 도래를 묘사한 그림이 새겨져 있는 매머드의 상아이다. 이 '곤봉'에는 이동하는 뱀장어들, 자라고 있는 풀 몇 종류와 작고 섬세한 꽃봉오리가 하나 새겨져 있다. 이 곤봉은 도르도뉴에서 엄청난 동굴 벽화가 발견되어 세계가 흥분하고 있을 즈음에 발견되었다. 그 장엄한 벽화들에 비하면 별것 아닌 듯이 보인다. 선사 시대 말기의 유적인 이 동굴들의 벽은 선사 시대 인간의 열망을 기록한 캔버스 역할을 했다. 세계에서 가장 오래된 미술관인 그 벽들에는 과학 기술에 고치처럼 감싸여 있는 오늘날에는 거의 상상도 못할 정도로 자연 환경을 숭배하는 마음이 담겨 있다. 원시 사회의 '모국어'는 예술이다. 초기 조상들의 신앙과 지식에 관해 우리가 현재 알고 있는 내용 중에는 고고학이 최근에서야 겨우 주목하기 시작한 낙서, 그림, 조각, 판화 같은 놀라운 유물들에서 얻은 것들이 많다.

문자가 등장하기 전, 역사가 기록되기 전에 살았던 사람들의 정신 세계를 가장 잘 보여주는 것은 마지막 빙하기 이래 시간의 부침 속에서 살아남은 손과 눈으로 만든 창조물들이다. 따라서 우리는 오리냐크 문화기와 마들렌 문화기라고 알려진 지질 시대에 만들어진 이 놀랍고 신비한 미술관들에서 초록 덮개에 관한 최초의 견해들을 찾아내는 일부터 시작해야 한다.

비록 자연 세계에 초점을 맞춰 나뭇가지와 잎을 그대로 베끼는 데 치중한 것이 예술의 시작이긴 하지만, 동물을 그리는 일에 열중한 것이 이 무렵이므로, 이 시점부터 시작한다고 해서 잘못되었다고 할 수는 없을 것이다. 무엇보다도 빙하기의 사람들은 사냥꾼이었다. 국경 없는 야만적인 야생 환경이 그들의 세계였다. 그 세계에 쟁기와 밭이라는 것은 없었고, 생활은 순록과 매머드, 들소와 말을 중심으로 이루어졌다. 동물들에게는 우선 순위가 있었다. 또 동물들에게 지위도 부여되었고, 그 비의적인 지위는 현실적인 가치에 비례했다. 인류의 생존이 잎, 씨, 견과와 장과를 모으는 일에 달려 있을 때가 많았으리라는 점을 생각하면 이것은 역설적이다.

구석기 예술품 중에는 동굴의 벽이 아니라 조약돌이나 뼈에 새긴 것들이 많다. 이 '휴대용' 작품들은 동굴의 거대한 캔버스보다는 덜 인상적이긴 해도, 그들이 자연을 깊이 있고 날카롭게 인식하고 있었다는 견해에 힘을 실어준다. 그러나 이런 작은 작품들은 모두 식물 세계에 관해서는 스쳐 지나가는 듯이 암시만 줄 뿐이다. 당시 예술가들이 작품에 사용한 식물 문양은 종류가 한정되어 있었다. 아마도 어떤 비의적인 내용을 전달하기보다는 장식용으로 쓰인 듯하다.

따라서 몽고디에 곤봉 같은 작품은 보기 드문 보물이다. 곤봉에 묘사되어 있는 빙하기의 봄은 자연 세계가 죽어 있는 듯한 시기에, 아홉 달 동안 겨울이 이어졌기에 매서운 추위가 결코 끝나지 않을 것이라고 틀림없이 믿었을 사람들에게 대단히 중요한 의미가 있었다. 그것은 부활을 의미했다. 빙하기의 사람들은 달력의 혜택을 받지 못했으므로, 초록 덮개가 언제 다시 세상에 나타날지 예측할 수 없었다. 봄의 해동은 동물들의 이주와 동시에 일어났지만, 그것이 매년 같은 시기에 일어나는 경우는 아주 드물었다. 봄은 정신적인 부활이었고, 그것이 예측 불가능했다는 점을 생각하면, 석기 시대 사람들이 식물의 생명이 말 그대로 '신의 뜻에 달려 있다'고 믿었던 것도 이해가 될 것이다.

몽고디에 곤봉의 그림은 단순하며, 사람의 모습도 나오지 않는다. 더 깊은 의미를 담고 있는 것 같지는 않다. 그보다는 프랑스 남서부 레제지(Les Eyzies)에서 발견된, 그림이 새겨진 같은 시대의 뼈 조각이 더 의미가 있을 듯하다. 그 그림에는 오리나무로 보이는 가지만 앙상하게 남은 나무들 사이로 줄을 지어 걷고 있는 사람 아홉 명과 들소 한 마리의 앞부분이 등장한다. 브뤼니켈의 한 동굴에서 발견된 빙하기의 뼈 조각에도 다소 비슷한 형태의 겨울 나무들이 새겨져 있다.

우리의 세계와 기나긴 세월을 사이에 두고 떨어져 있는 그 세계에 살았던 예술가들에게 그런 것들은 무엇을 의미했을까? 우리는 현재 살고 있는 석기 시대 부족들의 관습과 잠정적으로 비교하고 추측하는 것 정도밖에 할 수 없다. 불행히도 21세기의 부족이 식물에 대해 어떤 태도를 취하고 있다고 해서 그것이 선사 시대부터 내려오는 전통이라고 주장하는 것은 전혀 설득력이 없다. 둘 사이에는 아주 긴 세월이 자리하고 있다. 게다가 초기 인류는 새롭고 낯선 세계에서 살았고, 에너지와 호기심이 풍부한 혁신적인 사회에 속해 있었다. 반면에 그들에 대응하는 현대의 부족들은 대체로 쇠퇴의 길을 걷고 있으며, 따라서 사고 방식도 전혀 다르다. 하지만 더 나은 방법이 없기 때문에, 학계에서 흔히 하듯이, 지금의 오스트레일리아 원주민 사회를 조사해 유추해보는 것도 나름대로 의미가 있다.

1900년 러시아계 미국인 민족학자인 왈더머 조컬슨(Waldemar Jochelson)은 시베리아 동부의 오지에서 아직도 철기 시대의 삶을 살고 있는 부족과 일 년 동안 함께 생활할 연구자로 선정되었다. 그 연구 계획은 미국 자연사학회가 후원했다. 조컬슨이 맡은 일은 민족학적으로 독특한 이 떠돌이 사냥꾼들의 문화가 완전히 사라지기 전에 조사해서 기록으로 남기는 것이었다. 그가 선택할 일족은 외부 세계와 실질적으로 전혀 접촉이 없고 빙하기의 석기 시대 사냥꾼들과 비슷한 환경에서 살고 있는 집단이어야 했다.

조컬슨은 아시아 대륙 북부에서 우둘투둘 마디가 나 있는 아티초크처럼 일본 제도를 향해 뻗어 나온 한 군도와 이어져 있는 북극권 바로 밑 캄차카 반도의 삭막한 야생 환경에서 요구 조건에 딱 맞는 일족을 발견했다. 이 수렵채집인들은 코랴크족이었다. 그들은 산, 스텝, 바위 해안으로 이루어진 드넓은 지역을 돌아다니면서 춥고 혹독한 환경에서 바다표범, 흰돌고래, 순록을 사냥하며 근근히 살아가고 있었고, 수많은 다른 시베리아 부족들의 생활 양식을 고스란히 보여주고 있는 듯했다.

코랴크족은 식물의 실용적인 측면을 중시했으며, 그와 관련하여 빙하기의 수렵채집인들과 몇 가지 공통적인 행동을 보였다. 그들은 견과나 장과를 그냥 채집만 한 것이 아니었다. 그들은 얼음 구멍을 판 뒤 분홍바늘꽃(*Epilobium angustifolium*) 같은 나물들을 재어놓아 해가 뜨지 않는 기나긴 겨울 내내 보관했다. 1만 5천 년 전의 가정 생활이 어떠했는지를 보여줄 증거를 찾아다니는 고생물학자들은 한 해의 대부분이 얼어붙어 있었던 지역에서 그와 비슷한 저장 창고용 구멍의 흔적들을 발견했다. 하지만 식물을 이렇게 실용적으로 보는 관점은 정신적인 관점과 떼려야 뗄 수 없이 결합되어 있었다. 그 점에서는 구석기 시대 사냥꾼들과 같았다.

시베리아 부족들의 예술을 보면, 식물을 예술적으로 묘사하는 일에는 거의 관심이 없었다는 것을 알 수 있다. 하지만 우리가 결코 온전히 알지 못할 선사 시대 문화의 한 측면인 그들의 신화를 보면 전혀 딴판이다. 시베리아의 전설에 나오는, 처음에 나뭇가지 없이 불쑥 자라난 나무가 한 예이다. 이 나무는 코랴크족의 창조신인 테난톰완(Tenanto' mwan)이었다. 그는 자신의 줄기에서 아홉 개의 나뭇가지를 뻗었고, 자신의 밑동에서 아홉 사람을 만들어냈다. 그 아홉 명은 세상으로 퍼져나가 아홉 인종의 조상이 되었다. 그 나무의 가지 중 다섯 개는 인류와 동물들이 먹을 열매를 맺었고, 다른 네 가지는 인간들이 먹어서는 안 되는 열매를 맺었다. 이 부분은 에덴 동산과 금지된 열매라는 기독교 신화를 받아들인 것이 분명하다. 하지만 잎 없는 나무와 아홉 명의 인간 자손 이야기가 수만 년 전부터 전해 내려온 것인지, 익명의 빙하기 예술가가 작은 뼈 조각의 표면을 긁어 새긴 그림과 연관되어 있는지 여부에 대해서는 깊이 살펴보고 싶은 유혹을 느낀다.

조컬슨은 시베리아 코랴크족의 신화와 전설들을 수집하는 데 많은 시간을 보냈다. 그가 수집한 이야기들은 원시인들이 초록 덮개를 어떻게 보았는지를 더 깊이 간파할 수 있게 해준다. 그 이야기들은 신비감이 충만한 식물의 세계를 보여준다. 수렵채집자는 자연에 있는 모든 것이 하나의 공통된 틀 속에 들어 있다고 본다. 따라서 그는 자신의 신체와 정신의 한계라는 폐쇄공포증을 일으키는 감옥에 갇혀 있는 외부의 관찰자에 비해 더 자유로워 보이기도 한다. 또 그에게는 자연의 모든 것이 '살아 있다'. 즉 생명이 있다. 현대 사회학은 자연 세계가 세속적인 모습과 정신적인 모습을 함께 지니고 있다고 보는 이런 근본적인 믿음을 구별하기 위해 애니미즘이라는 용어를 만

1900년 러시아 북부 툰드라 지방의 한 시베리아 유목민 가족의 모습을 담은 판화.

들어냈다. 이것은 원시인이 이미 스스로 파악한 양면성을 논리적으로 확장한 것이므로, 이해하기가 아주 어렵지는 않다. 그는 자기 주변의 모든 것들이 끊임없이 변화하는 거대한 사슬의 일부이며, 그 사슬을 통해 생명이 있는 것이든 없는 것이든 모든 대상은 하나로 연결되어 있다고 본다. 그러나 그 연결은 유동적이며, 이렇게 저렇게 변할 수 있다. 이런 변화를 일으키는 힘은 정신 세계에서 나온다. 정신은 눈 깜짝할 사이에 꽃, 사슴, 나무, 나무토막, 심지어 아침 안개 같은 모습으로도 변신할 수 있다. 겉모습을 보고서는 아무것도 확신할 수 없다!

시베리아 코략크족에 따르면, 초록 세계에는 무수히 많은 정령들이 살고 있다. 비록 이 정령들이 아주 모호하게 묘사되어 있긴 하지만 말이다. 관련이 있는 특정한 나무나 풀에 어울리는 일반적인 이름을 지녔다는 것 외에 구체적인 묘사는 찾아볼 수 없다. 풀 정령이나 뿌리 정령 같은 존재들도 있다. 한 식물의 형태적 특징들에서 보이지 않는 특성을 끌어낸 경우도 가끔 있긴 하지만, 이런 모호함은 원시 사회 전체에서 발견된다. 조컬슨이 베링 해 연안의 한 마을에서 모호하고 뒤죽박죽으로 끝나는 이야기를 들었는데, 대개 모든 이야기들이 그렇다. 그 이야기에는 나무의 정령들과 자주 이야기를 나누는 강력한 샤먼인 퀴킨아쿠(Quikinn a' qu, 큰 까마귀)가 등장한다. 이 이야기에 나오는 정령들은 알프스 산맥, 카르파티아 산맥, 시베리아 산맥에 걸쳐 자라는 종인 스위스잣나무(*Pinus cembra*)에 산다. 이 나무의 씨앗은 기름 성분이 많아 영양분이 풍부하며, 목재도 질이 아주 좋으며, 나뭇결도 목각용으로 딱 맞다.

> 퀴킨아쿠는 숲으로 가서 스위스잣나무의 열매를 찾아, 그것을 돌로 빻았다. 스위스잣나무 열매에서 머리가 구리 찻주전자처럼 생긴 소녀가 하나 나왔다. 퀴킨아쿠가 말했다. "아, 정말로 예쁜 소녀구나." "내가 예쁘다고요? 엄마가 집안으로 들어오래요." 집은 비비 꼬인 스위스잣나무였고 속이 빈 커다란 가지 안에 침실이 있었다. 그는 집으로 들어갔다. "배가 몹시 고프구나. 네 엄마의 배를 열어봐야겠다." 그는 열고서 안을 들여다보았다. 산양의 고기가 가득했다. 모두 신선하고 살진 고기였다. 그는 허

겁지겁 먹어대다가 목에 고기가 걸려 죽고 말았다. 그것이 끝이었다.

— 조컬슨의 글 중에서

이 이야기는 나무와 연관된 고대의 제의를 보여준다. 그런 제의에서는 나무에 장식을 하고 수호령에게 바칠 고기나 다른 제물을 매달거나 속에 채워 넣는다. 또 이야기는 샤먼인 퀴킨아쿠가 나무 정령에게 바쳐진 제물을 약탈했기 때문에 죽음이라는 벌을 받았다고 말한다. 더 오래 전에 살았던 다른 부족들은 포로의 살가죽을 벗겨 신성한 숲을 돌보는 나무들의 가지에 매달았다.

21세기에 사는 우리에게는 식물이 수호령과 마법력을 지니고 있다는 생각이 기이하게 여겨질지 모르지만, 우리는 떠돌아다니는 원시인 사냥꾼의 세계가 우리의 세계와 전혀 달랐으며, 지금도 그렇다는 것을 염두에 두어야 한다. 정신 세계에 관한 개념들도 전혀 다른 원리들에 토대를 두고 있다. 우리는 그것들을 기독교라는 편협한 관점에서 왜곡하는 경우가 너무나 흔하다. 오랜 세월 동안 기독교의 정설과 교리는 성서가 씌어지기 이전의 신앙들, 다시 말해 아브라함이 진정한 믿음의 '빛을 보았던' 것보다 이전에 존재했던 신앙들을 부정했다. 그런 틀에 박힌 관점은 원시 종교를 공감 주술(sympathetic magic)로 설명하는 것이 더 적절하다고 본다. 어떤 미리 정해진 공식에 따라 판단을 내리는 것이다. 하지만 사실 우리는 선사 시대 사냥꾼들이 합리적인 믿음을 지녔는지 여부를 알 수 없다. 더 깨어 있고 마음이 열려 있는 요즘 시대에는 그들이 지금의 종교와 그다지 다르지 않은 방식으로 체계를 갖춘 종교를 발전시키고 활용했을 수도 있다는 결론을 피하기 어렵다. 우리와 마찬가지로 그들도 정신 세계를 어떤 형태와 물질 속에 구현하고자 하는 충동을 느꼈을 것이다. 이런 필요성은 오늘날과 마찬가지로 3만 년 전에도 있었을 것이며, 다만 그것을 구현하는 데 쓴 논리만 달랐을 뿐이다. 다른 행성에서 온 관찰자에게는 나무줄기를 숭배하는 것이나 나무줄기를 깎아 만든 예수의 형상을 숭배하는 것이나 학술적인 구분말고는 별 차이가 없어 보일지 모른다.

많은 원시 사회에서는 나무나 나무의 일부를 토템으로 삼았다. 토템은 보이지 않는 존재의 외면적인 상징이다. 나무를 정령의 상징으로 삼는 풍습은 조컬슨이 조사한 코랴크족을 비롯해 그 무렵에 조사된 유럽 북부에 사는 부족들에게서 흔히 찾아볼 수 있다. 일부 코랴크족은 캄차카 반도의 해안에서 바다표범과 고래를 사냥하는 등 바다에서 식량을 구했다. 이 부족은 자신들과 함께 하는 영혼들이 고래에게 해변 가까이에서 헤엄치도록 용기를 줄 것이라고 믿고서 해변에 카마크(kamak)라는 조각한 나무 기둥들을 세웠다. 카마크의 축소판인 칼라크(kalak)도 있었다. 칼라크는 아이들의 수호령 역할을 했다. 사람들은 망보는 듯한 얼굴이 새겨져 있는 칼라크를 아이의 등에 끈으로 매달았다. 아이가 목숨이 오락가락할 정도로 앓게 되어 아이의 영혼이 몸 바깥으로 빠져나가 방황할 때, 그 얼굴이 아이의 영혼을 발견해 붙잡아 다시 몸속으로 돌려보낼 수 있도록 말이다. 고래를 잡던 그 부족은 끝이 갈라진 오리나무 가지를 사용했다. 그들은 나뭇가지에 인간의 윤곽을 엉성하게 새긴 뒤에 그것을 수호령으로 삼아 동물 가죽과 장대로 새로 만든 배의 뱃머리에 놓았다. 더 서쪽에 살던 또 다른 시베리아 부족인 유카기르족은 조상이 수호령이 되어 나무에 산다고 믿었다. 그들의 집에는 응가나산(Nganasan)이라는 머리가 둘인 수호신이 있었다. 가지가 둘로 갈라진 나무를 잘 골라서 그 신의 상징으로 삼았는데, 갈라진 가지는 두 개의 머리를 뜻했다. 또 유카기르족은 칸코로모(can-coro'mo)라는 엉성한 조각상을 이용해 조상령을 불러냈다. 조각상은 길이가 1미터쯤 되는 납작한 판에 금을 그어 머리와 몸을 구분하는 '목'을 표시한 다음, 머리 아래쪽을 깊이 파내 입으로 삼고 몸 부분을 세로로 둘로 나누어 다리로 삼은 것이었다. 그들은 이 조각상들을 부족 전래의 사냥터로 향하는 산길에 있는 나무에 걸어놓았다.

나무의 크기와 수명을 생각하면 나무가 정령이 머무는 장소가 된 이유를 쉽게 이해할 수 있다. 하지만 초기 인류가 많은 식물들 가운데 특정한 나무를 골라 신성한 존재로 삼은 이유는 무엇일까? 수렵채집인들이 처음에는 오로지 실용적인 방식으로 나뭇잎과 뿌리를 식량으로 삼고, 목재를 도구와 무기와 보금자리를 만드는 용도로 썼다는 것은 틀림없는 사실이다. 그리고 동물들이 뜯어먹어도 괜찮은 식물이 어떤 종류인지 관찰하고, 야생 짐승들이 각종 교목, 관목, 초본에 어떤 행동을 보이는지를 아주 오랫동안 유심히 지켜본 후에야 식물을 먹어보았을 것이 분명하다. 사회 구성원 중 더 모험심이 강했던 부류들이 겪은 시행착오도 직접적으로 이런 지식을 늘렸을 것이고, 뱃속에 넣어도 좋은 것이 무엇이고 아닌 것이 무엇인지를 담은 기본 '조사 목록'이 만들어지기까지 비극적인 사건이 자주 일어났을 것이다. 초기 인류는 이런 독학 과정을 통해 이런저런 나뭇잎이나 나무껍질을 씹으면 두통이나 치통이 가라앉는다는 사실을 발견했을 것이다. 그리고 상처를 입었을 때 나뭇잎이나 이끼를 갖다대 출혈을 막았을 것이고, 그런 행동을 오랜 기간 하다 보니 어떤 식물이 감염을 막아주고 더 빨리 상처를 아물게 하는지 알게 되었을 것이다.

고고학은 동굴 벽화가 그려진 프랑스 남서부에서 멀리 떨어진 곳에서 수만 년 전의 인류가 어느 정도의 지식을 갖추고 있었는지를 짐작케 하는 흥미로운 증거를 찾아냈다. 1960년 이라크 북부 산맥 깊숙이 자리한 한 동굴 안의 무덤으로 보이는 곳에서 네안데르탈인의 유골이 한 무더기 발굴되었다. 방사성 탄소 연대 측정법으로 유골의 연대를 조사한 결과 적어도 6만 년은 된 것으로 밝혀졌다. 특별한 의식에 따라 매장된 것으로 보이는 유골도 있었다. 아마 족장이었을 것이다. 그의 유골 주변에 있는 먼지를 현미경으로 분석한 결과, 수많은 꽃가루들이 발견되었다. 이것은 그의 시신이 꽃으로 둘러싸였다는 것을 암시한다. 바람이 동굴 안까지 들어올 수 없었으므로, 흩어지지 않고 커다란 덩어리로 쌓여 있는 꽃가루들도 있었다.

이 유골에는 두 가지 놀라운 점이 있다. 첫째는 체계적인 형식을 갖춰 매장을 했다는 점이다. 시신은 '내던져진' 것이 아니라 양손을 머리에 갖다댄 태아 같은 자세를 취하고 있었고, 주위에 원형으로 돌을 쌓아 시신이 벽감 안에 들어 있는 듯 보이게 하는 등 세심하게 신경을 썼다. 둘째는 함께 묻힌 꽃들의 종류와 특성이다. 이 점도 마찬가지로 중요하다. 그 꽃들을 현대의 약초학 책에서 모두 찾아볼 수 있기 때문이다. 솜방망이와 개쑥갓도 거기에 포함된다. 둘 다 감염된, 즉 염증이 생긴 상처에 치

솜방망이(*Senecio jacobaea*)의 꽃. 이라크 북부 샤니다르의 동굴에서 네안데르탈인의 유골과 함께 이 식물의 씨앗이 발견되었다. 당시에 이미 이 꽃의 치료 효과가 알려져 있었을지도 모른다.

료 효과가 있는 식물이다. 엉겅퀴와 무스카리, 접시꽃과 아킬레아의 꽃가루도 있었다. 서기 1세기의 그리스 의사이자 식물학자인 디오스코리데스가 펴낸 아주 초기의 의서에는 개쑥갓 즙이 치유 효과가 아주 좋다고 실려 있다. 17세기 영국의 의사이자 점성가인 니콜라스 컬피퍼(Nicholas Culpeper)는 『완전 식물지*Complete Herbal*』라는 저서에서 솜방망이 즙이 "새로 생긴 상처에 아주 좋다"고 격찬했다. 또 컬피퍼는 아킬레아로 만든 연고는 감염된 상처 치료에 효과가 좋고, 접시꽃은 열을 내리는 데 뛰어나다고도 썼다.

꽃과 함께 매장된 네안데르탈인이 누군가에게 공격당해 죽었거나, 동물의 먹이가 되어 죽었다고 추측할 수도 있다. 상처가 감염되어 썩어 들어가 목숨을 잃었을지도 모른다. 그의 영혼에게 회복 기회를 최대한 주기 위해 그를 저승 세계로 보낼 때 그 약초들을 함께 넣어준 것인지도 모른다.

우리의 선사 시대 조상들은 약학을 어렴풋이나마 접하면서, 특정한 식물들이 아주 특수한 성질을 지니고 있다는 것을 알아차렸을 것이다. 조컬슨은 펜진스카야 만 연안까지 가서 고래를 사냥하는 코랴크족들에게서, 식물 세계에 대한 더 신비적인 관점을 이루고 있는 핵심 요소들 중 하나를 보여주는 '식물' 전설을 찾아냈다.

퀴킨아쿠는 고래를 한 마리 발견했다. 하지만 그 고래를 바다에 있는 고래의 집으로 보낼 수 없었다. 그는 고래가 여행할 때 먹을 먹이를 담은 풀잎 바구니가 너무 무거워서 들 수가 없었다. 그래서 퀴킨아쿠는 테난톰완에게 도움을 청했다. 테난톰완은 말했다. "바다 근처 평평한 곳으로 가면, 얼룩 모자를 쓴 부드럽고 하얀 줄기들이 보일 거야. 정령인 와파그(Wapag)들이야. 그것을 먹으면 도움이 될 거야." 퀴킨아쿠는 테난톰완이 말한 곳으로 갔다. 테난톰완은 땅에 침을 뱉었다. 그의 침이 떨어진 곳에서 버섯이 자라났다. 퀴킨아쿠는 그것을 찾아 먹었다. 그러자 기분이 좋아지기 시작했다. 그는 춤을 추기 시작했다. 버섯의 와파그 정령들은 그에게 말했다. "힘센 사람이 되었지만 바구니를 들어올릴 수 없으면 어쩔래?"

"그 말이 맞아." 퀴킨아쿠는 말했다. "나는 힘센 사람이야. 가서 여행 바구니를 들어봐야겠어." 그는 가서 바구니를 들고 고래를 집으로 돌려보냈다. 와파그는 그에게 고래가 바다로 가서 형제자매들 곁으로 돌아간 것을 보여주었다. 퀴킨아쿠는 말했다. "버섯을 땅에 그대로 두자. 내 자식들에게 그것이 무엇을 보여줄지 알게 해야겠어."

— 조컬슨의 글 중에서

인류는 특정한 식물들이 우리를 육체에서 벗어나게 하는 능력, 체력을 크게 증가시키는 능력, 평소에는 보이지 않던 것을 볼 수 있게 하는 능력을 지니고 있다는 것을 초창기부터 알고 있었던 듯하다. 오늘날 우리는 무미건조하게 그것들을 환각 물질이라고 부르고 있지만, 원시인들에게는 엄청난 마력이 그런 식물들을 지배하는 듯이 보였다. 얼룩 모자를 쓴 하얀 줄기는 사실 여러 종류의 환각 물질을 분비하는 광대버섯(*Amanita muscaria*)이라는 곰팡이의 자실체였다. 이 버섯은 새빨갛고 화려한 갓에 새하얀 혹들이 박혀 있어서 눈에 잘 띈다. 옛날부터 샤먼들은 광대버섯을 이용해 무아지경에 이르곤 했다. 학술적으로 볼 때 버섯은 진짜 식물이 아니지만, 캄차카의 부족들은 식물학적 지식이 거의 없었고, 그들의 눈에는 버섯들이 숲 식생의 일부로 보였다. 그들이 이런 기묘하고 때로는 음경처럼 자라는 것들이 대개 비가 내린 직후에 나타난다는 사실에 상당한 의미를 부여했으리라는 데에는 의심의 여지가 없다. 고래 여행 바구니 전설에서, 비는 천상의 정액이 아니라 창조자인 정령 테난톰완이 뱉은 침으로 그려진다. 그 침에서 버섯들이 피어났다. 그렇지만 표현되는 정서는 거의 비슷하다. 신과 여신의 숨결도 생식 능력을 지닌 것으로 상상되곤 했으니 말이다.

이런 약물들을 분비하는 풀과 곰팡이의 잠재 에너지를 얼마간이나마 이해한 사람들에게는 원자력을 얻은 것과 같은 엄청난 능력이 주어졌을 것이다. 그들은 천상으로 향한 문을 열 수 있었고, 비의적인 지식 덕택에 다른 사람들보다 훨씬 더 많은 지식과 예지력을 지니게 되었다. 그것은 적절한 방식으로 그리고 오직 특권을 지닌 집단들만이 써야 하는 에너지였다. 우리는 이 엘리트 계층이 사제와 마녀의 가장 오래된 형태인 부족의 샤먼들로 이루어져 있었다고 추측할 수 있다. 그들은 무아지경에 빠져 정령 세계의 능력자들과 대화하는 일을 맡았다. 샤먼은 초자연적인 세계와 속세 사이의 정직한 매개자 역할을 맡았으며, 언제나 그래 왔다. 이들은 보통 사람들이 볼 수 없는 것을 보고, 정령들이나 보이지 않는 영험한 존재들이 변신한 새나 동물이나 나무와 이야기를 나눌 수 있는 특수한 지식과 능력을 지닌 남녀들이었다. 환각 약물을 합성하는 특수한 마력을 지닌 이 풀들은 보이지 않는 정령 세계로 가는 통로가 되었다. 그 식물들의 능력을 혹시나 빼앗길세라 경계하고, 그 식물들을 난해한 비결 속에 숨기게 된 것도 놀랄 일은 아니다. 그것들은 금기의 대상이 되었고, 그 능력이 아무나 쓸 수 있는 흔한 것이 되지 않도록 보통 사람들이 다루지 못하게 엄격하게 통제해야 했다. 그리고 금기는 민속 설화를 낳았다.

그 마법 버섯은 코랴크 문화의 기본 요소였지만, 그것이 코랴크족의 예술에 등장했다는 증거는 전혀 없다. 그토록 중요했음에도, 조컬슨 같은 사람들이 없었더라면,

그것이 사용된 흔적은 모두 사라졌을 것이다. 현재의 고고학 증거들이 불충분하다는 점을 생각할 때, 초기 '동굴인'이 주변에서 자라는 식물들에서 다른 약물들보다 환각 물질을 먼저 발견했는지 여부를 알아내기는 어렵지만, 양쪽 지식이 함께 발전했으리라고 가정할 수는 있을 것이다. 그런 식물들, 즉 그런 종들은 유럽에서는 마지막 빙하기가 끝난 직후에 진화했으며, 그렇게 경이롭게 등장한 것들이 호기심을 끌지 않았을 리가 없다. 따라서 최초의 수렵채집인들도 마력을 지닌 식물들을 통해 정령 세계로 들어가는 문을 발견했지만, 그런 것들을 예술로 표현하지는 않았을 가능성도 있다.

우리가 그런 가정들을 할 수 있는 이유는 어느 정도는 역사상 어떤 시대든 상관없이 인간 사회가 거의 비슷한 발달 단계에 도달하면 식물의 정신적인 측면에 관심을 기울이는 경향이 나타나기 때문이다. 원시 사회들은 주변 환경을 인식하는 방식이 똑같으며, 식물 세계에서 비슷한 신비와 마법을 발견한다. 원시 사회들은 초록 덮개의 신비를 비슷한 방식으로 해석한다.

조컬슨은 제한적이긴 하지만 현대 수렵채집인들의 정령 신앙을 파악했다. 그는 코랴크족 민속 설화에 접근할 특권을 얻을 수 있었기 때문이다. 하지만 빙하기 조상들의 신앙을 조사하려 할 때에는 그런 방식이 가능하지 않다. 그런 특권을 지니고 있었어도, 그도 고대 사회가 사라지고 러시아화가 시작된 시점이 언제인지 말하기 어려울 때가 종종 있었다. 신화와 전설이 뒤죽박죽되고 있었고, 한때 존경받았던 샤먼들이 점점 더 사회의 변두리로 내쫓기고 있었다. 하지만 세계 다른 지역들에서 연구한 민족학자들을 통해, 지금 우리는 우연히 화학 성분을 통해 신성시된 식물에게 경외심을 품는 태도가 시베리아 부족들에게서만 나타나는 것이 아니라는 사실을 알고 있다. 그것은 보편적으로 나타나며, 코랴크족의 고래 여행 바구니 전설에 나오는 광대버섯 말고도 수많은 식물들이 관련되어 있다. 하지만 그런 영향력을 발휘했음에도, 샤먼의 행위를 관찰한 기록들에서는 그런 식물들이 거의 언급되어 있지 않다. 민족학자들은 오스트레일리아 원주민 샤먼들의 입문 의식 때 피추리(Pitchuri, *Duboisia hopwoodii*)라는 식물이 사용되는데, 그 식물에 입문자가 정령의 존재를 경험할 수 있도록 해주는 환각 물질이 들어 있기 때문이라고 기록했다. 하지만 그런 통찰력이 드러난 사례는 드물다.

광대버섯은 환각 물질을 만들기 때문에 마법 설화에까지 등장했지만, 식물은 더 실용적인 가치를 지닐 수도 있다. 퀸즐랜드 북부의 원주민들은 맹그로브 여신(Mangrove Woman)이라는 조상령을 믿는다. 꿈의 시대■에 그녀는 보니브림(bony bream, *Nematalosa erebi*, 청어과의 물고기/옮긴이)인 오빠 올콜란(Wolkolan)에게 공격을 받기 전에 사람들에게 맹그로브 씨를 빻아 가루를 만드는 법을 가르쳤다. 올콜란은 자신의 가시로 그녀의 머리를 꿰뚫었다. 그녀는 머리에 가시가 박힌 채로 달아났다가 마침내 해변에서 신성한 장소를 발견했고, 그곳에 누워 꼬투리가 꽃잎 바깥으로 창처럼 튀어나와 있는 맹그로브가 되었다. 비슷한 민속 설화에서는 얌 여신(Yam Woman)이라고 하는 고구마의 조상령이 등장한다.

때로는 식물의 겉으로 드러난 속성들이 신비와 설화를 낳기도 했다. 오스트레일리아 원주민들은 쿠라종(kurrajong), 즉 '물 나무'라는 이름의 나무도 알고 있었다. 그 나무의 뿌리는 건기에 다른 나무들보다 더 많은 물을 머금고 있어서, 급할 때는 그 물을 비상 용수로 쓸 수 있다. 오스트레일리아 중부에 사는 부족들은 그 나무의 특성을 설명하는 이야기를 만들어냈다.

> 두 형제가 캥거루 가죽으로 만든 물통을 갖고 있었다. 가뭄이 들자 그들은 현명하게도 물통에 물을 가득 채웠다. 한 형제가 사냥을 나갔을 때, 다른 형제가 갈증을 참지 못했다. 그는 허겁지겁 물을 마시다가 물을 흘리고 말았다. 콸콸 흘러나온 물은 거대한 홍수를 이루었고, 두 형제는 물에 빠져죽고 말았다. 물이 범람하는 것을 걱정한 새들은 쿠라종의 뿌리로 댐을 만들었다. 댐은 물을 모두 흡수해 홍수를 막았다.

■ Dreamtime. 아보리진(오스트레일리아의 원주민)들은 자신들의 조상신이 자연과 인간을 창조하고 모든 생명체가 서로 공생하며 살아가는 법과 그림, 춤 등을 가르치고 그 자연 속으로 스며들어 사라졌다는 '꿈의 시대'의 전설을 믿었다. 이들은 꿈의 시대의 이야기를 바위와 나무에 그림으로 남겼다.

브리저 산맥의 구릉 지대에서 자라는 화살잎발삼의 꽃. 브리티시컬럼비아의 톰슨 인디언은 이 식물을 숭배한다.

옛 부족들에게는 식물들에 보이지 않는 정령들이 살고 있어 식물을 수확하고 먹는 일이 다소 위험할 수 있기 때문에 의식을 통해 안전한 것으로 만들어야 한다는 생각이 깊게 뿌리 박혀 있다. 주로 이런 이유로, 북아메리카의 몇몇 원주민 부족들을 포함해 수많은 부족 사회들은 야생의 것이든 경작한 것이든 상관없이, 그 계절의 첫 과일들을 먹기 전에 엄숙한 의식을 올렸다. 사람들은 식물체에 보이지 않는 수호령이 있다고 여겼으며, 형체를 지닌 식물을 잘라 사용하기 전에 그 정령을 달래야 했다.

북아메리카 원주민 부족들은 식물의 신비에 관해 많은 것을 알려준다. 한때 브리티시컬럼비아 북서부를 떠돌아다니던 부족인 톰슨 인디언은 해바라기 비슷한 식용 식물인 화살잎발삼(*Balsamorrhiza sagittata*)의 뿌리를 아주 귀하게 여겼다. 그 식물은 정령의 화신으로 여겨졌으며, 따라서 채집과 요리에 관한 금기들이 목록을 이룰 만큼 많았다. 그것을 파내 요리를 하는 여자들은 채집 전후에 일정 기간 성교를 해서는 안 되었고, 남자들은 그 뿌리를 익힐 때 화덕에서 멀리 떨어져 있어야 했다. 뿌리를 먹을

캘리포니아 해안의 추마시 동굴 벽화. 샤먼들이 식물의 환각 성분인 페요티(peyote)를 먹고 고조된 상태에서 그렸다.

때는 식물의 수호령에게 그의 몸 중 일부를 식단에 올리는 것을 허락해달라는 기도를 올렸다. 비슷한 맥락에서, 크릭 인디언과 세미놀 인디언은 새 옥수수로 처음 만든 신성한 음식을 먹기 전에, 매일 먹는 음식에 들어 있었을지 모를 불순물을 위장에서 제거하기 위해서 하제를 삼키는 흥미로운 의식을 올렸다.

많은 인디언 부족들은 물소 떼를 따라다니는 떠돌이 사냥꾼이었다. 수, 코만치, 블랙풋, 크로, 아파치 같은 부족들은 어쩌다가 담배를 재배하는 것말고는 식물에 거의 관심을 보이지 않은 반면, 식물의 신비를 사냥과 연관시켜 인식한 부족들도 있었다. 이것은 많은 인디언 부족들이 모든 식물이 하늘의 정령에 의해 지상으로 와서 어머니 대지에 의해 양육되는 신성한 것이라는 믿음을 갖고 있었음을 말해준다. 동지 때, 즉 식물 세계가 죽은 것처럼 보이고 사냥에 더 의존하게 될 때, 주니족은 독수리와 오리 같은 여러 새들의 깃털로 만든 일종의 신대를 솔트부시(*Atriplex canescens*)의 잔가지들에 묶어놓는다. 이 신대들은 솜꼬리토끼가 더 많이 나오기를 바라는 마음으로 그 토끼의 정령에게 바치는 것이다.

식민지화가 이루어지기 전 영구적인 정착지에 가까운 푸에블로(pueblo, 아메리카 원주민 부락/옮긴이)에 살았던 주니족과 호피족 같은 부족들은 뉴멕시코와 애리조나 북동부의 건조한 환경에서 관개시설을 하고 경작을 했다. 그들은 식물을 중심으로 한 의식을 자주 치렀다. 또 17세기 초부터 로마 가톨릭이 계속 그들에게 영향을 미치려 애썼지만, 그들은 자신들의 전통문화를 무너뜨리려는 기독교 선교사들에게 저항했다.

푸에블로에 사는 인디언들은 대부분 자연의 힘, 즉 생명을 주면서 한편으로 대단히 파괴적이기도 한 비와 특히 태양을 숭배한다. 주니족에게 아버지 태양은 '흰 조개껍데기 구슬 어머니'(White Shell Bead Mother, 태양의 어머니로서 나중에 조개껍데기가 되었다. 그래서 주니족은 조개껍데기로 만든 구슬을 신성하게 여겼다/옮긴이)와 함께 통치하는 위대한 신이다. 어머니 신은 여름의 극심한 가뭄을 구제하라고 비의 신에게 명령을 한다. 태양신과 흰 조개껍데기 구슬 어머니를 달래기 위해, 신분 높은 사제들은 기우제를 지내며, 그 의식에는 으레 특정한 식물들이 사용된다. 사제는 의식을 올릴 때 흰줄기달맞이꽃(*Oenothera albicaulis*)을 젊은 처녀들에게 나누어준 다음 함께 '옥수수 처녀들의 등장' 이라고 알려진 제례무를 춘다. 처녀들은 꽃잎을 씹어서 나온 노란 즙을 온몸에 바른다. 그들은 술장식쑥(*Artemisia frigida*)의 잔가지들과 옥수수 수염을 손에 들고 춤을 춘다. 이 식물들이 어떤 의미가 있는지는 명확하지 않지만, 흰줄기달맞이꽃의 색깔은 태양을 나타낼 수도 있다. 그리고 유럽에서는 예전부터 쑥속(*Artemisia*) 식물을 한여름과 관련지어왔다.

이 두 신이 서로 협력해 자연의 힘과 식물과 동물의 세계를 지배한다는 생각은 아마도 선사 시대부터 전해져왔을 것이다. 여기서 우리가 오해하고 있는 부분이 있다는 점을 말해두어야겠다. 19세기 초에 유럽인들의 상상을 사로잡기 시작한 신이교(neo-pagan) 낭만주의의 파고가 그런 오해를 일으키는 데 적잖이 기여를 했다. 당시에는 이른바 '곡식의 여신' 이나 '어머니 대지' 라는 만물의 어머니 여신이 있었고, 그녀의 아들이나 연인이 곡식을 수확할 때 죽었다가 봄에 밭에서 새싹이 필 때 부활한다는 주장이 유행했다. 그 개념은 고대 근동 지역에서 생겨나 유럽 전역으로 퍼져나갔다고 여겨졌다. 어디에나 존재하는 그 여신은 달과 연관지어졌다. 그녀는 대지 자체가 신격화한 존재였다. 1950년대에도 잠시 동안 영국의 몇몇 저명한 고고학자들이 그 주장을 다시 들고 나온 적이 있었다. 그 개념은 남성 우위의 위계 질서와 초목이 무성한 지구가 아니라 하늘 어딘가에 있다는 천국을 강조하는 기독교에 대한 낭만적인 안티테제였다(그 이전의 화가들은 분홍빛 뭉게구름과 날개를 지닌 천사들이 가득한 천상 세계를 그리기를 좋아했다).

그 개념은 지나치게 단순화시킨 것이다. 모든 사람들이 기꺼이 받아들이는 어머니 같은 여신이 하나 존재하며, 단지 각 지역마다 다른 이름으로 불렸다는 주장은 근거가 아주 빈약하며, 이를 뒷받침할 고고학적 증거나 역사적 증거도 없다. 선사 시대에, 특히 신석기 시대에 여신 숭배가 있었다는 증거는 널리 퍼져 있다. 그리고 이런 어머니 대지의 숭배자들이 마르지 않는 리비도의 저수지를 소유한 다소 광적인 남성들이라는 주장을 뒷받침하는 증거들도 약간 있다. 하지만 그 숭배자들이 모든 부족에서 똑같이 받아들여졌는지 여부를 밝혀내기란 불가능하다.

춤도 선사 시대부터 이런 신들을 불러내는 부족 제의의 일부였던 듯하다. 남성의 생식능력을 주관하는 정령(또는 그런 정령이 깃든 사면)이 있었다는 것은 프랑스 남서부 도르도뉴 지방의 동굴 벽화에 그려진 이른바 '주술사' 같은 그림들을 통해 알 수 있다. 이 중에서 가장 잘 알려진 것은 베제레 계곡의 트루아 프레르 동굴 벽에 새겨진 반인반수이다. 이 인물은 광적인 흥분 상태에서 춤을 추고 있는 듯하다.

대평원에서 사냥을 하는 부족들뿐 아니라 계절 변화와 경작에 중요한 시기에 종교적인 축제를 여는 부족들까지 포함해서 북아메리카 인디언들의 제의에서 춤은 핵심 요소였다. 앨라배머와 조지아의 크릭 인디언들은 주로 강과 계곡을 따라 흩어져 살았는데, 백인 정착민들은 인디언 부족들을 그 강과 계곡의 이름을 따서 불렀다. 그 인디언들은 전통적으로 옥수수와 기타 작물들을 경작했다. 그들의 주된 종교 의식 중에는 옥수수가 익은 것을 기념하는 옥수수 껍질 춤, 즉 풋옥수수 춤이 있었다.

하지만 자연의 정령을 불러내는 춤이 모두 식물을 중심으로 한 것은 아니다. 비록 풍작을 기원하는 것이 목적이었을지라도 말이다. 주니족과 호피족은 옥수수, 콩, 호박, 과일들을 재배했다. 주니족처럼 호피족도 비의 신을 가장 중요하게 여기지만, 초자연적인 힘을 지닌 자들에게 올리는 그들의 제의 중에는 뱀춤이라는 현란한 제의가 있다. 이 춤은 격년제로 8월 세번째 주 무렵에 열리며, 8일간의 제의가 끝난 뒤에 시작된다. 그 제의는 지금도 대부분 비밀에 싸여 있다. 뱀은 호피족의 형제이며, 정령 세계와 대화를 나누는 특별한 능력을 지니고 있다고 여겨진다. 뱀춤은 여름에 극심한 가뭄이 들었을 때 아주 많은 비를 내려달라고 자연의 힘들에게 호소하는 것이다.

호피족의 사례에도 불구하고, 인디언 부족 제의에 직접 쓰이는 식물들도 많으며, 식물을 고를 때 공감 주술(신에게 무엇을 요청하는지 뚜렷한 표지를 제공하기 위해)이 중요한 역할을 한다. 따라서 겉모습, 즉 서명이 중요할 때가 종종 있다(8장 참조). 푸에블로에 사는 인디언들이 비와 관련지어 신성시한 식물들 가운데 핵심 역할을 한 것은 목화(*Gossypium hirsutum*)이다. 목화의 둥그런 모양이 구름과 비슷하기 때문이다. 비슷한 이유로, 그리고 공감 주술의 원리들에 따라서, 푸에블로 인디언들은 옥수수 풍작을 기원하는 수확 제의 때 전통적으로 남근 모양의 조롱박이나 호박을 다산의 상징으로 삼아 몸에 두르곤 했다.

북유럽과 아시아의 극지 근처에 사는 부족들의 사제들이 그렇듯이, 북아메리카의 인디언 사제들도 정령 세계와 대화를 나누는 무아지경 상태에 빠져들기 위해 환각 물질이 든 식물을 사용한다. 그 중에 독말풀(*Datura stramonium*)이 있다. 전세계의 온난한 지역에 널리 퍼져 있는 덤불 식물들로 이루어진 소규모 속의 한 종인 이 식물은 한여름부터 첫서리가 내릴 때까지 나팔 모양의 하얀 꽃을 피우며, 이 꽃에서 가시투성이의 초록빛 밤 같은 열매가 맺힌다. 이 식물의 영어명(Thorn Apple 또는 Jimson Weed)은 이 열매에서 비롯된 것이다. 북아메리카의 인디언 부족 샤먼들은 기우제 때 이 독말풀의 뿌리를 씹거나 소량의 뿌리 가루를 눈과 귀와 입에 넣는다. 새들이 독말풀을 먹으면 비를 내려달라는 노래를 부르기 때문에 그 다음날 날씨가 변할 것이라는 속설도 있다.

마약성 또는 환각성을 지닌 많은 식물들이 그렇듯이, 독말풀에도 기원과 마력을 설명하는 전설이 붙어 있다. 이 식물은 아네글라캬라는 소년과 그의 여동생인 아네글라캬치차의 후손이라고 한다. 그들은 지하에 살고 있었는데, 이따금 지상 세계로 올라오는 모험을 하곤 했다. 어느 날 그들은 실수로 정령들이 사는 신성한 구역으로 들어갔다가, 집으로 돌아가서 부모에게 보고 들은 것을 말했다. 이런 무례한 짓에 대단히 분노한 정령들은 그 아이들을 독말풀로 바꿔버렸다. 그 결과 그 식물을 먹은 사람들도 그 아이들의 재잘거림을 통해 정령 세계의 비밀을 알 수 있게 되었다. 독말풀의 환각을 불러일으키는 능력은 더 평범한 상황에서도 쓰이게 되었다. 누군가 재산을 잃어버렸거나 빼앗겼다면, 사제는 그에게 그 뿌리를 주어 씹게 한다. 그러면 그는 도둑이 누구인지 또는 잃어버린 물건이 어디에 있는지 알게 된다.

나무들도 초록 덮개에서 환각 물질이 든 식물들 못지않게 신비한 분위기를 지니며, 그들과 연관된 민속 설화들도 선사 시대까지 거슬러올라가는 것이 거의 확실하다. 나무들은 긴 수명과 엄청난 크기와 튼튼함 때문에, 특수한 정신적인 속성을 부여받게 되었고, 거기에서 온갖 미신과 금기가 생겨났다. 서기 233년에서 309년 사이에 살았던 팔레스타인 철학자이자 작가이며, 엄격한 채식주의자이기도 한 포르피리(Porphyry)는 간결한 관찰 기록을 남겼다.

> 그들은 원시인들이 불행한 삶을 살았다고 말한다. 그들의 미신이 동물에게서 그치지 않고 식물에까지 뻗어 있었기 때문이라는 것이다. 나무들에도 영혼이 들어 있다고 하면, 소나 양을 살육하는 것이 전나무나 참나무를 쓰러뜨리는 것보다 더 잘못된 일이라고 말할 이유가 없다.
>
> — 『부재에 관하여*De Absentia*』에서

나무는 여러 가지 이유로 베어야 할 때가 많지만, 한편으로 나무는 정령이 깃드는 곳이기도 했다. 고고학적 증거들은 선사 시대 유럽에서 벌목을 아주 중요한 문제로 여겼다는 것을 보여준다. 도끼는 전쟁 무기이기 훨

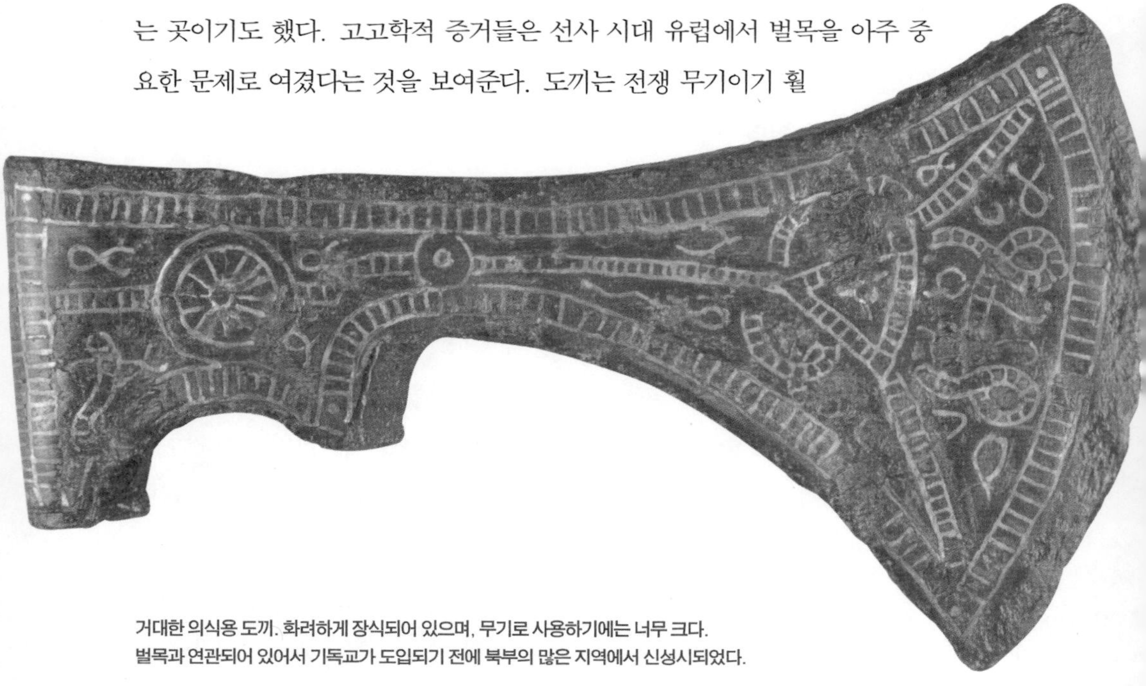

거대한 의식용 도끼. 화려하게 장식되어 있으며, 무기로 사용하기에는 너무 크다.
벌목과 연관되어 있어서 기독교가 도입되기 전에 북부의 많은 지역에서 신성시되었다.

씬 전부터 신성한 도구였으며, 죽음과 재생을 잇는 역설적인 연결 수단이라고 여겨진 것이 분명했다. 죽은 나무를 쪼개는 도끼날은 생명의 재생이라는 마법을 부리기도 했던 것이다. 오래된 나무의 잔해가 썩어 양분이 풍부해진 토양에서 곧 어린 나무들이 자라났기 때문이다. 스칸디나비아에서 발굴된 신석기 시대와 청동기 시대의, 인간의 팔로 들기 힘들 정도로 거대한 의식용 도끼는 번식 능력과의 그런 상징적인 관계를 보여준다. 반면에 같은 시대의 암각화에는 손에 거대한 무기를 들고 있는 성적으로 흥분한 신들의 모습이 새겨져 있다.

오스트레일리아 원주민의 전통 풍습에서도 나무 숭배의 특성을 보여주는 자료들을 얻을 수 있다. 오스트레일리아 원주민 문화의 가장 유명한 상징인 디제리두(didgeridoo)는 속이 빈 큰 나뭇가지로 만든 긴 관이다. 이 관은 오스트레일리아 대륙 전체에서 강한 남근을 지닌 남신의 상징으로 여겨지고 있으며, 입에 대고 불면 깊은 소리가 난다.

이스트앵글리아의 노포크 해안에서 발견된 청동기 시대의 유적을 다시 떠올려보자. 그 신성한 원의 중앙에 참나무 그루터기를 거꾸로 꽂아놓은 이유를 논리적으로 설명해줄 가장 흥미로운 통찰력을 오스트레일리아에서 찾아볼 수 있다. 많은 원주민 부족들은 야란도(Yaraando)라는 나무에 대한 정령 신앙을 지니고 있다. 이 나무는 '삶과 죽음의 꿈 나무' 라고도 알려져 있다. 원주민들은 큰 행사 때 가장 신성한 장소인 보로(boro)라는 원형의 공간에서 전통적으로 뿌리가 허공에 노출되도록 거꾸로 나무를 심곤 했다. 이것은 그 나무가 하늘 세계에서 자란다는 것을 의미한다. 꿈의 시대에 조상령들은 거대한 나무를 통해 구름 위의 세계로 올라갔다고 한다. 이런 의식 때 샤먼들은 꿈 나무를 기어올라가 사라졌다가 돌아와 위쪽 세계에서 목격한 경이로운 것들을 이야기했다고 한다.

퀸즐랜드 북부 케이프 요크 반도에 사는 위크뭉칸(Wik-Mungkan 또는 Wik-Munggan) 부족은 전통적으로 성냥개비나무(Matchwood Tree, *Erythroxylum ellipticum*)를 꿈 나무로 삼고 있다. 이 나무는 굵은 곧은뿌리가 하나 있고, 그 옆으로 얇

오스트레일리아 노던 테리토리에서 몸에 색칠을 한 원주민이 자기 문화에서 가장 잘 알려진 도구인 디제리두를 불고 있다.

은 뿌리들이 넓게 펼쳐진 형태를 이루고 있다. 예전에는 부족민이 죽으면 매장지로 운반한 다음, 작은 성냥개비나무를 뽑아 그루터기만 남기고 줄기를 잘라냈다. 그런 다음 위아래를 뒤집어서 무덤 위에 놓았다. 곧은뿌리는 서쪽을 향하도록 했다. 그들은 하늘 세계의 입구가 서쪽에 있다고 믿었다. 이런 풍습과 영국에서 발견된 청동기 시대의 유적 사이에 유사점이 있다는 것을 무시하기는 쉽지 않다. 그것은 이스트앵글리아의 참나무 그루터기가 위쪽 정령 세계로 올라갈 수 있도록 죽은 자의 몸을 올려놓았던 제단일 것이라는 주장에 힘을 실어준다.

오스트레일리아의 여러 원주민 부족들은 나무줄기를 잘라 만든 장식이 그려진 장대를 숭배하며, 그것이 꿈의 시대 때 조상령이 준 것이라고 생각한다. 그 장대는 살아 있는 영혼과 죽은 영혼을 잇는 계단 역할을 하는 듯하다. 생명을 지니고 있다고 여겨지는 트나탄타(tnatantja)라는 치장한 특수한 종류의 토템 장대도 '삶과 죽음의 꿈 나무'를 상징한다. 신화에는 케렌벤가(kerenbennga)라는 곳에서 꿈의 시대 때 하늘에 닿을 정도로 긴 빨간색과 하얀색으로 칠한 트나탄타 장대를 세웠다는 이야기가 나온다. 또 원주민들은 예로부터 전해 내려오는 휘어진 투척용 막대, 즉 부메랑이 맨 처음에 꿈의 시대 때 '꿈 나무'로 만들어졌다고 믿고 있다.

오스트레일리아의 원주민 부족들은 초창기에는 높이 세운 나무 제단을 사용한 북아메리카 원주민들과 흡사하게 죽은 자를 나무 위에 올려놓았던 듯하다. 원주민들의 장례식 때 푸카마니(pukamani) 매장 장대라고 알려진, 장식을 새긴 긴 나무 토템을 땅에 꽂아 그대로 썩게 놔두는 것도 이런 풍습이 발전된 흥미로운 사례이다. 이 장대들은 신성한 나무이면서 조상령을 나타내는 듯하다. 때로는 나무의 속을 파내서 죽은 자가 들어갈 세워진 관을 만들기도 한다. 이것들은 죽은 자의 영혼이 지상에서 천상으로 올라가는 데 쓰이는 상징적인 사다리임이 분명하다.

유럽 수렵채집인의 후손인 켈트족 중에는 나무 숭배를 진정으로 발전시킨 부족들이 있다. 이제 켈트족 문화와 그들이 초록 덮개의 정신적인 측면을 어떻게 생각했는지 살펴볼 때가 되었다.

일찍이 북유럽의 드넓은 지역을 뒤덮고 있던 침엽수림은 사람들이 한때 정령들이 돌아다닌다고 믿었다는 것이 납득이 갈 만큼 어두컴컴하고 음산한 곳이다. 상록수인 그 나무들은 다른 식생들이 죽어 사라질 때에도 그대로 영속하는 존재로 여겨지기도 했다.

2

# 북유럽의 신성한 숲들

켈트족은 북유럽에서 역사상 이름이 알려진 최초의 문명을 이루었다. 사회 진화의 관점에서 보자면 구석기 시대 사냥꾼과 고대 근동의 위대한 농경 민족들을 잇는 징검다리였다. 비록 메소포타미아 문화가 켈트족 문화보다 몇천 년 앞서 등장하긴 했지만, 알프스 산맥 북쪽의 드넓은 지역은 문명 발달의 관점에서 볼 때 메소포티미아에 비해 훨씬 뒤처져 있었다. 유럽에서 농경과 노동 분업에 바탕을 둔 정착 공동체는 수메르, 아시리아, 바빌로니아 같은 많은 대도시들이 폐허가 된 지 오랜 세월이 흐른 뒤에서야 비로소 등장했다. 때가 되면 우리는 티그리스 강과 유프라테스 강 사이의 비옥한 땅에서 발전한 위대한 농경 문명에 초점을 맞추게 될 것이다.

켈트족의 먼 조상들을 살펴보려면 고고학적 증거들과 오늘날의 부족 사회들로부터 유추한 논란의 여지가 있는 사실들에 의존할 수밖에 없다. 아일랜드의 풍부한 문헌들과 로마 저술가들의 관찰 기록들은 켈트족의 풍습이 어떠했는지 알려줄 수 있다.

하지만 켈트족이 초록 덮개에 대해 어떤 태도를 지니고 있었는지 제대로 이해하고자 할 때 제기되는 본질적인 문제가 하나 있다. 그것은 그들의 문화가 거의 유례가 없을 정도로 왜곡되어왔다는 점이다. 고대 제국 건설자들은 켈트족에게 흥미를 느꼈다. 하지만 로마 시민이 보기에 그들은 야만인이었다. 그들은 전사로서는 뛰어나고 용맹했지만, 문화적으로는 경멸을 받았다. 율리우스 카이사르(Julius Caesar), 스트라보(Strabo, 기원전 63년~서기 21년) 그리고 1세기의 저술가인 타키투스(Tacitus) 같은 역사가들은 다소 깔보는 듯한 시선으로 그들의 문화를 바라보았다. 또 그들의 문화유산은 기독교 성직자들과 수도사들의 손에 지독하게 피해를 입기도 했다. 교회는 용납할 수 없는 이단 숭배로 간주한 것은 절대로 인정하지 않으려 했다. 이런 태도는 얼토당토않은 개념들을 낳았는데, 그것들은 지금에서야 겨우 폐기되고 있다.

우리는 지금도 켈트족이 '고대 브리튼족'이며, 그들의 드루이드교 사제들이 하얀 턱수염을 길게 늘어뜨리고 황금 낫과 겨우살이 가지를 휘두르며, 하얀 겉옷을 입고 스톤헨지 주위를 돌아다녔다고 상상하곤 한다. 하지만 이런 이야기들 중 많은 부분은 아무런 증거도 없는 허구이다. 현대에 새롭게 부활한 드루이드교의 신자들은 오로지 고대 저술가인 플리니우스(Plinius)가 남에게 듣고 쓴 근거가 빈약한 기록을 토대로 삼아 참나무와 겨우살이를 숭배한다. 아일랜드의 초기 기독교 수도사들의 저술을 보면, 켈트족 드루이드교도들이 농경과 천문을 근거로 한 여러 절기에 맞춰 매년 축제를 열었다고 나와 있다. 하지만 그들이 어떤 대상을 믿었고 어떤 성격의 제의를 올렸다는 이야기들은 대부분 현대에 창작된 것이다. 드루이드교 성직자들은 자신들의 의식이 외부인에게 알려지지 않도록 극도로 조심했고, 글로 기록을 남길 수 있는 유일한 사람들이었던 기독교 성직자들도 그 외부인에 포함되었던 것이 분명하기 때문이다. 따라서 이교도의 활동을 왜곡하고 경멸하는 관점으로 기술된 창작이 가미된 기록들이 많았다.

사실 켈트족은 구전으로만 전해지는 복잡하고 정교한 신앙의 수호자였다. 그들은 기원전 7세기에 세력을 키우기 시작했다. 로마 제국에게 집어삼켜지기 전에, 그들은 당시의 저술가들이 '트란살피나(transalpina)' 라고 말하는 선, 즉 대강 피레네 산맥에서 시작되어 알프스 산맥과 다뉴브 강을 따라 흑해 연안까지 이어지는 선 위쪽의 드넓은 땅을 지배하고 있었다. 세력이 절정에 달했을 때, 켈트족은 이베리아 반도, 발칸 반도, 아나톨리아의 많은 지역과 심지어 이탈리아까지도 지배했지만, 서기 1세기가 되자 대륙에서 켈트족이 독자적으로 지배하는 지역은 갈리아밖에 남지 않았다. 켈트족의 선조들은 유럽의 기후가 건조하고 따뜻했던 시기에 수렵채집인으로부터 진화했으며, 그들은 현재까지 이어지고 있는 혼합 농경이라는 효율적인 체제를 출범시켰다. 하지만 그들은 드넓은 숲에 둘러싸여 있었고 그 숲의 지배를 받고 있었다. 빙하기의 툰드라는 수천 년 전에 이미 물러났고, 온대의 식생이 그 자리를 대신 차지하고 있었다. 타키투스는 '울창한 숲과 위험한 늪의 땅' 이라고 표현했다. 쥐라 산맥과 보주 산맥의 높은 곳에 올라 라인 강 너머 동쪽을 바라보면, 멀리 지평선까지 나무의 바다가 끝없이 펼쳐져 있었다. 거의 뚫고 들어갈 수 없을 듯이 보이는 헤르키니아(Hercynia, 오늘날의 독일 슈바르츠발트 산맥에서 시작하여 동쪽으로 펼쳐져 있는 광활한 삼림지대/옮긴이) 숲이었다. 뒤로 돌아 서쪽을 바라보아도 비슷한 경관이 펼쳐졌다. 서쪽 해안의 늪지대에 이르기까지 나무들이 거의 끊이지 않고 이어져 있었다. 영국 제도와 스칸디나비아의 많은 지역도 비슷한 처녀림으로 뒤덮여 있었다.

켈트족 신앙에는 자연 환경이 많이 반영되어 있었고, 우리가 수렵채집인이라고 알고 있는 사람들의 흔적도 담겨 있었다. 그들의 신앙 속에서 자연 경관은 '저승 세계' 와 애니미즘을 통해 깊은 관계를 맺고 있었다. 자연에 있는 모든 것은 정령들이 입고 있는 외투로 보였고, 정령들은 인간의 형태를 취할 수도 있었다. 스칸디나비아의 켈트족은 이런 존재들을 란트패티르(landvaettir)라고 했다. 나무들이 그저 손에 만져지는 생명체 이상의 것이라고 해도 놀랄 일은 아니었다. 나무들은 특히 정령들과 관계가 깊었고, 자연에 있는 다른 모든 대상들보다 뛰어난 비밀의 힘을 소유하고 있었기에 특별한 숭배를 받았다. 숲은 살아 있는 신전이 되었다. 타키우스가 켈트족에 관해 말한 것처럼 말이다. "그들은 천상의 주재자들을 담 안에 틀어박혀 있는 신들로 간주하거나 인간과 흡사한 면모를 지닌 존재로 보는 것이 옳지 않다고 생각한다. 그들은 숲과 관목림을 신성시하며, 신자의 눈에만 보이는 신비한 것에 신의 이름을 붙인다."

켈트족은 신성한 숲을 나무들이 신탁의 말을 하는 곳이자 부족의 이름이 붙은 신들이 소유한 곳이라고 간주했다. 한 예로 네메테스(Nemetes)라는 부족은 네메토나(Nemetona)라는 숲의 여신을 숭배했다. 숲, 더 정확히 말해 숲 속의 빈 터는 자연적으로 형성된 신전, 즉 '작은 숲(grove)'으로 여겨져서 여신에게 바치곤 했다. 그런 곳을 네메톤(nemeton)이라고 했으며, 나중에 이 단어는 켈트족의 모든 신성한 곳을 뜻하는 의미로 쓰이게 되었다. 타키투스는 서기 68년 이전의 로마 역사를 다룬 『연대기 *Annales*』에 서기 61년 로마 사령관 수에토니우스 파울리누스가 파괴하기 전 앵글시 섬(영국 웨일스 지방에 있는 섬/옮긴이)에 신성한 숲들이 있었다고 썼다. 유럽 전역에 그와 비슷한 성지들이 있었다. 그런 성지들은 수렵채집인에게서 물려받은 유서 깊은 신앙의 산물이었을 것이다. 정령이 사는 숲은 보이지 않는 정령을 불러내 쉽게 적어도 어느 정도 지속적으로 대화를 나눌 수 있는 장소가 되었다. 그런 성지들이 모두 숲의 빈 터에 형성된 것 같지는 않으며, 로마가 켈트족을 지배하던 시대에 네메톤이라는 단어는 부족들이 특정한 계절에 회합하는 장소까지 포함하는 더 넓은 의미를 갖게 되었다. 물은 신들의 정액, 즉 신성한 것이라고 믿어졌으므로, 샘이나 연못이 성지 역할을 하는 네메톤인 경우도 많았다.

지명에 켈트족의 성지였다는 흔적이 남아 있는 경우도 있다. 영국 벅스턴 온천 마을의 원래 이름은 아쿠아 아르네메티아(*Aqua Arnemetiae*, 아르네메티아는 켈트족 신화에서 물 혹은 신성한 숲의 여신/옮긴이)였다. 그것은 그 당시에도 그곳의 온천이 신성한 숲과 관련이 있었다는 것을 암시한다. 또 노팅엄셔에는 베르네메툰(Vernemeton, 특별히 신성한 숲이라는 뜻/옮긴이)이라는 곳이 있었다. 지중해 지역의 저술가인 스트라보는 소아시아의 드루네메톤(Drunemeton)이라는 곳에서 갈라티아의 호전적인 세 부족들 간에 화해를 도모하는 회의가 열렸던 일을 서술했는데, 드루네메톤은 '신성한 참나무 숲' 이라는 뜻이다. 하지만 그만한 무리들이 모이려면 상당한 공간이 필요했을 것이고, 숲 속의 작은 빈 터로는 충분하지 않았을 것이다.

켈트족이 전반적으로 나무를 얼마나 숭배했는지는 오검 문자라는 켈트족 룬 문자의 토대가 된 기이한 자모에서 드러난다. 이것은 이른바 베스-루이-니용(Beth-Luis-Nion)이라는 나무 자모로서, 로데리크 오플라헤르티(Roderick O'Flaherty, 아일랜드 골웨이 출생의 위대한 17세기 학자/옮긴이)가 지은 『오지지아*Ogygia*』에서 처음 연구되었으며, 그 뒤 로버트 그레이브스(Robert Graves, 19세기 영국의 시인이자 소설가/옮긴이)의 『하얀 여신*White Goddess*』을 통해 널리 알려지게 되었다. 베스-루이-니용은 아일랜드 켈트족의 자모로 썼을 때 맨 처음에 나오는 세 나무의 이름에서 따온 것이다. 즉 자작나무, 마가목 그리고 구주물푸레를 말한다. 그 문자들은 순서가 약간 달라지긴 했지만 수세기 동안 이어져왔고, 현대 아일랜드 자모의 토대를 이루고 있다. 아일랜드 자모의 모음 5개와 자음 13개는 각각 나무의 이름이기도 하다. 오늘날 베스-루이-니용 자모(오리나무가 세번째가 되는 다른 판본에서는 Beth-Luis-Fearn이라고 불리기도 한다)는 신이교도들에 의해 거의 오로지 점을 치는 목적으로만 쓰인다. 하지만 켈트족 시대의 드루이드교도들은 이 문자를 현대 농아자들의 수어와 그리 다르지 않은 의사 전달 수단으로 썼을지도 모른다.

켈트족과 그들의 유럽 후손들은 나름대로 특정한 나무들을 골라 신성한 나무로 삼았다. 중요한 회합은 이런 신성한 나무들 아래에서 이루어졌고, 부족마다 각기 다른 나무를 자신들의 상징으로 삼았다. 그런 나무들에 관한 기록은 아일랜드 켈트족에게 기독교가 전파되었을 무렵에 처음 등장했다. 그들은 '신성한 나무' 를 '빌라(bile)' 라고 했다. '빌라' 는 신성한 샘가에 서 있을 때가 많았다. 그것은 대대로 위대한 지혜와 힘의 근원이었으며, 속세와 '다른' 세계의 경계였다. 켈트족 세계에서 이런 나무들이 신성한 것으로서뿐 아니라, 대단히 중요하고 가치 있는 물품으로 여겨졌다는 것이 지금은 이해하기 어렵지만, 당시에는 부족끼리 싸울 때 이런 나무들을 파괴하기 위해 애를 썼다. 고대 게르만인들이 살아 있는 나무의 껍질을 고의로 벗

많은 고대 사회는 참나무를 신성시했다. 죽은 가지들이 사슴뿔처럼 뻗어 있는
이 놀라운 나무는 영국 노팅엄 근처의 유명한 셔우드 숲에 있다.

긴 자를 처벌했다는 데에서 한 가지 섬뜩한 깨달음을 얻을 수 있다. 이렇게 껍질이 벗겨진 나무는 죽게 마련이다. 나무껍질에는 뿌리와 잎 사이로 양분을 운반하는 통로가 있기 때문이다. 유죄로 판명되면 그의 배를 갈라 창자를 꺼내 그가 치명적인 손상을 입힌 나무에 못박았다. 그런 다음 살아 있는 것이 나무껍질을 대신한다는 상징적인 의미로서, 창자가 붕대처럼 나무줄기를 감쌀 때까지 그를 끌고 나무 주위를 돌았다.

켈트족이 가장 중요하게 여긴 나무는 참나무였다. 1세기의 로마 역사가이자 자연학자인 플리니우스는, '드루이드(Druid)' 라는 말의 첫 음절이 참나무를 뜻하는 그리스어 드루스(drus)에서 유래했다고 보았다. 두번째 음절은 인도유럽 어근인 '알다' 라는 뜻의 위드(wid)에서 유래한 것으로 믿어진다.

유럽참나무(*Quercus robur*)와 친척 종들은 대단한 내구성과 수명 덕택에 유럽뿐 아니라 자라는 모든 지역에서 특별한 영적 특성을 부여받았다. 드루이드교도들은 참나무를 절기상으로 한 해 중 낮이 가장 긴 6월 21일인 하지의 의미와 취지를 상징하는 나무로 여겼다. 참나무는 그들의 여름 나무이자 생명의 나무였다. 그렇다고 해서 그것을 더 실용적인 용도로 쓰지 못하도록 금지한 것은 아니었다. 그들은 적절한 의식을 올린 뒤 참나무를 베어서 줄기는 가죽을 무두질하는 데 썼고, 도토리는 돼지에게 먹였으며, 목재로는 배와 집을 만들었다.

켈트족 문화에 로마의 문화가 주입되자, 참나무가 지닌 신비한 후광은 더 강해졌다. 그리스와 로마의 신화에 따르면, 참나무는 제우스의 나무였다. 참나무는 번갯불에 자주 맞는데 번개는 제우스의 주요 무기이기 때문이었다. 번개는 폭풍우와도 관련이 있으므로, 참나무는 옛 게르만족의 천둥의 신인 도나르(Donar)와 그에 해당하는 북구의 신인 토르(Thor)와도 관련을 맺게 되었고, 나아가 번식 능력을 상징하게 되었다. 폭풍우의 신들이 신들의 정액인 비를 내려서 대지라는 자궁을 수태시키기 때문이었다.

기독교가 기존 신앙을 대체한 뒤에도 참나무의 정신적인 속성은 사라지지 않았

콘월의 펜잰스 근처 매드론에서 옛날 소망의 우물이 있었던 곳 옆에 있는 나뭇가지에 달아맨 천 장식인 클로티스.

다. 옛 게르만족의 기록들에는 8세기에 기독교 선교사인 성 보니파키우스(St. Bonifacius)가 헤센 지방에 있는 '도나르의 참나무(Donares eih)' 라는 이름을 지닌 신성한 참나무를 없애라는 명령을 내렸다고 나와 있다. 제임스 프레이저(Sir James Frazer)는 『황금 가지*The Golden Bough*』에서 발트 제국에서는 천둥의 신 페르쿤스(Perkuns)를 기리기 위해 참나무 화톳불을 꺼뜨리지 않은 채 계속 피우고 있었으며, 기독교인들이 그의 신성한 숲을 벌목하기 시작하자 울부짖음이 들렸다고 쓰고 있다. 심지어 아주 최근까지도, 아일랜드에는 참나무 껍질에 동전을 두드려 박거나 '클로티스(clouties)' 라는 리본을 나뭇가지에 묶어서 성모 마리아를 비롯한 로마 가톨릭 성인들에게 기원하는 풍습이 내려왔다.

유럽에서 멀리 떨어진 지역에서도 참나무의 강인함은 외경심을 불러일으켰다. 일본의 전설에는 새로운 절을 짓기 위해 많은 돈을 갖고 여행하는 선불교 수도승인 무난 젠지(Shido Munan Zenjii, 1603~1676)의 이야기가 나온다. 무난 젠지는 고향으로 돌아가는 길에 어느 주막에서 하룻밤을 보냈는데, 그가 잠든 사이에 도둑이 들었다. 하지만 도둑이 수도승의 방에 들어가 보니, 잠자는 사람은 온데간데없고 다다미에서 거대한 참나무가 자라나 방을 가득 채우고 있었다.

서기 8세기와 9세기에 바이킹의 세력 확장으로 전성기를 맞이했던 북유럽과 게르만 민족들 사이에서도 나무 숭배가 제의의 근간을 이루고 있었다. 초기 기독교 시대에는 유럽의 많은 지역에서 이교도들이 완강하게 버티고 있었다. 일부 북부 지방 부족들은 기독교가 단단히 뿌리를 내린 뒤에도 거의 천 년 동안 기독교를 받아들이지 않았다. 예를 들어 스웨덴이 기독교를 믿게 된 것은 12세기가 되어서였고, 중부 유럽의 곳곳에서는 6백 년 전까지도 이교도 색채가 뚜렷했다. 나무들이 생명 및 다산성과 긴밀하게 연관되어 있다는 생각이 여전히 널리 퍼져 있었던 것이다. 나무들이 험난한 환경에 맞서 강인하게 오래 살아가는 모습이 그런 생각에 적잖이 기여했다. 거기에다가 더 비의적인 요소들까지 얽히면서 온갖 신앙들이 생겨났다.

중세의 여행가이자 작가인 아담 폰 브레멘(Adam von Bremen)은 서기 1070년 스웨덴 웁살라에 마지막으로 남아 있는 이교의 보루를 방문했다. 그는 금박으로 뒤덮여 있었다는 어느 장엄한 신전을 묘사했다. 그 신전은 오딘(Odin 또는 Othin), 토르, 그리고 출산의 신인 프레이르(Freyr)를 비롯한 북구의 여러 신들을 모시고 있었다. 아담에 따르면 그 신전 옆에는 작은 숲이 있었는데 그 숲의 나무들은 모두 신성했다. 이 숲에서 희생제가 열렸던 듯하다. 아담은 한 노인과 나눈 대화를 기록했다. 그 노인은 나무들에 말과 개뿐 아니라 사람의 시체도 걸려 있는 것을 보았다고 주장했다.

이따금 늙은 스웨덴 왕들이 프레이르의 사제 자격으로 스스로를 희생시켰을지도 모른다. 그들은 9년이라는 재위 기간이 끝날 때 죽음을 맞이했고 처형은 웁살라의 그 숲에서 이루어진 듯하다. 그리스와 로마 시대에도 비슷한 일이 벌어졌음을 시사하는 증거들이 있다. 비록 지중해 지역에서는 제의적 처형이 이루어지는 숲이 남신이 아니라 여신의 성지일 경우가 더 많았지만 말이다. 로마 알반 언덕에 있는 아리키아 근처의 신성한 작은 호수 네미 옆에는 로마 여신인 디아나 네모렌시스(Diana Nemorensis)

를 모시는 유명한 숲이 있었다. 신화에 따르면, 디아나의 신성한 숲의 사제이기도 한 고대 로마 왕국의 통치자는 전대 국왕을 처형한 뒤에야 국왕의 자리에 올랐다고 한다. 따라서 각 세대의 불행하고 충성스런 디아나의 하인들은 자신이 저질렀던 것과 똑같은 잔인한 죽음을 조만간 맞이하리라는 것을 냉정하게 직시한 채 숲을 돌보았다. 재위하는 동안 숲의 사제들은 경쟁자를 경계하는 한편, 한 가지 의식을 집행했다. 그들에게는 나무에 깃든 여신에게 생명의 씨앗을 주는 상징적인 행위로서 자위행위를 해서 신성한 나무의 줄기에 정액을 뿌려야 하는 의무가 있었다. 웁살라에 있는 숲에서 나온 증거도 비슷한 분위기를 풍긴다. 왕이든 백성이든 희생된 자들은 칼에 찔려 죽은 뒤 나무에 매달렸으며, 신성한 나무들이 새로운 생명력을 받도록 그들의 피는 신성한 땅으로 그대로 흘러내리도록 했다.

켈트족의 신성한 나무들은 드루이드교 사제들의 보호를 받았다. 드루이드교 사제들은 깊은 숲 속의 빈 터에서 신비한 의식을 거행했으며, 그 의식은 그리스와 로마의 역사가들에게 대단한 관심거리였다. 드루이드교와 신성한 나무들은 불가분의 관계에 있었다. 로마인들이 갈리아 지역에 있던 켈트족의 땅을 정복했을 때, 그들은 인간 희생 제의와 유해를 이용해 점을 치는 풍습을 비롯한 이런 긴밀한 정신적인 관계를 기괴하게 여겼다. 그 결과 온갖 무시무시한 이야기들이 퍼졌다. 서기 1세기의 시인인 루카누스(Lucanus)는 『파르살리아*Pharsalia*』■라는 작품에서 율리우스 카이사르가 로마 군단에 파괴 명령을 내린 마르세유 인근에 있는 켈트족의 성지인 신성한 숲(nemeton)을 묘사했다. 로마 군단이 그 성지를 파괴한 것은 종교적인 반대 때문이 아니라, 성을 공격할 때 쓸 목재가 필요했기 때문이었다. 루카누스는 아담 폰 브레멘이 후대의 켈트족 드루이드교도들 사이에 벌어지고 있다고 말한 것과 똑같은 종류의 살육이 자행되었음을 묘사하고 있다.

■ 이 서사시의 정확한 이름은 『내란기*De Bello Civili*』(10권)인데, 생생한 전투 묘사 때문에 『파르살리아』로 더 잘 알려져 있다.

거기에는 태곳적부터 인간의 손길이 닿지 않은 숲이 있었다. 그 안에는 나뭇가지들이 서로 뒤얽혀 만들어낸 어두컴컴하고 시원한 공간이 있었으며, 햇빛은 그곳에 들어오지 못하고 추방당했다. 그곳에는 목동인 판(Pan)도, 숲의 지배자인 실바누스(Silvanus)도, 님프들도 없었다. 대신에 야만적인 의식을 통해 숭배되고 있는 신들이 있었다. 제단마다 소름끼치는 제물들이 쌓여 있었고, 나무들에는 인간의 피가 흩뿌려져 있었다. 신들에게 바쳐진, 영예를 받아 마땅할 정도로 오래된 이 큰 나뭇가지들에는 새들도 내려앉기를 두려워했다. 그 성지에서는 야생 짐승들도 누우려 하지 않았다. 바람조차 그 숲 속으로 들어오려 하지 않았고, 검은 구름에서 뻗어 나오는 번개도 마찬가지였다. 미풍 하나 없는 곳에서 잎을 펼치고 있는 나무들은 자기 의지로 잎을 흔들어댔다. 물이 나오는 샘들도 어두컴컴했다. 나무들이 쓰러져 솟아오른 곳에는 불길해 보이는 억센 풀들이 자라나 있었다. 지하의 동굴들이 몸서리를 치며 포효하곤 하며, 주목들이 쓰러졌다가 다시 일어나고, 나무들이 불타지 않은 채로 불길을 일으키며, 뱀들이 줄기를 휘감고 움직이고 있다는 전설도 떠돌았다.

—『파르살리아』 1권(Loeb Classical Library 시리즈)에서

루카누스의 글은 켈트족이 깊은 숲 속에서 숭배 의식을 올렸고 인간을 제물로 바쳤다는 고고학적 증거를 확인해주는 것 외에 더 흥미로운 사실을 담고 있다. 그는 로마인들도 비록 로마식 이름을 붙이긴 했지만, 나무들에 정령들이 깃들어 있다는 것을 믿었다고 시인하고 있다. 실바누스는 이탈리아인들이 믿었던 숲의 신의 옛 이름이다!

켈트족 시대의 인간 희생 풍습을 보여주는 발굴지 중 가장 잘 알려진 곳은 영국 체셔의 윌름슬로 어귀에 있는 린도모스이다. 이곳에서 보존이 아주 잘 된 시신 한 구가 발견되었다. 현재 이탄이 대량으로 채굴되고 있는 이 지역은 2천여 년 전에는 숲과 작은 호수들이 흩어져 있는 소택지였다. 린도인(Lindow Man)은 기원전 300년경에 신성한 연못에 내던져진 것으로 보인다. 우리는 그가 우연히 물에 빠져 익사한 것

이 아니라고 확신할 수 있다. 옷이 약간 벗겨진 상태로 묶인 채 머리를 몽둥이로 얻어맞고, 대단히 강한 힘으로 밧줄에 목을 졸린 흔적이 보이기 때문이다. 그는 목이 잘린 채 엎어진 자세로 연못 속에 떨어졌고, 수백 년이 흐르자 이탄층이 형성되면서 연못이 메워졌다. 그렇게 해서 그에게 가해진 폭력의 증거들이 고스란히 보존된 것이다.

법의학자들이 부검을 하자, 린도인이 죽기 직전에 다소 특이한 식사를 했다는 사실이 드러났다. 세심하게 고른 식물들로 식단을 꾸민 듯했다. 그 사실이 알려지자, 즉시 질문이 쏟아졌다. 린도인은 늪의 어떤 고대 신에게 바쳐지기 전에 마법을 불어넣은 듯한 풀들이 포함된 이 의식용 식사를 자발적으로 한 것일까, 아니면 강제로 한

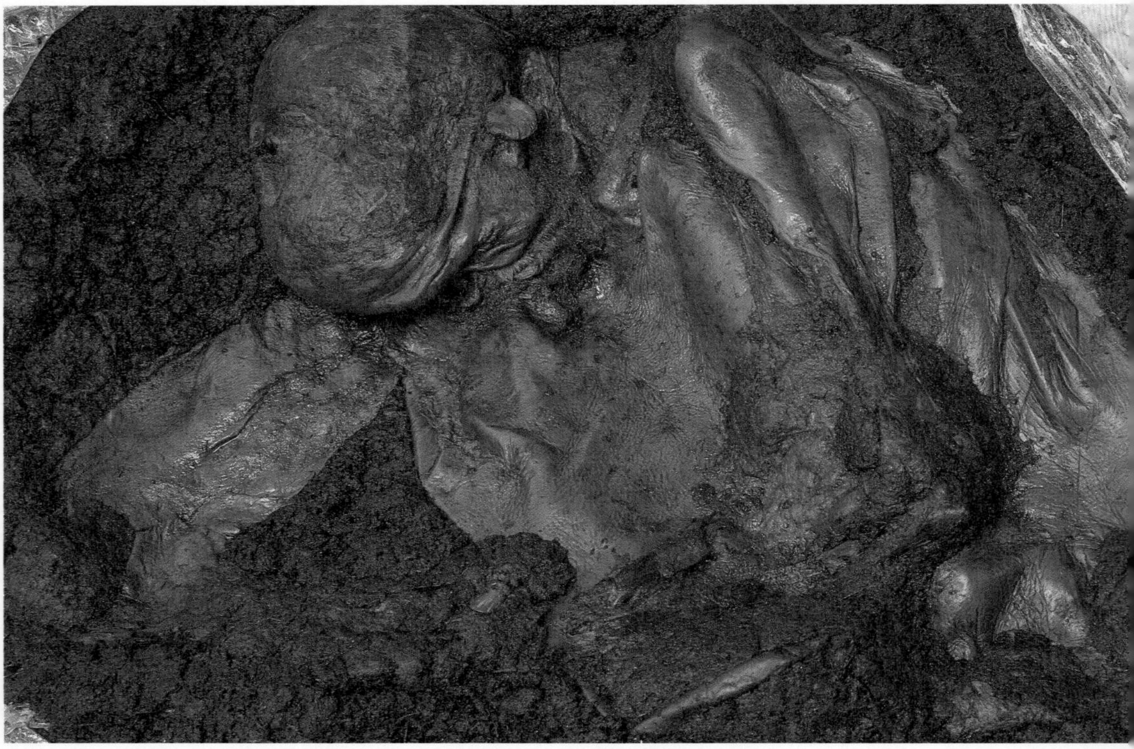

체셔의 이탄 늪에서 발견된 린도인의 잘 보존된 시신. 철기 시대에 켈트족의 신에게 바쳐진 제물로 여겨진다.

것일까? 린도인의 위 속에는 겨우살이 열매를 비롯해 다양한 씨앗과 열매들이 있었고, 시꺼멓게 탄 빵도 있었다. 숯이나 까맣게 태운 낟알은 켈트족의 종교 의식에서 중요한 역할을 했다고 알려져 있다. 전통적으로 켈트족은 부수거나 일그러뜨린 제물을 신에게 바쳤다. 장례용품들도 그렇게 형태나 재료를 변형시킨 것을 썼다. 1891년 덴마크의 보레모세 마을 어귀의 레베모센이라는 작은 늪에서 군데스트루프 그릇(Gundestrup Bowl)이라고 하는 정교하게 세공된 냄비가 발굴되었다. 그 늪은 서력이 시작된 이래로 인간의 손길이 닿지 않은 곳이었다. 그 그릇은 어떤 미지의 신에게 바쳐진 귀중한 공물이었던 것이 틀림없다. 그 그릇은 원래 여러 개의 판을 이어서 만든 것이었는데, 은으로 된 단단한 접합 부분을 일부러 떼어냈는지 판들이 분리된 상태로 발견되었다. 공물로 바쳐진 무기들도 조각나 있는 경우가 많았으며, 아마 낟알을 불에 태울 때도 비슷한 논리가 적용되었을 것이다. 후대의 북아메리카 원주민들도 같은 논리를 사용했다. 그들은 내세로 보내질 것들은 현세에서는 더 이상 쓸 수 없도록 망가뜨려야 한다고 주장했다.

린도인과 같은 희생적인 죽음은 유럽의 다른 지역에서도 찾아볼 수 있다. 덴마크에서는 여러 늪에서 철기 시대의 시신들이 발굴되었다. 1950년에 이탄 채굴을 하다가 발견한 톨룬트인(Tollund Man)도 그렇다. 그리고 대부분 켈트족의 점심 식단에 대개 들어 있지 않았을 종류의 식물들을 먹은 뒤에 비슷한 방식으로 죽음을 맞이한 듯하다.

린도인이 숲에 있는 늪의 신에게 바쳐진 제물이었다는 것은 분명하다. 그렇다면 어느 신이었을까? 켈트족 종교 의식에서 인간 제물을 수장시키는 방식은 골족의 신인 테우타테스(Teutates)와 관련이 있었다. 다른 신들에게는 제물을 목매달거나 불태우는 방식을 사용했다. 로마에 점령된 시기에 켈트족은 테우타테스를 초목의 신이자 수확의 수호자로 숭배했을 뿐 아니라, 놀랍게도 전쟁의 신으로도 모셨다. 초록 세계를 지켜야 한다는 필요성 때문에 신화에서는 초목신이 이 두 가지 역할을 함께 맡는 경우가 드물지 않다. 그것은 초기 인류가 죽음과 재생 사이에 존재하는 강력한 유대

관계의 한 측면을 이해했다는 의미이다. 또 그것은 자연력이 대단히 강했음을 반영하는 것이기도 하다(4장 참조). 그랬기 때문에 로마의 전쟁신인 마르스(Mars)도 밭과 그 산출물의 수호자로 숭배되었다. 이런 증거들로부터 테우타테스의 희생자들이 희생의식을 치르는 호수에 수장되었다는 논리적 결론을 끌어낼 수 있다. 마지막 의식용 식단에 들어 있었을 각종 씨앗들을 위장에 넣고 있던 린도인 같은 시신들은 초목신을 달래기 위해 죽은 것인지도 모른다.

군데스트루프 그릇은 물, 나무, 죽음이 종교 의식에서 어떻게 관련을 맺고 있었는지를 보여준다. 이 그릇에는 물통 속에 머리부터 빠지는 사람의 모습을 비롯해 종교 의식을 올리는 장면들이 상세하게 새겨져 있다. 한 초기 문헌학자가 루카누스의 시 『파르살리아』를 분석한, 『베른 주석*Berne Scholia*』이라고 알려진 연구서에는 테우타테스에게 제물을 바칠 때 먼저 물통 속에 제물의 머리를 처박아서 질식시킨다는 주석이 달려 있다.

유럽에는 전쟁과 초록 세계가 아니라 사냥 및 초목을 주관하는 또 다른 남신이 있었던 듯하다. 우리가 그 신에 관해 아는 것이라고는 그가 서기 1000년경까지 숭배되었고, 주로 동물과 관련이 있었다는 것뿐이다. 갈리아(프랑스 중부) 지역에서 주로 발견되는 켈트족의 조각과 그림을 보면, 수사슴의 뿔을 가진 케르눈노스(Cernunnos)라는 이름의 남신이 나온다. 서부 유럽에서 이런 모습의 인물 형상이 처음 등장한 것은 기원전 약 4세기이며, 그 뿔 달린 신은 군데스트루프 그릇에도 묘사되어 있다. 그 그릇에서 케르눈노스는 사슴, 뱀, 사자, 멧돼지를 비롯한 야생 짐승들에 둘러싸인 채 앉아 있다. 그는 머리에 사슴의 뿔을 달고 있으며, 뿔은 생식 능력의 상징으로 해석되었다.

현대의 이교도들은 참나무 신과 서양호랑가시나무 신을 각각 여름과 겨울의 신이라고 본다. 그들은 그 신들이 케르눈노스에서 유래한 것이라고 하지만, 창작되어 덧붙여진 부분이 많다. 케르눈노스의 여성형에 해당하는 아일랜드 켈트족의 어머니신인 메브(Medb 또는 Maeve)도 마찬가지다. 말과 소를 키우는 사람들이 대부분이었던 유

덴마크 레베모센 마을 어귀의 늪에서 해체된 채 발견된 군데스트루프 그릇의 한 조각.
은판에 뿔이 나 있는 켈트족의 신을 비롯한 그림들이 새겨져 있다. 그 신은 케르눈노스로 추정된다.

럽의 켈트족들이 위대한 어머니신을 숭배했다는 사실이 그들의 예술작품 속에 뚜렷이 드러나 있다(비록 그리스와 로마의 역사가들은 이 문제를 거의 다루지 않고 있지만). 하지만 그 여신에 관해 알려진 것은 거의 없다. 그 여신은 달, 출산 능력과 관련이 있었고, 로마 저술가 타키투스는 튜튼족이 그 여신을 네르투스(Nerthus)라고 불렀다고 주장했다. 그러나 현대 낭만주의자들이 꿈에 그리고, 현란한 장식의 긴 겉옷을 입고 칼과 성배를 휘두르는 현대의 마녀들이 흉내내고 있는 자애롭고 온화한 어머니 대지는 소망이 만들어낸 상상의 산물이다.

켈트족의 초록 덮개 신앙을 살펴볼 때 이른바 근거가 확실한 증거라는 것들을 접하면 매우 조심해야 한다. 도서관에서 최근 인기를 끌고 있는 '정신, 몸, 영혼'을 다룬 책들이 있는 서가에 가보면, 이교의 신앙과 종교 의식에 대해 근거가 확실한 견해를 제시했다고 주장하는 책들이 가득하지만, 불행히도 대부분은 실제 역사를 다룬 것이라기보다는 낭만적인 헛소리에 가깝다. 그런 책들에 실려 있는 '사실들' 은 대단히 설득력 있어 보이지만, 출처를 제시하지 못하는 경우가 많으며, 확실하다고 주장하는 전통 풍습들도 대부분 골동품 애호가의 공상을 민간 전승처럼 꾸민 것임이 드러난다.

신이교에 관해 쓴 저명한 저술가인 로널드 허튼(Ronald Hutton)은 현대에 마법이나 요술이 인기를 끄는 이유를 이렇게 설명했다. 중산층에게 전통 종교를 대신할 매혹적인 대안을 제시하고 있기 때문이라는 것이다. 마법은 사람들을 어린 시절의 신비로운 환상의 세계로 데리고 간다. 그곳에서는 근대성을 거부할 수 있고, 평화로운 이상향인 자연에서 쉴 수도 있다. 또 비록 이교도들은 인정하지 않으려 하지만, 그들의 종교 의식 속에 내재된 성적 요소가 남녀를 끌어들이는 기능을 한다는 것도 아마 사실일 것이다. 더 환경 친화적이라는 이유로 벌거벗은 채 모닥불 주위를 함께 뛰어다니며 춤추는 광경도 나름대로 호소력을 지니고 있기 때문이다.

군데스트루프 그릇에 새겨진 그림들 중에 흥미로운 장면이 또 하나 있다. 병사들이 가느다란 나무줄기 하나를 펜 창을 들고 일렬로 물에 빠진 희생자를 향해 걸어가고 있는 장면이다. 왜 그런 행동을 하고 있는지 직접 설명해주는 부분은 없지만, 단서가 될 만한 것들이 있다. 고고학자들은 켈트족의 여러 성지 근처에서 갱 또는 구덩이를 찾아냈다. 그 중에는 깊이가 30미터나 되는 것도 있다. 소원을 빌 때 쓰는 공물이나 동물과 인간의 뼈가 그 속에서 발견되는 것을 볼 때 의식용으로 쓰인 듯하다. 프랑스 방데의 르베르나르에 있는 한 구덩이에서는 높이가 4미터인 사이프러스 나무줄기가 발견되었다. 이 줄기는 지하 세계를 오가는 데 쓰는 사다리를 상징하는 것 같기도 하다. 이 나무를 '똑바로 세워서' 구덩이에 떨어뜨린 것이다. 그런 유물들은 더 후대에 속한 이스트앵글리아의 해변에서 발견된 거꾸로 박아놓은 참나무 그루터기나 현대의 오스트레일리아 원주민들이 벌이는 의식과 어떤 식으로 관련이 있지 않을까 하는 흥미로운 질문을 불러일으킨다(1장 참조). 이스트앵글리아의 나무 원은 유럽의 수렵채집인들 사이에서 나무 그루터기를 활용하는 의식이 약 4천 년 전인 청동기 시대 초부터 이루어져왔다는 것을 시사한다. 그런 유적들이 논란의 여지가 없는 증거라고 할 수는 없지만, 그래도 어느 정도 타당한 근거가 될 수는 있다. 많은 원시 사회에서 나무들은 지상에서 천상으로 올라가는 계단이자, 이승과 저승을 잇는 통로로 여겨졌다.

방데에서 발견된 구덩이는 드루이드교와 나무의 관계를 좀더 자세히 알 수 있는 단서가 되었다. 다른 고고학적 발견들도 이따금 단서를 제공하고, 이야기를 짜맞추는 데 도움이 된다. 라인란트의 훈스뤼크 지역에 있는 팔츠펠트에서는 켈트족의 돌기둥이 발견되었다. 그 기둥은 기원전 4~5세기의 것으로 추정되며, 세밀하게 그림이 새겨져 있다. 기둥의 각 면 중앙에는 얼굴이 새겨져 있고, 그 위에 '나뭇잎 왕관' 이 씌워져 있다. 그 얼굴은 한꺼번에 사방을 볼 수 있는 능력을 지닌 초인적인 존재를 상징하는 것으로 여겨진다. 바로 신의 얼굴인 셈이다. 독일의 다른 지역인 하이델베르크에서도 비슷한 나뭇잎 왕관을 쓴 머리가 새겨진 돌 조각이 발견되었다. 더 나중에 켈트족이 로마의 지배를 받던 시기에 세워진 '유피테르의 기둥(Jupiter Column)' 이라고 알려진 유적들도 있다. 대개 이 기둥들이 그리스의 신 제우스에 해당하는 로마 신인 유피테르에게 바쳐진 것이기 때문이다. 하지만 이 기둥들은 전형적인 로마 양식에서 벗어나 있다. 켈트족의 나무 토템을 본떠 만든 것인지도 모른다. 저명한 켈트 역사가인 파웰(T. G. E. Powell)은 이 기둥들이 부족 신의

라인란트의 팔츠펠트에서 발견된 켈트족의 오벨리스크.
기원전 4~5세기의 것으로 추정된다. 각 면에 나뭇잎 왕관을 쓴 얼굴이 새겨져 있다.

화신 혹은 신이 사는 집인 신성한 나무(Sacred Tree)를 나타낸 것이라는 주장을 내놓았다. 그 토템은 성지의 중앙에 있던 살아 있는 나무에서 유래했을 것이다. 신성한 나무에 관해서는 뒤에 좀더 자세히 살펴보겠지만, 우리는 켈트족의 문헌과 로마가 켈트족을 지배하던 시기의 기록물들을 통해 아일랜드 켈트족이 다양한 신들을 숭배하기 위해 신성한 나무, 즉 빌라를 따로 정해놓았다는 것을 알고 있다. 아일랜드인의 이름 중에는 신화에서 비롯된 것이 있다. 서양호랑가시나무의 아들을 뜻하는 맥컬린(Mac Cuilinn), 주목의 아들을 뜻하는 매키버(Mac Iber) 등이 그렇다[맥(Mac)은 누구의 아들이라는 뜻이다/옮긴이]. 애니미즘이라는 토대 위에서 초자연적인 것을 이해하고자 했던 원시 사회는 개인의 영혼이 식물, 대개 나무의 삶과 떼려야 뗄 수 없이 묶여 있다고 믿곤 했다. 또 갈리아의 켈트족에게서도 비슷한 관계를 보여주는 이름들을 찾아낼 수 있다. 구이드겐(Guidgen)이라는 이름은 숲의 아들이라는 의미이며, 구에른겐(Guerngen)은 오리나무의 아들이라는 뜻이다. 에부로네스(Eburones)라는 부족 이름은 주목을 뜻하는 켈트어에서 유래한 것이다.

아담 폰 브레멘은 서기 1070년 웁살라 숲에 관해 쓴 장의 말미에 그 신성한 숲에 아주 특별한 존재가 있다고 적었다. 신전 옆에 서 있으면서도 다른 나무들과 구별되는 나무가 있다는 것이다. "나뭇가지들이 넓게 멀리 뻗어 있는 엄청나게 큰 나무이다. 겨울에도 여름에도 언제나 푸르다. 어떤 종류의 나무인지 아무도 모른다." 아담 폰 브레멘의 빈약한 묘사로부터 추측해보면, 그 나무는 침엽수였을 것이다. 그리고 아마도 북유럽과 게르만 민속 신앙의 핵심을 이루고 있는 것, 즉 세계수(World Tree)를 상기시키는 듯하다. 바그너(Richard Wagner)의 오페라 〈니벨룽의 반지〉로 유명해진 게르만족의 민간 전승에서는 세계수를 물푸레나무라고 보고 있지만, 세계수는 거대한 주목이었을지도 모른다. 주목은 수명이 아주 길고 강인하며, 목질이 아주 단단한 상록수이다. 훨씬 더 북쪽에 있는 스칸디나비아에서는 가문비나무나 전나무가 세계수였을 수도 있다. 하지만 그것이 식물학적으로 무엇이었는지는 사실 중요하지 않을 수도 있다. 어떤 종이었든 간에 영국의 교회 묘지에 서 있는 주목들과 크리스마스 때 집에 지팡이와 전구로 장식을 하는 전나무가 세계수 전통에서 유래했다는 것은 거의 확실하다.

북유럽 신화는 기독교가 침입하면서 많이 파괴되었지만, 몇몇 귀중한 단편들이 스칼드 시(Skaldic verse, 북유럽 바이킹 시대의 궁정시/옮긴이)의 형태로 보존되었다. 지금은 『운문 에다*Poetic Edda*』로 알려져 있다. 이 시들의 의미는 12세기 아이슬란드 학자인 스노리 스툴루손(Snori Sturluson)을 통해 상세히 분석되었다. 지적인 정치가이기도 했던 그는 북유럽 신화의 개요만을 모아서 그것을 에다 시편이나 노래의 모음집과 구분하기 위해 『산문 에다*Prose Edda*』라는 산문집으로 펴냈다.

에다 문헌에 나오는 한 북유럽 신화는 위대한 신 오딘이 주목으로 보이는 나무에서 태어났다는 것을 간접적으로 말하고 있다. 『운문 에다』에 실려 있는 「하바말(Havamal)」■에는 오딘의 어머니가 거인인 볼트호른의 딸인 베스틀라(Bestla)라고 적혀 있다. 스노리 스툴루손의 『산문 에다』에 따르면, 베스틀라는 부르와 혼인해서 오딘, 빌리, 베라는 세 명의 아사신족■을 낳았다. 스칼드 학자들은 베스틀라라는 이름이 '바스트(bast)를 주는 자'라는 의미의 문구에서 유래한 것이라고 추정한다. '바스트'는 주목을 뜻한다.

켈트족은 다산의 신에게 산 제물을 바치는 것과 전혀 다른 이유로 세계수에도 산 제물을 바쳤다. 그 그늘 아래에서 인간 제물을 살해하는 이유는 더 복잡했다. 우리는 켈트족이 신성한 나무들을 계시의 원천으로 간주했다는 것을 살펴보았다. 게르만족과 북유럽 민족도 같은 생각을 갖고 있었다. 세계수가 지닌 신비하고 엄숙한 특성이 어디에서 비롯되었는가라는 질문의 답은 그 나무의 더 올바른 이름인, 북유럽 신화에 나오는 위그드라실(Yggdrasil)에서 찾을 수 있다. 그 이름은 두 단어를 조합해서 얻은 것이다. 위그(Ygg)는 오딘을 가리키는 많은 이름들 중 하나이며, 드라실(drasil)

■ 오딘의 노래라는 뜻이며, 주된 내용은 예절과 도덕에 관한 것이다.

■ 북유럽 신화에는 아사신족(Aesir)과 바니르신족(Vanir)이 있는데, 오딘을 중심으로 하는 아사신족이 전쟁의 신인 데 비해 바니르신족은 다산, 풍요, 평화의 상징이었다.

게르만 신화와 북유럽 신화에 나오는 신성한 물푸레나무인 위그드라실을 그린 판화.
오딘은 영원한 지식을 얻기 위해 이 나무에 스스로 목을 맸다.

은 말이라고 번역된다. 따라서 '오딘의 말'이 된다. 하지만 반드시 그런 것은 아닌 것 같기도 하다. 그 이름은 오딘이 타는 유명한 날개 달린 말 슬레이프니르와 아무 관계도 없기 때문이다. 위그드라실은 교수대를 뜻하는 옛 구어체 표현이며, 오딘이 영생과 무한한 지식을 추구하기 위해 세계수인 물푸레나무에 스스로 목을 매달았다는 데에서 유래한 이름이었다.

북유럽 신화에는 프리스(frith)라고 하는 신뢰와 명예에 관한 엄격한 규칙들을 떠올리게 하는 내용이 많다. 오딘의 희생 이야기는 신들끼리의 프리스가 깨지면서 북유럽 세계가 겪게 되는 운명과 밀접한 관계가 있다. 리하르트 바그너는 그것을 괴테르담머룽(Götterdammerung), 즉 신들의 황혼이라고 불렀다. 오딘은 짧고 서늘한 여름과 긴 혹한의 겨울이 이어지는 자신의 세계가 라그나뢰크(Rangnarök, 신들의 몰락이라는 뜻/옮긴이)라는 끔찍한 절멸의 순간을 향해 가고 있다는 것을 알았다. 악의 세력이 풀어놓은 유령 늑대들이 하늘에 있는 해를 뒤쫓아가 삼킴으로써 세계가 영원한 어둠과 추위 속에 잠기는 날이 온다는 것이었다. 오딘은 다가올 재앙을 막으려는 헛된 희망에서가 아니라, 신과 인간이 맞이할 운명을 정한 고대 룬 문자를 이해하기 위해서 궁극적인 지식을 얻는 일에 몰두했다.

위그드라실의 대단히 신비적인 힘은 스노리 스툴루손의 『에다』 제1부를 이루고 있는 세계의 기원을 다룬 부분에 설명되어 있다. 켈트족의 '빌라' 나무들처럼 오딘의 세계수도 마법의 수원(水源) 옆에 서 있었다. 미미르(Mimir)라는 현자의 우물에서 세 개의 샘이 솟아났다고 한다. 운명의 실을 자아내는 세 여신인 노른(Norn)들이 매일 그 우물의 물을 떠서 나무에 주었다.

> 하지만 지혜와 총명함이 담겨 있는 미미르의 우물은 서리 거인들(frost giants) 쪽으로 뻗어 있는 뿌리 밑에 있고, 그 우물의 주인은 미미르이다. 미미르는 우물의 물을 마시기 때문에 모든 것을 알고 있다.
>
> —『산문 에다』 중 「길피의 속임수」에서

오딘은 세계수에 매달리기 전에, 지식을 얻기 위해 자신의 오른쪽 눈을 뽑아 미미르의 우물에 던졌다. 그는 죽은 자들과 이야기를 나누고 그들의 지혜를 얻기 위해 나무 밑에 앉아 있곤 했다. 하지만 북유럽인들은 영원한 지식은 죽음을 통해서만 완전히 드러난다고 믿었다. 죽은 자는 앞서 죽은 자들과 대화를 함으로써 시대를 초월한 지혜를 얻었다. 불멸의 신인 오딘이 세계수에 상징적으로 자신의 목숨을 내걸고 추구한 것도 이 신비적인 지식이었다.

나는 아흐레 동안 나무에 매달린 채
바람에 흔들리고 있었다.
창에 상처를 입은 채, 오딘에게 말을 걸었다.
나 자신이 나 자신에게 말을 걸었다.
어느 뿌리에서 솟아났는지 아무도 모르는
나무 밑에서
……
그러자 서서히 깨닫기 시작했다.
지혜가 늘어간다는 것을.

— 『운문 에다』 중 「하바말」에서

사람들은 세계수인 물푸레나무에 제물로 바쳐졌다. 그것은 오딘의 고행을 기리는 의미도 있었지만, 그들의 죽음이 영원한 지혜의 보고에 들어가 지혜를 늘리는 수단이기 때문이기도 했다.

북유럽 전통에서 참나무와 물푸레나무 다음으로 중요한 '빌라'는 주목과 나무였다. 러디어드 키플링(Rudyard Kipling)은 「나무 노래(A Tree Song)」라는 시에서 그 네 가지 중 세 가지를 연관지었다.

고대 영국을 돋보이게 하는
아름드리 나무들 중에
참나무와 물푸레나무와 산사나무보다
더 장엄한 것은 하늘 아래 없도다.

이 다양한 나무들 중 네번째 구성원인 주목, 즉 서양주목(*Taxus baccata*, 이 책에서 말하는 주목은 우리나라의 주목과 다른 서양주목을 뜻하지만, 편의를 고려해 굳이 필요한 경우 외에는 주목으로 옮긴다/옮긴이)은 적어도 켈트족의 시대부터 유럽인 조상들의 마음속에서 특별한 자리를 차지해왔다. 야생에서 서양주목은 유럽의 넓은 지역에 걸쳐 숲이 우거진 백악과 석회암 산비탈에서, 대개 다른 나무들과 섞여 자란다. 그리고 암수딴그루이다. 즉 암나무만 열매를 맺는다는 뜻이다. 수나무는 봄이 되면 작은 수꽃들이 피어서 금빛을 띠기 때문에 멀리서도 쉽게 구별할 수 있다. 서양주목은 모든 부위가 강한 독성을 띠고 있고, 서양주목에서 분비되는 탁신(taxine)이라는 물질은 심장 박동을 늦추는 효과가 있어서 강심제로 쓰인다. 독소는 잎과 씨에 가장 많이 들어 있다. 소는 이상하게도 서양주목의 잎을 뜯어먹는 성향이 있으며, 영국의 법은 가축이 서양주목에 중독되어 피해를 입었을 때, 서양주목을 가지치기할 때 생기는 잎과 가지를 부주의하게 방치했는지 여부를 손해 배상의 근거로 삼도록 정하고 있다.

참나무와 마찬가지로 주목도 수명이 대단히 길다. 영국 설리에 있는 크로허스트 마을에는 수명이 적어도 천6백 년이 넘는 오래된 주목이 한 그루 있다. 이처럼 수명이 긴 것은 목질이 대단히 단단하기 때문이며, 성장 방식이 독특하다는 점도 기여를 한다. 땅에 닿는 가장 낮게 자라는 가지들은 뿌리를 내려서 새로운 줄기를 뻗을 수 있다. 이런 새 줄기들은 자라서 분리되어 있으면서도 서로 유기적으로 연결되어 있는 줄기 집합을 이룬다. 나중에 원래의 줄기가 죽으면, 썩어가는 더미 속에서 새로운 줄기가 자라기도 한다.

주목은 켈트족에게 대단히 중요한 의미를 지니고 있었다. 흔히 브레혼 법(Brehon Law)이라고 하는, 페네카스(Fenechas)라는 아일랜드 법〔파이네(Feine), 즉 자유민의 법〕이 아마도 유럽에서 알려져 있는 것 중 가장 오래된 법규일 것이다. 그 법은 브레혼이라는 특수한 교육을 받은 드루이드교도들을 통해 구전되어 오다가 후대에 글로 씌어졌고, 『센쿠스 모르*Senchus Mor*』, 『아카일의 서*Book of Acaill*』, 『우라이케흐트 베크*Uraiccecht Becc*』 같은 법전에 수록되었다. 이 문서들은 원래 서기 7~8세기에 씌어졌는데, 우리가 알고 있는 내용은 14~16세기에 씌어진 문헌들을 통해 대부분 왜곡된 형태로 전해진 것이다. 브레혼 법은 나무들을 족장, 농민, 관목의 세 등급으로 나누었는데, 드루이드교도들에게 상징적으로 얼마나 중요한가를 토대로 삼았다. 주목은 왕국에 번영을 가져오는 일곱 종류의 위대한 '족장 나무들' 중 하나로 분류되었고, 허가 없이 주목을 베는 사람은 무거운 처벌을 받았다.

하지만 주목에 관한 브레혼의 규정에는 예상과 달리 신비적인 의미가 그다지 많이 담겨 있지 않았다. 주목을 신성시해서 섬긴 것이라기보다는 '그릇, 흉갑 등에 쓰일 목재'를 얻기 위해 보호한 것이기 때문이다. 오로지 실용적인 의미에서 주목 목재는 대단히 단단하고 물이 스며들지 않아서 무기 제작용으로 높이 쳤다. 또 아일랜드 전사들은 주목, 헬레보르〔헬레보루스속(*Helleborus*)의 식물들〕, 푸른체꽃(Devil's Bit Scabious, *Succisa pratensis*)의 즙을 섞은 독물을 무기로 썼다고도 한다. 물론 주목으로 만든 긴 활 덕분에 중세 시대에 영국은 상당 기간 군사적으로 우위를 차지할 수 있었다.

그렇긴 해도 주목 역시 신비주의적 관점에서 다루어졌다. 켈트족의 오검 나무 문자 중 다섯번째 모음인 이드호(idho)는 주목의 이름(yew)에서 비롯된 것이다. 고대 영어에서는 그 모음을 원래 이우(iw)나 이오우(iow)〔고대 게르만어로는 이츠보(izwo)나 익스보(ixwo)〕라고 불렀기 때문이다. 스코틀랜드 서해안 앞에는 성 콜룸바(St. Columba)에게 봉헌된 이오나(Iona)라는 섬이 있는데, 그 지명은 10세기의 한 문헌에 잘못 표기되어 와전된 것이며 원래는 이오하(Ioha, 이오우의 사투리)가 맞다는 주장

웨일스 포우이스 주 랑기녹에 있는 페넌트 멜랑겔 교회 묘지 근처에서 자라는 오래된 주목.

이 있다. 그런 주장이 나오는 것은 그곳이 기독교가 들어오기 전에 주목 및 환생과 관련된 주술이 이루어지던 곳이었기 때문이다. 드루이드교 사제들은 주목을 깎아서 주술 지팡이와 오검 문자가 새겨진 룬 장대를 만들었으며, 점을 칠 때에도 주목을 이용한 것이 분명하다. 『에단의 구애*Wooing of Etaien*』라는 아일랜드 켈트족의 이야기에서, 에단은 남편 에쿠와 경쟁 관계에 있는 요정왕 미데르에게 납치된다. 사랑하는 아내를 일 년 하루 동안 찾아 헤맸지만 찾지 못한 에쿠는 드루이드교 사제를 불러서 아내를 찾아달라고 한다. 사제는 주목으로 만든 세 개의 주술 지팡이를 이용해서 미데르의 왕국에 있는 에단을 찾아낸다.

아일랜드에서 주목은 족장 나무였을 뿐 아니라, 이른바 로스 뢰그네의 나무(Tree of Ros Roigne)라는 다섯 종류의 마법의 나무 중 하나이기도 했다. 또 더 불길한 이름인 '바드브 카타의 명성'[■]이라고도 불렸다. 바드브 카타는 아일랜드의 영웅인 쿠 쿨란과 전쟁터에서 맞섰던 죽음을 불러오는 모리간[■]이라는 여신의 세 얼굴 중 하나를 뜻했다.

주목이 오랜 세월 동안 맡아온 전통적인 역할 중에 육체에서 영혼이 빠져나가는 것을 감시하는 일도 있었다. 브르타뉴의 전설에 따르면, 묘지에서 자라는 나무는 죽은 자의 영혼이 빠져나갈 수 있도록 각 시신의 열린 입 속으로 뿌리를 뻗는다. 이 전설은 고대 아일랜드 문헌인 『왕들의 시대*Cycles of Kings*』 또는 『역사 시대*Historical Cycle*』에 실린 바일레(Baile)와 아일린(Ailinn)의 사랑과 죽음을 다룬 비극적인 이야기에서 유래했다. 바일레는 아일린을 잃은 슬픔에 못 이겨 수척해져갔고, 나중에 그의 무덤에서 주목나무가 뻗어나왔다.

고대 그리스와 로마 시대에 주목은 헤카테(Hekate)에게 바쳐진 나무였다. 헤카테는 밤길을 지배하는 지하 세계의 여신이며, 공포스럽게 울부짖는 유령 같은 개들을 데리고 다녔다. 또 헤카테는 달의 여신이기도 했기에, 로마인들은 보름달이 뜨는 날 검은 황소를 그녀에게 제물로 바쳤다. 그 황소의 목에는 주목으로 목걸이를 만들어 걸었다. 주목은 그 특성 때문에 고대 유럽의 상당히 많은 지역에서 환생과 부활의 식물로 여겨진 한편, 역설적이게도 죽음의 상징으로도 여겨졌다. 치명적인 독성을 띠고 있다는 점 때문에 주목을 죽음과 관련짓게 되었음이 분명하다. 주목의 즙을 화살촉에 바르면 살상 효과가 커진다는 것을 처음 발견한 사람들이 그리스와 로마의 병사들이라고 여겨지고 있다.

■ renown of Badb Catha, 바드브는 전쟁의 여신으로서, 갈가마귀 또는 까마귀의 모습을 하며, '전투용 갈가마귀(battle raven)' 라는 뜻의 바드브 카타라고도 불렸다.

■ Morrigan, 전쟁, 다툼, 다산의 여신으로서, '위대한 여왕' 혹은 '환영(幻影)의 여왕' 이라는 뜻이다. 모리간은 단독으로 나타나기도 하고 세 여신의 모습으로 등장하기도 하는데, 또 다른 전쟁의 여신 마차(Macha, 네마인Nemain이라고도 한다)와 바드브와 함께이다.

민간 설화와 기담에서 주목은 숲 속에서 햇빛이 거의 스며들지 못할 정도로 울창하게 자라는 음침하고 접근하기 꺼려지는 식물로 여겨져왔다. 거무스름하게 번들거리는 바늘잎들과 곳곳에 옹이가 진 줄기들이 전체에 걸쳐 검푸르게 빽빽이 들어차서 다소 웅크리고 있는 듯한 서양주목의 모습은 영국의 교회 묘지에서 흔히 볼 수 있다. 하지만 이 나무들, 혹은 그 조상들은 대개 기독교 이전 시대의 것들이다. 그것들은 불멸과 악의 영향에 맞서 영혼을 보호한다는 이교의 상징들과 가장 강하게 연결되어 있기 때문이다.

셰익스피어는 주목의 음침한 측면들을 받아들였다. 햄릿의 삼촌은 주목의 즙을 사용했다. 셰익스피어는 『맥베스 *Macbeth*』에서 그것을 '헤바논(hebanon)'이라고 불렀다. '월식 때 잘라낸 주목 조각'인 그것은 마녀의 냄비에 들어가는 성분들 중 하나였다. 햄릿의 삼촌은 독살하기 위해 그것을 왕의 귀에 부었다. 『십이야 *Twelfth Night*』 2막에는 침울하게 부르짖는 장면이 나온다.

오라, 어서 오라, 죽음이여
슬픈 사이프러스여, 나를 눕게 해다오.
날아가렴, 어서 날아가렴, 숨결이여
나 무정한 아가씨에게 죽어가니
내 하얀 수의는 주목으로 고정시켜다오.
오, 준비해다오.
내 죽음은 아무도
공감하지 못하리.

19세기까지만 해도 시인들과 작가들은 주목의 음울한 특성을 잘 알고 있었다. 영국의 자연학자인 길버트 화이트(Gilbert White)는 "암울한 모습 때문에 죽음의 상징이 된다"라고 썼다. 시인이자 비평가인 매튜 아놀드(Matthew Arnold)도 비슷한 말을 했지만, 그의 시 「죽은 자를 위한 기도(Raquiescat)」는 혐오에 더 가까운 감정을 담고 있다.

그녀에게 장미를, 더 많은 장미를 뿌려라.
주목은 절대 뿌리지 말라.
그녀는 말없이 누워 있다.
아! 나도 저렇다면.

하지만 주목이 언제나 그렇게 어두운 영예만 누린 것은 아니었다. 중세 시대에 종려주일을 맞이해 행진을 할 때, 올리브 가지 대신 쉽게 구할 수 있는 주목 가지를 쓰는 경우가 종종 있었고, 교회 문 위에 드리운 주목나무는 성찬대에서 돌아나오는 신부에게 붉은 열매를 지참금으로 뿌려주는 것이라고 여겨졌다. 이 풍습은 『카드 고데우*Cad Goddeu*』, 즉 '나무들의 전투' 라는 13세기 웨일스의 시편들에 나타난다. "전쟁터 주변에 우울하게 서 있던 주목들이 흩뿌린 지참금" 이라는 구절을 볼 수 있다. 또 스코틀랜드의 프레이저(Fraser) 일족은 주목이 행운을 가져다주는 나무라고 보았다.

켈트족은 마가목, 너도밤나무, 느릅나무도 숭배했다. 이 나무들은 부족명과 관련이 있었거나 다양한 지역의 돌에 새겨진 봉헌물 그림에 나타나 있듯이 신성한 것으로 여겨졌다. 초기 사회의 구성원들은 겉모습에서 드러나는 속성들을 보고 나무를 판단하곤 했다. 참나무나 물푸레나무처럼 억세고 잘 견디는 나무는 남성성과 관련이 있었다. 따라서 남성 신으로 본 것도 무리는 아니었다. 그것은 참나무를 올림포스 신들의 아버지인 제우스와 연관시킨 한 가지 이유가 되었다. 반면에 잎들이 미묘한 자태를 이루고 살랑살랑 떨어대는 자작나무 같은 우아한 나무들은 여성의 속성을 지니게 되었다. 중세 시대 영국에서 자작나무는 '숲의 귀부인' 으로 불렸다. 러시아에서는 지금도 봄이 되면, 그 나무의 성을 암시하는 유서 깊은 행사가 벌어진다. 성령

강림 대축일이 오기 전 목요일에 마을 사람들은 숲에서 어린 자작나무를 잘라 와서 여성의 옷과 리본으로 치장한다. 그 나무의 여성성을 기리기 위함이다. 마녀들은 자작나무의 잔가지들을 묶어놓은 것을 소중히 여겼다. 자작나무가 여신 숭배와 관련이 있었기 때문이다. 나무, 특히 겨울에 부드러운 잎을 모두 떨군 나무는 유령 같은 모습으로 비칠 수 있다. 유독 더 그렇게 보이는 나무들도 있다. 따라서 옹이가 지고 비틀린 가지들이 달려 있는 물푸레나무는 교수대 나무라는 음산한 명성을 얻었고 마녀들이 모여드는 곳이 된 반면, 사시사철 짙푸르고 어두운 주목은 오랫동안 죽음과 관련지어졌다.

나무를 존경하는 과거의 태도가 아직 남아 있는 경우도 있다. 리투아니아에서는 별스러운 옛 기도가 아직 남아 있다.

신성한 용도가 아니면 나무 한 그루도 자르지 않겠으며
꽃이 만개한 벌판으로는 들어가지 않으며
늘 나무를 심겠습니다.
길가, 마당, 신성한 장소, 교차로, 집 근처에
나무를 심는 사람에게 신의 은총이 내릴지니.
혼인하면, 기념으로 나무를 심고
아이를 낳으면, 나무를 심고
누군가 죽으면, 영혼을 기리기 위해 나무를 심을 것입니다.
행사가 열릴 때면, 중요한 시점에 나무를 찾을 것입니다.
기도하는 자에게 나무의 은덕이 내릴 것이니.

왜 나무들의 원이나 숲 속에 있는 원형 터가 신성시된 것일까? 아주 초창기부터, 아마도 정신 세계를 처음으로 인식한 시점부터 우리 인류는 특정한 형상과 표지에 마법이 담겨 있다고 생각해왔다. 그런 형상과 표지 중 최고로 여긴 것이 원이다. 원은 자연에서 가장 순수한 형상이며, 하늘에 있는 천체들이 그리는 궤도이다. 비록 인류는 알지 못했지만 우리가 사는 곳의 형태도 원이다. 심지어 오늘날에도 마법사들의 모임을 '매직 서클(magic circle)'이라고 한다. 원은 정사각형이나 직사각형과 달리 약점이 전혀 없는, 자연에서 가장 강한 형태이기도 하다. 공을 눌러 터뜨려보라! 선사 시대의 인류는 고리와 원을 특별하게 생각했다. 그것은 스톤헨지와 영국 윌트셔의 에이브버리(Avebury)와 노포크에 있는 시헨지 같은 유럽 청동기 시대의 많은 고대 유적들이 원형으로 만들어진 이유를 설명한다. 북아메리카 원주민들도 비슷한 원형 유적을 세우고, 그 주위를 돌며 춤을 추었다. 현대의 신비주의자들도 신성한 원의 힘을 믿는다. 마법을 숭배하는 마녀들이 존재의 원(Circle of Being)이라고 하는 그것은 마력을 집중시키고 대지의 여신을 불러내기 위한 신성한 공간이다. 이런 의미에서 마녀의 원은 마법사의 원과 약간 다르다. 마법사의 원은 외부의 힘으로부터 자신을 보호하기 위해 그려진 것이기 때문이다.

따라서 나무들의 원이 인류가 알고 있는 가장 오래된 신성한 공간이라고 해도 그리 놀랄 일은 아니다. 불행히도 켈트족 드루이드교도들의 성지가 된 '숲'들은 18세기에 거의 본래의 모습을 알아볼 수 없을 정도로 낭만적인 형태로 바뀌게 되었다. 그 시기의 판화와 그림을 보면, 고대의 긴 의상을 입은 인자하게 생긴 사람들이 숲 속의 빈 터에 왠지 스톤헨지를 떠올리게 하는 원형으로 놓인 돌들 한가운데에서 막 잘라낸 겨우살이를 한 아름 들고 있는 장면이 흔히 나타난다. 18세기 작가 윌리엄 스터클리(William Stukely)는 고딕 건축물을 숲 속의 빈 터와 비교하는 데 열심이었다. 그는 1724년에 쓴 『관찰 여행기*Itinerariun Curiosum*』에서 그것이 '최고의 건축 방식'이라고 했다. "가지들이 머리에 와 닿는 숲길에서 얻은 개념이 신기할 정도로 지붕에 재현되어 있기 때문이다." 같은 시대의 인물인 워버턴(Warburton) 주교는 최초로 세워진 교회들이 이런 이교도 숲들을 본떠 설계되었다고 보았다. 그는 북유럽의 고트족이 "이교도였던 암흑 시대에 숲에서 신을 숭배했다"고 상기시켰다.

빈 터가 인위적으로 만들어진 것인지 자연적으로 생긴 것인지 불확실하지만, 아마 원형으로 놓인 돌이나 쓰러진 나무들이 경계가 되었을 것이며, 그 한가운데에는 커다란 신성한 나무가 서 있었다고 알려져 있다. 고고학적 발굴 결과는 이 생각과 상반되는 경향을 보이며, 유럽에서 로마 이전 시대의 사회가 환상열석으로 만든 성지에서 숭배 의식을 올렸다는 견해도 만만치 않다.

언덕 꼭대기에서 원이나 고리를 이루어 자라는 나무들도 종교적인 의미를 지닌 것처럼 생각될지 모르겠지만, 항상 그런 것은 아니다. 영국 남해안에 있는 핀던 근처의 챈크턴버리 고리(Chanctonbury Ring) 같은 유명한 문화유산은 정신 세계와 아무 관련이 없다. 원래 챈크버리(Chankbury)라고 불렸던 그 고리는 철기 시대의 원형 요새가 있던 곳이었고, 1760년까지만 해도 나무 한 그루 없었다. 그러다가 그곳 지주인 찰스 고링(Charles Goring)이 너도밤나무를 원형으로 심겠다고 결심했다. 사람들은 그것이 본래의 유적을 파괴하고 사우스다운즈의 산뜻한 자연 경관을 훼손한다고 강력하게 반대했다. 하지만 고링은 고집을 꺾지 않았다. 그는 묘목들이 제대로 뿌리를 내릴 때까지 언덕 위까지 정기적으로 물을 길어다 주었다. 그 고리는 1987년 10월 태풍에 크게 훼손되었지만, 죽은 나무들이 있는 곳에 다시 나무들을 식재하는 작업이 이루어졌다.

지금까지 우리는 주로 북유럽에 있는 나무들의 신비한 특성에 관한 증거들을 살펴보았다. 하지만 신성함 측면에서 그런 식물들을 구체적으로 어떻게 보았는지 따져보면 모호할 때가 많다. 사실 이따금 우리의 이해 폭을 넓혀주는 산발적인 고고학적 증거들 외에, 기독교 이전 시대 유럽의 종교 의식들에 관해 우리가 알고 있는 것들은 거의 모두 로마가 켈트족을 지배하던 시기에 그리스와 로마의 작가들이 쓴 문헌들에서 얻은 것이다. 그들이 한 말들은 정치적 이유로 왜곡된 것일 수도 있고, 그렇지 않은 것일 수도 있다. 켈트족과 게르만족 같은 '야만인들'의 정신 세계를 이야기할 때는 대단히 주관적인 평가가 내려지는 일이 잦았다. 우리는 기껏해야 그 시대의 관찰 자료들로부터 단서들을 추려낼 수밖에 없다. 이따금 고고학이 우리가 이해하고 있는 것을 뒷받침하거나 부족한 지식을 메워줄 것이다. 하지만 알프스 산맥 너머 북쪽에

뒤쪽 그림: 노팅엄 근처 셔우드 숲의 일부인 버클랜즈 숲에서 울창하게 자라는 참나무와 자작나무.
예전에 자작나무는 '숲의 귀부인'이라고 불렸던 반면, 참나무는 남성의 속성을 지니고 있었다.

살았던 유럽 부족들의 종교 신앙에 대한 일관성 있는 설명은 어디에도 없다는 것을 늘 염두에 두어야 한다.

비록 선사 시대 사냥꾼들의 생활을 통제했던 빙하가 녹아 북쪽으로 물러난 뒤 수천 년 동안 교양 있는 생활을 해왔을지라도, 켈트족의 사제들은 아마도 더 먼 선조들의 전통에 속해 있었을 것이다. 드루이드교도들은 비밀을 반드시 지키는 것으로 유명했다. 따라서 우리는 유럽 조상들이 어떤 식으로 식물을 신성시했는지 정확히 알지 못한다. 기독교든 다른 종교든 간에 신비주의 종파는 영구히 비밀을 지킬 것을 요구한다는 사실이 그런 정보 부족을 어느 정도 설명해주긴 한다. 비밀 종파와 그 의식은 무지한 사람들의 두려움에 크게 의존하고 있다. 두려움은 언제나 신도들에게 신앙을 계속 간직하도록 설득하는 종교의 '근육' 이었으며 지금도 마찬가지다. 따라서 두려움은 최초의 사제들과 샤먼들의 '발전소' 와 같았고, 두려움을 일으키는 비밀주의는 소수를 다수에게서 격리시키는 장치였다. 비밀 종파는 대중의 눈앞에 공개되면, 익숙해짐으로써 힘을 잃을 위험에 처한다. 비밀주의를 유지하고자 하는 욕망은 자체적인 선별 과정을 낳았다. 명칭이야 어떻든 간에 샤먼이 되고자 열망한 사람들은 고도의 지성과 강한 성격을 지니는 경향이 있었기 때문이다.

이른바 켈트족의 고대 전통이 어떻다고 주장하는 글들이 무수히 발표되어왔다. 한 예로 인터넷에 올라와 있는 캐나다의 한 글은 순무와 옥수숫대로 장식하는 것 등 할로윈 풍습이 드루이드교의 삼하인(Samhain) 축제에서 유래했는데, 그 축제에서 켈트족 여사제들이 할로윈 밤에 땅 위를 배회하는 사악한 정령들을 겁주어 쫓아버리는 찬가를 부르면서 시골을 돌아다녔다고 주장하고 있다. 간단히 말하자면, 우리는 드루이드교 사제들이 어떤 종류의 축제를 열었는지 전혀 알지 못한다. 그들의 종교 의식은 철저히 비밀로 유지되었기 때문이다. 그런 개념들은 고딕 소설에나 나오는 것이다.

고대 세계의 식물 종교 의식을 보여주는 진짜 극적인 증거들을 얻으려면, 다른 지역으로 가야 한다. 그 증거는 근동의 뜨겁고 메마른 토양에서 발견된다. 그곳의 종파도 많은 측면에서 비밀주의라는 같은 원칙을 지키고 있었다. 하지만 사제들이 주관한 의식, 신화, 전설이 메소포타미아의 석판들이라는 문서의 형태로 후대에 전해졌기 때문에 우리는 더 명확한 견해를 지닐 수 있게 되었다.

창세기에 칼라라고 적혀 있는 아시리아의 칼라크 시에서 기원전 9세기에 강력한 전제군주인 아슈르나시르팔 2세가 주재한 종교 의식의 중심이 되었던 수수께끼 같은 생명의 나무.

# 3

## 메소포타미아의 생명의 나무

1845년 이라크 모술 마을에서 19세기의 위대한 고고학적 발견 중 하나를 촉발시키는 계기가 된 우연한 만남이 이루어졌다. 그 발견으로 우리는 최초의 문명들이 나무의 신비와 주술을 이해하고 있었다는 사실을 알게 되었다. 하지만 역설적으로 그 발견은 결코 완전히 풀리지 않는 수수께끼를 내놓기도 했다. 모술은 현재 티그리스 강의 맨 북쪽 지류에 있는 이라크 제2의 도시가 되었지만, 150년 전에는 고고학자들만 주로 찾는 먼지로 뒤덮인 시골 마을에 불과했다. 모술은 메소포타미아의 주요 폐허들을 돌아보는 출발점 역할을 했다. 이 유적지들은 대부분 아시리아와 바빌로니아 제국들이 절정기에 달했던 2, 3천 년 전의 것들이다.

그 만남의 당사자는 프랑스 영사인 폴 에밀 보타(Pall Emile Botta)와 영국 고고학자인 오스틴 헨리 라야드(Austen Herny Layard)였다. 아마추어 고고학자이기도 했던 보타는 3년 전 자신이 코르사바드에서 아시리아 제국의 옛 도시인 두르 샤루킨을 어떻게 발견했는지 이야기했다. 또 그는 전설적인 도시 니네베가 그 근처에 있다는 것을 암시한 문헌을 본 적이 있다고도 했다.

라야드는 니네베가 어디 있는지 곧 발견하게 될 것이라면서 흥분했다. 그리고 다음해 그는 모술에서 남쪽으로 32킬로미터쯤 떨어져 있는 님루드 마을의 모래에 파묻힌 텔■, 즉 고고학적 둔덕 중 하나를 파기 시작했다. 운명의 장난이었는지, 그가 발굴한 폐허는 니네베의 것이 아니라, 훨씬 더 오래된 도시로 창세기에 칼라(Calah)라고 적혀 있는 칼라크(Kalakh)였다. 그 도시를 건설한 사람은 기원전 9세기의 아슈르나시르팔 2세라는 아시리아의 전제군주였다. 그는 그 도시 한가운데에 넓고 믿어지지 않을 정도로 장엄한 궁전을 지었다. 라야드는 한 큰 방의 무너진 벽에 새겨진 예술작품에서 나중에 아시리아의 신성한 나무라고 불리게 되는 수수께끼 같은 그림을 발견했다. 그가 발견한 유물들 중 상당수가 현재 런던 영국박물관에 소장되어 있다.

아슈르나시르팔 궁전의 예술은 역설적이다. 신성한 나무가 있는 한편으로, 돌에 새겨진 도상들은 호전성을 강조하고 있기 때문이다. 그 궁전은 방문자를 겁에 질리게 하고 굴복시킬 목적으로 설계된 것이 분명했다. 인간의 머리를 한 사자들, 기이한 날개를 단 황소들을 비롯해 반인반수의 조상들이 성문과 방문 옆에 거대한 크기로 세워져 있었다. 하지만 큰 방들은 특이하게 다른 분위기를 풍겼다. 그 방들에는 왜곡되어 있는 작은 식물에 아슈르나시르팔 왕이 개인적이고 아주 비호전적으로 존경을 표하는 모습을 담은 그림들이 새겨져 있었다. 벽을 이루는 수십 개의 석판에서 똑같은 주제가 조금씩 다른 모습으로 반복되어 있었다. 왕은 아마도 사제, 즉 비지르(vizir) 역할을 수행했을 아시리아 특유의 정령인 기이한 반인반수의 존재와 함께 자연에 존재하지 않는 나무를 바라보고 있었다. 그 나무는 중앙에 줄기가 하나 서 있고, 그 줄기에서 비틀린 연꽃 줄기를 생각나게 하는 기이한 가지들이 나 있는 형태였다. 그 가지들은 금속이나 다른 물질로 된 띠로 감싸여 있고, 각 가지 끝에는 팔메트(palmette)라

■ tell. 중근동을 중심으로 인도 북서부까지 걸쳐 있는 지방에서 고대 건축의 잔존물이 누적되어 생긴 언덕으로 테페(Tepe)라고도 한다.

는 짧고 굵은 일곱 개의 잎으로 된 무늬가 새겨져 있었다. 이 나무는 연꽃이나 알려진 어떤 식물과도 닮지 않았으므로, 상징적인 것이자 더 심오한 신비적인 의미를 담고 있는 것이 분명하다.

수행자가 있는 그림보다는 왕이 바구니와 솔방울을 들고 있는 그림이 더 많다. 왕이 오른손에 들고 있는 솔방울은 끝이 앞쪽을 향하고 있으며, 대개 나무를 가리키고 있다. 바구니는 왼손에 들려져 있다. 왕과 반인반수의 수행자가 나무를 향해 경건한 태도를 보이고 있는 것으로 볼 때 둘은 어떤 의식을 수행하고 있는 것이 분명하다.

이 신성한 나무가 숭배되었다는 것을 보여주는 고고학적 증거가 나온 메소포타미아의 고대 도시가 칼라크만은 아니다. 라야드는 끈기 있게 발굴을 계속해 결국 니네베의 폐허를 발견했다. 거기에도 비록 축소된 형태이긴 하지만, 아시리아의 마지막 통치자 아슈르바니팔 시대의 것으로 여겨지는 석조 부조들에 비슷한 의식을 올리는 장면들이 새겨져 있었다. 아시리아는 아슈르바니팔을 끝으로 기원전 612년에 몰락했다. 그 의식을 직접적으로 설명하는 자료는 전혀 없지만, 칼라크에 있는 아슈르나시르팔의 나무는 아마도 사람들이 나무가 신성한 능력을 지니고 있다고 여긴 것이 언제부터인지 물었을 때, 확실하게 대답할 수 있게 해줄 것이다. 우리는 선사 시대 수렵 채집인들이 그러했다는 확실한 증거를 전혀 갖고 있지 않다. 우리가 확실하게 말할 수 있는 것은 선사 시대의 단편적인 고고학 증거들이 구석기인들이 나무를 존경했다고 시사한다는 것뿐이다.

아슈르나시르팔 2세는 기원전 9세기에 고대 근동 세계를 통치했다. 그가 상당히 무자비하게 주변 지역을 정복했다는 점을 생각할 때, 그런 와중에도 나무를 숭배했다는 사실이 놀라움으로 다가온다. 아슈르나시르팔이 황소신이나 그와 비슷한 강한 남성적인 신을 숭배했을 것이라고 상상할 수 있겠지만, 그의 통치 시대는 개척 농경의 시대이기도 했다. 두 강 사이에 있는 땅인 메소포타미아는 문명의 요람이라고 알려지게 되었다. 그곳에서 5, 6천 년 전에 농경이 시작되었기 때문이다. 흩어져 살아가던 사냥꾼 부족들은 티그리스 강과 유프라테스 강가에 있는 계곡들의 비옥함에 이끌려 모여들었고, 작물 재배를 시도하기 시작했다. 그 결과 방랑 생활을 하던 수렵채집인의 생활 양식에 변화가 일어났고, 정착이 이루어지면서 영구적인 공동체가 형성되었다.

최초의 농경 문명은 아시리아인들에 앞서 메소포타미아에 살았던 수메르인들이 건설한 문명이었으며, 신성한 나무들이 정신적인 믿음과 종교 의식에 진지하게 자리를 잡기 시작한 것도 이런 초기 농경 사회에서였다. 수메르인들은 문자로 기록하는 방법을 발명했으며, 수메르인들의 역사 기록이 등장하면서 초기 문명에 대한 탐구도 더 이상 고고학과 예술에서 나오는 증거에만 의지하지 않아도 되었다. 이런 면에서 볼 때 칼라크의 석판에 함께 새겨진 글들 중 그 나무의 특성이나 무슨 의식을 집행하고 있는 것인지를 다룬 내용이 전혀 없다는 것은 매우 뜻밖이다. 그 글들은 그저 아슈르나시르팔의 치적과 잔인함을 언급하고 있을 뿐이다. 그러나 해답은 있다.

수메르인들이 개인용으로 쓰던 지금의 고무 도장에 해당하는 원통형 도장들에는 멋진 나무가 있는 장면들이 새겨져 있곤 한다. 초창기의 도장들에는 나무와 함께 동물들이 묘사되어 있었다. 동물은 대개 염소나 사슴이었고, 가끔 사자도 있었다. 이 동물들은 아마도 수렵채집인 시대의 신앙이 아직 남아 있음을 보여주는 흔적일 것이다. 더 후대의 도장에서야 사람이 등장하기 시작한다. 나무 숭배의 기록이 담긴 이 소형 예술품들 외에 비슷한 장면들이 새겨진 토기 파편들도 있다. 시리아의 마리에 있는 한 고고학 유적지에서 발굴된 최소한 5천 년 전의 것으로 추정되는 질그릇은 인간이 신성한 나무에 경배하는 모습을 담은 세계에서 가장 오래된 유물에 속할 것이다. 새겨진 그림은 엉성한데, 작가는 정원의 모습을 묘사하면서 그 한가운데에 여신이 돌보는 듯한 작은 나무를 그렸다. 염소처럼 보이는 동물 서너 마리가 배경 속에서 잎을 뜯어먹고 있다. 『길가메시 서사시*Gilgamesh Epic*』에도 같은 장면이 묘사되어 있다. 이 서사시는 기원전 3000년경 씌어진 한 영웅의 이야기로서, 절반은 허구이고 절반은 사실인 듯한 수메르의 왕 길가메시의 삶과 업적을 다루고 있다. 세계 창조를 설명하는 전설을 말하는 부분에서, 할루브(halub)라는 그 나무의 이름만 달랑 나온다. 강둑에서 자라는 버드나무 종류일 수도 있지만, 식물학적으로 어떤 종인지는 파악할 수 없다. 하지만 그 나무와 함께 있는 여신은 메소포타미아의 어머니 여신들 중 최초의 존재인 인안나(Inanna)이다.

나무, 할루브 나무
맑은 유프라테스 강의 둑에서 자랐다.
나무는 그 강물을 마셨다.
거센 남풍이 뿌리를 뽑고, 나무갓을 잡아 찢었다.
유프라테스 강의 물이 그것을 멀리 실어갔다.
안■의 말에, 엔릴■의 말에 걱정되어 걷던 한 숙녀가
그 나무를 건져서 우누그로 가져갔다.
고결한 인안나의 신성한 정원으로 가져갔다.
그녀는 자신의 손으로 나무를 보살피고, 자신의 발치에서 자라도록 했다.

이 이야기는 신성한 나무가 다산의 여신을 상징한다는 개념을 뒷받침한다. 인안나는 홍수가 진 유프라테스 강에서 뿌리가 뽑힌 채 떠내려가던 그 어린 나무를 건져내 자신의 성지로 가져와서 돌보았다. 나무는 자라서 그녀가 앉고 눕는 자리가 되었다. 즉 인안나의 상징적인 존재가 된 것이다.

드디어 내가 앉을 신성한 보좌를 갖게 될까? 그녀는 말했다.
드디어 내가 누울 신성한 잠자리를 갖게 될까? 그녀는 말했다.

이어서 사악한 여신이 그 할루브 나무를 빼앗는데, 길가메시가 싸워 이겨서 그것을 다시 여신에게 돌려주고는 베어서 그녀가 개인적으로 쓸 수 있도록 다듬는다는 이

■ An, 하늘의 신, 아누(Anu)라고도 한다.
■ Enlil, 대기의 신, 안과 키(Ki, 태초의 땅)의 아들.

야기가 나온다. 이런 소박한 장면들이 신성한 나무 숭배 의식의 토대를 이루었을지 모른다.

고대 메소포타미아의 신성한 나무가 언급되어 있는 문헌이 또 있다. 그 시에는 아라비아 만의 끝에 있는 남쪽 소택지에 자리한 주요 도시들 중 하나인 에리두가 기원전 3000년경이나 그 이전부터 천 년 넘게 나무 숭배 종교의 중심지였다고 밝히고 있다. 불행히도 할루브와 마찬가지로, 그 시에 나온 신성한 나무의 이름인 키스카누(kiskanu)도 어떤 식물인지 알 수 없다.

에리두에는 검은 키스카누 나무가 있다.
정결한 장소에서 자라고 있었다.
모습이 청금석이며, 아프수■에 서 있다.
엔키■는 그곳을 걸을 때 에리두를 그 나무로 가득 채운다.
에리두의 토대는 지하 세계에 놓여 있다.
층계참에는 남무■의 방이 있다.
그곳의 신전에는 키스카누 나무가 그늘을 드리우고 있다.
거기에는 아무도 들어갈 수 없다.

이 설명은 고대 근동의 신성한 나무가 맨 처음에는 살아 있는 식물이었으며, 그것이 상징하는 신을 기리기 위해 나무를 치장했다고 시사하고 있다. 나무를 치장하는 풍습은 아마도 길가메시 서사시에 나오는 또 다른 신비적인 일화에서 비롯되었을 것이다. 이 서사시의 영웅은 영생의 비밀을 알고 있는 유일한 사람인 우트나피시팀(Utnapishitim)을 찾아다니다가 태양신인 샤마슈(Shamash)의 나무들이 자라는 땅에

■ Apsu, 태초의 바다
■ Enki, 에리두 시(市)의 물의 신
■ Nammu, 심연(深淵)의 여신으로서 엔키의 어머니

다다랐다. 나무들은 보석의 정원에서 자라고 있었는데, 보석과 준보석으로 치장되어 있었다.

〔그는〕 해가 비치는 곳으로 나왔다.
(…) 사방이 온통 눈부셨다.
온갖 종류의 가시 달린 덤불들이
보석을 가득 달고 있었다.
홍옥수는 사랑스러운 열매를 송이로 가득 매달고 있었고
청금석은 매혹적인 잎과 열매를 맺고 있었다.

『길가메시 서사시』는 수세기 동안 구전되어 전해지던 이야기들을 나중에 문자로 옮겨 적은 것이다. 그것은 정신적인 개념들이 대개 단순한 방식으로 전개되었던 선사시대에서 유래한 풍습과 신앙을 보여주고 있다. 살아 있는 나무를 꾸미는 행위는 곧 독특한 양식의 토템을 만드는 행위로 발전했다. 기원전 2000년대 말 우르 제3왕조 때에는 나무가 잘려진 줄기나 장대 형태를 취하고 있었고, 금속 띠와 리본으로 치장되고 보석이 박혀 있었다.

『길가메시 서사시』에서 나무가 나오는 대목에는 신성한 숲과 정원을 나타내는 듯한 그림들이 그려져 있다. 바빌로니아의 문헌들은 왕궁에 이런 곳들이 있었다고 시사한다. 따라서 왕궁은 누카리부(nukarribu), 즉 '나무를 돌보는 자(Gardener)'라고도 알려진 신격화한 군주가 있는 곳이 되었다. 그는 신성한 숲을 수호하고 돌보는 책임도 맡고 있었다. 기원전 24세기에 통치한 아카드(Akkad)의 사르곤(Sargon) 대왕 시대의 것으로 추정되는 한 석판 조각에는 "물을 뜨는 자인 아키(엔키)가 나를 나무를 돌보는 자로 임명했다. 나는 나무를 돌보는 자였을 때 이슈타르와 사랑에 빠졌다"는 글귀가 있다. 이슈타르(Ishtar)는 수메르인 다음에 그 지역을 지배한 아카드인들이 어머니 여신인 인안나를 부르는 이름이었다.

수메르 문화는 곧 고대 근동의 다른 나라들로 퍼졌고, 나무 숭배 의식도 널리 전파되었다. 기원전 3000년대에 지금의 터키 아나톨리아 지방에 살던 히타이트인도 나무들이 대단한 정신적인 힘을 지니고 있다고 굳게 믿었다. 그들이 석판에 쐐기 문자로 새긴 기록들은 세월이 흐르면서 대부분 지워졌지만, 그 중에 신성한 숲에서 어떤 의식이 벌어졌는지를 약간이나마 다룬 부분이 남아 있다. 한 이름 모를 신의 형상이나 상징이 신전에서 나와 치장된 수레를 타고 신성한 숲으로 갔다. 밤이라 신전의 매춘부들이 횃불을 들고 있었고, 행렬이 이어졌다. 신의 형상은 세례 의식을 받은 것처럼 보인다. 나무와 물이 상징적인 결합을 이루고 있는 증거가 하나 더 있다.

> 여자들이 앞서 가고 있고 춤꾼들과 신전의 매춘부들도 앞서 가는데 그들은 손에 횃불을 들고 있다… 그리고 신은 뒤에서 오며, 그들은 신을 모시고 타나위(Tarnawi) 문을 통해 숲으로 들어간다. 신이 숲 속에 있는 목욕탕에 다다르면, 사제는 무티스(muttis)와 물을 들고 들아가고 신은 목욕탕 안으로 들어간다.

칼라크에서 발견된 모호한 나무 그림들의 수수께끼를 풀어줄 또 한 가지 중요한 단서는 전혀 그럴 것 같지 않은 문헌에서 발견된다. 그것은 구약성서이다. 헤브루 기록자들과 예언자들은 구약성서의 원래 언어로 아세라(asherah)라는 것을 계속 비판했는데, 17세기의 킹 제임스 성서 번역자들은 그것을 '숲'이라고 옮겼다. 하지만 아세라는 수메르 문화에 깊이 영향을 받은 지역인 가나안에서 가장 중요한 다산의 여신을 상징하며 그 여신의 이름을 딴 아름다운 나무를 뜻했다. 따라서 아세라는 이름 있는 신과 관련된 신성한 나무가 있었음을 말해주는 최초의 기록이다. 성서에 실린 그 증거는 아시리아인들과 바빌로니아인들도 가나안 사람들이 섬겼던 것과 형태와 목적이 비슷한 나무를 섬겼다는 것을 시사한다. 아시리아인이 이스라엘과 유대 국가를 지배한 시기에 이스라엘 민족은 예루살렘 신전에 아시리아의 아세라를 모셔야 했기 때문이다. 예레미야서는 기원전 7세기에 들어설 무렵, 여호야킴이 통치하던 시기에 야훼의 제단 옆에 이것이 있었다는 것을 놀라울 정도로 상세히 묘사하고 있다. 그것은 천으로 감싸고 귀금속으로 장식한 나무 장대 또는 줄기였으며, 신전 내에 있긴 했지만, 때때로 행렬을 따라 운반되기도 했다.

"다른 나라 사람들이 보고 떠는 것은 장승에 지나지 않는다.
숲에서 나무 하나 베어다가
목수가 자귀질해서 만들고
금은으로 장식한 것에 지나지 않는다.
망치로 못을 박아야 겨우 서 있는 것,
참외밭의 허수아비처럼 말도 못 하는 것,
어디 가려면 남의 신세를 져야 하는 것,
사람에게 복을 내리지도 못하고
그렇다고 앙화를 내리지도 못하는 것,
그런 것을 두려워 말라."
"야훼 같으신 분은 없습니다…
다르싯에서는 늘인 은을,
오빌에서는 금을 수입하여다가
은장이의 손을 빌려 만들고
자주 비단옷, 진홍 비단옷을 입혀놓은 것,
장인의 손으로 된 그런 것에게 가르침을 받습니다."

— 『공동번역성서』, 예레미야 10:3~9

고대 근동 지방의 이교 사회뿐 아니라 훨씬 더 조심스러운 헤브루 부족들 사이에서도 아세라가 숭배되었으며, 이스라엘 민족의 많은 선지자들과 원로들이 그런 행동에 거부감을 가졌다는 것이 분명하다. 아세라 숭배는 수백 년 동안 지속되었으며, 기독교 시대까지도 이어졌다. 서기 2세기에 편찬된 유대 율법서인 『미슈나*Mishnah*』에 아세라를 불법적으로 숭배하는 행위와 관련된 금지 조항들이 열거되어 있을 정도로 정통 유대교 종파들 사이에서 그것에 대한 적개심이 상당했음을 알 수 있다. 이런 금지 조항들은 정통 유대교에서 이교 신들을 섬기는 쪽으로 개종하는 사람들을 대상으로 한 것이 분명했다. 『미슈나』는 아세라가 나무로 된 것이며, 봉헌한 살아 있는 나무이거나 나무와 비슷하게 만든 것임을 확인해준다. 그 책에는 의식에 사용하는 것을 엄격하게 '금지해야' 할, 아세라와 관련된 항목들을 열거하고 있다. 덩굴, 야자나무 가지, 은매화, 버드나무 가지 등이 그렇다. 이런 것들은 아세라를 만들거나 치장하는 용도로 쓰이거나 아세라 숭배와 깊이 관련된 것들이었다.

특이하게도 『미슈나』의 금지 조항들 중에 이교도들에게 전나무 열매를 팔지 말라는 것도 있었다. 이 규정은 성서가 씌어질 시기에 팔레스타인에 넓게 펼쳐져 있던 백향목 숲의 산물들이 근동 지역에서 귀한 상품으로 취급되었다는 점을 고려하면 중요한 경제적 이득을 보호하기 위한 조치일 것이며, 그다지 심한 것이 아니라고 여겨질지도 모른다. 하지만 굳이 열매를 강조했다는 사실은 다른 동기가 있었음을 암시한다. 상업적인 금지 조치를 내리려면 종자의 판매를 막는 것이 옳기 때문이다. 그 조항은 칼라크 그림에 모호하게 나타난 아시리아 의식과 관련이 있는 듯하다.

이제 메소포타미아인의 의식을 논리적으로 설명할 수 있다. 칼라크의 기묘한 모양의 나무는 최고신인 다산의 여신 인안나 또는 이슈타르를 상징하며, 그 여신은 가나안 지역에서는 아세라로 불렸다. 다른 많은 단서들도 그렇다고 말하고 있다. 칼라크와 니네베에서 출토된 난해한 부조들 중에는 인간과 반인반수가 장미 문양이 있는 팔찌를 차고 있는 모습이 많다. 그 장미는 다른 고고학적 증거들을 통해서, 아시리아의 이슈타르와 관련이 있을 뿐 아니라 프리지아(Phrygia)의 어머니 여신인 키벨레(Kybele)와 그리스의 아프로디테 같은 강력한 다산의 여신들을 상징한다는 것이 밝혀졌다.

칼라크 나무의 매우 기이하게 생긴 잎은 수수께끼처럼 보이지만, 고대의 의서들

속에서 그 팔메트 문양의 의미를 파악할 수 있을지도 모른다. 이집트를 비롯한 고대 근동 사회의 예술품들을 보면, 자궁이 흔히 다산의 여신을 상징하고 있음을 알 수 있다. 자궁은 주로 그리스 문자의 오메가(Ω)처럼 밑이 뚫려 있는 주머니 모양으로 그려졌지만, 간혹 팔메트 모양으로 그려지기도 했다. 일곱 개의 잎은 인간의 자궁 내에 있는 일곱 개의 방을 상징했다. 종교적인 금기 때문에 인간의 시신을 해부하지 못했던 시대에는 인간의 자궁 안에 일곱 개의 방이 있다는 믿음이 널리 퍼져 있었다.

그 논리를 한 단계 더 밀고 나가면, 신성한 나무는 다산의 여신을 상징하게 되며, 의식을 올릴 때 남근처럼 생긴 열매를 나무 쪽으로 향하는 자세는 여신의 자궁을 수태시킨다는 것을 상징했다. 칼라크 부조에 새겨져 있는 바구니는 아마도 물동이일 것이다. 그 당시 메소포타미아의 시편들을 보면 유럽의 떠돌이 수렵인들과 마찬가지로 고대 근동 지역의 사람들도 물을 신의 정액이라고 생각했다는 것을 알 수 있다. 기원전 3000년대 말의 한 찬송가는 신선한 물의 신인 엔키의 활약을 생생하게 묘사하고 있다.

아버지 엔키는 눈을 들어 유프라테스 강을 바라본 뒤
혈기 왕성한 황소처럼 당당하게 일어선다.
그는 음경을 세워 사정을 함으로써
티그리스 강을 반짝이는 물로 가득 채운다.

고대 근동 지방의 사람들이 숭배했던 나무들은 다른 초기 문명들이 섬긴 나무들과 적어도 한 가지 공통점이 있다. 인간의 삶은 불확실하고 짧으며, 가장 적합하고 강한 자가 살아남는다는 원리에 맡겨져 있다. 나무는 인간이 베거나 신이 불러오는 폭풍이나 태풍에 쓰러지지 않는 한 대개 인간보다 오래 산다. 이런 긴 수명 덕분에 나무는 영생의 존재로 비치게 된 것이다. 하지만 메소포타미아인들에게는 자기 환경에 맞는 나름대로의 숭배 이유들이 있었다. 그 이유들은 아마 다른 지역에서 나무를 숭배하는 이유들과 미묘한 차이가 있었다. 메소포타미아 골짜기의 충적 평야에는 독특

이란 하디타의 유프라테스 강 옆에서 자라고 있는 야자나무.
고대인들은 이 나무가 다른 모든 식물들이 죽는 열악한 환경에서 끈질기게 살아남은 존재라고 보았다.

한 나무들이 살았으며, 지금도 그렇다. 하지만 그곳에서 살아남은 대추야자와 버드나무를 비롯한 얼마 안 되는 종들이 강인한 것은 분명하다. 그 나무들은 모든 녹색식물들이 시들어버리는 심한 가뭄 동안에도 견딜 수 있는 극소수의 식물이었다. 따라서 메소포타미아인들에게 그 나무들은 외로이 끈기 있게 버티는 생존자들로 보였다. 먼 곳에서 온 여행자들이 충적 평야에 사는 사람들에게 들려주는 이야기들도 나무들에 신비한 분위기를 부여하는 데 일조했을 것이다. 메소포타미아는 서쪽과 북쪽, 동쪽이 산맥으로 둘러싸여 있으며, 산맥에는 큰 나무들이 자라는 숲이 들어서 있다. 그 산맥들은 충적 평야에 사는 사람들에게는 더욱 장엄해 보였을 것이다. 메소포타미아 신화에는 그 산맥들이 신들의 땅이라고 나와 있다. 나무들은 하늘에 닿을 정도로 가지를 뻗고 있는 듯했다. 그 나무들은 자연에서 가장 크고 가장 높이 솟은 존재들이었으며, 신과 인간을 잇는 가장 친밀한 살아 있는 고리가 되었다.

일반인들이 거대한 숲으로 들어가는 것을 막기 위해 만들어진 듯한 신화들도 가끔 볼 수 있다. 고대 근동 지역에서는 숲과 그 정신적인 측면을 대단히 존경하고 두려워했다. 숲은 금기의 공간이었다. 『길가메시 서사시』는 숲 속에 훔바바(Humbaba)라는 무시무시한 괴물이 산다고 말하고 있다.

> 엔릴(수메르의 국가신)은 소나무 숲을 지켜야 하는 운명을 타고났으며,
> 그 숲은 사람들의 두려움을 불러일으킨다.
> 그의 숲으로 들어가는 사람들은 겁에 질릴 것이다.

자연에서 생명과 출산을 담당한 신, 즉 위대한 어머니 여신이자 하늘의 여왕이 신성한 나무로 상징된다는 것은 이해할 수 있다. 메소포타미아의 다산의 신은 좀더 나중의 북유럽 신들과 히타이트인의 초기 신들과 나무의 상징성을 공유하게 된 듯하다. 신화는 고대인들이 겨울과 긴 가뭄이 이어지는 시기에 일어나는 자연의 '죽음'을 어떻게 설명했는지를 보여준다. 매년 그런 시기에는 신이 지하 세계로 가야 하는 불행한 운명을 겪게 된다는 것이다(4장 참조). 메소포타미아에서는 두무지(Dumuzi)가 그 신이었다. 두무지는 인안나의 아들이자 연인이며, 죽었다가 소생하는 신이다. 그는 바빌로니아 시대에는 탐무즈(Tammuz)로 불리게 되었다. 구약성서의 에제키엘서에는 신전 옆에 앉아서 '탐무즈를 위해 통곡하는' 여인들을 묘사한 장면이 나온다. 백향목 장대는 탐무즈를 상징하는 것으로 여겨진다.

메소포타미아와 그 전통을 계승한 사회에서만 신성한 나무를 숭배한 것은 아니다. 단지 다른 지역들에서보다 더 일찍 눈에 띈 것일 뿐이다. 아시아에도 그런 나무들이 있었다. 메소포타미아에서 더 북쪽에 있는 현재 터키의 아나톨리아 지역에는 텔리피누(Telipinu)라는 히타이트인의 신이 있었다. 그 신은 소나무로 상징되며, 매년 특정한 시기에 '사라졌다'. 프리지아에는 키벨레라는 위대한 어머니 여신이 있었고, 그녀에게는 아들이자 연인인 아티스(Attis)가 있었다. 아티스는 나중에 그리스 신화에서 아도니스(Adonis)로 불리게 된다. 아티스는 죽음과 부활을 거치는 전형적인 신이었

다. 같은 역할을 하는 신들과 마찬가지로, 아티스도 죽었다가 빈곤을 풍요로 바꾸는 농사철이 돌아올 때 부활했다. 하지만 그는 가나안의 신 바알(Baal)처럼 매년 특정한 시기에 사라지거나 지하 세계로 내려간 것이 아니었다. 그는 여신의 신성한 나무 아래서 스스로를 거세한 뒤 피를 흘리면서 죽음을 맞이했다.

신성한 나무 개념이 어디에서 나왔든 간에, 그것은 언제나 탄생 및 죽음과 깊은 관련을 맺고 있었다. 암소의 여신인 이집트의 하토르(Hathor)는 '대추야자의 숙녀'와 '무화과나무의 숙녀'라고 불렸으며 나무 숭배의 대상이었다. 그녀는 죽은 자에게 음식과 음료를 주는 장례의 여신으로도 숭배되었다. 덧붙이자면 파피루스도 하토르를 상징하는 식물이었으며, 파라오 시대에는 그녀를 기리기 위해 파피루스 줄기를 수거하는 의식이 거행되었다.

선사 시대에 메소포타미아와 인도 사이에는 무역로가 있었으며, 상당한 문화 교류가 있었다. 인도 아대륙에 최초에 살던 사람들이 세운 인더스 계곡 문명에서도 신성한 나무의 그림이 새겨진 도장들이 발굴된다. 인더스 계곡의 사람들은 약 4천 년 전에 살았으며, 그 뒤 북쪽에서 아리안족이 들어와서 그 선사 시대 인도인들에게 이질적인 문화를 이식했다. 메소포타미아에서처럼 인도에서도 아주 초기부터 나무가 출산의 상징으로 숭배되어왔다. 이런 나무들은 일반적으로 브르크사(vrksa), 팔리어로는 루카(rukkha)라고 불리는데, '생명의 나무'라는 뜻이다(14장 참조).

고대 유럽 사회에서도 신성한 나무가 나름대로 역할을 했다. 기원전 8세기 스파르타에서는 헬레네 여신을 버즘나무와 동일시했다. 트로이의 몰락을 다룬 호메로스의 서사시로 유명해진 그 여주인공은 죽을 운명을 지닌 여인이 아니라 제우스와 레다의 딸이었으며 하늘에 있는 쌍둥이 카스토르와 폴리데우케스의 여동생이었다. 비록 그녀는 파리스가 메넬라오스 왕에게서 그녀를 약탈함으로써 트로이 전쟁이 촉발되었다는 식으로 주로 알려져 있지만, 고대 그리스 곳곳에 그녀의 성지가 있는 것으로 볼 때, 그녀는 원래 호메로스 이전 시대에 있던 덴드리티스(Dendritis)라는 나무의 여신이었던 듯하다.

아티스의 죽음을 설명하는 신화에 깊이 몰두해 있던 로마인들은 프리지아의 숭배 의식을 들여왔고, 로마의 영향을 받아 신성한 나무에 제물을 바치는 의식은 아주 잔혹하게 변형되었다. 키벨레와 아티스를 기리는 의식은 매년 피의 날이라고 알려진 축제 때인 3월 22일에 거행되었다. 축제 때에는 아티스의 인형을 매단 소나무를 나무 운반꾼 조합이 화려한 행렬을 이루어 여신의 신전까지 운반했다. 소나무는 색색의 천을 드리우고 제비꽃으로 장식했다. 고대 풍습에서 제비꽃은 죽음의 꽃이었다. 나무를 제자리에 놓고 나면, 키벨레의 견습 사제들이 긴 옷을 입고 거리를 달려왔다. 그들의 옷은 처음에는 새하얗다가 곧 피로 물들어 붉게 변했다. 달리면서 그들은 길가에 놓아둔 쉽게 꺼낼 수 있는 칼집에서 칼을 꺼내 움켜쥐고서 아티스 신화를 무시무시한 형태로 재현했다. 그들은 자신의 고환을 잘라내 여신의 제단에 바쳤다.

서력이 시작될 무렵에 메소포타미아의 신성한 나무 상징은 정통 유대교 숭배 의식에 스며들 정도까지 널리 퍼져 있었다. 고고학자들은 티베리아스 옆 하마스(Hammath)에 있는 1세기의 유대 교회 유적에서, 일곱 갈래로 갈라진 유대교의 촛대 메노라(menorah)의 윤곽이 새겨진 커다란 석회석 덩어리를 발굴했다. 그 돌에는 등불을 놓도록 된 홈도 새겨져 있었고, 촛대의 가지들 끝에는 나무와 관련이 있음을 암시하는 석류와 꽃 무늬가 새겨져 있었다. 메노라를 신성한 나무처럼 보이게 하려고 애썼다는 것을 알려주는 더 설득력 있는 증거는 레바논 국경 근처의 알부카이에 있는 더 후대의 유대 교회에서 발견되었다. 그 교회는 더 앞서 있었던 건물의 잔해 중 일부를 석재로 재활용해 지은 것이었다. 석재들을 재활용할 때 바른 회반죽을 걷어내자, 옛 부조가 발견되었다. 부조의 한가운데에는 메노라의 윤곽이 뚜렷이 새겨져 있었다. 그것은 누구나 알아볼 수 있을 정도로 나무 모양을 하고 있다.

고대 메소포타미아에서 나무를 숭배했다는 것은 아마 예상할 수 있는 일일 것이다. 더 놀라운 점은 신성한 식물들이 있다는 증거들이 성서 속에도 많이 있다는 점이다.

북웨일스 스노도니아 계곡 상류의 바위 틈새에서 자라는 마가목.
고대인에게 겨울은 초록 세계가 죽는 시기였다.

# 4

## 신성한 죽음과 탄생

지구에는 계절 변화가 거의 없는 지방들도 있다. 주로 열대와 아열대 지방이다. 그곳의 나뭇잎들은 끊임없이 떨어지고 새로 피며, 감탄스러운 꽃과 따낼 열매가 사시사철 달려 있다. 이는 초록 기운이 늘 약동하고 있다는 증거이다. 반면에 계절 변화가 일어나는 지방들도 있다. 그런 곳에서 인류는 초록 덮개가 죽는 계절이 되면 신비한 분위기와 두려움에 빠져들곤 했다. 더 뜨겁고 메마른 지방에서는 이런 죽음이 그늘의 온도가 섭씨 55도 이상으로 치솟는 한여름에 일어난다. 몇 달 동안 땅은 바짝 구워지고, 비구름은 코빼기도 보이지 않으며, 강과 호수는 바짝 말라가는 곳이 그렇다. 반면에 남쪽과 북쪽의 높은 위도대로 가면, 많은 나무들이 잎을 떨구고 풀들이 아무것도 남기지 않고 시드는 추운 겨울 동안에 초록의 빛이 사라진다.

사람들은 초록 세계에 일어나는 이런 심상치 않은 변화를 설명할 신화를 만들어낼 필요가 있었다. 신화는 대체로 어떤 신이 그런 계절이 되면 이런저런 이유로 힘을 쓰지 못하게 된다는 이야기를 담고 있다. 의무를 벗어던지는 그 신은 대개 다소 변덕스럽고 흥분 잘하는 남신이며, 신화에서는 그와 그의 배우자인 어머니 여신 사이에 이런저런 일이 벌어지기도 한다. '행방불명되는' 신들은 밀이나 다른 곡류의 생장과 관련이 있을 때가 많다. 곡류가 가장 일찍 재배되기 시작한 작물에 속하며 언제나 안정적인 중요한 양분 공급원이 되어왔다는 점을 생각하면 그리 놀라운 일도 아니다. '오늘 일용할 양식을 주옵소서' 라는 기독교의 기도에 담긴 정서는 보편적인 것이다.

신의 죽음과 탄생 이야기는 아마도 신석기 시대 수렵인들에게서 시작되었겠지만, 처음 기록에 담긴 것은 약 5천 년 전 근동 지방에서였다. 그 이야기는 두무지라는 초목의 신이 겪는 고난에 초점을 맞추고 있다. 두무지는 수메르의 어머니 여신인 인안나의 아들이자 연인이다. 인안나는 최초의 농부들이 개간하던 땅을 이상화한 존재였다. 땅은 그녀의 세속적인 자궁이었으며, 그 안에서 그녀의 모든 자손들이 나왔다. 들판과 과수원에 새로운 생명이 움트려면 여신의 자궁이 성관계를 거쳐 수태되어야 했기 때문에, 매년 정월 초하루에 인안나와 두무지의 혼례식이 이루어졌다. 이 행사를 축하하는 고대의 한 찬송가에는 인안나의 요구 사항이 담겨 있다.

나, 내 자궁을 위해 해주렴. 나, 높이 솟은 둔덕을 위해
나, 이 아가씨를 위해, 누가 쟁기질을 할까?
내 자궁은 촉촉한 땅
나, 이 여왕을 위해, 누가 도끼를 갖다댈까?

그러면 의식에 참석한 군중이 우렁차게 화답한다.

오 여신이여, 왕이 쟁기질을 하리니, 두무지 왕이 당신을 위해 쟁기질을 하리니.

두무지가 실재한 왕이었으며, 루갈반다(Lugalbanda)라는 위대한 전사의 아들이

라는 주장이 있다. 신성한 혼인이라는 그 전설이 얼마나 오래된 것인지는 아무도 모른다. 자연의 남성적인 요소와 여성적인 요소가 신성한 결합을 함으로써 새로운 생명을 낳는다는 믿음은 메소포타미아 신앙의 핵심을 이루었고, 근원을 추적하면 아주 먼 선사 시대까지 이어질 것이다. 하지만 그 믿음은 논리적으로 불완전했다. 한 해의 절반 동안은 탄생이 일어나지 않았기 때문이다. 그 거룩한 결합에도 불구하고 생명은 시들었고, 메소포타미아의 혹독한 여름에 닥친 황량한 경관 속에서 그녀는 스스로에게 죽음을 언도했다. 죽음과 천벌을 내리는 것도 여신이었기 때문이다. 이런 문제를 해결하려면 새로운 생명에 대한 설명과 짝을 이루는 설명이 있어야 했다. 그것은 또 다른 신화의 형태로 나타났다. 인안나가 세상을 황폐화시키는 세력과 대치한다는 불안한 이야기였다. 그리고 그 만남은 비극적인 결과로 이어졌다.

생명의 여신인 인안나에게는 자매, 즉 또 다른 자아인 에레슈키갈(Ereshkigal)이라는 죽음의 여신이 있었다. 인안나는 자매의 힘에 도전하기 위해 지하 세계로 내려가지만, 패해서 살해당한다. 그리스도의 수난을 떠올리게 하는 이야기이다. 위풍당당하던 옷도 모두 벗겨지고 몰매를 맞은 뒤, 그녀는 여왕의 옥좌를 조롱해 만든 의자에 벌거벗은 채 앉혀진다. 그리고 마침내 죽음이 언도되고 목숨이 끊어질 때까지 기둥에 못 박히는 운명에 처한다. 하지만 끝난 것이 아니었다. 인안나가 없어지면 살아 있는 세계에 불행이 닥칠 것이라고 우려한 신들이 개입함으로써 인안나는 목숨을 구한다(3장 참조). 하지만 그녀가 풀려나는 데에는 조건이 있었다. 에레슈키갈은 자기 왕국으로 볼모를 보내라고 요구했다. 지상 세계로 돌아온 인안나는 연인인 두무지가 그녀의 옥좌에 앉아서 주인 행세를 하는 것을 보고 화가 나서 자기 대신 지하 세계로 가라고 명령했다. 하지만 이 충동적인 결정이 자연 세계에 어떤 영향을 미치는지 깨달은 그녀는 현실적인 해결책을 생각해냈다. 그녀는 나중에 구약성서의 에제키엘서에 탐무즈라고 실리게 될 두무지에게 매해 반년 동안 지하 세계에 머물도록 하고, 나머지 반년은 그의 누이인 게슈티난나(Geshtinnana) 여신이 대신 가 있도록 했다. 두무지가 지하 세계에 머무는 기간은 근동에서 수확이 모두 끝나고, 여름 태양의 무자비한 열기에 이라크와 이란 지방의 충적 평야들이 바싹 구워져 단단한 철판처럼 변하고 거의 아무것도 자라지 못하는 메마른 사막이 되는 기간과 일치했다. 그렇게 해서 메소포타미아인들은 여름 해의 타는 듯한 열기 아래에서 자연 세계가 죽는 현상을 설명해냈다. 그들은 끝없이 되풀이되는 삶과 죽음을 설명할 신화를 창조해냈으며, 어떤 면에서 그 모험담은 그들의 밭에 있는 실제 생명체들에게 일어나는 일들을 반영한 것이었다. 메마른 여름 동안, 두무지의 화신인 낟알은 지하 창고에 저장되어 있었다.

고대 근동의 초기 역사 기록들을 보면, 여신과 남신의 성적 결합이라는 원초적인 개념이 선사 시대에 메소포타미아 지역에서 생겨나서 널리 퍼진 듯하다. 하지만 문화마다 그 개념을 각기 독특한 양상으로 발전시켜 나갔다는 것을 뚜렷이 알 수 있다. 수메르의 인안나 여신은 같은 역할을 하는 가나안의 아나트(Anat) 여신과 하티(Hatti)의 히타이트 왕국에 있는 거룩한 여신인 한나한나(Hannahanna)와 전혀 다른 특징을 지니고 있다. 더 후대로 오면 고대 그리스의 데메테르(Demeter) 여신과도 만나게 된다. 데메테르는 게르만인과 스칸디나비아인의 다산의 여신인 프레이야(Freyja)와 비슷한 점이 거의 없다. 데메테르 신화에서는 겨울 동안 그녀의 딸 페르세포네(Persephone)가 지하 세계로 내려가 죽음의 왕국을 통치한다. 반면에 프레이야에게는 쌍둥이 남신인 프레이르(Freyr)가 있다. 그도 이따금 그녀의 애인으로 나오지만, 그는 초목의 신이 아니다. 프레이르는 주로 세계 평화와 번영을 맡고 있었다.

그런 여신들의 배우자 중에, 죽음과 소생을 반복하는 초목의 신인 수메르의 두무지는 고대 근동의 다른 지역에 사는 비슷한 신들과 매우 다른 개성을 지니고 있었다. 가나안에서는 바알 신이 모트(Mot) 신이 이끄는 적대 세력과 엄청난 전투를 벌이다가 죽는다. 그러자 그의 누이이자 아내인 아나트가 그를 부활시킨다. 한편 예측할 수 없는 폭풍이 몰아치곤 하는 산지에 자리한 히타이트 왕국의 초목의 신 텔리피누는 살해당하는 것이 아니라, 갑자기 화를 내면서 떠나는 것으로 설정되어 있다. 그는 종적을 감추었다가 화가 가라앉은 뒤에야 다시 맡은 일을 한다. 북유럽 신화에서는 발드르(Baldr)가 죽음과 소생을 반복하는 고초를 겪는 신이다. 하지만 어쩐 일인지 그가 초목의 신이었는지, 프레이야나 불사의 사과를 지키는 이둔(Idunn) 같은 다산의 여신과 성관계를 갖는지 여부는 거의 언급되어 있지 않다.

고대 근동에서는 초록 세계를 돌볼 수 없는 저승으로 일정 기간 가 있어야 하는 초목의 신이 변덕스러운 남성이라고 보는 사고 방식이 전해 내려온 듯하다. 하지만 모든 문화에서 초목의 신이 남성이었던 것은 아니다. 힌두교에서는 발라라마(Balarama)가 농경의 신이지만, 인도의 더 원시적인 숭배 의식에서는 부미(Bhumi)라는 여신이 그 일을 대신 맡기도 했다. 비슈누(Vishnu)의 두번째 부인인 부미는 힌두교에서 다산의 여신으로 나오지만, 빌(Bhils)족 같은 농경 부족들은 지금도 초목이 잘 자라라고 그녀에게 기원을 올린다. 부미를 원래의 역할인 자미 마타(Zami Mata), 즉 '대지의 어머니' 로 보는 것이다. 비슷한 맥락에서, 모든 문화가 죽었다가 소생하는 신을 초목을 주관하는 신으로 보는 것도 아니다.

초기 사회들이 땅으로 내리꽂히는 비를 받아들임으로써 거룩한 임신이 이루어진다고 생각했다는 점을 기억해두자. 초목의 신이 폭풍과 천둥의 신이기도 한 사례도 세계 곳곳에서 찾아볼 수 있다. 히타이트 신화에서 폭풍의 신인 테슈브(Teshub)는 초목의 신으로도 여겨졌으며, 때때로 텔리피누와 같은 일을 맡는 것 같기도 하다. 고대 중국의 최고신인 옥황상제는 대개 땅에서 일어나는 일상적인 사건들에는 개입하지 않았지만, 그럼에도 도교에서 농경의 신으로 여겨졌다. 비, 바람, 천둥, 번개 같은 자연력을 지배했기 때문이다. 콜럼버스가 아메리카에 오기 전, 중앙아메리카 멕시코 지역의 마야인들은 아 볼롬 차캅(Ah Bolom Tzacab)을 농경의 신으로 섬겼다. 이 신은 '나뭇잎 코를 가진 신' 이라고도 불렸다. 나뭇잎 장식을 코걸이로 하고 있었기 때문이다. 그는 밭에서 자라는 것들을 돌보고 필요한 비를 불러오는 일을 했다.

초기 농민들은 자연의 거센 힘을 잘 알고 있었고, 밭에서 자라는 식물들이 죽음이나 파괴와 긴밀하게 얽혀 있다는 것도 충분히 이해하고 있었다. 지상에 있는 것들과 관련이 있는, 지하 세계로 가는 신들은 사랑을 나누기도 했지만 그에 못지않게 갈등도 빚었다. 수메르의 인안나 여신과 그녀의 후계자인 바빌로니아의 이슈타르 여신은 종종 전쟁 무기를 갖춘 모습으로 묘사된다. 지하 세계에서 바알의 몸을 구해낸 가나안의 아나트 여신은 대단히 잔혹한 취향을 지니고 있었다.

싸울수록, 전투를 할수록
아나트의 몸은 참을 수 없는 웃음으로 가득해진다.
그녀의 마음은 기쁨으로 충만해진다.
아나트의 몸은 흥분해 날뛴다.
그녀는 병사들의 피 속에 털썩 무릎을 대고 주저앉는다.
병사들의 엉킨 피가 허벅지까지 적신다.

자신들이 어머니 여신을 토대로 한 옛 범유럽적인 종교를 부활시키고 있다고 믿는 현대의 이교도들은 어머니 여신이 자애롭고 모성이 가득하고, 일종의 목가적인 이상향을 다스리면서 이따금 달을 오갔다고 잘못 생각하고 있다. 그녀는 사라진 아들이자 연인 때문에 슬퍼하는 '어둠의' 계절 동안에만, 초록빛 찬란한 세계와 동물과 식물을 돌보는 일을 소홀히 할 뿐이라는 것이다. 하지만 실상은 다소 다르다. 고대 중동의 여신들은 대부분 동물들이 잘 번식하고 식물들이 잘 자라는지 돌보는 것만큼 전쟁을 벌이고 각 왕국의 수호자로 서로 경쟁하는 일에 열중했다. 북유럽에서도 비슷한 경향이 나타났다. 프레이야는 죽음과 직접적으로 관련이 있었고, 한 전투에서 살해당한 사람들의 절반을 그녀가 죽였다는 전설도 있다. 요약하자면, 자연 세계를 책임지고 있는 신들의 협력 관계는 사회마다 전혀 다르며, 신들을 보는 방식도 해당 지역의 사람들이 사는 환경 조건에 크게 좌우되었다.

초록 세계에서의 죽음과 탄생에 관한 가장 정교하고 흥미로운 이야기 중 하나가 고대 이집트에 있다. 혹독한 사막 환경에서 살던 이집트인들은 자기 세계의 초록 덮개가 어느 계절에는 사라졌다가 그 뒤 수수께끼처럼 다시 나타나는 것이 어떤 의미가 있는지를 날카롭게 인식했다. 이집트는 서아시아에서는 찾아볼 수 없는 방식으로 죽음과 재생을 하나로 묶은 놀라우면서도 독특한 종교를 발전시켰다. 초기 이집트의 만신전에서 중요한 신들 중 둘은 당시 더 북쪽 지방에 있던 신들과 같았다. 초목의 신 오시리스(Osiris)와 그의 누이인 다산의 여신 이시스(Isis)가 그들이었다. 하지만 오시리스는 대단히 정교한 종교 의식과 관련을 맺게 됨으로써, 같은 역할을 맡은 신인 시리아-팔레스타인의 바알 신, 메소포타미아의 두무지나 탐무즈를 무색하게 만들 지경이 되었다. 왜 이런 일이 벌어졌는지 이해하려면, 이집트의 선사 시대까지 파고들 필요가 있다.

우리가 오늘날 알고 있는 것과 달리 북아프리카가 언제나 가혹하고 건조한 기후 지대에 속했던 것은 아니었다. 선사 시대에 이집트인들이 부족별로 흩어져 유목 생활을 하고 있었을 때, 나일 계곡은 풍요로운 곳이었다. 비가 자주 내렸고, 하마와 영양과 기린이 풀을 뜯으면서 돌아다녔다. 오시리스의 기원을 다룬 몇 가지 이론 중에 그가 처음에는 북아프리카의 초기 목동들과 농경의 개척자들 사이에서 나무의 정령으로 여겨졌다는 것이 있다. 그러다가 기후가 변했고, 사막이 점점 더 심각하게 땅을 잠식하기 시작했다. 기원전 3000년대 중반쯤에 파라오들을 정점으로 한 거대 문명이 탄생할 즈음, 이집트에서 살아남아야 하면서도 사막 지역을 포기해야 하는 절박한 상황에서 유일하게 다가온 은총은 나일 계곡에 주기적으로 일어나는 범람이었다. 그 덕분에 관개가 가능해졌고, 비옥한 충적토가 쌓였으며, 모든 중요한 작물들을 키울 수 있게 되었다. 기원전 2133년에서 기원전 1786년까지 중왕조 시대에 남근 모양의 기둥으로 상징되던 오시리스는 작물의 어버이인 낟알의 정령으로 찬미되고 있었다. 제드 기둥(Djed Column)이라고 알려진 이 기둥들 중에는 기원전 2600년대 초 초기 왕조 시대가 끝날 무렵의 것도 있다. 이 기둥은 오시리스의 상징이 되기 이전에, 다산의 토템으로서 곡물 창고와 깊은 관련이 있었던 듯하다.

언뜻 보기에 메소포타미아와 이집트의 기후는 별 차이가 없는 듯하다. 양쪽 다 극단적인 열기와 가뭄에 시달리고, 주기적으로 범람하는 큰 강이 관통하고 있으며, 물에 심하게 의존하고 있다. 하지만 둘 사이에는 중요한 차이점들이 있다. 티그리스 강이나 유프라테스 강과 달리 나일 강은 제멋대로 수위가 높아지지 않으며, 농사철은 매년 아주 정확하게 유지된다. 4월 말에서 7월까지 나일 강 주변의 땅은 갈라지고 사막을 휩쓰는 무자비하게 뜨거운 바람에 시달린다. 그 시기에는 그저 에티오피아의 고지대와 적도의 큰 호수들로부터 물이 쇄도하기만을 기다릴 뿐이다. 이 물은 8월이 가까워질 무렵에 오며, 강의 수위가 한계점까지 올라가서 둑으로 흘러 넘쳐 평야를 뒤덮는다. 전통적으로 작물은 11월에 물이 빠진 뒤에 심고, 3월과 4월 사이에 수확한다.

오래 전부터 이집트 농민들은 이런 절기들을 기념해왔다. 그런 절기들은 오시리스와 이시스가 관장한다고 믿었다. 절기가 바뀌는 양상이 아주 규칙적이었기 때문에, 이집트에서는 다른 곳에서는 찾아보기 어려운 형태의 신화 체계가 발달했다. 또 문화의 기원 측면에서 이집트가 서아시아 지방과 전혀 달랐다는 점도 염두에 두어야 한다. 이집트 문화는 남쪽의 아프리카와 서쪽의 리비아에서 유래했다. 오시리스는 세계의 초록 덮개가 낡은 것이 붕괴해야만 불사조처럼 다시 피어날 수 있다는 엄연하고 보편적인 믿음을 나타낼지도 모르지만, 그에게서 그 개념은 근본적인 변화를 보였다. 오시리스는 시신에서 다시 소생해서 죽은 자들의 왕국을 영원히 다스리는 존재가 되었다.

초록 세계의 '죽음'을 설명하기 위해서, 바알이나 탐무즈와 마찬가지로 오시리스도 죽어야 했다. 그의 죽음은 유독 잔혹했다. 피라미드의 벽과 석관의 안감에 새겨진 단편적인 내용들을 취합해보면 어떤 이야기인지 알 수 있다. 고대 이집트인들은 다산의 여신과 그 연인인 이시스와 오시리스가 한때 살아 있는 인간이었다고 보았다. 근친상간 관계에 있는 왕자와 공주인 그들은 새로 발견된 농경 기술을 보급하기 위해 세계를 돌아다닌 뒤, 이집트로 돌아와서 신격화한 왕과 여왕이 되었다. 하지만 시기하는 자들도 있었다. 오시리스의 형제인 세트(Seth)가 그랬다. 세트는 오시리스를 죽이기로 했다. 세트는 오시리스가 왕국을 수호하고 다스리는 동안 사냥당하고 약탈당해야 했던 사자와 코끼리의 땅인 옛 이집트를 상징했다. 세트는 오시리스를 죽여서 관에 넣어 나일 강에 던졌다. 이시스는 여러 해 동안 남편이자 오빠를 찾아다니다가, 마침내 그 관을 발견했다. 이시스는 관을 열고 주술을 사용해서 오시리스의 시신을

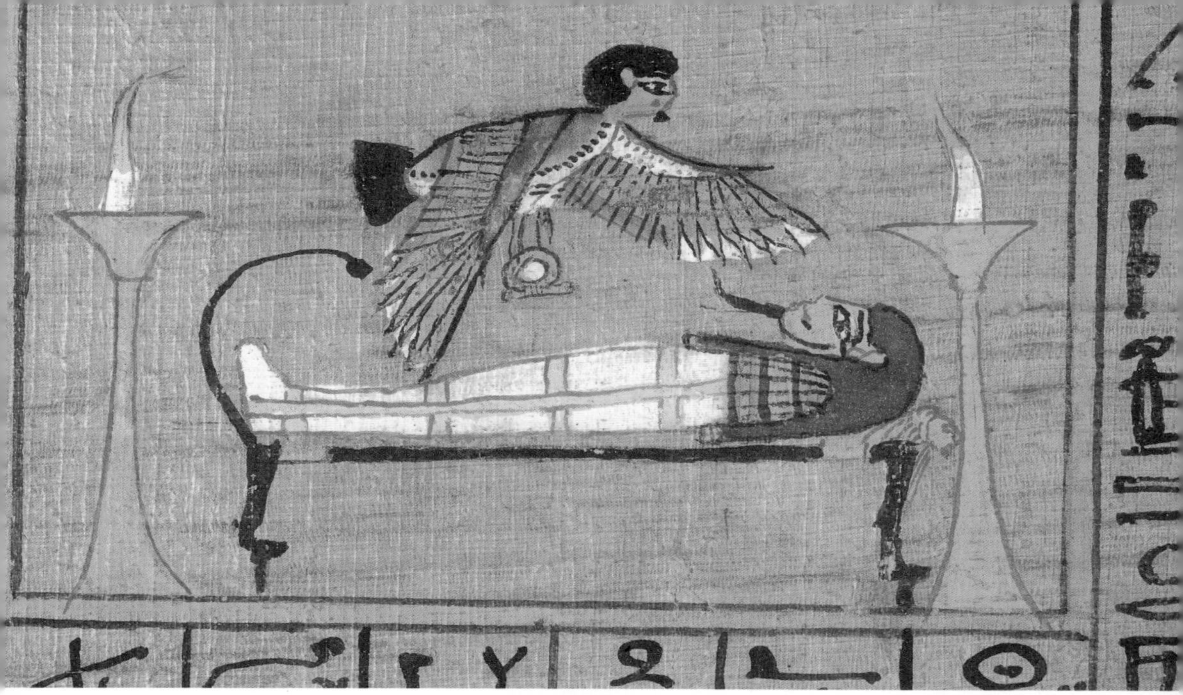

매의 모습을 한 이집트의 여신 이시스가 죽은 오빠이자 남편인 오시리스를 소생시키는 장면.
부활한 오시리스는 죽은 자들의 왕국을 다스리는 자가 되었다.

정력이 충만한 상태로 만들었다. 그렇게 해서 그녀는 아들인 호루스(Horus)를 잉태할 수 있었다.

이시스의 행동에 분노한 세트는 오시리스의 몸을 찾아내 열네 조각으로 찢은 다음, 오시리스가 또 다시 아이의 아버지가 될 수 없도록 이집트 전국에 흩어놓았다. 이런 이야기는 이집트의 의식을 올리는 방법을 기술한 안내서인 『드라마틱 라메세움 파피루스*Dramatic Ramesseum Papyrus*』에 실려 있다. 그 파피루스에는 나귀 모습을 한 세트가 오시리스의 몸을 자르는 광경이 묘사되어 있고 세트가 "신을 난도질해서 토막내고 있다"고 적혀 있다. 그리고 그 문서는 그 행위를 보리 타작에 비유하고 있다. 오시리스의 몸을 토막내 흩어놓는 행위는 가나안의 바알과 아나트 전설을 일부 담고 있는 듯하다. 이른바 아나트가 지하 세계의 신 모트에게 복수하는 장면이다.

그녀는 모트 신을 사로잡았다.

그녀는 칼로 그를 토막냈고,

키로 까불렀고,

불로 태웠고,

맷돌로 갈았고,

들판에 흩뿌렸다.

하지만 이 일화의 시대 배경이 잘못되었고, 아나트가 모트를 토막낸 것이 아니라 모트가 바알을 토막낸 것이라는 주장도 있다. 오히려 그 시나리오가 더 설득력이 있어 보인다.

오시리스 신화에 따르면, 이시스는 다시 그의 시신을 찾아 나섰고 온갖 고생 끝에 흩어진 토막들을 모았다. 그리고 이집트의 신들이 오시리스의 시신을 이어 붙였다. 시신은 리넨 붕대로 칭칭 감쌌다. 이시스는 거기에 생명을 불어넣었고, 오시리스는 부활해서 죽은 자들의 신이 되어 그들을 다스리게 되었다. 이어서 살아 있는 사람들의 세계인 이승을 다스리는 파라오는 살아 있을 때는 오시리스의 아들인 호루스의 화신이며, 죽은 뒤에는 해가 지는 곳인 지하 세계, 즉 두아트(Duat)의 군주가 된다는 논리 체계가 확립되었다.

오시리스는 나무, 작물, 출산, 죽음 등 다양한 것들을 주재하는 신이기 때문에 매년 온갖 절기 때마다 그를 찬양하는 의식이 거행되었다. 옛 이집트의 달력은 공전 주기인 365일이 아니라 새벽 하늘에 시리우스가 처음 모습을 드러내는 때를 기준으로 삼았다. 그 결과 일 년이 360일밖에 안 되는 들쭉날쭉한 달력이 만들어졌다. 이런 상황은 기원전 30년 알렉산드로스 태양력이 나온 뒤에야 바뀌었다. 알렉산드로스 태양력이 나온 뒤에는 오시리스의 부활을 기리는 축제가 11월 13~16일에 걸쳐 열렸다. 그보다 앞서 8월에는 나일 계곡이 범람했다. 사람들은 이 홍수가 이시스가 잃어버린 연인이자 오빠를 생각하며 흘리는 눈물 때문에 생기는 것이라고 믿었다. 축제가 절정에 달했을 때, 오시리스 사제들은 오시리스가 처음에 들어갔던 관을 상징하는 황금관을 나일 강으로 운반했다. 그들은 그 관에 신성한 강물을 뿌린 다음, 오시리스가 발견되었다고 큰 소리로 외쳤다. 관 속에는 죽은 신을 상징하는 흙과 낟알로 만든 인형이나, 호루스를 상징하는 어린 소년이 들어 있었다. 그 인형은 물에 젖은 뒤 금방 싹을 틔워 초록빛을 발했다.

11월의 축제는 이시스가 오시리스를 처음 소생시킨 것을 기리는 행사였다. 얼마 뒤에는 세트가 오시리스의 시신을 토막내 뿌리는 것을 낟알을 뿌리는 일과 관련지은 애도 의식이 거행되었다. 그 의식은 죽음을 상징하는 검은 암소 두 마리로 밭을 가는 것으로 시작되었다. 그런 다음 호루스 역을 맡은 어린 소년이 여러 종류의 낟알을 그곳에 뿌렸다. 오시리스의 시신을 토막내고 흩어놓았다는 신화의 핵심이 되는 씨앗을 흩어 뿌리는 행위였다. 그런 다음 제물의 피를 뿌림으로써 씨앗이 싹을 잘 틔우도록 했다. 제물들은 살해당한 뒤 들판에서 화장되었고, 그 재는 낟알을 까부르는 데 쓰는 도구들, 즉 겨와 씨를 분리하는 데 쓰는 키 같은 도구들을 이용해 흩뿌렸다. 의식이 막바지에 이를 무렵, 천 속에 흙과 낟알을 집어넣어 만든 인형을 관에서 꺼내고, 새로운 인형을 대신 넣었다. 꺼낸 낟알은 신의 부활을 상징하도록 싹이 트게 했다.

신화에 따르면, 세트는 오시리스의 남근을 나일 강에 던졌고, 악어가 그것을 먹어치웠다. 하지만 이시스는 인공적으로 남근을 만들어 붙였고, 그것은 오시리스가 저승에서도 성적 능력을 전혀 잃지 않았다는 것을 기리는 오시리스 남근 숭배 의식을 낳았다. 그 의식 중에는 여성들이 죽은 신의 나무 인형을 들고서 그를 기리며 이집트 곳곳을 행진하는 행사가 있었다. 이 이집트 여인들은 인형의 남근에 붙은 끈을 조작해서, 군중들을 흥겹게 했을 것이 분명하다.

기원전 1567년경에 세워진 신왕국 무렵부터 매장실에 '오시리스의 침대'라는 것이 들어 있는 왕족의 무덤들이 발견된다. 이것은 나무로 만든 틀 속에 신상을 넣고 보리를 섞은 흙으로 남은 공간을 채운 것이다. 씨들이 발아하면, 죽은 자가 오시리스의 지하 세계에서 부활한 것으로 받아들여졌다. 들판에서 활기차게 살아 있는 식물들을 나타내기 위해 오시리스 신상을 초록색으로 칠하기도 했다.

삶, 죽음, 나무의 연관성은 이집트 신비주의에서도 강하게 나타났다. 로마 작가

피르미쿠스 마테르누스(Firmicus Maternus)는 쓰러진 소나무의 속을 파낸 뒤, 파낸 속을 모아 오시리스 신상 모양으로 만드는 의식이 있었다고 설명했다. 그런 다음 신상을 원래의 나무 속에 다시 집어넣고 봉인했다. 오시리스를 모신 신전이 있는 덴데라(Dendera) 유적에서는 관이 하나 발견되었는데, 다른 많은 전형적인 신상들과 마찬가지로, 거기에 새겨진 오시리스도 여성의 모습을 한 나무와 긴밀한 관계에 있는 것처럼 묘사되어 있었다.

유럽 고전 시대에 가장 잘 알려진 곡식의 신은 데메테르이다. 그리스의 위대한 어머니 여신인 데메테르는 로마의 케레스(Ceres) 여신에게 자신의 일을 넘겨주었다. 케레스는 이탈리아의 농경의 여신이었다. 데메테르는 대지의 어머니라고 불리지만, 그녀가 실제로 관심을 갖고 힘을 쓰는 대상은 곡식이었다. 따라서 곡식의 이삭이 그녀의 상징이었다. 데메테르는 낟알이 달린 줄기를 한 다발 들고 있는 모습으로 그려지곤 한다. 그리스 농민들은 파종기가 되면 그녀에게 기원을 했으며, 신성한 타작 마당에서 이루어지는 수확제 때에도 그녀를 찬미했다(13장 참조). 호메로스의 『일리아드 *Iliad*』도 수확제와 그녀가 관계가 있음을 알려준다.

> 고대의 탈곡 마당에서 남자들이 잘 밟아서 다진 곡식 다발을 키로 까부를 때마다 겨가 바람에 날려가는 광경을 보면서, 데메테르가 노란 머리카락을 휘날리며 입김을 훅훅 불어 겨와 낟알을 나누는 모습을 마음의 눈으로 보라.

데메테르는 어머니 여신의 전형적인 역할을 떠맡고 있지만, 자연에 불안을 안겨준 것은 근친상간의 연인이 아니라 그녀의 딸 코레(Kore), 즉 페르세포네였다. 페르세포네는 곡식의 아가씨이자 지하 세계의 여왕이었다. 성별이 바뀌었다고 해도, 삶과 죽음은 지하 세계로 내려간 곡식의 신이라는 상징 체계와 떼려야 뗄 수 없이 얽힌 채로 남았다. 데메테르와 페르세포네 신화는 언제나 식물의 기운이 땅 속으로 내려가 봄이 올 때까지 겨우내 잠자고 있다는 우화로 해석되어왔지만, 그런 해석은 지중해의

지하 세계의 여신인 페르세포네와 길의 여신인 헤카테의 대결 장면. 기원전 5세기 그리스의 엘레오시스 유적에서 발굴되었다.

계절 변화 양상과 들어맞지 않는다. 지중해 지역에서 씨는 가을에 뿌리자마자 거의 즉시 싹이 터서 계속 자란다. 하지만 데메테르와 코레의 이야기는 나중에 그리스화한 청동기 시대의 미케네 문명에 다소 뿌리를 두고 있다. 기원전 1600~1200년에 전성기를 누렸던 그리스 남부의 고대 도시인 미케네에서는 데메테르를 시토포티니야(sitopotinija), 즉 곡식의 여왕이라고 불렀다. 어쨌든 간에 데메테르와 페르세포네 신화는 메소포타미아의 것을 미노스 문명을 거쳐 빌린 것이거나, 기후가 전혀 달랐고 겨울 휴면 기간이 아주 길었던 훨씬 더 이전 시대의 유럽에서 유래한 것이다. 어디에서 유래했든 간에, 그 뒤에 리투아니아의 가뱌우야(Gabjauja), 핀란드의 펠론페코

(Pellonpekko)와 콘도스(Kondos)를 비롯해 북유럽 각지에서 데메테르를 본뜬 곡식의 신들이 많이 등장했다.

곡식의 어머니와 그 자식이라는 주제는 유럽 중세 시대 내내 이어졌다. 제임스 프레이저의 『황금 가지』에는 곡식을 수확하고 곡식의 어머니를 위로하는 일과 관련된 풍습과 의식들이 많이 다루어져 있다. 역사적으로 볼 때 시대와 장소에 관계없이, 어떤 문화가 다소 동일한 발전 단계에 도달하면, 비슷한 유형의 신이 전면에 나서게 되며, 키질을 하고 낟알을 뿌린다는 개념도 그 신들의 일대기 어딘가에 들어가게 된다. 옥수수는 기원전 5000년경부터 중앙아메리카에서 재배된 것으로 알려져 있지만, 그 뒤 수천 년 동안 그것이 재배되었다는 증거는 고고학적인 것밖에 없다. 우리는 그 지역의 신석기 시대 사람들이 유럽과 다른 지역에서 발달한 것과 비슷한 방식으로 옥수수 낟알의 신을 떠올렸다고 추측할 수밖에 없다. 서기 150~900년경 고전 시대의 멕시코 아스테카 문명에서는 옥수수 신이 신들 중 주요 존재로 떠올랐다. 오래된 한 인명 사전에 따르면, 그는 피타오 코소비(Pitao Cozobi)라고 불렸다. 하지만 아스텍 시대에는 주로 신테오틀(Cinteotl)이라고 알려져 있었으며, 깃털 달린 뱀의 모습을 한 영웅신인 케찰코아틀(Quetzalcoatl)의 한 가지 모습을 나타낸다고 여겨졌다. 초목의 신에게 가해지는 폭력과 절단이라는 주제는 자연에 결핍의 계절이 뚜렷이 나타나는 지방에서 보편적으로 찾아볼 수 있는 듯하다. 시간적으로나 공간적으로 고대 이집트와 거리가 먼 멕시코에서, 실제로 매년 봄에 식물의 재생을 맡고 있던 신은 신테오틀이 아니라 시페 토텍(Xipe Totec)이었다. 시페 토텍이라는 이름은 '벗겨진 존재'라는 뜻이다. 그를 섬기는 사제들은 비가 온 뒤 땅에서 싹트는 새로운 식물들을 맞이하기 위해서 인간 제물의 벗겨낸 피부를 걸치고 있곤 했다. 피부는 21일 동안 걸치고 있었다. 씨가 싹이 터서 초록 잎을 내미는 데 걸리는 기간에 해당했다.

결핍이 덜 두드러지게 나타나는 지역에서 오시리스와 시페 토텍에 상응하는 신은 더 자애로운 성격과 행동을 보인다. 폴리네시아에서 식용식물의 생장을 맡은 농경의 신인 롱고(Rongo)가 그렇다. 롱고는 비의 신이기도 하지만, 피가 뚝뚝 떨어지는 제물은커녕 폭력을 싫어하는 평화의 신이다.

아주 오래된 신화들에는 옥수수의 유래가 나와 있다. 그런 이야기 중 하나가 식민지 시대에 나와틀(Nahuatl)어로 쓰인 『태양들의 전설*Leyenda de los Soles*』에 실려 있다. 케찰코아틀은 새로 창조된 인류를 먹여 살릴 식량을 찾아 땅을 돌아다니던 중 개미 한 마리가 낟알 하나를 끌고 가는 것을 보았다. 잠시 이야기를 나누고, 케찰코아틀에게 약간의 협박도 받은 뒤, 개미는 그 낟알을 어디에서 발견했는지 신에게 알려주고 말았다. 케찰코아틀은 개미로 변신해서 토나카트페틀 산의 한가운데로 들어갔다. 그곳에 가니 개미들이 모아놓은 낟알들이 수북이 쌓여 있었다. 그 낟알들을 흩뿌리려면 나나우아친(Nanahuatzin) 신의 도움이 필요했고, 산을 갈라 열려면 비의 신인 틀랄록(Tlaloc)을 비롯해 동료 신들의 도움도 받아야 했다. 틀랄록은 산을 쪼갠 다음 옥수수 종자들을 널리 멀리까지 흩어놓았다.

멕시코의 고전 시대 예술에서 곡식의 신은 옥수숫대처럼 길쭉한 머리, 옥수수 수염처럼 뻗은 머리카락을 지닌 모습으로 그려졌다. 전세계의 곡식 신들이 대부분 그렇듯이, 그도 무참하게 살해당할 운명이었고, 매년 수확기에 아스텍 사제들은 옥수수 줄기에서 속대를 떼어내는 참수 의식을 거행했다. 비의 신 틀랄록은 옥수수와 밀접한 관계가 있었다. 가뭄에 땅이 바짝 마르곤 하는 지역이므로 충분히 그럴 만했다. 그리

페예르바리-마예르 문서(Fejervary-Mayer Codex)에 실려 있는 아스텍 그림. 4년 기간의 첫 두 해 동안 옥수수의 운명이 변해 가는 모습을 담고 있다.

고 옥수수를 잘 자라게 해달라고 기원할 때 그의 연인인 흐르는 물의 여신인 찰치우이틀리쿠에(Chalchihuitlicue)의 이름도 불렀다. 찰치우이틀리쿠에에는 테오티우아칸(지금의 멕시코 시)에 키가 3미터를 넘는 거대한 조각상이 세워지고, 틀랄록 산의 중턱에 무게가 2백 톤쯤 되는 커다란 미완성 부조가 있을 정도로 대단한 숭배를 받았다.

극동 지역에서는 벼가 주요 작물이며, 수확제는 논에서 안전하게 수확을 끝낸 것을 축하하는 쪽으로 맞춰져 있다. 말레이시아 사라와크의 비다유(Bidayuh)족과 이반(IBan)족 등 다양한 부족들은 5월 말이나 6월 초에 가와이(Gawai, 추수절기) 축제를 연다. 축제의 대부분은 마시고 춤추는 것이며, 술은 쌀로 빚은 것이다. 이 축제의 주요 특징 하나는 응가야트 레송(Ngajat Lesong)이라는 춤이다. 참가자들은 춤을 추면서 쌀을 빻는 데 쓰이는 레송이라는 무거운 절구를 이빨만으로 들어올리려 시도한다. 말레이시아의 다른 지역인 사바에 사는 두순(Dusun)족과 카다잔(Kadazan)족 등은 5월에 카아마탄(Kaamatan)이라는 비슷한 추수제를 연다. 이 축제는 종교적 성향이 짙으며, 의식을 주관하는 것은 보보히잔(Bobohizan)이라는 고위 여사제이다.

죽었다가 소생하는 신의 전통은 기독교 시대에도 살아남았다. 특히 지방 교구로 가면 더 그랬다. 영국에서는 존 발리콘■이라는 인물이 두무지와 탐무즈, 바알, 오시리스의 역할을 계승했다. 한 영국 민요에는 이렇게 나와 있다.

서쪽에서 세 사람이 왔네.
그들은 이기고자 했네.
세 사람은 엄숙하게 맹세했네.
존 발리콘은 죽어야 한다고
그들은 그의 머리에 흙더미를 던지고
쟁기질하고 뿌리고 써레질했네.

■ John Barleycon, 보리로 만든 술(맥주, 위스키)을 의인화한 이름으로, 오늘날에도 여러 문학 · 예술작품에 등장한다.

세 사람은 엄숙하게 맹세했네.

존 발리콘은 죽었다고.

유럽의 몇몇 지역에서는 기독교 이전 시대에 거행되었던 추수제와 한겨울의 축제 사이에 깊은 관계가 있음을 보여주는 풍습이 계속 전해지고 있다. 둘 다 작물과 동물을 보호하고 다음해에 풍년이 들기를 바라는 주술적이고 종교적인 요소를 지니고 있었으며, 그것들이 크리스마스 축제의 기원이다. 크리스마스 때 부엌에서 한껏 배불리 먹는 것도 사실 자연의 풍요를 축하하는 행위이다. 우크라이나 서부의 몇몇 지역에서는 1월 7일에 크리스마스를 축하하는데(그레고리력에 따라), 크리스마스 식탁에는 다리가 넷 달린 모양으로 짠 커다란 귀리 다발과 다른 작은 다발들이 놓인다. 이것은 내년에 풍작이 들기를 기원하는 상징이다.

이와 비슷하게 폴란드에도 다음 수확기에 풍년이 들기를 바라면서 옛 이교도 신들에게 기원을 하는 소박한 분위기의 크리스마스 풍습이 있다. 전세계에서 안 좋은 일을 맡아야 할 사람을 고를 때 '짧은 지푸라기를 뽑는' 사람을 택하는 것처럼, 지푸라기는 점을 치는 데에도 쓰여왔다. 폴란드에서는 크리스마스이브 저녁 식사 때 식탁보 밑에 밀짚을 감추어놓는 방법을 쓰기도 한다. 도전에 자원한 손님들은 각자 자기가 앉은 자리에 있는 밀짚을 뽑아본다. 푸른 밀짚은 내년에 혼인을 한다는 것이며, 시든 밀짚은 더 오래 기다려야 한다는 의미이다. 노란 밀짚은 독신으로 지낼 운명이라는 뜻이며, 짧은 밀짚은 일찍 죽을 것임을 알려준다.

크리스마스 축제에서 이듬해의 수확과 관련된 그런 풍습은 최근까지도 폴란드 시골에서 흔히 볼 수 있었다. 그것은 자연에서 죽음과 부활이 어디에서나 함께 있다는 것을 상징했다. 크리스마스이브 저녁을 먹은 뒤, 집안의 어른이 말린 과일을 들고 밖으로 나가서 '사과, 배, 자두, 버찌'를 많이 맺으라고 외치면서 나무에 던진다. 그런 다음 도끼를 휘두르고, 허수아비처럼 생긴 지푸라기로 만든 작은 인형을 나무 밑동에 묶는다. 그리고 나무에게 열매를 맺지 못하면 베어버리겠다고 경고한다.

죽었다가 소생하는 수확의 신이라는 기본 형태를 토대로 독특한 개성을 지닌 많은 신화적 존재들이 왔다가 사라지곤 했다. 그 중에는 흔적도 없이 사라진 신들도 있을 것이다. 또 우리에게 친숙한 건축학적인 유산의 일부가 되어 불멸성을 지닌 신들도 있다. 유럽에서 가장 오래된 교회와 성당의 지붕을 올려다보면, 머리에 싹이 나 있거나 잎으로 감싸인 가고일■ 같은 얼굴을 한 조각상이 아래를 굽어보고 있는 것을 볼 수 있다. 이 조각상은 기원전 2세기경에 처음 등장했는데, 당시에는 기념비에 새겨지기도 했다. 약 2백 년 뒤 그것들은 기독교 석공들에게 영향을 미쳤다. 그들은 비슷한 장식을 무덤에 활용했고, 서기 6세기에는 기독교의 숭배 장소에도 쓰기 시작했다. 하지만 녹색인(Green Man)이라고 알려지게 된 이 조각상들은 원래 이교 풍습에서 유래한 것이다. 그 중에서 가장 오래되고 가장 잘 알려진 것은 서기 6세기 니케티우스(Nicetius) 주교가 프랑스의 트리에르 성당에 세운 것이다. 하지만 이것은 원래 로마 이교 신전에 있던 것을 옮겨온 것이다.

녹색인이 정확히 누구인지, 아니 누구였는지는 확실하지 않지만, 그를 영국에서 오월제 때 찬미하는 나뭇잎으로 꾸민 '초록 인간(Jack-in-the-Green)'과 연결짓는 것은 아마 잘못일 것이다. 녹색인은 기독교 이전의 고대에서 유래한 듯하다. 잎사귀 달린 머리가 처음 장식된 것은 기념비나 무덤에서였으므로, 그것은 죽었다가 소생하는 초목의 신을 본뜬 형상일 가능성이 높다.

아서 왕 전설의 녹색 기사는 이 형상과 어울린다. 그렇다면 그는 죽었다가 소생하는 자연의 신을 토대로 해 창조된 인물일까? 아서 왕의 이복 여동생인 모르간 르 페이의 꼬드김을 받은 거인인 녹색 기사는 아서 왕의 기사들에게 자신의 목을 벨 용기가 있는지 도전하라고 큰소리를 친다. 하지만 거기에는 조건이 하나 붙어 있었다. 즉 일 년 뒤에 자신이 돌아와 상대의 목을 친다는 것이었다. 가웨인 경은 카멜롯과 원탁의 기사들의 명예를 위해 그 도전을 받아들였다. 그는 녹색 기사의 목을 잘랐을 때,

■ gargole, 대체로 인간과 새를 합성해 놓은 추악한 괴물의 모습을 하고 있으며 날카로운 부리와 날개가 있다. 기독교 교회의 지붕 네 귀퉁이에 얹혀져 있는 조각상으로서, 이교 신들의 형상을 따온 것이다.

녹색인은 중세 시대 독일의 우화에 흔히 등장했다. 그는 기독교 이전 시대에 이교도의 다산의 신이었을 것이 거의 확실하다.

녹색 기사가 돌아올 가능성은 없다고 믿었을 것이다. 하지만 녹색 기사는 잘린 머리를 집어들고 말을 달려 떠났다.

가웨인 경은 초록 덮개의 봄, 여름, 겨울을 상징하는 처녀, 어머니, 노파로 나오는 부인을 비롯해서 옛 켈트족의 다산 풍습들과 관련이 있는 듯하다. 가웨인 경은 한 추한 노파와 혼인할 수밖에 없었다. 그녀는 낮에는 추한 모습으로 있고 밤에는 아름다운 여인으로 변하는 쪽이 좋은지, 그 반대가 좋은지 그에게 선택하라고 한다. 가웨인 경은 기사도 정신을 발휘해서 결정권을 그녀에게 넘겼고, 그녀는 계속 아름다운 모습을 함으로써 그 재치에 보답했다. 이 이야기는 왜곡되어 있긴 하지만, 아무도 구애를 하지 않을 추한 노파와 혼인을 하겠다고 하자 보답으로 그녀가 아름다운 존재가 되었다는 아일랜드 켈트족 전설에 나오는 한 영웅을 생각나게 한다.

우리는 낟알과 수확과 관련한 계절 의식들을 많이 잃어버렸다. 슈퍼마켓과 얇게 잘라 포장해놓은 빵이라는 현대의 신들은 우리가 먹는 음식과 그 원천인 작물들을 멀리 떼어놓았다. 하지만 작물들이 우리와 멀리 있다는 생각이 잘못되었다는 것을 상기시키는 현상이 한 가지 있다. 밭에 생기는 수수께끼의 원(크롭 서클, crop circle)이 바로 그렇다. 이 원은 많은 추측을 불러일으키고 신성한 숲과 낟알의 정령이라는 초록 덮개와 관련된 고대의 두 가지 요소가 뒤섞여 있는 신기한 현상이다. 수수께끼의 원은 신비하게도 대개 하룻밤 사이에 곡식이 자라는 밭에서 인간의 간섭 없이 일어나는 듯하다. 그것은 밀과 옥수수가 자라는 계절인 봄과 여름에 가장 뚜렷이 나타나지만, 귀리, 보리, 평지 같은 다른 작물들이 자라는 밭에서도 나타나는 것으로 알려져왔다.

우리는 그 수수께끼의 원들이 현대에 등장한 현상이며, 외계인이 방문한 것처럼 보이도록 조작한 것이라고 생각하는 경향이 있다. 실제로 1991년 9월 더글러스 바우어(Douglas Bower)와 데이비드 촐리(David Chorley)라는 두 사람이 근래에 나타난 수수께끼의 원들을 모두 자신들이 널빤지와 밧줄을 이용해서 만든 것이라고 주장하고 나섰다. 그런 상황인지라 비록 연대학적으로 논란의 여지가 있긴 하지만, 영국에서 수수께끼의 원이 나타났다고 처음 기록된 해가 1647년이나 1678년이라고 말하면 아마 놀랄 것이다. 그것은 온갖 추측을 불러일으켰으며, 악마가 한 일이라는 주장이 대부분이었다. 염소의 다리와 말린 꼬리를 지닌 악마 같은 존재가 큰 낫을 휘두르고 있는 당시의 목판화를 보면 그런 설명이 어떻게 가능했는지 알 수 있다. 또 수수께끼의 원이 신이 한 일이라고 보는 지역도 있었다. 한 예로 티베트 불교 신자들은 그런 원들이 붓다의 화신이 나타났다는 흔적이라고 믿었다.

수수께끼의 원이 현대에 처음 등장한 것은 1966년 영국 툴리에서였다. 하지만 수수께끼의 원이 주목을 받기 시작한 것은 1970년대 들어서였다. 그 무렵에는 주로 영국 남부의 햄프셔와 윌트셔 같은 곡창 지대에서 발견되었지만, 오스트레일리아의 오지나 스위스 같은 곳에서 하나씩 발견되기도 했다. 캐나다에서는 1976년에 처음 발견되었는데, 발견자인 서스캐처원 지역의 농민은 외계인 우주선을 본 뒤 밭에 가보니 원이 몇 개 생겨 있었다고 주장했다.

시계 방향이든 시계 반대 방향이든 간에, 사기꾼들이 만든 것들이 많다는 것은 분명하다. 하지만 바우어와 촐리가 마지못해 시연해 만든 원들은 놀라울 정도로 엉성하고 설득력이 없었다. 집중적인 조사와 가설 제시가 이루어졌지만, 아직 설명이 안 되는 원들이 많이 있다. 1970년대부터는 수수께끼의 원을 형성한 줄기들이 잘리지 않고 그냥 구부러져 누워 있는 경우가 대부분이었다. 그 줄기들은 누운 채 그대로 계속 자랐기 때문에 원의 형태가 그대로 유지되었다. 1990년경부터 수수께끼의 원들은 더 복잡한 무늬로 진화했고, 1990년 11월 7일 윌트셔의 앨턴 반즈에서 발견된 대규모의  원 무리는 엄청난 크기와 복잡한 무늬로 큰 뉴스거리가 되었다. 그때부터 큰 원 안에 작은 원들이 들어가 있는 무늬가 나타나기 시작했다. 또 중앙에 큰 원이 있고 그 주위에 위성처럼 작은 원들이 배열한 형태도 발견되었다. 또 거의 대부분 원이 함께 나타나지만, 직선, 각도를 이룬 선, 나선 무늬도 나타나기 시작했다. 수수께끼의 원 열광자들은 각각의 무늬들을 구별하는 전문용어를 만들어서 관심이 있는 사람들과 모임 회원들에게 전파했다. 만다라(꽃잎처럼 배열된 모양), 전갈(원들이 크기 순서로 긴 사슬처럼 이어진 모양), 은하(별과 행성 모양), 소행성(원 안에 원들이 들어가거나 큰 원 주위에 작은 원들이 배열된 모양) 등이었다. 지금까지 발견된 것 중 가장 놀라운 것은 1996년 6월 17일 앨턴 반즈에서 만들어진 길이가 거의 2백 미터나 되는 DNA 이중나선 모양이었다. 이것은 사람이 만든 것이 분명하다. 지금까지 기록된 가장 큰 무늬는 같은 해 6월 윌트셔의 에칠햄턴에서 발견된 것인데, 길이가 약 1.25킬로미터였다.

수수께끼의 원은 유럽의 다른 지역들, 미국, 캐나다, 남아메리카, 아시아, 오스트레일리아 등 세계 각지에서 발견된다. 현재까지 원이 발견되지 않은 곳은 중국과 남아프리카뿐이다. 하지만 보고된 것보다 미처 보지 못하고 지나친 것들이 더 많다고 보아야 할 것이다. 영국은 그 현상을 조사하는 연구자들이 가장 많이 찾는 곳이며, 가장 복잡한 무늬들이 발견되는 곳이기도 하다.

독일 화가 루카스 크라나흐(1472~1553)가 그린 에덴 동산에 있는 아담과 이브.

# 5

## 구약성서의 신성한 식물들

성서에는 여러 식물들이 실려 있다. 그 결과 세계의 꽤 많은 지역에서 그 식물들에 관한 설화와 미신이 나타났다. 그 식물들이 모두 유대교나 기독교와 직접 관련되어 있는 것은 아니지만, 가끔 그렇게 관련을 맺음으로써 정신적인 색채를 띠기도 한다.

기원전 1500년쯤에 메소포타미아에서 이집트를 거쳐 '약속된 땅' 인 시리아-팔레스타인 지역으로 이주한 이스라엘 부족들은 생명의 나무라는 고유의 개념을 버리지 않았다. 유대 민족의 창시자인 야곱의 열두 아들은 아마도 그 개념을 메소포타미아에서 빌려왔거나, 이미 그것을 빌려와 쓰고 있던 가나안 지역의 사람들에게서 모방했을 것이다. 고대 근동 지역의 문화들은 모두 어느 정도 메소포타미아에 뿌리를 두고 있다. 창세기의 저자들은 틀림없이 오랜 세월 동안 구전되어 오던 것을 기술했을 것이다. 그들은 에덴 동산에서 자라는 나무에 헤브루 민족의 특성을 덧붙였다. 민간 설화에는 생명의 나무가 사과나무, 무화과나무, 배나무 등 여러 가지로 나타난다. 구약성서에는 생명의 나무가 정확히 어떤 나무라고 나와 있지 않으며, 창세기에 실린 생명의 나무가 절대로 사과나무는 아니라고 시사하는 증거도 있다. 성서의 저자는 원래 헤브루어나 아람어로 생명의 나무를 묘사했고, 그 원문은 그리스어로 번역되었다. 그리고 그리스어를 기반으로 한 현대의 번역본들은 생명의 나무를 시카모어(Sycamore)로 본다. 말이 난 김에 덧붙이자면, 고대 그리스 저술가들은 이집트인들이 말하는 생명의 나무도 똑같이 시카모어라고 보았다. 그 결과 상당한 혼동이 일어난다. 현대 영어에서 '시카모어'는 성경의 나무와 식물학적으로 아무런 관계가 없기 때문이다. 현대 영어에서 시카모어는 버즘나무의 일종인 아케르 프세우도플라타누스(*Acer pseudoplatanus*)를 가리키며, 그 나무의 원산지는 나일 계곡도 아니고 성서의 무대인 시리아-팔레스타인 지역도 아니다. 성서의 문맥으로 볼 때 '시카모어'는 무화과나무의 일종인 피쿠스 시카모루스(*Ficus sycamorus*)를 뜻한다고 널리 받아들여지고 있다. 이 나무는 보리수(Holy Fig)인 피쿠스 렐리기오수스(*F. religiosus*)와 다른 종이며(14장 참조), 잎이 뽕잎과 아주 비슷하게 생겼다. 아마도 잎 모양이 비슷하기 때문에 시코스(sycos, 무화과나무)와 모로스(moros, 뽕나무)라는 두 그리스어를 조합해 '시카모어'라는 말을 만든 듯하다.

우리는 고대 세계에 어떻게 특정한 나무가 어머니 여신의 화신이라고 여겨지게 되었는지를 이미 살펴보았다. 목축민과 농경민은 맨 처음에 다산이라는 맥락에서 신성한 나무를 파악했을 것이다. 메소포타미아의 아슈르나시르팔 2세가 섬긴 수수께끼 같은 생명의 나무는 칼라크에 있는 그의 왕궁을 장식한 부조에 널리 쓰였다. 그것은 문명의 요람에 지위가 가장 높은 어머니 여신인 인안나나 이슈타르가 머물고 있다는 것을 상징했다. 그 뒤 나무들은 다른 속성도 지니게 되었고, 지혜의 원천으로 여겨지게 되었다. 켈트족은 나무가 신탁을 내린다고 보았으며, 더 후대의 바이킹들은 물푸레나무인 세계수 위그드라실이 오딘의 교수대라고 여겼다. 오딘은 죽은 자와 대화를 나누고 영원한 지식을 얻기 위해, 스스로 그 나뭇가지에 목을 맸다. 지혜, 삶, 죽음은 서로 떼어낼 수 없는 것이 되었다. 하지만 이런 지적 확장이 있었음을 보여주는 가장 강력한 증거는 유대 전통에서 발견된다.

일요 예배와 유대 교회에서 이루어지는 설교에 따르면, 이브는 창세 신화에 나오는 '나무'에서 열매를 땄다. 유대교와 기독교 신도들 중에는 에덴 동산에 중요한 나무가 한 그루 있었다는 말을 별 생각 없이 믿는 사람들이 많다. 하지만 창세기에 따르면, 에덴 동산에는 신성한 나무가 두 그루 있었다. 하나는 생명의 나무였고, 또 하나는 지식의 나무였다.

> 야훼 하느님께서는 동쪽에 있는 에덴이라는 곳에 동산을 마련하시고 당신께서 빚어 만드신 사람을 그리로 데려다가 살게 하셨다.
> 야훼 하느님께서는 보기 좋고 맛있는 열매를 맺는 온갖 나무를 그 땅에서 돋아나게 하셨다. 또 그 동산 한가운데는 생명나무와 선과 악을 알게 하는 나무도 돋아나게 하셨다.
>
> — 창세기 2:8~9

성서에 따르면, 지식의 나무는 죽음을 주고, 생명의 나무는 영생을 준다. 창세기의 저자가 내놓은 해석에 따르면, 아담은 지식의 나무 열매를 먹으면 고통스러운 죽음을 맞이할 것이라는 경고를 받았다.

> 이렇게 이르셨다. "이 동산에 있는 나무 열매는 무엇이든지 마음대로 따 먹어라. 그러나 선과 악을 알게 하는 나무 열매만은 따 먹지 말아라. 그것을 따 먹는 날, 너는 반드시 죽는다."
>
> — 창세기 2:16~17

다음 장에서 아담의 새로 창조된 연인인 이브는 뱀의 유혹에 빠져 그 나무의 열매를 먹는다.

그러자 뱀이 여자를 꾀었다. "절대로 죽지 않는다. 그 나무 열매를 따 먹기만 하면 너희의 눈이 밝아져서 하느님처럼 선과 악을 알게 될 줄을 하느님이 아시고 그렇게 말하신 것이다."

— 창세기 3:4~5

이 말은 혼란을 일으킬 정도로 앞에 나온 문장들과 모순되는 듯하다. 사실 그것은 전혀 다른 두 전통이 융합되면서 빚어진 의미 혼란의 사례이다. 창세기 작가가 양피지에 글을 쓴 때는 그 신화적인 사건들과 관련된 풍습이 탄생한 지 오랜 세월이 흐른 뒤였다. 따라서 다양한 자료들을 취합해 쓴 것으로 여겨진다. 이스라엘 민족의 기원을 설명하는 민간 설화는 만들어졌을 때부터 오랜 세월을 입으로만 전해져 내려왔기 때문이다. 한편으로 작가는 태초에 '하나님의 민족'은 완벽하고 순수했지만 스스로 죄를 지어 타락했다는 헤브루인과 유대교의 개념을 받아들였다. 지식의 나무 열매를 먹었을 때, 그녀는 선과 악을 알게 되었다는 이유로 처벌받은 것이 아니라, 죽지 않을 것이라는 뱀의 유혹을 거부하지 않았다는 이유로 처벌받았다. 이스라엘 민족은 자신들의 신이 모든 지혜의 원천이며, 지혜를 탐구하는 자는 결국 신을 발견할 것이라고 생각했으므로, 지식의 추구를 비난했다면 그것은 비논리적인 일이었을 것이다. 사실 아담과 이브가 낙원에서 추방당한 것은 지혜보다는 죽음과 더 관련이 있었다.

저자는 지혜라는 개념 외에 훨씬 더 오래된 개념도 도입했다. 그것 역시 헤브루인의 풍습에 깊이 배어 있는 것이었다. 그것은 그들이 자신의 문화적 출생지였던 메소포타미아를 떠날 때 지니고 나온 것이었다. 바로 신과 인간이 근본적으로 다르다는 개념이다. 그것은 상황이 전혀 다름에도, 메소포타미아의 영웅인 길가메시가 생명의 식물을 얻기 위해 애쓰다가 깨달은 것과 똑같은 잔혹한 교훈을 담고 있었다. 즉 그 개념은 신들이 지닌 영생은 살과 피로 이루어진 인간이 결코 얻을 수 없는 것이라는 불편한 현실을 반영한 것이었다.

창세기의 저자는 엄밀히 말하면 타락이 이브가 지식의 나무 열매를 먹었기 때문이 아니라 이스라엘 민족의 신인 야훼가 정한 규칙을 위반했기 때문에 일어난 것이라는 사실을 제대로 밝히지 않았다. 이런 규칙들은 인류와 신을 나누기 위해 만들어진 것이었다. 아담과 이브가 낙원에서 추방당한 것은 혹시나 그들이 사과(오디 혹은 무화과) '훔치기'를 금한 규칙을 어기고 생명의 나무 열매를 먹을지도 몰랐기 때문이었다. 그들이 그 나무의 열매를 먹었다면, 사실상 하늘에 있는 신의 음식을 맛본 셈이 되어 영생을 얻었을 것이며, 따라서 인류는 신의 지위에 올랐을 것이다. 하늘에 있는 권력자는 그런 상황을 용납할 수 없었을 것이고, 이스라엘 민족의 지도자들도 그것을 잘 알았다. 낙원에 있던 두 사람은 인류의 첫 부모가 되었고, 인류는 뱀과 마찬가지로 신처럼 영원히 살 수 없는 운명이었다. 따라서 창세기에 나온 낙원의 두 특별한 나무 이야기는 이스라엘 민족에게 인류가 영원히 살 수 없는 이유를 설명하기 위해 만들어진 단순하면서도 독창적인 것이었다. 그것은 사실상 거의 공통점이 없는 두 전통을 융합함으로써 만들어낸 모호한 이야기였다.

두 나무와 추방의 진짜 이유는 그노시스 파의 창조 설명인 『세계의 기원에 관하여*On the Orgin of the World*』에 더 명확히 밝혀져 있다. 익명의 저자가 쓴 그 문헌은 서기 4세기경인 당시 그리스의 사유로부터 영향을 받았다. 저자는 권능자라는 천상의 존재들이 자리한 외곽 계단이 있는 천상의 모습을 보여준다.

> 타락을 야기한 것은 권능자들의 깊은 통탄과 질시였다. "아담을 보라! 그는 우리와 같은 존재가 되었고, 따라서 그는 빛과 어둠의 차이를 알게 되었다. 아마도 그는 지식의 나무에서 그랬듯이 다시 속게 될 것이고, 생명의 나무에 다가가서 그 열매를 먹고 불멸의 존재가 되고 신이 되어 우리와 우리의 모든 영광을 경멸하고 멸시할 것이다. 그리고 우리와 우리의 우주를 함께 비난할 것이다. 그를 낙원에서 그가 본래 있던 땅으로 쫓아버리자."
>
> — 『세계의 기원에 관하여』에서

시리아-팔레스타인 민족들은 메소포타미아 전통에서 나무와 뱀의 조합도 채택했으며, 그것도 유대 민간 전승 속에 깊이 배어들었다. 뱀은 생명의 나무와 지식의 나무를 잇는 고리가 된다. 뱀은 탈피하는 습성을 지니고 있으므로, 대부분의 문화에서 불사의 상징으로 여겨졌지만, 뚫어지게 응시하는 빛나는 눈 때문에 지혜의 화신으로도 여겨졌다. 하지만 기독교가 널리 퍼지면서 뱀의 정체성도 바뀌었다. 기독교 어법에서는 여성을 이브의 저주를 물려받는 원죄를 지닌 성으로 묘사할 필요가 있고, 뱀은 사탄의 화신인 악의 뿌리(이 구절도 식물학적 의미를 함축하고 있다)가 되었다. 나중에 기독교인들은 '발뒤꿈치로 뱀을 짓밟는' 성모 마리아라는 기이한 그림으로 이 이야기를 표현했다.

한 가지 궁금한 점은 각기 다른 많은 문화들이 받아들였던, 나무와 지혜를 연관짓는 관습이 어디에서 유래했는가 하는 것이다. 그것은 창세기의 저자가 처음 꾸며내고 독창적인 언어로 묘사한 오로지 헤브루인과 유대교의 개념일까, 아니면 더 심오하고 더 오래된 종교 의식에서 나온 것일까? 먼 과거의 여행자가 그것을 어떤 부족에게 비밀리에 전해지던 것을 배운 것일까, 아니면 그것이 전세계 인간들의 기본 정신 세계에서 나온 인간 본연의 것이었을까? 고대 근동 지방의 지혜의 나무가 북유럽에 있던 그에 상응하는 나무와 전혀 별개인 것처럼 보이기 때문에 그 질문은 할 가치가 있다.

예술가들은 어디에서 영감을 얻었든 간에, 지식의 나무를 묘사할 때 한없이 자유로운 상상력을 발휘해왔다. 줄기를 감고 있는 뱀이 여성으로 묘사된 경우도 드물지 않지만, 민담과 신화를 보면 서로 무관한 전통들을 결부시킨 더 기묘한 해석들도 찾아낼 수 있다. 지식의 나무와 환각 성분이 있는 광대버섯(*Amanita muscaria*)을 연관지은 사례도 있다(13장 참조). 프랑스 앵드르 성당에 13세기부터 있던 한 프레스코화에서 이 두 가지가 융합된 모습을 볼 수 있다. 나무를 감은 채 이브와 마주보고 있는 뱀은 버섯 같은 모습을 하고 있다. 이 벽화는 기독교가 한때는 식물에서 추출한 환각제를 사용했다는 것을 시사한다. 문헌학자이자 역사가인 존 얼레그로(John Allegro)는 그 가능성을 주된 근거로 삼아 1960년대에 『신성한 버섯과 십자가*The Sacred*

*Mushroom and the Cross*』라는 책을 펴냈다. 그 책은 유명세를 타면서(비난의 대상이 된 덕분에) 대단한 논란을 불러일으켰다.

식물학적으로 볼 때 '그 나무' 가 정말 무화과나무라면, 무화과나무는 에덴 동산에서 가장 유명한 나무인 셈이다. 하지만 무화과나무는 구약성서의 다른 지면에 언급되어 있다. 무화과나무는 행복, 번영, 안전, 안심을 뜻하며, 명성에 걸맞지 않은 겸손함을 보이고 있다.

> 유다와 이스라엘은… 저마다 자기의 포도나무와 무화과나무 아래에서 두 발 뻗고 잘 수 있었다.
>
> — 열왕기상 4:25

> 그래서 나무들은 무화과나무에게 청을 드려보았소.
> "자네가 와서 우리 왕이 되어주게나."
> 그러나 무화과나무도 사양을 했소.
> "나 어찌 이 훌륭한 과일을 내지 않고,
> 나 어찌 이 달콤한 맛을 내지 않고 자리를 떠나
> 다른 나무들을 내려다보며 으스대겠는가?"
>
> — 판관기 9:10~11

유대교와 기독교의 역사를 보면 에덴 동산에 있는 생명의 나무라고 여겨진 나무들이 시대마다 제각기 달랐다. 그 중에는 고대부터 치유력이 있다고 알려진 알로에도 있었다. 알로에는 알로에 베라(Aloe Vera)라고 불렸다. 백합과의 일종인 알로에속(*Aloe*)에는 이집트에서 먼 남쪽까지 2백 종이 넘는 아프리카 특산종이 있다. 대부분은 다육질 초본식물이지만, 아프리카 남서부의 나미비아를 비롯해 일부 지역에는 나무알로에(Tree Aloe)라고 하는 커다란 종도 자라고 있다. 알로에는 파라오 시대부터 귀하게 여겨져왔으며, 클레오파트라 여왕은 미용을 위해 알로에 베라를 피부에 발랐다고 한다. 또 알렉산드로스 대왕이 전투 때 다친 상처를 치료할 때 알로에 즙을 썼다는 주장도 있다. 알로에는 현재 지중해 전역과 신대륙의 따뜻한 지역에서 재배되고 있으며, 생산된 알로에는 상당한 규모의 알로에 베라 산업에 공급되고 있다. 이 산업은 1950년대에 알로에 베라가 화장품 제조와 항생제 원료로 널리 쓰이면서 발달하기 시작했다. 현재는 카리브 해 원산인 알로에 바르바덴시스(*A. barbadensis*)가 가장 치료 효과가 좋은 종이라고 여겨지고 있다.

일부 종파는 에덴 동산에서 자랐던 다른 나무들도 사실은 근동 지역에 있던 것이 아니라, 신대륙에 있는 아나데난테라속(*Anadenanthera*)에 포함된 것들이었다고 주장한다. 그것들은 한때 메소포타미아에서 자랐지만, 뿌리째 뽑혀서 더 평화로운 곳인 남아메리카 우림으로 옮겨졌다는 것이다! 이 콩과식물들이 바로 선악의 지식 나무라고 널리 알려지게 되었다고 한다. 이 속에는 두 종이 있으며, 둘 다 미모사의 잎과 흡사하게 생긴 섬세한 고사리 같은 잎들이 달려 있으며, 하얀 방울 같은 꽃들이 열렸다가 꼬투리를 맺는다. 아나데난테라 콜룸브리나(*A. columbrina*)는 안데스 산맥 자락에서 자라며, 아나데난테라 페레그리나(*A. peregrina*)는 남아메리카 북부의 열대 사바나 지역에서 자란다.

성서에 언급된 나무들 중에는 긴 수명과 잘 썩지 않는다는 점 때문에 신성하게 여겨진 것들도 있다. 유럽의 이교 전통에서는 참나무가 그랬지만, 구약성서의 땅에서는 개잎갈나무속(*Cedrus*)의 종, 즉 백향목이 그랬다. 레바논에서 자라는 레바논삼나무(*C. libani*)는 정말로 잘 부서지지 않는다. 비록 지금은 주로 레바논 북부 베사레 지역에서만 자라고 있지만, 한때는 레바논 산맥의 상당히 넓은 지역에 걸쳐 드넓은 숲을 이루고 있었다. 장엄한 모습의 이 나무는 높이 30미터까지 자랄 수 있으며, 가지들이 수평으로 층층이 뻗어 있어서 마치 땅에서 하늘로 올라가는 사다리처럼 보인다. 구약성서에는 헤브루어로 백향목을 뜻하는 에레즈(erez)라는 단어가 70번 이상 나오며, 시편에는 그 나무를 신이 심었다고 적혀 있다.

야훼의 나무들은 배부르게 마시니,
손수 심으신 레바논의 송백(레바논삼나무)은
새들이 거기에 깃들이고
그 꼭대기엔 황새가 집을 짓사옵니다.

— 시편 104: 16

헤브루인들에게 백향목은 이스라엘 민족과 신 사이의 특별한 관계를 상징하는 나무가 되었다.

의로운 사람아
종려나무(대추야자)처럼 우거지고
레바논의 송백(레바논삼나무)처럼 치솟아라.
우리 야훼의 집안에 심어진 자들아
하느님의 뜰에 뿌리를 내리고 우거지거라.

— 시편 92:12

또 이스라엘 부족들은 시리아-팔레스타인 지역의 백향목 숲을 상업적으로 이용했다. 그들은 목재를 수출해서 상당한 수입을 올렸으며, 그 나무는 잘 썩지 않기 때문에 이집트를 비롯한 다른 나라에서 즐겨 썼다. 또 레바논삼나무는 이집트인들에게도 신비한 분위기를 풍기는 나무로 여겨졌다. 목재가 내구성이 있는데다가 상쾌한 향기가 나는 수지가 들어 있기 때문에, 파라오들은 그 나무로 자신들이 들어갈 관을 만들고 태양신인 라(Ra)가 낮에 하늘을 가로지르고 밤에 지하 세계를 지날 때 탈 신비한 배를 만들었다.

시편에 실려 있는 두번째 나무인 대추야자(*Phoenix dactylifera*)도 유대교와 기독교에서 중요한 의미를 지니게 되었다. 대추야자는 최초로 재배된 나무들 중 하나이며, 북아프리카에서는 적어도 8천 년 전부터 재배되었다. 그리고 이베리아 반도를 정복한 무어인들이 서기 13세기에 그것을 들여왔고, 거기에서 다시 남아메리카와 중앙아메리카로 수출된 듯하다. 대추야자는 1800년대 말에 미국에 도입되었으며, 지금은 캘리포니아에서 대규모로 재배되고 있다.

레바논삼나무와 마찬가지로 대추야자도 복원력이 대단히 강하며, 사막에서 구원자로 여겨져왔다. 대추야자는 다른 식물들이 시들어 죽는 대단히 건조한 곳에서도 살 수 있다. 그 결과 고대 이집트인을 비롯해 몇몇 민족들은 그 나무의 잎을 장수의 상징으로 여기게 되었다. 헤브루인들은 그 식물의 거의 모든 부위를 활용했다. 줄기는 목재가 되었고, 열매는 식량과 독한 술의 원료가 되었다. 나중에 대추야자는 이스라엘 부족들에게 번영, 아름다움, 승리의 상징으로까지 여겨지게 되었다. 또 대추야자는 솔로몬 신전을 비롯해서 고대 세계의 예술에 흔히 등장했다. 예언자 에제키엘은 새로운 예루살렘의 환영을 볼 때, 대추야자들이 가득한 도시를 보았다. 또 초막절(이스라엘 사람들이 광야에서 방황할 때 초막에서 생활하던 것을 상기하는 유대교 절기/옮긴이)에 막사를 지을 때 대추야자를 사용하는 풍습도 있었다.

> 그 첫날 너희는 훌륭한 과일과 종려나무(대추야자) 가지와 무성한 나뭇가지와 개울버드나무를 꺾어 들고, 칠 일간 너희 하느님 야훼 앞에서 즐거워하여라.
>
> — 레위기 23:40

대추야자는 기독교에서 창세기에 언급된 생명의 나무라고 주장된 나무들 중 하나이며, 이슬람에서도 중요한 의미를 지니게 되었다. 메디나에 있는 모스크 기둥들은 예언자 무함마드가 대추야자 줄기들을 갖고 만든 것이라고 한다. 아랍인들은 대추야자가 360가지 용도로 쓰인다고 여기며, 이슬람교도의 성전인 코란에도 대추야자를 언급한 구절이 적어도 스무 곳이 넘는다. 가장 널리 인용되는 구절 중 하나는 예수의 어머니 마리아의 노고를 다룬 부분인 「수라트 마리암(Surat Maryam)」이다.

출산의 고통이 심해지자 그녀는 대추야자 밑으로 갔다. 그녀는 울부짖었다. 아! 차라리 내가 일찌감치 죽었더라면! 잊혀지고 사라진 존재가 되었더라면! 그러자 대추야자 밑에서 어떤 목소리가 들려왔다. 슬퍼하지 말라! 주님이 네 발밑에 샘물을 마련해두었으니. 그리고 대추야자 줄기를 앞쪽으로 잡아당겨라. 그러면 다 익은 대추야자 열매가 떨어질 것이다. 그러니 먹고 마시면서 네 눈을 식혀라.

— 수라트 마리암 19:23

성서를 쓴 작가들은 슬피 우는 버드나무라고 알려진 수양버들(*Salix babylonica*)에는 정반대의 의미를 붙였다. 바빌론에 유배되어 있던 이스라엘인들은 '바빌론의 물'인 유프라테스 강의 둑을 따라 자라고 있는 버드나무들에 수금(豎琴)을 걸어놓고, 고향을 생각하면서 슬픔에 겨워 눈물을 떨구곤 했다.

바빌론 기슭, 거기에 앉아
시온을 생각하며 눈물 흘렸다.
그 언덕 버드나무 가지 위에
우리의 수금 걸어놓고서.

— 시편 137:1

낭만주의가 절정에 달했던 19세기에 이탈리아 작곡가 주제페 베르디(Giuseppe Verdi)는 오페라 〈오셀로(Othello)〉 마지막 장에서 비극적인 여주인공 데스데모나가 자신의 미래를 생각하는 장면에서, 슬피 우는 버드나무라는 주제를 차용해 썼다.

성서를 자세히 살펴보면, 정신적인 중요성을 지니게 된 나무들이 서너 종류 더 있다는 것을 알 수 있다. 구약성서에는 헤브루인들이 위성류 식물들(*Tamarix* spp.)을 어떻게 생각했는지가 다소 모호하게 나와 있지만, 그 식물이 신비한 분위기를 지니고 있는 듯이 언급되어 있는 사례가 한 번 이상 있다. 나일 강이나 유프라테스 강을 끼고 있는 중동 지역에서는 관목이나 교목 형태의 위성류 서너 종류가 자라고 있다. 이 사막의 식물들은 해변이나 강둑에서 자란다. 대추야자와 마찬가지로, 이 식물들도 대단히 강하며 상당히 긴 가뭄에 견딜 수 있다. 건조한 지역에 적응해 자라는 건생식물에 속한 이 종들은 길고 가느다란 가지들이 나 있으며, 비늘 같은 푸르스름한 녹색 잎들이 가지들을 덮고 있다. 타마릭스 아필라(*T. aphylla*)는 방풍림으로 심곤 하며, 타마릭스 펜탄드라(*T. pentandra*)는 염분이 많은 사막 토양에 주로 심어왔다.

위성류가 널리 알려진 가장 큰 이유는 그것이 이스라엘 민족이 이집트를 떠나 황량한 네게브 사막을 가로질러 가나안 땅에 도달하기까지 긴 여행을 할 수 있도록 해준 이른바 '하늘에서 내려준 빵'인 만나(manna)의 간접적인 원천이기 때문이다. 이집트에서 나온 이스라엘 민족은 매일 아침 이슬 속에서 음식을 발견하게 될 것이며, 이 신성한 음식만 있으면 하루를 버틸 수 있다는 신의 말을 들었다.

> 안개가 걷힌 뒤에 보니 광야 지면에 마치 흰 서리가 땅을 덮듯이, 가는 싸라기 같은 것이 덮여 있었다. 이것을 보고 이스라엘 백성은 그것이 무엇인지 몰라서 서로 "이게 무엇이냐?" 하고 물었다. 모세가 그들에게 말하였다. "이것은 야훼께서 너희에게 먹으라고 주시는 양식이다."
>
> — 출애굽기 16:14

사실 만나는 하늘에서 내려준 음식이 아니라, 작은 곤충들이 만드는 것이다. 곤충들이 위성류의 수액을 빨아먹으면 일부가 달콤한 꿀 같은 물질로 바뀌어 몸 밖으로 배출된다. 그 물질들은 작은 알갱이로 굳어서 땅에 떨어진다. 지금도 중동에서는 만나를 수거해서 시장에서 매매한다. 하지만 헤브루 족장들이 볼 때 만나는 신이 내려준 기적이었고, 그 뒤로 언약의 궤 속에는 하늘에서 내려주었다는 것을 되새길 수 있도록 만나가 담긴 항아리가 들어갔다.

헤브루 민족의 시조와 관련된 이야기에 따르면, 아브라함은 베르셰바에 위성류

한 그루를 심어서 그곳을 신에게 기도하는 장소이자 성지로 삼았다. 영어로 된 『킹 제임스 성서』는 이 말을 에둘러서 '숲' 이라고 번역했다. 앞장에서 살펴보았듯이 '숲' 은 가나안 지역의 어머니 여신인 아세라가 재림해 있다는 상징적인 곳이므로, 이교적인 의미를 강하게 지니고 있는 단어이다.

> 아브라함은 베르셰바에 숲(grove)을 조성하고 그곳에서 영원하신 하느님 야훼의 이름을 불러 예배하였다.
>
> —『킹 제임스 성서』, 창세기 21:33

이 신성한 숲은 많은 이교도 사회에 잘 알려져 있지만, 구약성서의 헤브루 부족들에게도 마찬가지로 신성했다. 이스라엘의 일부 평민들이 그런 성지에서 신들을 숭배하자 부족 원로들은 대경실색했고, 그 결과 구약성서에 우리가 익히 알고 있는 경고가 실리게 되었다.

> 너희가 쌓은 너희 하느님 야훼의 제단 옆에 무슨 나무로도 숲을 만들어서는 안 된다.
>
> —『킹 제임스 성서』, 신명기 16:21

구약성서에 신성한 나무가 언급된 것은 이 정도에 불과하지만, 그보다 의미가 덜한 식물들도 곳곳에 언급되어 있다. 성서의 고장에서 향신료는 상업적 의미를 훨씬 초월한 가치를 지니고 있었다. 셰올(sheol)이라는 공허한 세계만 알고 있었을 뿐 그것을 초월한 영원한 세계라는 개념을 갖고 있지 못했던 헤브루인들은 이집트인들과 달리 향료를 사후 세계와 연관지어 생각하지 않았지만, 향신료의 정신적 가치를 다른 방식으로 인식했다. 식물 추출물과 향신료에서 얻은 방향성 기름들은 육체적 아름다움의 필수불가결한 요소였으므로, 그것들은 에로티시즘이라는 독특한 분위기도 지니게 되었다. 따라서 몸을 꾸미는 것을 매춘과 같다고 보았던 예언서의 저자들은 그런 기름을 사용하는 행위를 심하게 비난했다. 초기 기독교 교부들은 여성 혐오적인 견해를 여성의 화장품 사용에만 한정시키지 않았고, 훨씬 더 강경한 입장을 취했다.

솔로몬 왕과 영예롭고 열정적인 연애를 했던 시바 여왕이 그에게 황금과 귀금속을 비롯한 선물을 보낼 때, 그 선물 목록의 맨 앞에 향신료를 내세운 것은 의도적이었던 듯하다.

> 여왕은 예루살렘을 방문할 때 많은 시종들을 거느리고 왔을 뿐 아니라 각종 향신료와 엄청나게 많은 금과 보석을 낙타에 싣고 왔다. 여왕은 솔로몬 왕을 만나자 미리 생각하였던 문제들을 모두 물어보았다.
>
> — 열왕기상 10:2

'솔로몬의 노래'에서 향신료는 밀회의 대상인 수수께끼의 술라미 여성의 몸을 묘사하는 장면에 언급되는데, 성적인 의미를 강하게 담고 있다.

> 이 낙원에서는
> 석류 같은 맛있는 열매가 나고,
> 나르드, 사프란,
> 창포, 계수나무 같은
> 온갖 향나무(유향)도 나고
> 몰약과 침향(알로에) 같은
> 온갖 그윽한 향료가 나는구나.
>
> — 아가 4:13~14

> 나의 임은 정녕 자기의 동산,
> 발삼 꽃밭(향신료의 밭)으로 내려갔을 거예요.

그 동산에서 양을 치고

나리꽃을 따고 있을 거예요.

— 아가 6:2

향신료는 이스라엘 민족의 독특한 의식에도 쓰이게 되었다. 향신료는 다른 방향제들과 함께 출산 의식 때나 신성한 왕들의 축성식 때 사용하는 머리에 붓는 기름을 만드는 데 널리 쓰였다. 향신료는 유대교 사원에서 의식을 올릴 때 반드시 들어가는 것이 되었다. 게다가 향신료는 시신을 보존 처리하는 용도로도 쓰였다. 역대기에는 이스라엘의 아사 왕을 매장하는 장면이 나온다.

사람들은 온갖 향신료 제조술을 따라 만든 향신료와 향유를 섞은 기름을 흠씬 뿌린 침대에 그를 눕혀서 다윗 성에 미리 마련해두었던 무덤에 안장하고 그 앞에 큰 불을 켜놓았다.

— 역대기하 16:14

유향과 몰약은 헤브루 부족들이 가장 귀하게 여기는 식물 추출물이었다. 방향성 수지인 유향(frankincense 또는 *olibanum*)은 이집트와 메소포타미아를 비롯해 고대 근동 지방에서 의식을 올릴 때 다방면으로 쓰였다. 고대 그리스와 로마 시대에도 귀중하게 여겨졌고, 중세 시대에도 황금을 주고 맞바꿀 만큼 귀한 대접을 받곤 했다. 감람과의 보스웰리아속(*Boswellia*) 나무들이 그 수지를 분비하며, 성서에 나오는 유향은 거의 하얀색의 투명한 고무 같은 아주 순도가 높은 것이었다. 그것은 아마도 아라비아(시바 여왕의 왕국) 남부와 동아프리카에서 자라는 종인 보스웰리아 카르테리(*B. carteri*)에서 얻은 것일 듯싶다. 그 나무는 오만 남부, 예멘의 와디 하드라마우트, 소말리아와 에리트레아 일부 지역에서 자라는 특산종이다. 이사야서에는 헤브루인들이 유향을 귀중한 상품으로 여겼다는 사실이 뚜렷이 적혀 있다.

한 주민이 사막에 자라는 나무에서 귀중한 나무진인 유향을 채취하는 모습.

큰 낙타 떼가 너의 땅을 뒤덮고
미디안과 에바의 낙타들이 우글거리리라.
사람들이 시바에서 찾아오리라.
금과 향신료를 싣고
야훼를 높이 찬양하며 찾아오리라.

— 이사야 60:6

유향은 고대 이스라엘 신전에서 의식을 올릴 때 쓰인 주요 물품 중 하나였다. 이집트에서도 의식 때 쓰였다는 기록이 남아 있는데, 유향은 시신을 보존 처리할 때 쓰이는 중요한 성분이었고, 훈증제로도 쓰였다. 또 오래 전부터 이른바 약재로도 귀중하게 사용되었다. 친척 종인 보스웰리아 투리페라(*B. thurifera*)에서도 유향이 추출되었는데, 그것은 인도 아대륙의 동부 해안 지방에서 바빌론 전역으로 수출되었다. 요한묵시록에는 유향이 새로운 예루살렘의 시대에 바빌론에서 더 이상 볼 수 없을 물품들의 목록에서 앞부분에 놓여 있다.

계피, 향신료, 향, 몰약, 유향, 포도주, 올리브 기름, 밀가루, 밀, 소, 양, 말, 수레 그리고 노예와 사람의 목숨 따위가 있습니다…" 네가 그렇게도 간절히 탐내던 실과가 너에게서 사라졌으며…

— 요한묵시록 18:13~14

유향은 지금도 귀한 향신료이다. 겨우 10밀리리터 들어 있는 병이 약 4백 달러에 팔린다. 금 28그램(1온스)보다 가격이 더 높다.

유향과 함께 언급되곤 하는 몰약도 그에 못지않은 향기를 내는 수지이다. 가격도 거의 비슷하다. 몰약은 콤미포라속(*Commiphora*)을 이루는 교목과 관목의 껍질에서 얻는다. 콤미포라속도 감람과에 속한다. 몰약은 수천 년 동안 향수의 성분으로 쓰였고, 성서 시대에는 아라비아, 에티오피아, 인도에서 주로 생산되었다.

유향과 몰약은 성서에서 여성의 젖가슴을 완곡하게 표현하는 말로 쓰이기도 했다. 아가에서 술라미 여성의 연인은 이렇게 노래했다.

선들바람이 불기 전에,
땅거미가 지기 전에,
나는 몰약 산으로 가리다.
유향 언덕으로 가리다.

— 아가 4:6

구약성서의 저자들은 다른 수많은 농경 사회와 마찬가지로, 헤브루인들도 곡식에 대해 신비적인 관점을 지니고 있었다는 것을 알려준다. 4장에서 초록 덮개를 폭넓게 조사할 때 드러났듯이, 곡식은 생명을 유지시켜주는 필수 요소라는 독특한 지위를 갖게 되었다. 구약성서에는 곡식의 신인 다간〔Dagan, 헤브루어로 다곤(Dagon)〕이 필리스틴(불레셋)인의 신이라고 나와 있다.

불레셋 추장들은 모여서 저희의 신 다곤에게 큰 제사를 드리고 흥이 나서 외쳤다.

— 판관기 16:23

다간이라는 이름은 사실 곡식을 뜻하지만, 헤브루어에서 어근인 '다그(dag)'는 물고기를 뜻하기 때문에, 그는 종종 물고기 꼬리를 가진 신으로 묘사되곤 한다. 지금의 터키 지방인 북쪽에 있던 히타이트 왕국에도 그에 상응하는 신이 있었다. 그 신의 이름은 할키(Halki)였는데, '보리' 라는 의미였다.

이스라엘 부족들은 겨와 낟알을 분리하는 장소인 타작 마당을 나름대로 중요한 의식을 거행하는 장소로 삼곤 했다. 곡식을 처리하는 장소였기 때문이다. 타작 마당은 겨를 쉽게 날려보낼 수 있도록 바람이 잘 부는 언덕 꼭대기에 있을 때도 많았고, 언덕 꼭대기는 이교도의 성지로 많이 쓰였으므로 타작 마당이 신성한 곳이라고 여겨진 것도 놀랄 일은 아니다.

가드가 그날 다윗에게 와서 일렀다. "여부스 사람 아라우나의 타작 마당으로 올라가 거기에다 야훼께 제단을 쌓으십시오."

— 사무엘하 24:18

구약성서에는 성지와 숭배 의식 활동을 타작 마당과 관련지은 표현이 거의 없다. 하지만 고대 근동 지방의 다른 사회에서는 타작 마당이 길흉을 점치기도 했고, 아마 신성한 혼례식을 올리는 장소, 즉 다산의 신들에게 기원을 드리는 성적인 행위가 벌어지는 장소이기도 했을 것이다. 신을 모시며 몸을 팔았을 룻기의 주인공인 모압 여성은 타작 마당에서 보아즈와 성관계를 맺고, 다윗의 할아버지인 오벳을 잉태했다.

타작 마당으로 내려가 시어머니가 시킨 대로 하였다. 보아즈는 먹고 마시고 나서 흐뭇한 마음으로 보리가리 옆에 가서 누웠다. 룻은 살며시 가서 그의 발치(성기) 쪽을 들추고 거기 누웠다.

— 룻기 3:6~7

다윗 왕은 아라우나의 타작 마당을 이스라엘에 닥쳐올 전염병의 위협을 몰아낼 성지로 삼았다. 또 그곳은 앞으로 신전을 세울 곳이기도 했으며, 결국 나중에 솔로몬 왕이 거기에 신전을 세웠다.

구약성서에는 맨드레이크(191쪽 참조)라는 더 특이한 식물도 등장한다. 창세기는 그 식물이 처음으로 언급된 문헌들 중 하나이다. 창세기의 저자는 맨드레이크가 최음제라는 세간의 평판을 주로 염두에 두고 있다. 헤브루어에서는 그 식물을 두다임(dudaim)이라고 한다. 이것은 '사랑의 쾌락' 을 의미하는 두딤(dudim)이라는 단어가 와전된 것으로 보인다. 족장인 야곱의 아내 라헬은 아이를 낳지 못하고 있던 터라, 아들을 둘씩이나 낳은 언니 레아(야곱의 또 다른 아내이기도 하다)를 점점 더 시기하기 시작했다. 레아의 아들인 르우벤은 추수하러 밭에 갔다가 맨드레이크 뿌리를 갖고 와서 레아에게 주었다. 라헬은 그 뿌리를 먹으면 아이를 낳을 수 있을 것이라는 헛된 믿음을 품고 그것을 몹시 갈망하게 되었다.

라헬이 이것을 알고 레아에게 졸라댔다. "언니 아들이 캐어 온 자귀나무(맨드레이크)를 좀 나누어주구려." 그러나 레아는 "네가 나에게서 남편을 빼앗고도 무엇이 부족해서 이제 내 아들이 캐어 온 자귀나무마저 달라느냐?" 하며 역정을 내었다. 그러자 라헬은 "언니 아들이 캐어 온 자귀나무를 주면 오늘 밤 그분을 언니 방에 드시도록 하리다" 하였다. 저녁때가 되어 야곱이 밭에서 돌아오자 레아가 나가서 맞으며 "당신은 오늘 제 집에 드셔야 합니다" 하며 자기 아들이 캐어 온 자귀나무로 치른 값을 해 달라고 하였다. 야곱은 그날 밤 레아와 한자리에 들었다. 하느님은 레아의 호소를 들으시고 레아에게 아기를 점지해주셨다. 그리하여 레아는 야곱에게 다섯번째 아들을 낳아주었다.

— 창세기 30:14

두다임이라는 이름은 아가, 즉 솔로몬의 노래에서 술라미 여성과 함께 사랑을 나누기 위해 포도밭으로 가는 장면에서도 나온다.

임이여, 어서 들로 나갑시다.
이 밤을 시골에서 보냅시다.
이른 아침 포도원에 나가
포도나무 꽃이 피었는지
석류나무 꽃이 망울졌는지 보고,
거기에서 나의 사랑을 임에게 바치리다.
자귀나무(맨드레이크)가 향기를 뿜고,
문 밖에는 온갖 열매가 있답니다.

— 아가 7:12

유대교와 기독교의 종교 의식에는 식물과 관련된 풍습들이 지금도 남아 있다. 그것들은 과거에 농사철에 의존했음을 나타내는 것이자 이교 풍습의 흔적이기도 하다. 오늘날 이스라엘인들은 시반월(5월 중순에서 6월 초까지)의 6일째 되는 날을 오순절로 삼는다. 밀 추수를 시작하는 날을 뜻하는 오순절은 한 해에 세 차례 있는 농경 축제 중 두번째 것이다. 오순절 이전에는 겨울이 끝나고 봄이 시작되는 것을 기리는 유월절이 있고(밀보다 먼저 익는 보리를 수확하는 때이다), 추수가 다 끝냈을 때에는 초막절이 있다.

초막절은 토라(모세 5경)에 자연의 축제일이라고 되어 있으며, 그때가 되면 집과 교회당을 나뭇가지들과 장미를 비롯한 꽃들과 다양한 향신료를 이용해 녹색으로 장식했다. 이것들은 이스라엘 땅에서 신이 축복을 내린 일곱 가지 식물의 첫 열매를 상징하며, 각자가 하나씩 신전에 가져와 장식하는 풍습이 있었다. 구약성서에는 일곱 종이 신비한 것이라는 식으로는 언급되어 있지 않지만, 유대교에서 7은 신비한 수이며,

첫 열매를 수확한 것을 기리는 축제는 아주 오래 전부터 있었다.

> 너희 하느님 야훼께 받은 그 땅에서 너희가 거둔 각종 햇곡식을 떠내어 광주리에 담아 가지고 너희 하느님 야훼께서 당신의 이름을 두시려고 고르신 곳으로 가거라… 사제가 그 광주리를 네 손에서 받아 너희 하느님 야훼의 제단 앞에 놓으면…
>
> — 신명기 26 : 2 ~ 4

이 명령을 생각나게 하듯이, 오늘날 유대 아이들은 과일 바구니를 들고 유대 교회로 간다. 하지만 엄밀히 말해서 오순절 축제는 수확물을 집으로 가져오는 데에서 유래한 것이 아니다. 그것은 이집트에서 나와 이동할 때 일어난 기념비적인 사건인 모세가 산에서 십계명을 받은 시기, 즉 헤브루인들에게 토라가 주어진 것을 기리기 위한 축제이다. 토라와 녹색식물이 어떤 관련이 있는지 다소 의아스럽겠지만, 출애굽기의 한 구절이 근거가 된다.

> 내일 아침까지 준비해놓았다가 아침 일찍 시나이 산으로 올라와 산꼭대기에서 나를 기다리고 서 있어라. 아무도 너를 따라 올라와서는 안 된다. 이 산 어디에서고 사람의 그림자가 얼씬거려서는 안 된다. 이 산기슭에서는 양과 소에게 풀을 뜯기지도 말아라.
>
> — 출애굽기 34 : 2 ~ 3

이것은 시나이 산이 영원히 푸른 식물들로 뒤덮여 있다는 의미로 해석되어왔고, 교회를 치장하는 것은 그 사건을 상징하는 행위이다.

식물이 지닌 신비한 분위기, 나무와 관련된 미신들은 기독교에도 받아들여져 왔다. 신약성서에 언급되어 있는 것들도 있고, 지난 2천 년 동안 특정한 시기에 외경에 언급되어온 것들도 있다.

θV
S IOhANNES

서기 4세기 초 무명 화가가 생명의 나무를 토대로 삼아 그린 라테란의 십자가.

# 6

## 신약성서의 식물들

기독교 신앙에 나무 숭배 요소들이 포함되어 있다는 주장을 낯설게 여길 사람들이 많을지도 모르겠지만, 기독교가 많은 이교 관습들을 빌려오고 변형시켰다는 점을 생각해야 한다. 무염수태 축일의 미사는 성모 마리아의 순결한 탄생과 영원한 처녀성을 기리는 의식이다. 그 의식에는 기원전 180년경에 씌어진 『벤 시라크의 지혜 *Wisdom of Ben Sirach*』(서기 3세기부터는 『집회서』라고 불렸다) 라는 가장 오래된 외경에 실려 있는 몇몇 단어들이 쓰이고 있다. 그 단어들은 어머니 여신의 화신을 섬기는 이교의 나무 숭배 의식이 기독교가 침입하기 이전에 얼마나 널리 퍼져 있었는지를 보여준다.

> 나는 레바논삼나무처럼, 시온 산의 사이프러스처럼 자랐다.
> 나는 엔게디의 대추야자처럼, 예리코의 장미처럼 자랐으며,
> 들판의 우람한 올리브 나무처럼,

물가에 심어진 플라타너스처럼 무럭무럭 자랐다.

몇몇 기독교 종파들이 기독교 초창기 때부터 전해 내려온 신성한 나무들에 관한 이야기에 사로잡혔던 것은 분명하다. 그랬기에 그리스도 수난상이라는 상징이 그런 대상으로 간주되었는가, 유럽의 초기 기독교 시대에 생명의 나무가 십자가로 대체된 것인가라는 질문이 종종 제기되어왔다. 그 상징성은 많은 측면에서 논리적이다. 예수는 십자가에 못 박혀 죽음으로써 인류에게 영생의 가능성을 보여주었다고 여겨지기 때문이다.

명백한 사실은 나무 상징주의가 콘스탄티누스 대제 시대부터 예술작품 속에 그리스도가 십자가에 못 박힌 모습과 함께 표현되고 있다는 것이다. 서기 4세기 초에 제작된 라테란의 십자가(Great Cross of Lateran)라고 알려진 모자이크 그림이 있다. 이 그림은 생명의 나무에 토대를 둔 것으로서, 후대의 수많은 그리스도 수난 그림들의 원형 역할을 해왔다. 후대의 작품들 중 가장 두드러진 것은 1800년대 초에 프랑스의 렌(Rennes) 대성당에 새겨진 수난 그림이다. 그 십자가의 외형은 아주 형식적이다. 그것은 새, 즉 성령의 비둘기가 있는 나무 모양이다. 비둘기는 가지에 앉아 있고, 언제나 지식과 악의 상징이 되고 있는 뱀이 뿌리를 휘감고 있다. 그리고 마치 초기 메소포타미아의 원통형 도장에 새겨진 동물들처럼, 칼라크 왕궁의 예술작품에 나온 나무를 섬기는 아시리아 왕 아슈르나시르팔 2세와 수행원처럼, 날개 달린 지품천사(智品天使)들이 나무를 바라보고 있다. 렌 대성당의 나무는 심지어 다산의 여신을 뜻하는 고대의 상징인 로제트(rosette)로 둘러싸여 있기까지 하다!

신성한 나무의 모습을 한 십자가라는 주제는 가톨릭의 가장 오래된 의식 중 하나인 선성찬 미사에서 더 자세히 드러난다. 성금요일에 거행되는 이 미사에는 〈나무 십자가 예배〉라고 하는 찬송가가 들어 있다. 일부를 라틴어로 쓰면 이렇다.

*Crux fidelis, inter omnes arbor una nobilis:*

*Bulla silva tamen profert fronde, flore, germine*⋯

(충실한 십자가여, 가장 고귀한 나무여

어떤 숲도 이런 잎, 꽃, 씨를 가진 나무를 키우지 못하리⋯)

종교와 관계를 맺음으로써 기독교 세계에서 신비한 분위기를 지니게 된 모든 나무들과 식물들 가운데, 가장 관심을 끄는 것은 아마도 식물학적 용어로 독일가문비(*Picea abies*)라고 하는 크리스마스트리일 것이다. 하지만 둘의 관계는 비교적 최근에 생긴 것이며, 산사나무와 마찬가지로 크리스마스트리를 둘러싼 풍습들은 기독교와 이교 전통이 섞인 것이다. 아니 이 경우에는 이교 풍습 자체가 기독교화한 것이다. 크리스마스 축제 때 사용되어온 침엽수는 서너 종류이며, 모두 동지 때 나무를 선물로 장식함으로써 어머니 여신을 기리는 기독교 이전의 고대 풍습에서 비롯된 것이다. 독일가문비가 널리 쓰이게 된 것은 19세기 무렵부터였다. 기독교 설화에서는 그 의식이 8세기의 전도사 성 보니파키우스가 성령을 받은 데에서 비롯되었다고 말한다. 이 이야기에 따르면, 어느 크리스마스이브에 보니파키우스가 독일의 이교 성지에서 신성한 참나무를 베었다. 그러자 참나무가 베어진 곳에서 기적처럼 전나무가 자라났고, 그는 그것을 기독교 신앙의 상징으로 삼았다.

기독교 민담에는 성 보니파키우스와 그의 벌목 이야기만 있는 것이 아니다. 16세기 독일의 프로테스탄트 개혁가인 마르틴 루터(Martin Luther)가 크리스마스에 별들이 빛나는 밤에 집으로 돌아가다가 전나무를 파내 들고 가서 초들을 꽂아놓고서 아이들에게 세 동방박사들이 따라간 별에 관해 말해주었다는 이야기도 있다. 18세기 영국에는 국왕 조지 3세의 왕비인 샬럿이 윈저에 크리스마스트리를 세웠다는 이야기가 상세히 기록되어 있다. 하지만 독일가문비를 자신의 고향인 쿠부르크로부터 철마다 들여온 사람은 빅토리아 여왕의 남편인 앨버트 공이었다. 영국인들에게 선물, 리본, 지팡이, 초로 나무를 장식하도록 권한 사람도 그였다. 따라서 어떤 종류든 간에 상록수인 침엽수는 기독교에서 깊은 의미를 지니게 되었다. 하지만 자연의 다른 것들이 모두 죽은 것처럼 보이는 추운 겨울에 그것을 상징적으로 생명의 원천으로 보는 관점은 훨씬 더 오래된 이교 의식에 뿌리를 두고 있다.

신비한 나무 외에 유향과 몰약도 이스라엘 부족들뿐 아니라 기독교인들에게 특별한 의미를 지니고 있었다. 이 값비싼 추출물들은 그리스도 탄생을 기리는 풍습에 쓰이면서 동방의 세 현자가 성모 마리아에게 준 선물을 되새기는 역할을 했다.

> 그리고 보물 상자를 열어 황금과 유향과 몰약을 예물로 드렸다.
>
> — 마태오복음 2:11

성서에 언급되었다는 것말고 다른 이유 때문에 기독교에서 신비적인 분위기를 지니게 된 식물들도 있으며, 그 중에는 버섯도 있다. 성 조지의 버섯이라고 알려져 있는 식용 밤버섯(*Calocybe gambosa*)은 성 조지의 날인 4월 23일경에 목초지나 숲에서 원을 이루면서 자라나기 때문에 그런 이름이 붙었다. 이렇게 시기가 딱 맞았기 때문에 밤버섯은 그 성인의 상징이 되었다. 1960년대에 작가 존 얼레그로는 성경의 언어와 단어 선택 관습을 상세히 연구해 초기 기독교 운동이 다산 숭배 의식이나 다름없다는 충격적인 주장을 펼쳤다. 얼레그로의 주장은 나오자마자 학계에서 호평을 받았고, 널리 인용되었다. 그는 일부 버섯의 남근 모양이 광대버섯 같은 버섯들이 지닌 환각을 일으키는 특성과 결부됨으로써 버섯이 비의적인 숭배의 대상이 되었다고 주장했다.

안젤리카(Angelica)라는 명칭의 유래는 그보다 더 출처가 확실하다. 시장에서 판매되고 케이크를 장식할 때 쓰였던 안젤리카 아르칸겔리카(*Angelica archangelica*)라는 식물이 있다. 이 식물은 북유럽 전역에서 야생으로 자라지만, 영국 제도에 도입되어 재배되기도 했다. 미나리과에 속한 이 종은 5월 8일에 꽃이 핀다고 한다. 이탈리아 풀리아의 가르가노 산에서 일어났다고 하는 기적인 성 미카엘의 출현을 기리는 축제가 벌어지는 때이다. 날짜가 일치한다는 이유로, 안젤리카는 수호 성인이자 정

히에로니무스 보쉬(1450~1516)의 〈동방박사들의 예배〉. 동박박사들이 아기 예수에게 황금, 유향, 몰약을 선물하고 있다.

의를 대변하는 성 미카엘과 같은 속성들을 지니고 있다고 여겨지게 되었다. 그 식물을 몸에 지니고 있으면 마법과 사악한 영혼이 침입하지 못한다고 생각했고, 중세 시대에는 다른 많은 신성한 식물들처럼 전염병을 막아준다는 생각에 안젤리카를 먹기도 했다.

기독교에서 출처가 불분명하지만 중요한 의미를 띠게 된 풀들 중에 가장 유명한 것은 세잎식물(Shamrock)이다. 이 명칭은 어느 한 종을 지칭하는 것이 아니라, 잎이 셋 달린 몇몇 식물 종들을 총칭한다. 괭이밥과에 속하는 애기괭이밥, 콩과에 속하는 토끼풀 등 몇몇 식물이 여기에 해당된다. 또 오늘날 원예식물로 기르는 파란토끼풀(*Parochetus communis*)도 있다.

애기괭이밥은 유럽, 영국 제도, 북아메리카의 전역과 아시아의 서부와 중부에서 흔히 자라는 풀이다. 가느다란 뿌리줄기에서 원형으로 잎들이 모여 나는 키 작은 이 풀은 봄에 가느다란 긴 꽃대를 내밀어 작고 예쁜 하얀 꽃을 피운다. 아일랜드의 수호성인인 성 패트릭 전설에 나오는 '샘록(Shamrock)'이나 '심로이(Seamroy)'는 아마 애기괭이밥이었을 것이다. 샘록이라는 단어가 샴라크(shamrakh)라는 아라비아어에서 왔을 수도 있지만 말이다. 이 말은 고대 근동 전역에서 신성시했던 세 신을 지칭하는 이름이었다.

기독교가 등장하기 전에 켈트족 드루이드 교도들은 세잎식물들을 신성하게 여겼다. 3이라는 숫자는 신비적이고 종교적인 심오한 의미를 지녔기 때문이다. 아일랜드 전통에 따르면, 성 패트릭은 공터에 모인 군중들에게 삼위일체, 즉 성부와 성자와 성령의 의미를 설교하다가 샘록의 잎을 잡아뜯었다고 한다. 이교도였다가 개종한 사람이었던 그는 아마 그 식물의 종교적 의미를 알고 있었을 것이다. 그는 줄기 하나에 함께 붙어 있는 심장 모양의 세 잎을 예로 들어 '셋이 하나'라는 개념을 설명했다. 그 식물에 관한 또 다른 신기한 전설은 아일랜드에는 독이 있는 것이든 없는 것이든 간에 뱀이 없다는 사실을 암시하고 있다. 성 패트릭이 몸소 그 땅에서 뱀을 몰아냈다는 이야기도 있고, 뱀이 샘록 위로는 가지 않으려 하며 독사에 물렸거나 전갈에 쏘였을

세잎식물인 애기괭이밥의 잎과 꽃.

때 샘록으로 치료할 수 있다는 주장도 있다. 중세 시대에 의사들은 발열과 염증을 비롯한 다양한 질환에 애기괭이밥을 처방하곤 했다. 낱잎들이 심장 모양이기 때문에 그 풀은 심장병에 좋다면서 가짜 치료약으로 쓰이기도 했다. 애기괭이밥은 종교와 연관된 덕분에, 수도사들 사이에서 할렐루야 식물이라는 이름을 얻기도 했으며, 그 친숙한 잎 모양은 교회 부조에 새겨지기도 했다.

성서에는 거의 상상해낸 것이라고 할 만한 식물들도 있다. 이른바 소돔의 사과나 무라는 것이 한 예다. 일부 권위자들에 따르면, 미가서의 모호한 구절에 그 식물이 언급되어 있다고 한다. 미가는 아시리아인의 통치 체제가 절정에 달했을 때 살았던 이스라엘의 예언자였다. 그 구절에는 헤브루어로 헤데크(hedeq), 즉 '브라이어(brier)' 라는 식물의 이름이 나온다.

아, 답답하구나.

여름 과일을 따러 나섰다가

…

몹쓸 일에만 손을 대고,

관리들은 값나가는 것 아니면 받지도 않으며,

재판관들은 뇌물을 주어야 재판을 하고,

집권자는 멋대로 억울한 선고를 내리는구나.

조금 낫다는 것들이 가시덤불 꼴(브라이어)이요,

조금 바르다는 것들이 가시나무 울타리보다 더하구나.

— 미가 7:1~4

하지만 소돔의 사과나무는 중세 시대의 창작물이나 다름없다. 작가들은 그 신비의 식물이 소돔과 고모라라는 멸망한 도시들이 있던 자리인 사해 연안에서 자랐다고 썼다. 그 사과는 보기에 아주 탐스럽지만, 따면 손 안에서 부서져 먼지가 되거나 먹으려고 하면 입 안에서 재로 변한다고 했다. 그 전설은 아마도 타락한 소돔에 신이 분노했음을 상기시키고 육체적 쾌락에 빠지는 사람들에게 경고를 하기 위해 생겨났을 것이다. 가지과에 속한 북아메리카 산 식물인 도깨비가지(*Solanum carolinense*)도 소돔의 사과나무라고 불리지만, 그것과 성서에 나온 식물을 혼동해서는 안 된다. 도깨비가지는 미국에서 플로리다 북부까지 전역에 걸쳐 모래가 많은 버려진 땅에 자라는 억센 여러해살이풀로서 노란색 열매가 달린다.

소돔의 사과나무가 진짜 식물을 근거로 한 것이라 해도, 그 식물이 무엇인지 밝혀내기는 어려울 것이다. 성서에 사악함이나 고난과 관련지어 언급된 식물들은 대개 가시가 달려 있다는 점을 근거로 삼아, 이 수수께끼의 종이 가지과에 속한 것이라는 주장도 있어왔다. 가지과 식물인 솔라눔 산크툼(*Solanum sanctum*)은 그런 조건에 들어맞기 때문이다. 이 식물은 요르단 계곡에 무성하게 자라는 가시가 달린 관목으로서, 독말풀과 흡사한 열매를 맺는다. 소돔의 사과가 헤브루어로 '향기'를 뜻하는 타푸아(tappuah), 즉 진짜 사과가 아니라는 주장은 에덴 동산의 나무에 사과가 열리지 않는다는 주장과 마찬가지로 타당한 근거가 있다. 비록 고대 팔레스타인의 외진 지역에서 사과나무가 자랐다고 하지만, 그 지역은 너무 뜨거워서 사과나무가 제대로 열매를 맺지 못한다. 반면에 솔로몬의 노래에는 사과나무가 좋은 열매가 열리는 아름다운 나무라고 묘사되어 있다.

사내들 가운데 서 계시는
그대, 나의 임은
잡목 속에 솟은 능금나무,
그 그늘 아래 뒹굴며
달디단 열매 맛보고 싶어라.
사랑의 눈짓에 끌려
연회석에 들어와
사랑에 지친 이 몸,
힘을 내라고, 기운을 내라고,
건포도와 능금을 입에 넣어주시네.

— 아가 2: 3~5

구약성서에는 다부아(타푸아, 저지대), 벳다부아(산지), 엔다부아(므낫세의 서쪽)처럼 '향기로운' 열매에서 유래한 지명들이 있다. 구약성서의 '사과'는 살구로 보는 것이 좋을 듯하다. 살구는 일찍이 기원전 1세기에도 중국에서 고대 근동 지역으로 수출되었기 때문이다. 모과나 감귤류인 레몬과 오렌지라고 주장하는 사람들도 있다.

'가시'라는 단어는 소돔의 사과나무가 무엇인지 몇 가지 단서를 제공한다. 시리아-팔레스타인 지역에는 가시가 달린 식물들이 많이 자라며, 구약성서에는 많은 헤브루어 단어들이 그것들을 묘사하는 데 쓰이고 있다. '가시'는 땅이나 상황이 좋지 않다는 것, 더 나아가 신의 분노를 완곡하게 표현하는 데 쓰이는 경향이 있다. 그리 놀랄 일은 아니다. 사실상 가시 나무들은 인류에게 거의 또는 전혀 도움이 안 된다. 만지면 아프고 태양의 열기도 가려주지 못한다.

기독교에서 가시는 식물들에게 아주 신비스러운 분위기를 부여한다. 가시는 가장 감질나게 하면서 결정적인 해답은 없는 진지한 질문 하나를 제기한다. 예수가 십자가에 매달려 죽기 전에 그의 머리에 씌워졌던 가시 왕관이 어떤 식물로 만들어졌는가 하는 것이다. 전통적으로 두 종이 가장 많이 거론되어왔지만, 둘 다 가능성이 적다. 이른바 그리스도가시(*Zizyphus spina-christi*)는 유대의 고지대에서는 발견되지 않으며 팔레스타인 저지대에서만 자연적으로 자란다. 그리고 팔리우리스가시(*Paliurus spina-christi*)는 팔레스타인 중부와 남부 어디에서도 자라지 않는다. 오늘날의 권위자들은 대부분 가시 왕관이 가시오이풀(Burnet, *Poterium spinosum*)의 줄기로 만든 것이라고 믿고 있다. 이 식물은 가시가 많고 작고 붉은 꽃을 피우는데, 팔레스타인에서 흔히 볼 수 있다. 또 다른 후보자는 낙타가시나무(Camelthorn, *Alhagi camelorum*)이다.

어떤 식물로 만들어졌든 간에, 가시 왕관은 그 자체로 신비를 지니게 되었다. 많은 사람들이 이 신성한 유물을 자기가 갖고 있다고 주장하고 나섰다. 13세기 중반 루이 9세가 지은 파리의 시테 섬에 있는 생트 샤펠(Sainte Chapelle) 성당도 십자군 전쟁 때 성지에서 가져온 그 유물을 보관하기 위해 세운 것이라고 한다.

중세 시대 영국에서는 유럽산사나무(*Crataegus monogyna*)에 대한 아주 낭만적인 이야기가 떠돌았다. 이 식물은 5월에 만개하기 때문에 메이(May)라고도 불린다. 가시가 있는 이 작은 나무는 아주 북쪽을 제외한 유럽과 아시아의 여러 지역에서 자라며, 커다란 산형꽃차례에 향기가 짙은 하얗거나 분홍색의 꽃들이 피어난다. 가지에는 단단하고 날카로운 가시들이 달려 있다. 같은 속의 식물인 서머싯 주의 글래스턴베리에서 자라는 성가시나무(Holy Thorn)는 가시 왕관과 달리 외경에 언급되어 유명해진 것이다. 글래스턴베리 대성당과 근처의 세인트존스 교회 구내에서 자라고 있는

중세 시대 영국에서 많은 전설을 낳았던 유럽산사나무의 꽃.
아리마태의 요셉이 심었다고 하며, 글래스턴베리에는 이 나무와 관련된 전설들이 많다.

성가시나무는 사실 크라타이구스속(*Crataegus*)의 식물 서너 종류를 총칭하는 말이다. 이 식물들은 예수의 무덤을 제공한 유대 산헤드린(Sanhedrin, 유대인들의 최고 의결 기관/옮긴이) 소속의 부유한 인물이었던 아리마태의 요셉이 팔레스타인에서 가져온 식물에서 자라난 것들이라고 한다.

전설에 따르면, 요셉은 예수가 어릴 때 주석을 구입하기 위해 영국으로 왔다고 한다. 아마 예수도 함께 왔을 것이다. 예수가 십자가에 못 박힌 뒤, 그는 순례 여행을 하다가 다시 영국으로 와서 글래스턴베리 연안에 도착했다. 당시 그곳은 습지나 바다로 둘러싸인 섬이었다. 기독교뿐 아니라 아서 왕 전설이 짙게 배어 있는 그 지역은 아발론 섬이라고도 알려져 있으며, 아서 왕의 수도가 있던 곳이라고 주장하는 사람들도 있다. 요셉은 워럴힐(Worral Hill)의 산자락에서 쉬었다. 그 지명은 '기진맥진한(weary-all)' 이라는 단어에서 유래했다. 그는 자신의 지팡이를 땅에 꽂았다. 그러자 지팡이에서 뿌리가 나와서 글래스턴베리의 가시나무가 되었다는 것이다. 원예학적인 관점에서 보면 그리 기적이라고 할 수 없다. 나무의 가지와 우듬지를 잘라내 막대기처럼 만들어서 재생시키는 기술(truncheoning)은 원예 분야에 잘 알려져 있는 것이다. 어린 줄기를 밑동까지 싹둑 잘라내서 적당한 조건에서 싹을 틔우는 기술도 있다. 구약성서의 출애굽기에 실려 있는 아론의 지팡이에서 싹이 나와 편도 꽃을 피웠다는 기적도 같은 현상일 것이다.

글래스턴베리의 가시나무가 유달리 관심을 끄는 이유는 꽃이 피는 양상이 독특하기 때문이다. 이 나무는 일 년에 두 번, 즉 봄과 율리우스력으로 개정되기 이전의 크리스마스에 해당하는 1월 6일경에 꽃을 피운다. 또 싹, 꽃, 열매, 죽은 잎들이 동시에 달려 있을 때도 있다. 따라서 아리마태의 요셉과 관련된 원래의 이야기에 다른 전설들이 덧붙여진 것도 놀랄 일이 아니다. 민담들이 대개 그렇듯이, 그 중에는 모순되는 것도 있고 기원을 따지면 다른 문화 전통에서 유래한 것들도 있다. 글래스턴베리의 가시나무에는 기독교 민담들에다가 옛 켈트족 신앙과 고대 나무 숭배의 자취가 뒤섞여 있다. 고대 나무 숭배 의식에서 유럽산사나무는 성적인 의미가 강했으며, 오월제 때 세우는 기둥으로 쓰였기에 오래 전부터 남근을 상징한다고 여겼다. 현대에 부활한 마법 숭배 의식에서, 마녀들은 지팡이(여기에도 남근 상징주의가 배어 있다)에 유럽산사나무 꽃으로 만든 화환을 걸기도 한다. 켈트족의 벨테인(Baltane) 봄 축제 때 다산을 기원하면서 그렇게 했기 때문이다. 이런 연관성도 있는 반면, 유럽산사나무는 이따금 정열을 가로막는 장애물 역할도 했다. 잠자는 미녀라는 독일 동화의 주인공인 왕자는 이 가시나무 숲에 가로막혀서 미녀에게 다가갈 수 없었다.

따라서 기독교에서 그리스도의 수난 때 씌워진 가시 왕관이 글래스턴베리의 가시나무에서 나온 것이라는 주장이 나오는 것도 당연하다. 거기에서 그 식물의 어느 부위든지 집으로 가져오면, 특히 봄에 핀 꽃을 가져오면 집안에 '죽음' 이 닥친다는 믿음이 생겨났다. 메이가 있는 방에서 잠을 자는 것은 더 위험하다고 여겨졌다. 로버트 그레이브스는 『하얀 여신』에서 그 나무가 부정적인 영향을 미친다고 했다. 그 생각은 기독교 전통에서 비롯된 것이 아니라, 산사나무가 거인들의 사악한 왕인 이스파다덴 펜카우르(Yspaddaden Penkawr)로 등장하는 웨일스의 켈트 신화에서 직접 유래한 것이다. 산사나무는 마법과도 관련을 맺게 되었다. 영국 노포크의 노비치 근처 헤설 마을에 있는 교회 옆에는 헤설의 마녀(Witch of Hethel)라는 나무가 한 그루 서 있다. 그 나무는 수백 년 된 것이라고 알려져 있으며, 현재는 보호수로 지정되어 있다. 13세기 초의 것으로 추정되는 한 문서에는 이 산사나무가 당시에도 '늙었다' 고 적혀 있다고 한다.

오히려 산사나무를 사악한 기운을 물리치는 신성한 식물로 여기는 지역도 있다. 옛날 서포크 지역에서는 오월제에 메이의 꽃을 운반하는 농장 일꾼에게 상을 내렸다. 그리고 영국의 많은 지역에서는 산사나무 가지가 마법을 막아준다고 생각해서 문가에 걸어두곤 했다. 제임스 프레이저의 『황금 가지』에는 오래된 시가가 인용되어 있다.

우리는 밤새 때로는 낮에도 돌아다녔네
이제 우리는 멋진 화환을 들고 돌아왔네
가져온 멋진 화환을 여기 우리가 서 있는 당신의 문 앞에 두리라
이 잘 피어난 꽃들은 우리 주의 손으로 만든 작품이니.

글래스턴베리의 성가시나무 꽃들은 예전에는 주변 지역으로 팔려나가기도 했으며, 지금까지도 여왕과 모후는 크리스마스 아침 식탁에서 이 나무의 꽃이 핀 가지를 받는다. 이 풍습은 앤 여왕 때 시작되었다고 한다.

21세기의 전환기인 지금 글래스턴베리에서 자라는 나무들을 원래 있던 나무들이라고 주장할 수는 없다. 그 나무는 다른 산사나무에 접붙이기를 해서 키워야만 유지될 수 있으며, 씨를 심어 키운 나무는 일 년에 두 번 꽃을 피우지 않는 유별난 특징을

지니고 있다고 한다. 성가시나무는 수세기 동안 세대를 이어가며 번식되어왔으며, 접붙이기를 통해 뉴욕의 센트럴파크를 비롯해서 전세계로 퍼져나가기도 했다. 글래스턴베리의 나무들 중 적어도 한 그루는 올리버 크롬웰(Oliver Cromwell)의 공위 기간에 한 광적인 청교도에게 잘려나갔다고 한다. 하지만 17세기의 작가 제임스 하웰(James Howell)에 따르면, 그자는 자신의 행위로 고통을 받았다. 그는 도끼를 휘두르다가, 쪼개진 나무 조각에 눈을 찔려 앞을 못 보게 되었다. 하웰의 1644년 작품인 『도도나의 숲*Dodona's Grove*』에 나오는 성가시나무가 신비로운 특성을 지니고 있는지 여부는 불분명하지만, 그럴 가능성도 있어 보인다.

> 고대의 흰 산사나무를 자르고 있던 그는 보복을 받았다. 미신인지 모르겠지만 그 나무는 다른 나무들보다 앞에 서 있었고 가시 몇 개가 그의 눈으로 튀어 그를 외눈박이로 만들었다.

그 성가시나무를 훼손하려고 했던 다른 사람들도 비슷한 불행을 겪은 듯하다. 19세기에 E. M. 헐(E. M. Hull)이 쓴 『영국 제도의 민담*Folklore of the British Isles*』에는 나무를 훼손함으로써 아이나 소가 죽거나 재산을 잃은 사례들이 나온다. 무성한 나무들 중 하나를 벤 우스터셔의 한 농부는 한쪽 다리가 부러지는 일을 겪은 뒤 곧이어 화재에 휘말렸다고 한다.

기독교 전설에서 '악당 같은' 역할을 한다고 말할 수 있는 나무가 있다면, 검은딱총나무(*Sambucus nigra*)일 것이다. 검은딱총나무는 오딘의 교수대 나무 같은 다른 문화 전통에 속한 나무들과 전혀 관계없이 오직 기독교적인 이유로 죽음과 관련을 맺게 된 나무이다. 비록 복음서나 사도신경에는 전혀 언급되어 있지 않지만, 예수 그리스도를 배신하고 로마 당국에 넘긴 사도인 가롯 유다가 목을 매어 자살한 나무가 바로 딱총나무라는 이야기가 널리 퍼져 있다. 이런 출처가 불분명한 신비적인 이야기를 제시한 것은 14세기의 영국 시인 윌리엄 랭랜드(William Langland)였다. 그는 영적인

유다 나무, 즉 검은딱총나무 신화가 퍼지면서 그 나무의 가지에서 자라는 버섯인 목이도 '유대인의 귀' 라는 이름을 얻었다.

순례 여행을 담은 두운체 시가인 『농부 피어스의 환상 *The Vision of Piers Plowman*』에서 딱총나무를 유다가 목을 맨 나무라고 했다. 곧이어 민간 설화에서 인동과에 속한 딱총나무에 불행을 불러오는 나무라는 꼬리표가 붙게 된 것도 놀랄 일은 아니다. 딱총나무는 백악질 토양을 좋아하고 숲, 덤불, 버려진 땅에서 자라며, 코카서스 산맥에 이르기까지 유럽 전역에 퍼져 있다. 더 북쪽에 식재되어 자라는 것들도 있다.

유다 나무 신화를 만드는 데에는 일 년 내내 볼 수 있는 버섯인 목이(*Auricularia auricula-judae*)도 한몫 했다. 목이는 너도밤나무에서도 자라지만 특히 검은딱총나무에서 흔히 볼 수 있다. 공교롭게도 목이의 갓은 아교로 만든 사람의 귀처럼 생겼다. 그래서 중세 영국에서는 그것을 '유대인의 귀' 라고 불렀다. 또 예수가 못 박힌 십자가가 바로 딱총나무로 만들어졌다는 출처가 불분명한 이야기도 있었다. 하지만 성서에 그 나무가 유다의 죽음과 관련이 있다는 언급은 전혀 없으며, 그 나무는 무르기 때문에 목재가 교수대로 쓰였을 가능성도 거의 없다. 그럼에도 딱총나무가 불운을 가져온다는 믿음은 그것이 고대 드루이드들의 오검 나무 문자에서 13번째 달의 나무였다는 것에 힘입어 더 강해졌다(49쪽 참조).

각 지역의 오래된 풍습들은 애니미즘이 소박한 사람들 사이에서 얼마나 완강하게 버티고 있는지를 계속 상기시켜준다. 불운을 가져온다는 믿음 때문에, 딱총나무를 난로에서 태우는 것은 '집안에 악마를 불러들이는' 행위로 여겨졌으며, 딱총나무로 아이 침대를 만드는 것은 어리석은 짓이라고 치부되었다. 또 그런 침대에서 자는 아이는 목재에 사는 딱총나무 정령에게 꼬집혀 검푸르게 멍이 든다는 민간 속설도 있다. 비슷한 민간 설화들을 살펴보면, 사람들은 그 나무가 불타고 있으면 마녀가 있다는 뜻이라고 믿었으며, 이와 모순되게도 집 근처에 딱총나무를 심으면 마녀가 접근하지 못하고 그 주변에 번개가 떨어지지 않을 것이라는 믿음도 있었다! 이런 이유로 영국의 옛 시골집에서는 뒷문에 가까운 곳에서 딱총나무가 자라고 있는 모습을 흔히 볼 수 있다. 하지만 17세기 무렵에는 딱총나무 목재의 정신적인 영향력이 줄어들고 있었다. 니콜라스 컬피퍼는 『식물지*Herbal*』에 이렇게 썼다. "이 식물은 굳이 기재할 필요가 없다고 본다. 장난감 총을 갖고 노는 아이들이라면 딱총나무를 다른 나무와 혼동할 리가 없기 때문이다." 지금도 시골 사람들은 딱총나무를 자르면 불운이 온다고 믿어 생울타리에서 그 나무를 베려고 하지 않는다. 1966년 영국 남부 브라이튼 지역의 한 신문에 스테이닝 마을 어귀에 자라는 오래된 딱총나무에 저주가 담긴 경고 팻말이 박혀 있다는 기사가 났다. 그 나무는 새로운 주거 단지가 개발되는 곳에 있었는데 그 나무를 베려는 사람에게 저주가 내린다는 것이었다.

따라서 신비적인 전통이나 풍습과 연관되어 보이는 이름들 중에 잘못 알려진 것들도 있다는 결론을 내리지 않을 수 없다. 가죽나무(*Ailanthus altissima*)는 영어로 하늘 나무 또는 낙원 나무로 불리므로, 성서에 나오는 식물들의 목록에 포함되어 있을 것 같지만, 유대교나 기독교 전통에서 그 나무가 정신적이거나 신비적인 의미를 지니고 있다는 증거는 거의 없다. 가죽나무속(*Ailanthus*)에는 중국과 오스트레일리아 남부 특산인 생장이 빠른 식물들이 10여 종 있으며, 지금 이 종들은 조경용으로 신대륙에 널리 심어져 있다. 코펄 바니시(Copal varnish)라는 도료의 원료를 이 나무들에서 얻기 때문에 이 나무들을 코펄 나무라고도 부른다. '아일란투스(Ailanthus)'는 '아일란토(aylanto)'라는 인도네시아의 몰루카(Molucca)어에서 유래한 것으로, 대강 '하늘 나무'라고 번역되지만, 키가 상당히 큰 나무에만 쓰인다. 마야인들이 신성시한 중앙아메리카와 남아메리카의 여러 비슷한 나무 종들과 가죽나무를 혼동하지 말도록. 그런 나무들에서도 코펄 수지가 만들어지며, 그 수지는 의식 때 향으로 쓰이기도 했다.

姑自蟠桃會回歸

주술과 약초를 연구했다고 알려져 있는 중국 신화의 마고(麻姑).

# 7

## 주술과 미신이 사라진 식물들의 기록

서기 804년, 샤를마뉴 대제의 개인 교사로 있던 라틴어 학자 앨퀸(Alcuin)은 대제에게 이런 질문을 했다고 한다. "풀이란 무엇입니까?" 그러자 샤를마뉴는 즉시 대답했다. "의사들의 친구이자 요리사들의 숭배 대상이지요." 샤를마뉴의 대답에는 수만 년 동안 널리 퍼져 있었던 식물에 대한 태도가 요약되어 있는 것 같다.

우리는 먼 과거에 식물 세계에 대한 실용주의적 관점이 식물의 신비에 토대를 둔 관점보다 우세했을 것이라고 추측할 수 있다. 그 주장을 입증하거나 부정하기가 불가능하긴 하지만 말이다. 선사 시대 수렵채집인들이 남긴 예술품의 양이 너무 적어 충분한 단서를 제공하지 못하기 때문이다. 하지만 인류는 본래 잡식성 동물이며, 식물은 인류가 탄생했을 때부터 줄곧 주식이었다. 따라서 식물을 먹거나 상처와 질병을 치유하는 식물의 특성을 활용하면서 겪은 일들로부터 다양한 설화와 전설이 생겼으리라고 추측해도 무리가 없을 것이다. 어떤 종이 인체의 기능에 영향을 미친다는 것이 알려지면서, 최초의 의사들은 그런 식물들을 상처를 치료하고 질병을 치유하고 예방하는 천연 약재로 삼았다.

하지만 특정한 식물을 먹으면 마법 같은 영향이 나타날 수 있다는 것이 알려지자, 실용적인 가치는 미신이나 속설과 떼려야 뗄 수 없이 얽히게 되었다. 과학을 몰랐던 고대 인류는 질병을 치유하는 등 유익한 효과를 낳는 식물과 전혀 달리, 환각이나 끔찍한 발작, 또는 죽음을 가져오는 식물에게서 정신적 측면을 보았을 것이다.

아마 수선화과(용설란과를 따로 두는 학자들도 있다)에 속하는 용설란속(*Agave*)의 식물들이 가장 좋은 사례일 것이다. 용설란속에는 약 3백 종이 있으며, 미국 남부와 열대 아메리카가 원산지이지만, 지금은 전세계 곳곳에서 재배되고 있다. 용설란속은 60년을 산 뒤에야 꽃을 피우며, 꽃을 피우고 나면 곧 죽는다. 지금은 원예용으로 많이 기르고 있지만, 예전에는 로제트(민들레처럼 뿌리잎이 바퀴살 모양으로 땅 위에 퍼져 무더기로 나는 그루/옮긴이) 모양으로 자라는 단단하고 통통한 잎을 사이잘(sisal)이라는 섬유를 뽑아내는 용도로 주로 썼다. 용설란속은 또 한 가지 특성을 지니고 있다. 즙이나 수액을 발효시키면 술이 된다는 것이다.

사람들은 식물을 이용해서 취하게 하는 물질을 추출하거나 만들 수도 있었으며, 그런 식물들은 신비감을 얻게 되었다. 그런 식물들은 원시인들 사이에서 신화의 기원이 되기도 했다. 용설란속에서 술을 빚을 수 있는 수액을 내는 종을 마게이(Maguey)라고 하며, 그 술을 풀케(pulque)라고 한다. 추출된 즙은 테킬라 제조에도 쓰인다. 현재 마게이는 상업적으로 재배되고 있으며, 멕시코 중부 오악사카 지역이 주산지이다.

하지만 스페인에게 정복당하기 전에 마게이는 독특한 명성을 지니고 있었다. 멕시코 아스텍인들의 의식용 음료로서 종교 생활에 중요한 역할을 했으며, 다양한 치료에도 쓰였다. 주로 진정 작용 때문이었다. 식민지 시대의 한 프랑스인이 쓴 『멕시코의 역사 *Histoyre du Mechique*』에는 아스테카 문화에 관한 다양한 정보가 담겨 있다. 그 책에는 인간이 먹기만 할 뿐 쾌락은 거의 모르는 상태로 짧은 삶을 살아간다는 것을 깨닫는 신들의 이야기가 나온다. 그 신화는 아스텍인들에게 훨씬 더 오래 전부터 전해져온 것으로 여겨진다.

아스텍인들의 창조신인 케찰코아틀과 여신 마야우엘(Mayahuel)은 인간에게 풀케를 주어서 무미건조한 인간 생활에 활력을 불어넣기 위해 지상으로 내려왔다. 그들은 눈에 띄지 않게 그 일을 하기 위해서 한 거대한 나무의 가지에 깃들었다. 하지만 마야우엘이 집에 없는 것을 발견한 그녀의 할머니는 펄펄 화를 내면서, 집을 비운 그녀를 벌하기 위해 치시미틀(tzizimitl)이라는 하늘의 악신들을 보내 그녀를 찾도록 했다. 그 악신들은 번갯불의 모습으로 땅에 내려꽂혔고, 그 중 하나가 마야우엘이 깃든 나무를 쳐서 반으로 갈라놓았다. 그 나무가 마야우엘이라는 것을 알아차린 그들은 나무를 갈기갈기 찢어서 집어삼킨 다음 하늘로 돌아갔다. 운 좋게 공격을 피한 케찰코아틀은 여신의 남은 몸을 모아서 땅에 묻었다. 그러자 마야우엘의 무덤에서 최초의 마게이 식물이 자라나서 그와 마야우엘이 의도한 대로 인간에게 풀케를 줄 수 있게 되었다. 그렇게 해서 그녀는 마게이의 여신이 되었다.

역사 기록이 있으면, 옛 사람들이 식물을 어떻게 대했는지를 훨씬 더 명확히 이해할 수 있다. 마게이 이야기가 바로 그런 사례이다. 그 말은 인간의 질병을 풀로 치료하는 풍습에도 적용될 수 있다. 치료에 풀을 사용했다는 것을 기록한 현존하는 가장 오래된 문헌은 기원전 1700년경의 것으로 추정되는 바빌로니아의 석판이지만, 샤니다르 동굴에서 나온 고고학 증거가 보여주고 있듯이, 풀을 치료에 쓴 것은 약 6천 년 전까지 거슬러올라간다(1장 참조). 그 기나긴 세월을 거치면서, 유용한 화학 물질들을 만든다는 것이 알려진 식물들은 중요한 약초로 대접받게 되었다. 비록 19세기가 되어서야 엄밀한 과학으로 인정을 받았지만, 현대 제약산업은 이렇게 서서히 얻은, 자연적으로 생기는 식물성 약물들에 관한 지식들에 많은 빚을 지고 있다.

수천 년을 거치면서 인류는 버드나무속(*Salix*) 같은 식물들의 가치를 점점 더 이해하게 되었고, 그 지식은 마침내 통합되어 중세 시대의 약초 목록을 탄생시켰다(버드나무 종류는 진통제인 아스피린의 기본 성분인 살리실산을 만든다). 초기의 식물지들은 대체로 자연사에 진지하게 접근한 것이 아니라 선험적으로 접근했던 철학자들이 집대성한 것이었다. 그 결과 그 책들은 속설, 요리 비법, 의학적 권고 등을 뒤섞은 잡학서가 되었다. 하지만 식물지의 등장으로 식물학적 발견의 시대가 시작되었고, 그럼으로써 속설과 미신이 아니라 과학적 관찰에 토대를 두고 식물을 이해하게 되었다. 식물지들은 현대 약전의 토대가 되었다. 약전은 우리가 오늘날 알고 있는 약물들에 관한 사항을 과학적인 토대 위에서 규정한 기준이 되는 책이다. 식물지를 맨 처음 쓴 것은 아마도 중국인들일 것이다. 중국에는 유럽에 최초의 식물지가 등장하기 오래 전부터 그런 책들이 있었다. 그 책들은 훨씬 후대에 이르러서야 서양에 알려졌고, 따라서 유럽인의 인식 발전에 거의 아무런 영향을 미치지 못했다.

대체로 유럽의 약초학은 그리스 철학자 테오프라스토스(Theophrastos)에서 시작되었다고 받아들여지고 있다. 그는 기원전 372년경에 레스보스 섬에서 태어났다. 식물학 분야를 개척했다고 할 수 있는 그의 연구는 엉성한 수준이었고, 주로 자신의 철학적 스승들과 교사들(그는 플라톤의 제자였다가 나중에 아테네에서 아리스토텔레스의 제자가 되었다)에게 영향을 받았다. 그는 단지 눈에 잘 띄는 식물들을 교목, 관목, 초본으로 분류하려고 했을 뿐이었다. 그럼에도 테오프라스토스의 학문은 아무런 의심 없이 받아들여졌고, 오랜 세월 동안 식물학적 지식의 토대 역할을 했다. 결함이 많은 그의 체계를 무조건 받아들이는 태도는 중세 시대까지 이어져서 진정한 발전을 가로막는 장애물이 되기도 했다. 테오프라스토스는 식물에 관한 책을 2백 권쯤 쓴 것으로 여겨지지만 불행히도 그 중 『식물의 본원(本源)에 대하여*De causis plantarum*』와 『식물지*De historia plantarum*』 두 권만이 남아 있다.

테오프라스토스가 쓴 원본은 아마 글만 있고, 그림은 전혀 들어 있지 않았을 것이다. 하지만 기원전 1세기부터는 테오프라스토스의 글을 설명하기 위해 식물 그림이 덧붙여졌다. 페르가몬의 크라타에우스(Crataeus of Pergamon)라는 화가가 그림을 맡았다. 그 자신도 식물학자였다. 그는 폰투스의 왕 미트라다테스 6세의 주치의로 일했다. 크라타에우스는 식물들을 의약적 특성에 따라 분류하는 방법을 썼고, 그의 가장 중요한 저서인 『리조토미콘*Rhizotomicon*』은 초기 약초학 발전에 상당한 영향을 미쳤다. 그의 그림 원본은 모두 사라졌지만, 서기 500년경에 그의 작품을 베낀 그림들이 남아 있다.

그 다음에 식물 이해에 중요한 기여를 한 사람, 식물학을 엄밀한 학문으로 정립시킨 사람은 그리스의 의사인 페다니우스 디오스코리데스(서기 40~90년경)였다. 실리시아(지금의 터키 중부)라는 작은 마을에서 태어난 그는 네로 황제 밑에서 군의로 일했고, 유럽 전역을 여행하면서 수백 종류의 식물들과 그 용도를 상세히 기록했다. 서기 70년경에 집대성된 그의 저서 『약물에 관하여』는 직접 관찰에 토대를 둔 최초의 식물학 및 약학 문헌이었다. 비록 테오프라스토스에게 왜곡된 견해를 갖게 했던 미신에서 상당히 자유로워져 있긴 했지만, 디오스코리데스의 인식도 상당히 많은 무의미한 내용에 토대를 두고 있었다. 그는 버섯에 관해 이렇게 썼다.

> 버섯은 두 가지 점에서 다르다. 먹을 수 있거나 독이 있기 때문이다. 버섯이 독성을 띠는 원인은 다양하다. 녹슨 못이나 썩은 넝마 주변, 뱀 굴 근처, 독 있는 열매를 맺는 나무 등에서 자라거나, 딴 뒤에 두꺼운 점액질이 부패하기 때문이다.

그런 논리는 특정한 식물들이 주변에서 해로운 원소들을 흡수할 수 있다는 널리 퍼져 있던 잘못된 개념에서 나온 것이었다. 게다가 『약물에 관하여』는 현재 받아들일 수 없는 분류 체계를 토대로 했다. 디오스코리데스는 식물들을 방향용, 요리용, 치료용 등 용도에 따라 나누었다. 그랬음에도 그의 저서는 16세기까지 유럽의 자존심이 강한 모든 의사들과 약초학자들에게 '성서'로 대접받았다. 디오스코리데스의 책 원본은 발견된 적이 없지만, 오스트리아 국립도서관에 가장 오래된 복사본인 서기 512년경의 것으로 추정되는 율리아나 아니키아 문서〔Juliana Anicia Codex, '빈 디오스코리데스(Vienna Dioscorides)'라는 이름으로 더 잘 알려져 있다〕가 소장되어 있다. 그 책은 서구 약초학 역사의 이정표가 어떠했는지 보여준다.

우리는 디오스코리데스의 원본에 그림이 있었는지 잘 모르지만, 테오프라스토스

VITA
BREVIS

의 저서와 마찬가지로, 나중의 『약물에 관하여』 복사본들에는 그림이 실렸다. 서기 512년경 그 중 한 권이 비잔틴 황제 아니키우스 올리브리우스의 딸 율리아나 아니키아에게 증정되었다. 그림을 그린 화가는 크라타에우스의 그림을 보고 그린 듯하다.

서기 1세기에 로마의 학자 대(大)플리니우스는 37권으로 된 방대한 자연사 전집을 저술했는데, 그 중 16권이 식물을 다루고 있다. 플리니우스의 저서는 그다지 혁신적인 것은 아니었지만, 그리스와 로마의 다른 저자들의 저서를 폭넓게 인용했다. 그의 『자연사*Historia naturalis*』는 부정확한 과학 지식들로 넘쳐나지만, 세월이 흐르면서 사라져 지금은 찾아볼 수 없는 초기 약초학자들의 저서들을 단편적으로나마 살펴볼 수 있게 해준다. 플리니우스가 없었더라면, 그 저자들이 과거에 식물에 관한 지식에 어떤 기여를 했는지 우리는 전혀 알지 못했을 것이다.

14세기에서 16세기까지 이어진 르네상스 시대가 오기 전 유럽의 암흑기에 식물에 대한 이해는 사실상 거의 답보 상태에 있었고, 그 상황은 1500년대 중반이 되어서야 변했다. 그렇지만 19세기의 약학 분야가 등장할 길을 닦고, 식물이 인체에 어떤 작용을 하는지 지식을 갖추고 있던 사람들은 중세의 약제사들이었다.

르네상스 운동은 진보에 상당한 영향을 미칠 두 가지 혁명적인 발전을 낳았다. 1430년대 요한 구텐베르크(Johann Gutenberg)가 발명한 활판 인쇄술과 1474년에 발명된 캑스턴 인쇄기가 그랬다. 그 둘이 결합됨으로써 식물지를 비롯해 온갖 문헌들을 훨씬 더 쉽게 얻을 수 있게 되었다. 그 결과 수많은 식물학 저서들이 쏟아졌다. 하지만 이런 문헌의 홍수가 이해 수준을 크게 높이는 역할을 한 것은 아니었다. 새로 돌아다니기 시작한 책들 중에서 독창적인 내용을 담은 것이 드물었기 때문이다. 여전히 테오프라스토스와 디오스코리데스의 저서 같은 고전 그리스 문헌들을 토대로 지은 책들이 대부분이었다.

우리의 인식을 바꾸는 데 기여한 요인이 적어도 하나 더 있었다. 신대륙 탐사는 그때까지 식물들을 격리시키고 있던 잠긴 문을 열었다. 수천 년 동안 아메리카의 원주민들은 나름대로 정교한 식물학 및 의학적 지식을 발전시켰다. 1519년 멕시코에 도착

기 1세기의 그리스 의사인 페다니우스 디오스코리데스는 식물학을 엄밀한 학문으로 정립했다고 여겨지는 인물이다.
가 쓴 『약물에 관하여』는 식물을 직접 관찰한 결과를 토대로 한 최초의 문헌이었다.

한 스페인 정복자 에르난 코르테스(Hernan Cortez)는 아스텍 원주민들이 식물 전문가라는 것을 알아차렸다. 나중에 마르티누스 데 라 크루스(Martinus de la Cruz)는 아스텍인들이 약초로 쓰던 식물들의 목록과 치료 용도를 조사해 기록했고, 그것을 후아네스 바디아누스(Juannes Badianus)가 라틴어로 번역했다. 그 책은 『바디아누스 문서 *Badianus Manuscipt*』라고 불리게 되었다. 1552년에 출간된 이 책은 현재 로마 바티칸 도서관에 소장되어 있다. 즉 아메리카 원주민이 쓴 가장 오래된 식물지인 셈이다.

유럽 중세 초의 식물지들은 여전히 거의 대부분 디오스코리데스의 저서를 토대로 한 것이었는데, 식물학보다는 점성술과 종교적인 미신에 더 치중했다. 기독교 성직자들조차도 약초를 채집하고 이용할 때 조악한 마법을 쓸 것을 강조했다는 점을 생각할 때, 그리 놀라운 일도 아니다. 서기 1020년경 웜스의 버처드(Burchard) 주교는 약초를 수집하는 동안 "사도신경과 주기도문을 지니고 있는 경우만 제외하고, 하나님과 우리 주를 경배하기 위해" 찬송가를 불러야 한다고 훈계했다.

캑스턴의 인쇄기가 출현했다는 것은 글뿐 아니라 그림도 쉽게 복사할 수 있다는 것을 의미했다. 그것에 자극을 받아 화가들은 식물 그림을 그리기 시작했다. 주로 잉크를 발라 쉽게 종이에 사본을 뜰 수 있는 목판화 형태였다. 1475년 콘라트 폰 메겐베르크(Konrad von Megenberg)가 출간한 『자연의 책*Das Buck der Natur*』이라는 평이한 제목의 소책자가 아마도 그런 목판화로 찍은 그림들을 실은 최초의 책일 것이다. 하지만 그 그림들은 식물들을 묘사한 원래의 글과 마찬가지로 사실과 환상의 혼합물에 불과했기 때문에 사실상 물을 더 흐리는 역할밖에 못 했다. 1491년 야코프 마이덴바흐(Jacob Meidenbach)가 쓴 『건강 식물지*Hortus sanitas*』에는 수선화라는 꽃이 실려 있지만, 암술과 수술이 있어야 할 자리에 꽃잎과 꽃받침으로 된 꽃덮이에서 삐죽 튀어나온 인간의 모습이 그려져 있다.

본명이 필리푸스 아우레올루스 테오파라투스 봄바스투스 폰 호엔하임인 파라셀수스(Paracelsus)는 1493년 아인지델른에서 태어났다. 그는 스위스의 '미치광이' 취급을 받기도 하고 북유럽에서 신플라톤주의를 부활시킨 자로 칭송받기도 하는 등 다양한

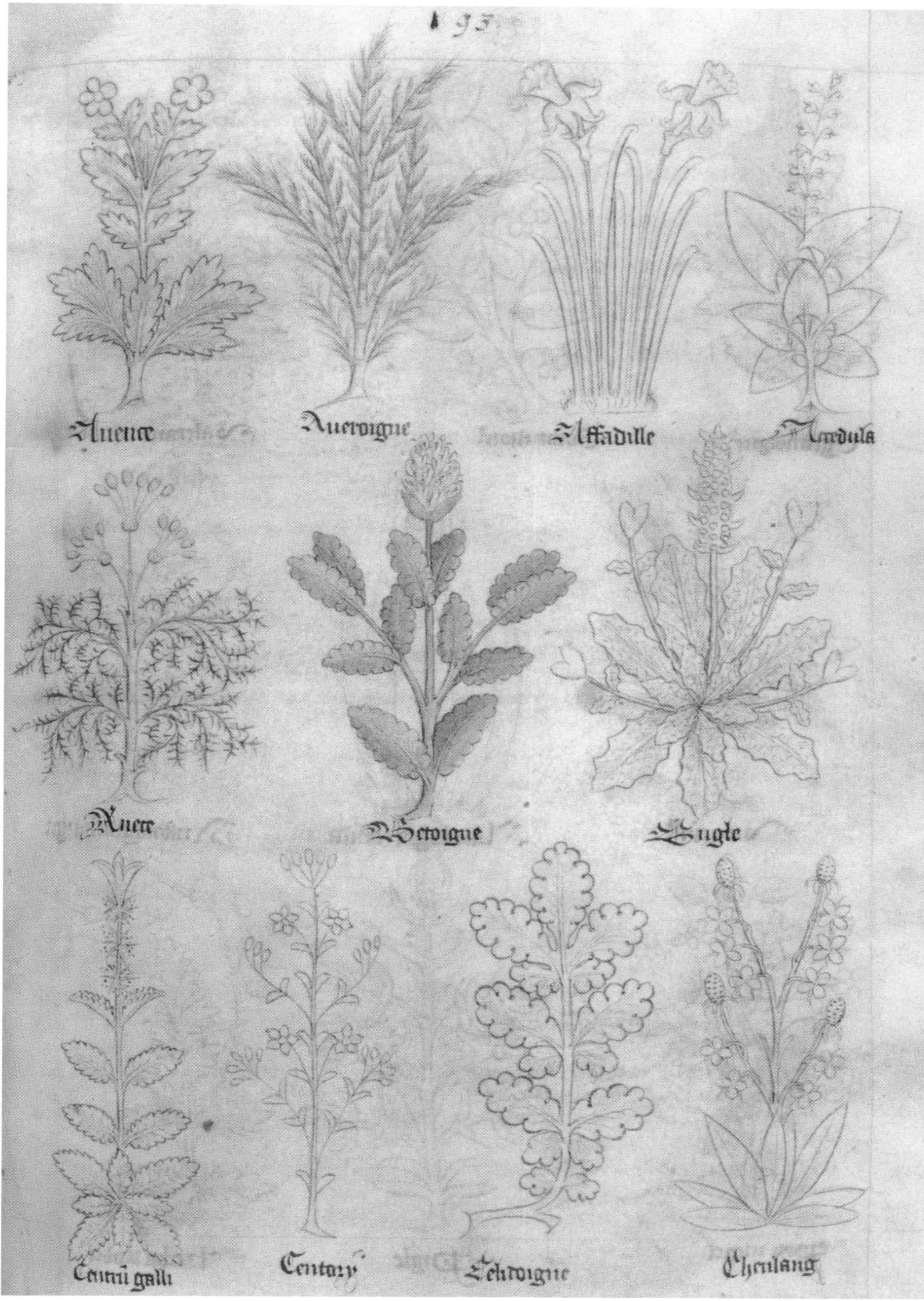


15세기 초 라틴어로 쓰인 의학 논문에 묘사된 영국의 풀과 야생화.

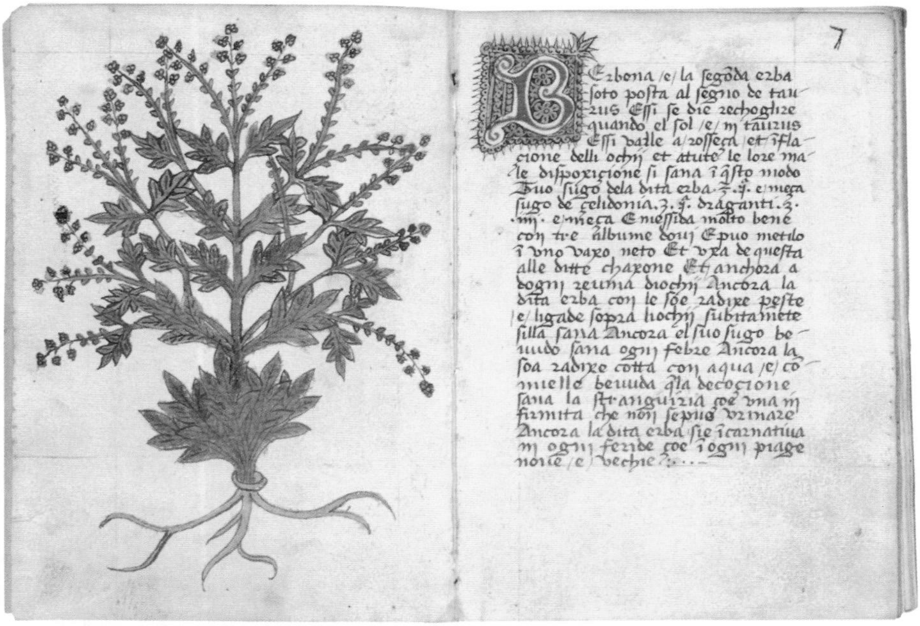

16세기의 한 식물지에서 마편초의 특성을 다룬 장에 실린 그림.

평가를 받았다. 또 그는 박식한 식물학자였다. 하지만 파라셀수스는 몇 가지 잘못된 정보를 널리 퍼뜨린 장본인이기도 했다. 식물의 겉모습에 그것이 어떤 질병 치료에 쓰일지가 드러나 있다는 이론인 이른바 '서명의 원리'■를 창안한 사람이 바로 그였다.

그런 잘못된 지식과 미신은 16세기 초에 독일의 식물학자이자 전직 수도사였던 오토 브룬펠스(Otto Brunfels)의 선구적인 연구에 힘입어 줄어들었다. 두 권으로 된 그의 저서『생생한 식물 그림들*Herbarum vivae eicones*』은 식물의 의학적 가치만을 기재하고 있기 때문에 과학적 가치는 한정되어 있었다. 역사적으로 볼 때 브룬펠스의 연구가 가장 기여한 바는 그 책들이 정확하게 묘사된 그림이 실려 있는 최초의 식물학

■ Doctrine of Signatures, 신이 자신이 창조한 모든 것에 독특한 서명을 남겼다는 원리로서, 식물의 뿌리, 잎, 줄기를 관찰함으로써 창조 목적을 알 수 있다고 한다.

서적에 속했다는 점이었다. 그 책의 그림은 한스 바이디츠(Hans Weiditz)라는 목판화가가 맡았다. 브룬펠스의 탁월한 노력을 본받아, 그와 동향 사람인 레온하르트 푹스(Leonhard Fuchs)는 『식물사*Historia Stirpium*』라는 획기적인 식물학 서적을 편찬했다. 푹스도 주로 식물의 의학적 특성을 밝히는 데 치중했지만, 한스 바이디츠가 세운 높은 수준에 부응하는 도판들을 책에 수록했다. 많은 영향을 끼친 독일 식물학자가 한 사람 더 있었다. 성직자인 히에로니무스 보크■였는데, 그는 1539년에 쓴 『노이에 크로이터부크*Neue Kreuterbuch*』에 약 7백 종의 식물을 상당히 정확한 도판과 함께 실었다.

영국의 식물 연구는 전반적으로 대륙보다 뒤처져 있었다. 대개 수도원들이 약초에 관한 가치 있는 지식을 가장 많이 지니고 있었는데, 헨리 8세가 수도원을 해산하는 데 열을 올린 결과 그들이 지녔던 원고와 서적도 대부분 사라지고 말았다. 종교개혁 이전의 저서들은 대부분 사라졌다. 그나마 남은 것들 중 가장 오래된 식물지는 10세기 전반기에 편찬된 『볼드의 의서*Leech Book of Bald*』였다. 이 책에는 앵글로색슨 시대에 가장 널리 쓰이던 약초들 중 몇 가지가 기재되어 있었다.

엘리자베스 여왕 시대에는 스페인과 포르투갈뿐 아니라 영국의 탐험가들을 통해 지도에 나와 있지 않은 새로운 세계가 유럽에 알려지기 시작했다. 그 결과 남북아메리카와 다른 먼 지역의 약초학 지식이 알려지게 되었고, 영국에서는 이국적인 식물들을 채집하려는 열풍이 불었다. 그와 함께 식물학에도 새롭게 관심이 쏠리기 시작했다. 엘리자베스 시대의 연대기 작가인 윌리엄 해리슨(William Harrison)은 이렇게 말했다. "인도, 아메리카, 스리랑카, 카나리아 제도 등 세계 각지에서 매일 얼마나 많은 기이한 풀, 나무, 과일이 들어오는지 알아보는 것도 흥미롭다."

16세기 영국에서 가장 중요한 식물학자로 꼽히는 사람은 『식물지, 또는 식물의

■ Hieronymus Bock, 1498~1554. 정식 이름은 제롬 보크(Jerome Bock)이며, 라틴 이름은 히에로니무스 트라구스(Hieronymus Tragus)이다.

역사*Herball, or Generall Historie of Plantes*』라는 방대한 저서를 남긴 존 제라드(John Gerard)이다. 그 책은 1597년에 첫 출간되었다. 그보다 앞서 16세기 초반에 이미 서너 권의 책이 나온 바 있었다. 아마 리처드 밴크스(Richard Banckes)의 식물지(1525)가 맨 처음 나왔을 것이다. 그 책은 작자 미상의 중세 원고를 토대로 한 것이었다. 그 뒤를 이어 1568년 서머싯 공작의 주치의이자 웰스의 사제였던 윌리엄 터너(Dr William Turner)의 책이 나왔다. 터너는 1548년에 『식물의 이름들*Names of Herbs*』이라는 연구서를 낸 적이 있는데, 그 책은 영국에서 쓰이는 이름들을 대륙에서 쓰이는 이름들과 맞추려 시도한 첫 사례였다. 20년 뒤 그는 『신 식물지*New Herball*』를 완성했다. 그럼으로써 그는 영국 식물학의 '아버지'라는 타당한 영예를 얻게 되었다.

하지만 가장 잘 알려진 책은 제라드의 것이다. 그 책은 21세기에 들어선 지금도 팔리고 있다. 그가 죽은 뒤 그 책은 토머스 존슨(Thomas Johnson)이라는 약제사의 손으로 수정되고 개정되어 1633년과 1636년에 다시 출간되었다. 제라드는 체셔의 낸트위치에서 태어나 이발사 겸 외과 의사로 도제 수업을 받은 뒤 1569년 런던에서 개업했다. 그는 의사로 일하는 한편, 약초를 가꾸는 일에 열정을 쏟았다. 나중에는 런던 스트랜드 가와 하트퍼드셔에 영지를 가진 엘리자베스 시대의 저명한 식물 수집가인 벌리 경 윌리엄 세실(William Cecil)의 정원 관리인으로 임명되었다. 1588년 제라드는 케임브리지 대학교에 식물원을 조성하는 일을 맡았고, 홀본의 페터 가에 있는 자신의 시골 정원에서도 다양한 식물들을 키웠다. 제라드가 채집해서 영국 사회에 소개한 식물들 중 가장 중요한 것 중 하나가 바로 감자였다. 그는 탐험가인 드레이크(Sir Francis Drake)와 롤리(Sir Walter Raleigh)에게서 개인적으로 감자 덩이줄기를 구해서, 감자를 재배하는 데 성공했다. 감자가 영국에 널리 알려지기 전이었다. 나중에 그가 개인적으로 채집한 식물들은 천 종을 넘어섰고, 그 중에는 희귀한 종들도 많았다. 그의 『식물지』는 사실상 자신이 정원에서 키운 식물들의 목록이었다.

제라드는 남의 저서에서 마음대로 자료를 갖다 썼다는 점에서 비판을 받는다. 가장 잘 알려진 사례가 플랑드르 식물학자인 랑베르 도도엥(Rembert Dodoens)의 책이

존 제라드가 1597년에 펴낸 『식물지』의 표지. 영국 최초의 식물지는 아니지만, 16세기 저서 중 가장 잘 알려진 것이다.

다. 제라드의 『식물지』는 도도엥이 1583년에 펴낸 『여섯 식물의 자연사*Stirpium historiae pemptades sex*』와 기재문들이 상당히 유사하다. 제라드가 도도엥의 책 영역본을 베껴 썼다는 말이 있지만, 아무튼 그는 182종을 더 추가하고 자신이 관찰한 내용을 많이 덧붙였다. 제라드의 『식물지』에 실린 목판화들은 대부분 화가인 야콥 테오도루스 타베르나이몬타누스(Jacob Theodorus Tabernaemontanus)가 1590년에 펴낸 『식물화*Eicones plantarum seu stirpium*』에 실려 있던 것들이다. 제라드 자신이 그린 도판은 16점에 불과했다. 『식물지』는 제라드가 살던 시대의 식물학이 어떠했는지를 보여주는 좋은 사례이다. 당시의 식물학은 과학적 정확성, 민간 전승, '쓰임새', 즉 그 식물이 의학과 요리에 쓰이는 용도를 뒤죽박죽 섞은 잡탕이었다. 『식물지』의 표지에 나온 긴 겉옷을 입은 고전적인 자세의 두 인물을 통해 제라드가 이 책을 어떻게 생각했는지 엿볼 수 있다. 왼쪽은 테오프라스토스이고 오른쪽은 디오스코리데스이다.

1500년대 초까지도 신들이 식물을 흙에 심고, 정령 세계가 잘 자라는지 보살핀다는 개념이 여전히 식물에 신비한 분위기를 부여하고 있었다. 하지만 16세기 말이 가까워질 무렵, 복합 현미경이 발명되었다. 그 현미경은 식물학 지식에 급격한 발전을 가져왔다. 사람들은 식물이 어떻게 번식하는가라는 수수께끼를 드디어 처음으로 풀 수 있게 되었다. 식물의 수정은 동물과 달리 눈에 드러나지 않았기 때문에 그전까지 온갖 미신의 대상이었다.

17세기의 저명한 식물학자이자 의사였던 니콜라스 컬피퍼는 현미경으로 식물의 번식 행동을 관찰하면서 얻은 새로운 지식을 활용해서 1652년 『영국의 식물지와 주치의*British Herbal and Family Physcian*』를 썼다. 하지만 풀과 나무의 특성이 점성술의 지배를 받는다는 오랜 세월에 걸쳐 전해 내려온 미신이나 신앙은 사라지지 않았다. 그런 미신 때문에 오랜 세월 동안 사람들은 약초를 채집할 때 점성술사에게 택일을 받았다. 약초로 치료를 할 때에도 점성술의 12궁에 맞춰서 쓰임새가 딱 맞는 것들을 준비해야 했다. 엘리자베스 시대의 점성술사인 존 로크(John Locke)는 약초를 채집할 때 택일을 해야 한다고 굳게 믿은 수많은 사람들 중 하나였으며, 니콜라스 컬피퍼도 식물 종마다 그것에 영향을 미치는 천체가 있다고 엄숙하게 주장했다. 화성의 지배를 받는 식물은 모두 뜨겁고 사나운 성질이 있으며, 토성의 지배를 받는 식물은 차갑고 점액이 많고, 운 좋게도 금성의 통제를 받는 식물은 정욕을 일으키는 성질이 강하다고 여겨졌다. 한 예로 컬피퍼의 책에 맨 처음으로 나오는 식물인 아마라 둘키스〔*Amara dulcis*, 까마중의 일종(Bittersweet, *Solanum dulcamara*)〕에는 지배 행성과 쓰임새가 이렇게 기재되어 있다.

> 수성의 지배를 받으며, 수성의 기운이 강할 때 채집해야 약효가 있다. 사람과 동물에게 걸린 마법이나 온갖 급성 질환에 아주 효과가 좋다. 어지럽거나 몽롱할 때는 말아서 목에 거는 것이 가장 좋은 치료법이며, 그런 이유로 독일에서는 악한 기운이 스며들 것 같을 때 이 식물을 소의 목에 매달아둔다(히에로니무스 트라구스가 말한 바 있다).

4백 년 전에 살았던 사람들의 삶에서 식물이 지녔던 영향력과 힘을 과소평가해서는 안 된다. 민간에서 흔히 쓰이던 풀들이 삶과 죽음을 가르는 경우도 아주 흔했다 현대 의학이 등장하기 전에는 병에 걸렸을 때 언제든지 찾아갈 수 있는 약국 같은 것은 없었으며, 튜더 왕조 때까지도 앵글로색슨족의 의약 지식은 거의 답보 상태에 놓여 있었다. 오늘날에는 그저 몸이 좀 안 좋다고 여기면서 참고 넘어갈 정도의 병이 당시에는 큰 병이었던 경우도 많았고, 19세기까지도 그런 병으로 죽는 사례가 잦았다. 컬피퍼는 사실상 모든 풀이 '여성의 월경을 그치게 하는' 효과가 있다고 썼다. 그것은 출산이 엄마와 아기 모두에게 매우 위험할 수도 있었던 시대에 원하지 않는 임신이 늘 걱정거리였다는 것을 암시한다. 많은 식물들이 이뇨제로 쓰였고, 궤양, 진물, 옴, 가려움, 매독, '초록빛 살(green flesh)'이라고 부르던 곪는 상처 등 합병증을 일으켜 죽음을 가져올 수 있는 온갖 질병들을 확실히 고칠 수 있다는 식물들도 있었다.

식물이 지닌 기적적인 힘을 제대로 이해하려면, 적어도 1800년대까지 널리 받아들여졌던 미신적인 질병관을 알아야 할 필요가 있다. 질병은 유해한 증기를 통해 널리 퍼진다고 여겨졌으며, 죄악과 비슷하다고도 여겨졌다. 그리스의 의사이자 학자인 갈레노스(Galenos, 서기 129~199년경)의 사상은 많은 결함을 지니고 있었음에도, 15세기와 16세기 르네상스의 지적 열풍이 불기 전까지 유럽 의학에 상당한 영향력을 미쳤다. 갈레노스의 이론은 터무니없을 정도로 부정확한 것으로 드러났다. 그는 체액의 철학을 주창했다. 인체는 우주의 연장선상에 있으며, 네 기본 원소와 연관이 있는 네 체액을 지니고 있다는 것이다. 황담즙은 불, 점액은 물, 흑담즙은 땅, 피는 공기에 대응했다. 경험에 따르면, 건강한 체질을 유지하려면 이 네 가지 체액 사이에 균형을 맞춰야 했다. 페르시아의 저명한 철학자이자 의사인 이븐 시나〔Ibn Sina, 서기 980~1037, 라틴어 이름은 아비세나(Avicenna)이다〕는 갈레노스의 원리를 받아들였다. 그는 로마와 아라비아의 의학에다가 의사로서 겪은 자신의 경험을 결합시켜서 『의학정전』을 저술했다. 그의 저서는 12세기에 라틴어로 번역되어 유럽 의학교의 교과서로 쓰이게 되었다. 갈레노스와 마찬가지로 이븐 시나도 신성시되었고, 그 결과 낡은 그의 견해도 진보를 막고 쇄신을 늦추는 장벽이 되었다.

중세 시대뿐 아니라 적어도 17세기 말까지 우세했던 약학과 제약학에 내재된 한계들도 식물에게 덧붙여진 신비적인 분위기를 강화하는 데 기여했다. 잘 만든 진통제나 항생제 같은 것은 아직 발명되지 않았고, 왕이나 평민이나 간편하게 쓸 수 있는 효과적인 치료제가 없었으므로, 병에 걸렸을 때 겪는 고통은 아주 끔찍했다. 병원이라는 것은 거의 없었고, 그나마 있는 몇 곳은 사실상 전염병의 온상이나 다름없었다. 컬피퍼의 시대에 런던에는 성 토머스와 성 바르톨로뮤 두 병원이 있었으며, 그곳에 입원하는 사람은 감염으로 죽을 가능성이 더 높기 마련이었으므로 아주 가난한 사람들만이 자주 드나들었다.

그런 상황이었으니, 치료제가 되거나 질병의 고통을 줄일 수 있는 식물은 사실상 하늘이 내려준 선물이었다. 컬피퍼는 딸이 심하게 감염되었던 연주창을 치료하는 데 썼던 레세르켈란디네(Lesser Celandine, *Ranunculus ficaria*)의 뿌리를 기재할 때 특히 날카로운 관찰력을 보였다. 연주창은 목의 림프샘에 염증이 생겨 부어오르는 병으로서 심하면 죽음에 이르기도 했다.

나는 이것으로 내 딸의 연주창을 치료했고, 종기를 터뜨렸으며, 0.15리터의 고름을 받아냈는데, 한 주 만에 전혀 상처를 남기지 않고 완치시켰다.

하지만 레세르켈란디네 추출물이 그의 딸에게 치료 효과를 보였다는 것은 의심스럽다. 라눈쿨루스 피카리아(*R. ficaria*)는 미나리아재비과의 흔한 풀로서 숲과 덤불에

1588년 나폴리에서 출간된 조반니 바티스타 델라 포르타(Giovanni Battista della Porta)의 『피토그노모니카*Phytognomonica*』에 실려 있는 도판. 전형적인 동식물들을 묘사한 목판화 중 하나이다.

서 자라며, 초봄에 별 모양의 노란 꽃을 피운다. 플리니우스는 제비들이 시력이 좋아지라고 새끼들에게 그 풀을 뜯어 먹인다고 했다. 컬피퍼가 기재한 사항들도 주로 식물의 서명(signature, 168쪽 참조)에 토대를 둔 것으로서 플리니우스의 주장 못지않게 억지스럽다. 컬피퍼는 이렇게 말했다. "그것의 뿌리를 파내면, 치질의 혹과 똑같은 모습을 하고 있음을 알게 될 것이다." 그는 레세르켈란디네의 서명이 자기 딸의 목에 난 혹과 닮았다고 상상한 것이 아니었을까? 사실 그 식물 즙의 주된 효과는 피부를 자극하는 것이다. 그래서 예전에 떠돌이 거지들이 레세르켈란디네의 즙을 발과 손에 문질러서 지나는 사람들의 동정심을 불러일으켰다는 기록들이 있다.

18세기 말까지도 약물 치료는 별 효과가 없을 때가 많았으며, 효능보다는 학술적인 쪽에 치중했고, 여전히 갈레노스의 이론에 주로 의지하고 있었다. 치료비를 댈 수 있는 특권을 지닌 소수의 사람들만 의사의 치료를 받을 수 있었고, 병원은 거의 전무하다시피 했다. 그나마 있는 병원들은 찾아오는 사람을 치료하기보다는 죽음의 위험에 더 노출시킬 정도로 여전히 병원균으로 득실거렸다. 수술 도구도 엉성하고 적절한 마취제도 없었으므로, 수술은 여전히 생각만 해도 끔찍한 일이었다. 많은 사람들이 판에 박힌 치료를 받을 비용을 댈 수 없었기 때문에 오히려 목숨을 건졌다고 해도 좋을 것이다.

따라서 대다수 사람들은 집에서 치료를 시작했다. 니콜라스 컬피퍼는 이렇게 말한 바 있다. "모든 나라에는 이미 의사들이 있다. 어딘가 아프면, 남자든 여자든 간에 만나는 모든 사람들이 어떤 것이 좋다고 처방을 내려줄 테니까." 가정주부는 집안의 의사 역할을 했으며, 자신의 어머니와 할머니에게서 민간 치료법과 약재들을 물려받았다. 그녀가 사는 곳이 시골이라면 그 집 정원은 그녀의 약상자가 되었고, 직접 재배할 수 없는 약초들은 약초꾼과 슬기로운 여성들에게서 얻곤 했다. 그런 약초 봇짐장수들은 믿을 만했다. 컬피퍼와 동시대인인 영국의 정치 철학자 토머스 홉스(Thomas Hobbes, 1588~1679)는 이렇게 말한 바 있다. "매우 해박하지만 경험이 없는 의사보다는 차라리 많은 환자들을 머리맡에서 돌보았던 경험 많은 노파에게서

미취 효과가 강한 사리풀의 꽃.

조언이나 약재를 얻을 것이다."

물론 약초를 나눠주는 여자들이 교활하게 행동한다고 비난하는 사람들도 있었다. 사실 '교활하다' 는 것은 그녀가 그저 남보다 더 많이 알고 지식을 활용한다는 평판에서 비롯된 것일 뿐이었다. 하지만 교회는 그녀의 행동이 마녀의 행동과 위험할 정도로 흡사하다고 주장했고, 약초를 다루는 많은 여성들이 마녀 사냥이 절정에 달했던 17세기에 마녀로 몰렸다.

사실 약초 전문가들은 가끔 약초의 효능에 관한 진정한 지식, 화법과 마법을 앞세운 사기를 교묘하게 뒤섞곤 했다. 사리풀을 사용 또는 오용한 것이 좋은 사례이다. 당시에는 거의 모든 사람들이 여러 해에 걸쳐 계속 치통을 앓았다. 그러나 이를 뽑으려면 무시무시한 집게를 써야 했고, 고통도 심했다. 따라서 치통을 치료하기란 대단히 어려웠다. 가지과에 속한 사리풀은 아마도 로마인들을 통해 유럽 대부분의 지역으로 퍼진 식물일 것이다. 두해살이풀인 이 식물은 줄기가 갈라지지 않고 곧게 뻗으며, 약 80센티미터까지 자란다. 이 식물은 모래가 많은 흙과 어지럽혀진 지 얼마 안 된 땅을 좋아한다. 줄기와 잎은 부드러운 하얀 선모로 뒤덮여 있으며, 선모에서는 쥐구멍을 연상케 하는 악취가 나는 점액이 분비된다. 꽃은 나팔 모양으로서, 노란색이나 유백색을 띠고 있으며 자주색 맥이 뚜렷이 나 있다. 나중에 다섯 갈래로 난 꽃받침에 삭과가 달린다.

가지과의 대다수 식물과 마찬가지로, 사리풀도 신경계에 영향을 미치는 알칼로이드 물질을 생산한다. 사리풀이 진통 효과가 있다는 것은 고대부터 알려져 있었다. 그 능력을 가장 처음 기록한 사람은 그리스 의사 디오스코리데스였으며, 로마인들은 그것을 주로 통증을 가라앉히는 용도로, 특히 고된 노동에서 오는 피로를 줄이기 위한 일종의 마약으로 사용했다. 니콜라스 컬피퍼도 이 풀의 가치를 찬양했다. 그것은 이 풀이 지금보다 17세기에 더 흔했다는 것을 의미한다. 컬피퍼는 이렇게 썼다. "그것은 오물이 흘러나가는 곳 주변에 가면 수레를 한가득 채울 만큼 자라며, 어느 도랑에서든 찾아볼 수 있다."

하지만 제라드는『식물지』에서 중세 시대와 그 이후에 이루어지던 사리풀을 이용한 돌팔이 치료법을 흥미롭게 간파하고 있다. 그 식물에서 알칼로이드가 가장 고농도로 들어 있는 부분은 씨인데, 제라드가 살던 시대에 그 씨는 치통 치료에 널리 쓰이고 있었다. 제라드는 이렇게 썼다. "시골을 돌아다니면서 이빨을 뽑아주는 사람들이 있는데, 그들은 석탄 풍로에 냄비를 놓고 씨(사리풀)를 태워 나오는 증기를 쐬면 이빨에서 벌레들이 기어나오는 것처럼 꾸민다. 환자가 증기 위에서 입을 벌리고 있으면, 노련한 동료가 현악기 줄 토막들을 물 속에 담그면서, 이 구불구불한 작은 것들이 입에서 나왔다고 허풍을 떤다." 실제로 사리풀 씨를 태울 때 나는 증기는 일시적으로 통증을 없애는 효과가 있었다. 제라드는 아마 무슨 일이 벌어지고 있는지를 정확히 몰랐던 듯하다. 몰래 도와주는 사람은 필요가 없었기 때문이다. 사리풀 씨를 석탄 위나 뜨거운 물에 넣고 가열하면, 씨의 껍질이 터지면서 배아가 밖으로 드러난다. 그것은 작고 하얀 벌레처럼 보인다. 또는 제라드가 말한 대로 작은 '현악기 줄 토막' 처럼 보이기도 한다.

사리풀 열매는 중세에 엉터리 치료에 쓰이기도 했다.

하지만 더 나은 쪽으로 변화가 일어나기 시작했다. 1673년 런던 첼시 영지에 약초를 안정적으로 공급하기 위해 약초 식물원이 설립되었다. 이 식물원은 첼시 식물원(Chelsea Physic Garden)으로 불리게 되었고, 설립된 지 10년도 지나지 않아서 종자 교환 부서를 운영하고 약초에 관한 지식을 공유하는 등 식물 자원의 세계적인 중

약초원에서 필요한 약초를 고르는 중세 의사. 1673년 런던 첼시에 설립된 약초원이 가장 유명했다.

심지로 떠올랐다. 1712년 약종상협회는 찰스 체니(Charles Cheyne) 가문에게서 그 장원을 매입했고, 3에이커를 약간 넘는 정원들과 '온실과 짐배 창고' 등의 부대 설비를 연간 5달러에 빌렸다. 초대 식물원장인 필립 밀러(Philip Miller)는 식물 화가인 에레트(Ehret)와 혼인했고, 그녀 덕분에 유명한 '첼시 도자기'에 그려진 꽃 그림이 이 정원에서 탄생하게 되었다. 현재 첼시 식물원에는 약 6천 종의 식물이 있다. 그 중에는 의학의 역사, 전세계 각기 다른 민족들의 전통 의학(민족약학), 식물에서 직간접적으로 추출한 의약 물질들을 보여줄 목적으로 심은 약용식물들도 있다.

식물에 대한 현대적 관점을 정립하는 데 가장 큰 기여를 한 인물, 따라서 낡은 미신들을 제거하는 데 가장 큰 기여를 한 인물은 스웨덴 식물학자인 카를 폰 린네(Carl von Linné)였다. 그는 1753년 걸작 『식물의 종*Species plantarum*』을 펴냈다. 각 식물에 속을 뜻하는 이름과 종을 뜻하는 이름을 조합한 두 단어로 된 이름을 붙이는 이명법 체계를 확립한 사람이 바로 린네였다. 이명법 체계는 그보다 백여 년 전부터 쓰이긴 했지만, 널리 쓰이지 않았고 더 귀찮은 형식적인 기재문이 더 많이 쓰이고 있었다.

린네 같은 과학자들이 많은 발전을 이룩했음에도, 식물에 붙여졌던 기이한 속성은 사라지지 않고 완강하게 남아 있었다. 하지만 꽃가루받이와 수정이 일어나는 과정을 관찰할 수 있게 되자, 식물학은 급속히 과학으로 자리를 잡아갔고, 기이한 개념들은 서서히 낡은 것이 되어갔다. 18세기가 되자, 식물학은 연구실에서 이루어지는 학문 분야로 확고히 자리를 잡았고, 약물의 정제와 표준화도 이루어지고 있었다. 약초들은 예전에 비해 신뢰성과 대중성을 누리지 못하게 되었다. 18세기에 영국에서 출간된 주목할 만한 식물지는 단 한 권뿐이었다. 1783년 브라이언트(Bryant)가 쓴 『식용식물의 역사*History of Esculent Plants*』였다. 그 책은 백여 년 전 컬피퍼의 생각에서 거의 발전한 것이 없었다. 브라이언트의 책이 나온 지 6년 뒤 스코틀랜드에서 라이트푸트(Lightfoot)가 두 권으로 된 『스코틀랜드 식물상*Flora Scotica*』을 펴냈다. 그 책은 겉으로는 스코틀랜드 토착 식물상을 체계적으로 정리한 것처럼 보였지만, 지역의 풍습과 식습관이라는 흥미롭지만 부적절한 내용에 치중하고 있었다.

19세기 초에 유럽 대륙의 화학자들이 오랜 세월 동안 통째로 쓰이던 식물들에서 아트로핀, 모르핀, 키니네, 스트리키닌 같은 순수한 약물들을 추출하기 시작함으로써 약학은 한 단계 더 발전했다. 20세기에 식물지를 편찬하려는 진지한 시도가 있었던 것은 단 한 차례뿐이었다. M. 그리브(M. Grieve) 부인이 양차 세계대전 사이에 낸 책이 그것이었다. 이 책은 영국과 북아메리카의 식물들을 다루고 있으며, 비록 유용한 약초들과 다른 식물들에 관한 정보들을 산더미처럼 편집해놓긴 했지만, 독창적인 내용은 거의 없다.

1512년 독일의 한 정원에서 일하는 중세의 약초꾼 여성들.

# 8

## 마녀의 식물

중세 시대 유럽의 시골에서는 의사 역할을 충분히 해낸 약초꾼 여성들, 이른바 '슬기로운 여성들' 이 있었다. 이들은 주로 직접 습득한 식물 지식을 이용해 질병과 상처를 치료하는 농민이자 시골 사람들이었다. 반드시 그런 것은 아니었지만, 이들은 이른바 더 배웠다는 사람들인 의사들을 모방했다. 그들은 약초에 관한 지식을 시행착오를 거쳐 얻기도 했다. 15세기와 16세기에 공인된 전문가들의 '제도권 의학' 은 사치의 대상이었고, 사회의 가난한 축에 드는 부류들은 그런 사치를 누릴 수가 없었다. 그래서 그들은 약초꾼과 슬기로운 여성에게 거의 전적으로 의존하다시피 했다. 이 약초 전문가들 중에는 약초와 각종 식물 뿌리에 관한 진정한 지식을 지니고 있는 사람들도 많았다. 그들의 시골집 마당에는 치료 효과가 입증된 다양한 식물들이 자라고 있었다. 반면에 맞는 서명을 지닌 식물들이 효험이 있다(168쪽 참조)는 잘못된 믿음과 민간 속설과 억측에 주로 토대를 둔, 해롭고 심지어 치명적이기까지 한 엉터리 처방을 하는 사람들도 있었다. 엉터리 치료법 외에 아마 제대로 된 약초 요법도 있었을 것이다.

제도권 사람들은 약초 전문가들이 직업군을 형성하는 것을 싫어하는 경향이 있었다. 그런 사람들이 공인된 의사의 일거리를 빼앗아갈 수 있다는 점을 생각하면, 놀랄 일도 아니었다. 그런 적대 의식 때문에 새로운 법이 제정되기까지 했다. 1512년 영국 의회는 '수많은 무지한 사람들' 이 의술과 수술을 업으로 삼는 것을 막기 위해 법을 제정했다. 종교적 '지뢰밭' 이었던 중세 시대에 교회가 그런 사람들을 마녀나 '교활한' 인간으로 규정해 박해한 경우도 흔했다. '교활한' 인간이란 '슬기로운 여성' 과 거의 같은 말이었다. 영국의 순회재판 기록에서 전형적인 사례를 하나 꼽으라면 케임브리지셔의 여성인 조안 워든(Joan Wardon)의 재판을 들 수 있다. 그녀는 1592년에 고발을 당하자, 법정에서 자신은 어떤 주문도 쓰지 않았으며 고약과 약초를 이용해 많은 질병을 치료했을 뿐이라고 선언했다.

약초에 관한 속설들은 오랜 세월에 걸쳐 축적되어 온 것이다. 그리고 현대 약학의 많은 부분이 식물에서 자연적으로 흘러나온 실질적인 원리들에 관해 전승되어 온 지식에 토대를 두고 있다는 점을 생각해야 한다. 어떤 의미에서 16세기의 가정주부들은 스스로 약초꾼 여성이 되어야 했다. 아내이자 어머니인 여성들은 필요 때문에 약초에 관한 지식을 습득할 수밖에 없었다. 그 지식은 대개 대물림되었다. 여성들은 씨나 자른 줄기에서 식물을 키우거나 약초를 파는 시장에서 사거나 했다. 17세기 말의 약초꾼 여성들은 물건을 팔러 돌아다닐 때, 다음과 같은 민요를 불렀다.

박하와 천수국이 왔어요.
쐐기풀 줄기를 사러 오세요.
물냉이와 괴혈초도 있어요.
샐비어도 사러 오세요.
어서 와 쑥과 약쑥을 사세요.
온갖 약초들이 다 있답니다.

아주 좋은 개사철쑥도 있고요.
민들레와 돌나물도 좋아요.
기린혈과 애기괭이밥도 있어요.
헬레보르와 광대나물도 있답니다.

중세 유럽 사람들은 평범한 행동과 사물에 초자연적인 특성을 불어넣고자 할 때 흔히 주문을 썼다. 식물도 주문을 써야 하는 주요 대상이었다. 약초를 채집할 때는 주문을 반복해서 읊조렸고, 약초의 치유 효과를 아주 강하게 하기 위해서 주문 외에 다양한 의식을 보태기도 했다. 교회 당국자들도 약초에 관한 민간 전승들을 자신들의 종교 의례와 혼합하는 쪽을 택하면서, 대개 약초를 채집할 때 기도할 것을 요구했다. 그 결과 적절한 의식을 올리지 않고 채집한 약초는 효력이 없다는 믿음이 생겨났다. 약초를 쓸 때에도 똑같은 원리가 적용되었다. 환자들은 기도문을 외운 뒤에 약초를 써야 했으며, 약초 배합물을 교회에서 슬쩍 가져온 성수에 녹이면 효능이 더 커졌다.

마편초(*Verbena officinalis*)를 채집할 때 부르는 조잡한 시가 전형적인 사례이다. 이 식물을 캘 때는 십자가를 그으면서 축복을 해야 했다. 마편초는 한때 악과 마법을 막는 데 주로 쓰였다. 니콜라스 컬피퍼는 『영국 의사와 완벽 식물지*English Physician and Complete Herbal*』에서 마편초가 황달, 통풍, 눈병에서 뱀에 물린 데, 천식, 치질에 이르기까지 거의 모든 것을 치료하는 데 쓰인다고 격찬했다. 하지만 사실 마편초는 입증된 의학적 효능이 전혀 없는 식물이다.

땅에서 자라는 마편초여 축복을 받으소서.
골고다 언덕에서 처음 발견된 당신이여
구세주 그리스도를 치료하고 흘리는 피를 멎게 한 당신이여
성부와 성자와 성령의 이름으로
당신을 땅에서 캘지니.

미신이 논리를 지배할 때가 잦았던 시기에, 식물들은 현재의 우리가 별나다고 생각할 만한 이유들 때문에 신비적인 특성들을 얻곤 했다. 때로 식물 종들은 단순하게 설명되지 않는 신화적인 특성들을 지니기도 했다. 온대 지역에 널리 퍼져 있는 흔한 풀인 센타우리(Centaury, *Erythraea centaurium*)는 그리스 신화에 나오는 유명한 반인반마의 존재인 켄타우로스에서 따온 이름이다. 라피스의 왕 익시온의 후손인 켄타우로스는 그리스 테살리아의 산 속에 산다고 알려져 있었다. 신화에 따르면, 켄타우로스인 케이론(티탄족인 크로노스의 아들 중 하나)은 약초의 대가로 알려져 있었다. 그는 영웅 헤라클레스와 전설적인 싸움을 벌이다가 독을 바른 화살에 맞은 뒤 센타우리로 스스로를 치료했다. 디오스코리데스는 이 이야기를 받아들여서 상처 치료에 센타우리를 처방했다. 심지어 니콜라스 컬피퍼 시대의 의사들도 센타우리를 "초록빛 〔감염된〕 상처와 금방 생긴 상처에 둘 다 좋은 유일한" 약초라고 주장했다.

16세기 『브르타뉴의 안의 세월*Hours of Ann of Burgundy*』에 실린 센타우리.
이 식물은 상처 치료에 널리 쓰였다.

하지만 대체로 특정한 나무나 꽃이 어떤 후광을 지니게 되는 데에는 더 현실적인 논리가 작용했다. 그런 관계가 형성되는 기묘한 방식들 중에 식물의 서명, 즉 식물의 겉모습이 인체 기관이나 질병과 닮았다는 것이 있다. 그것은 처방의 적절한 근거가 되었다. '서명을 지닌' 식물은 해당 질병과 감응을 한다는 논리에 따라서 동종요법에 쓰이게 되었다. 니콜라스 컬피퍼는 강력하게 권했다. "약초의 쓰임새는 그 약초의 서명을 통해 알 수 있다."

식물의 독특한 행동 양상이 쓰임새를 나타내는 증거로 여겨진 경우도 있었다. 사시나무속(*Populus*)의 식물들 중 북반구에 널리 퍼져 있는 몇몇 종은 잎을 떨어대는 듯한 모습을 보인다. 그 중 아스펜(Aspen)이라는 식물은 떨어댄다는 의미의 포풀루스 트레물라(*Populus tremula*)라는 학명을 갖고 있다. 산들바람에 잎이 계속 덜덜 떨어대기 때문이다. 그런 특징 때문에 사시나무류는 학질을 치료하는 마법 같은 힘을 지니고 있다고 믿어지게 되었다. 학질은 열기와 한기가 번갈아 느껴지면서 온몸이 덜덜 떨리는 병이다. 아스펜을 다룬 한 중세 시가를 보자. 식물과 연관된 시가들이 대개 그렇듯이 이 시가도 종교적인 색채를 띠고 있다.

우리 주 그리스도가 십자가에 못 박혔을 때
너는 서글퍼하며 몸을 떨어댔지.
이제 내 고통과 통증도 가져가다오.
나 대신 떨어다오.

약초학자들과 의사들은 뿌리, 줄기, 잎 등 식물 각 부위의 겉모습에 의존해서 치료하는 사례가 아주 많았다. 서양 아이들은 친구의 턱 밑에 미나리아재비 꽃을 갖다 대며 장난을 치곤 한다. 꽃이 노랗게 빛나는지 아닌지를 보고 진실을 말하는지 알 수 있다는 것이다. 하지만 3백 년 전에는 민들레 같은 노란 꽃이 담즙이 넘쳐서 생기는 황달 같은 간 질환에 효험이 있다고 여겨졌다. 중세 시대에 난초인 레이디맨틀(Lady's Mantle)은 여성의 자궁경부와 모양이 비슷하다고 여겨졌으며, 단지 그 이유만으로 출산의 아픔을 완화시키는 데 쓰였다.

종교와 관련이 있는 식물들은 치료법이 전혀 알려지지 않은 질병을 보호하는 힘이 있다고 여겨지기도 했다. 잎에 반점이 있는 식물들은 죄다 골고다 언덕의 예수가 십자가에 못 박혔던 곳에서 자라났다고 여겨졌다. 그리스도의 몸에 난 상처에서 떨어지는 핏방울들이 닿아 잎에 반점이 생겼다는 것이다. 천남성의 일종인 아룸릴리(Arum Lily, *Arum maculatum*)가 대표적인 사례이다. 이 식물의 잎은 짙은 초록색의 넓은 화살촉 모양이며 땅에 붙어서 자라는데, 가끔 자주색 반점이 보인다. 고위도 지역에서는 보기 어렵지만, 유럽 대부분의 지역에서 숲과 덤불에서 볼 수 있다. 꽃은 봄에 피며,

다른 식생들이 시들어가는 늦여름에 눈에 잘 띄는 붉은 장과가 열린다. 중세 시대에는 아룸릴리를 달인 즙이 역병을 막아준다고 여겼다. 이 식물의 거무스름한 반점들이 페스트균에 감염되었을 때 말기에 생기는 가래톳을 생각나게 했기 때문이다.

아룸릴리는 또 한 가지 유별난 특징을 지니고 있는데, 그것은 성적인 분위기를 강하게 풍기는 독특한 속설을 낳았다. 이 식물의 꽃은 모양이 아주 독특해 '귀족과 귀부인' 이라는 이름으로 널리 알려졌다. 꽃이 필 때면 먼저 바닥에 넓적하게 펼쳐져 있는 잎들의 중심에 있는 덩이줄기에서 연녹색의 불염포라는 것이 솟아오르는데, 키가 25센티미터까지 자란다. 이 불염포는 때가 되면 벌어지며, 그 안에는 곤봉 모양의 육수꽃차례가 달려 있고, 암꽃과 수꽃이 함께 핀다. 불염포가 벌어질 때 보면 질이 자주색 남근을 감싸고 있는 듯하다. 그런 연상 작용에 힘입어서 이 식물은 지역마다 '왕과 여왕' 같은 다양한 이름으로 불리게 되었다. 심지어 '개의 음경' 이라는 이름도 있었다. 그런 외설적인 의미에 반감을 가진 사람들은 이 식물을 '설교대에 있는 사제' 라고 불렀다. 영국 남부의 몇몇 시골에서는 여자들이 이 식물을 만지면 임신을 한다고 믿었다. 한편 젊은 남자들은 아룸릴리를 뜯어 신발에 넣는 것으로 상대 여자에게 흑심을 드러내곤 했다! 그보다 더 옛 시대의 의사들은 그 육수꽃차례를 덜 외설적인 관점에서 보았지만, 공감 주술이라는 원리에 의존했다는 점에서는 같았다. 디오스코리데스와 그 시대의 의사들은 그 식물에 그리스어로 '드라콘타이아 미크레(Drakontaia mikre)' 라는 이름을 붙였다. '작은 용' 이라는 뜻이다. 그들은 그 육수꽃차례가 뱀을 닮았다고 보았고, 그런 이유로 아룸릴리를 뱀에 물렸을 때 해독제로 썼다. 또 디오스코리데스는 뱀에 물리는 것을 미리 막으려면 이 식물의 뿌리를 손에 문지르라고 했다.

민속 신앙에는 설명할 수 없는 모순이 있을 때도 있다. 아룸릴리 잎에 난 반점들은 페스트를 막아주는 것으로 여겨졌지만, 그 식물을 집안에 들이면 결핵에 걸릴 위험이 있다는 미신도 퍼져 있었다. 잎에 난 반점들이 결핵에 감염된 폐의 탈색된 모습을 닮았다는 생각에서 비롯된 미신임에 분명했다. 반면에 똑같이 잎에 반점이 있는

외설적인 상상과 다양한 미신을 낳은 아룸릴리. '귀족과 귀부인'이라고도 불렸다.

렁워트(Lungwort, *Pulmonaria officinalis*)는 결핵에 걸린 폐와 모양이 비슷하다고 해서 결핵을 치료하는 데 쓰였다.

옛 시대에 약초로 쓰였던 서명 식물들 중 레세르켈란디네(*Ranunculus ficaria*)는 가장 기이한 사례에 속한다. 이 식물은 초봄에 시골길을 따라 예쁜 노란 꽃을 피운다. 눈이 채 녹지 않았을 때 피기도 한다. 레세르켈란디네는 유럽 전역에서 흔히 볼 수 있으며, 주로 강둑이나 물기 많은 풀밭과 숲처럼 축축하고 그늘진 곳을 좋아하지만 사실상 거의 어디에서나 자란다. 레세르켈란디네는 파일워트(Pilewort)라고도 불린다. 옛 약초학자들이 이 식물의 뿌리가 치질과 비슷하다고 생각했기 때문이다(pile은 치질이라는 뜻이다/옮긴이). 그들은 이 식물의 즙으로 치료하면 치질 증세가 약해진다고 보았다. 컬피퍼는 이렇게 썼다.

나는 옛 사람들이 왜 이 식물에 켈란디네라는 이름을 붙였는지 궁금하다. 성질도 형태도 전혀 닮은 점이 없기 때문이다. 이 식물은 쓰임새 때문에 파일워트라는 이름도 얻

무리 지어 핀 레세르켈란디네 꽃. 뿌리가 치질의 혹과 비슷해서 파일워트라고도 불렸다.

었다. 이 식물의 진정한 서명은 거기에 있다. 뿌리를 캐보면 치질이라고 불리는 질환의 완벽한 형태를 볼 수 있기 때문이다.

레세르켈란디네는 겉모습과 치유력을 연관시킨 약초학자들의 생각이 실제로 들어맞은 사례로 여겨질 수도 있다. 오늘날 『영국 약전*British Pharmacopoeia*』에 이 식물이 치질 치료제로 적혀 있기 때문이다. 효과는 덜하지만, 미나리아재비도 똑같은 공감 주술 원리에 따라 쓰였다. 그 식물의 노란 즙은 황달 치료에 좋다고 여겨졌다.

습득한 식물 지식이 모두 좋은 목적에 쓰인 것은 아니었다. 건강을 해치는 특성을 지닌 식물, 특히 겉모습까지 독특한 식물은 나름대로 신비한 분위기를 지니게 되었다. 디기탈리스(Foxglove, *Digitalis purpurea*)는 온대 지방에서 자라는 아주 강렬한 인상을 주는 야생화 중 하나이다. 키가 1미터 이상 자라며, 잎이 돌아가면서 난 줄기 끝에 긴 꽃차례가 뻗어 나와서 종 모양의 분홍색이 감도는 자주색 꽃이 달린다.

디기탈리스는 디기탈린, 디기톡신, 디기토닌 등 약물로 쓰이는 다양한 물질들을 만들어낸다. 이 물질들은 다양한 증상을 일으키며, 그 중에는 심장 박동을 빠르게 해서 죽음을 불러오는 것도 있다. 말리거나 오래 보관해도 독성은 없어지지 않으며, 그 식물이 섞인 건초를 먹고 말이나 소가 죽은 사례도 많이 기록되어 있다. 앵글로색슨족의 옛 기록을 보면, 디기탈리스 즙을 사약이나 화살촉에 바르는 독으로 썼다는 것을 알 수 있다. 하지만 18세기에 슈롭셔의 의사 윌리엄 위서링(William Withering)이 의학적 가치가 있음을 밝혀낸 이후로, 디기탈리스는 복용량을 적절히 조절하는 방식으로 심장병을 치료하는 데 널리 쓰이게 되었다. 비록 지금은 낡은 치료법으로 여겨지고 있지만, 제1차 세계대전 이전에 전세계 각지에서 디기탈리스가 대량 재배되기도 했다. 영국 제도, 독일, 인도가 주산지였다. 이런 온갖 특성들을 지닌 디기탈리스가 다양한 이야기를 간직하고 있다고 해도 놀랄 일은 아닐 것이다. 팍스글러브(Foxglove)라는 이름은 장난꾸러기 요정들이 이 꽃을 여우의 발에 끼워주었다는 믿음에서 나온 것이다. 그래서 여우는 발소리를 내지 않은 채 몰래 살금살금 닭장으로 들어가 닭을 훔쳐간다는 것이다.

마취 성분이 들어 있으면서 겉모습도 특이한 까닭에 기이한 민간 속설을 갖게 된 식물 중 가장 유명한 것을 꼽으라면 아마 맨드레이크 또는 만드라고라일 것이다. '맨드레이크(Mandrake)' 는 가지과에 속한 만드라고라속(*Mandragora*)의 여섯 종 중 하나이다. 진짜 맨드레이크는 구대륙 식물이며, 북아메리카맨드레이크라고 불리는 메이애플(mayapple, 포도필룸과의 *Podophyllum peltatum*)과 혼동해서는 안 된다. 메이애플도 하제로 쓰이는 약초지만, 마법 같은 힘을 부여받지 못했다. 또 진짜 맨드레이크를 영국맨드레이크(English Mandrake, Devil' s Turnip, Tetter-berry)와 혼동해서도 안 된다. 영국맨드레이크도 진짜 맨드레이크에 못지않은 명성을 누리고 있긴 하지만 말이다. 영국맨드레이크(*Bryonia dioica*)는 박과에 속한 식물로서, 화이트브리오니(White Bryony)라는 이름으로 더 잘 알려져 있다. 영국 남부의 생울타리 덤불에서 흔히 볼 수 있는 덩굴식물로서, 이주 약한 줄기에 손바닥 같은 커다란 연녹색 잎이 달

뒤쪽 그림: 디기탈리스는 18세기에 심장병 치료제로 널리 쓰였다.
여우가 발소리를 내지 않기 위해 이 꽃을 발에 끼고 닭을 훔친다는 속설이 있다.

려 있다. 줄기에는 덩굴손들이 많이 달려 있어서 단단한 것에 달라붙어 지탱한다. 여름 내내 작고 하얀 꽃이 피었다가 장과가 무더기로 달리는데, 8월쯤이면 선홍색의 열매를 볼 수 있다.

진짜 맨드레이크류는 지중해 지역과 히말라야 산맥에서 자란다. 가장 잘 알려진 종이 만드라고라 오피키나룸(*Mandragora officinarum*)이다. 이 식물은 계란형의 잎들이 촘촘히 난 짧은 줄기에 종 모양의 자주색 꽃을 피운다. 열매는 장과이며, 흔히 '사랑의 사과' 라고 불린다. 지중해 지역에서는 5월에 익는데, 익으면 선명한 오렌지색을 띤다. 하지만 맨드레이크가 특별한 속설을 얻게 된 것은 길게 뻗은 굵은 뿌리 덕분이다. 살집이 있고 세로로 길게 갈라지기도 하는 뿌리는 상상력을 약간 발휘하면, 마치 뒤틀린 사람의 몸처럼 보일 수 있다. 그리고 그 정도로는 미신을 불러일으키기에 부족하다는 듯이, 이 식물은 마취 효과가 강한, 나아가 최음 효과가 있는 화학 물질들을 만든다. 그 활성 물질들은 특히 뿌리에 가장 많이 들어 있다. 최음 효과가 있다는 속설은 아마도 갈라지지 않은 상태의 뿌리가 남근과 아주 흡사하다는 사실에 더 힘입었을 것이다. 잘 모르던 옛날에는 이런 특성들을 지닌 식물은 당연히 선과 악의 마법력을 함께 지니고 있는 것으로 여겨지게 되었다. 고대 그리스와 로마의 의사들은 이 식물의 마취 효과를 활용했다. 그들은 맨드레이크 추출물을 수술할 때 마취제로 썼다. 엘리자베스 시대의 영국 의사들도 똑같은 방법을 쓰곤 했다.

인간의 모습을 한 맨드레이크 뿌리는 온갖 기이한 믿음들을 낳았다. 그 식물에 사악한 영혼이 들어 있는 것이 아닐까 하는 우려에서 비롯된 것들이 대부분이었다. 이런 미신은 서기 1세기 말의 로마 기록에도 나타난다. 당시 유대 역사가 요세푸스(Josephus)는 맨드레이크를 수확하는 모습을 기록했다. 그 식물에 들어 있는 악마는 뿌리가 뽑히면 비명을 질러댄다고 했다. 너무나 무시무시한 비명이어서 그 소리를 들은 사람은 미쳐버리거나 그 자리에서 죽는다고 했다. 안전하게 그것을 캐낼 수 있는 방법은 하나밖에 없는데, 개를 이용해서 뽑아내는 것이었다. 맨드레이크 주변의 흙을 어느 정도 판 다음에, 개를 뿌리에 묶고서 먹이로 살살 유혹하면 개가 움직이면서 뿌리가 뽑혀 나왔다. 맨드레이크는 달빛이 있을 때 캐는 것이 가장 좋았다. 그리고 악마가 달아나지 못하도록 뿌리를 중심으로 칼로 마법의 원을 그린 다음에 뽑아야 했다. 여러 민간 속설에 따르면, 맨드레이크에 매는 개는 흑백 얼룩이 있는 개여야 했고, 매는 밧줄은 반드시 개의 목에 둘러서 매듭을 지어야 했다.

얼룩 무늬가 있는 개를 이용해 맨드레이크를 뽑는 장면을 담은 이탈리아의 목판화. 맨드레이크 뿌리는 사람처럼 생겼고 신비한 능력을 지니고 있다고 여겨졌다.

맨드레이크에 관한 그런 기이한 믿음들은 유럽에서 중세 시대까지 이어졌다. 중세 시대 화가들의 그림에는 사람의 모습을 한 맨드레이크가 자주 나온다. 심지어 그 뒤의 르네상스 시대에도 사람의 팔다리 같은 것을 뻗고 있는 맨드레이크 뿌리가 그려지곤 했다. 일부 식물학자들은 그런 환상적인 생각들을 떨쳐내려 애썼다. 마침내 영국의 약초학자 존 제라드가 맨드레이크에 관한 속설들이 터무니없다고 공개적으로 주장하고 나섰다. 1957년에 펴낸 『식물지』에서 그는 자신이 맨드레이크를 수십 번 심고 캤지만 전혀 미치지 않았다고 장담했다.

맨드레이크나 북아메리카맨드레이크와 마찬가지로, 영국맨드레이크도 브리오닌이라는 알칼로이드를 만든다. 이 물질은 소화계에 심한 염증을 일으킨다. 또 이 식물의 뿌리는 갈라져서 아주 크게 자라기도 한다. 악마의 순무(Devil' s Turnip)라는 이름이 붙은 것은 그 때문이다. 존 제라드는 이 뿌리를 인상적인 말로 표현했다. "무게가 25킬로그램에 한 살바기만 하다."

마녀 사냥 열기가 극에 달했던 16세기와 17세기에는 맨드레이크를 지니고 있다가 발각되면 고발을 당했다. 1603년 함부르크에서는 세 여성이 맨드레이크 뿌리를 갖고 있었다는 이유로 사형을 받았다. 이 무렵에 맨드레이크는 최음 효과가 있다고 여겨졌다. 갈라지지 않은 뿌리가 남근처럼 보였기 때문이다. 13세기 바이에른의 학자인 알베르투스 마그누스(Albertus Magnus)는 『비밀의 서*Book of Secrets*』에서 몇 가지 사랑의 묘약을 만들 때 맨드레이크 즙이 들어간다고 했다.

> 티젤(teasel, 산토끼꽃과의 두해살이풀/옮긴이) 약간을 맨드레이크 즙과 섞어서 암캐 같은 짐승에게 먹이면, 수컷에게 마구 꼬리를 칠 것이고… 새끼를 낳게 될 것이다.

중세 마녀들은 그 주장에 사로잡혔고, 따라서 그들이 맨드레이크를 재배하는 것은 미약을 만들기 위해서라고 알려지게 되었다. 또 영국의 마녀들은 악마의 순무 뿌리를 사람의 몸처럼 만들었다고도 한다. 그 식물이 덜 자랐을 때 조심스럽게 뿌리 밑을 파낸 뒤, 사람의 몸통과 팔다리 모양의 진흙 틀을 뿌리에 끼웠다. 그런 다음 다시 흙을 덮어놓으면 뿌리가 그 틀에 맞게 자랐다. 다 자란 뒤 뿌리를 캐내면(적절한 장비를 모두 구비해야 했다), 신비한 분위기를 완벽하게 갖춘 맨드레이크를 얻을 수 있었다.

맨드레이크 전설 중에는 아주 기이한 것들도 있다. 그 중에는 맨드레이크가 교수대 밑에서 악한의 피로부터 싹이 튼다는 믿음도 있었다. 18세기의 저명한 학자 토머스 뉴턴(Thomas Newton)은 『성서의 식물지*Herball to the Bible*』에 이렇게 썼다.

> 맨드레이크는 땅속에서, 살인죄로 처형된 사람의 정액에서 생겨나는 존재로 여겨진다.

신대륙에서 맨드레이크는 토착 신앙과 접목되었을 뿐 아니라, 역설적으로 로마 가톨릭의 가르침 속에도 스며들었다. 1600년대에 멕시코 차팔라 호의 동쪽 연안에 하코나(Jacona)라는 마을이 있었다. 그 뒤 이 지역은 쇠퇴했고, 거의 오지나 다름없는 곳이 되었다. 17세기 말엽 한 어부가 그 호수 가장자리에서 뒤틀린 나무 조각을 건져내어 말렸다. 동네 사람들은 그 뒤틀린 나무가 오른팔에 아기 예수를 안고 있는 성모 마리아의 모습을 빼닮았다고 했다. 얼마 지나지 않아 그 나무 조각은 세인의 관심을 불러모았고, 미초아칸의 성모(Virgin of Michoacan)로 알려지게 되었다. 처음에 그것은 동네 원주민 병원의 성당에 모셔졌다. 그것이 금세 유명해지자, 아우구스티누스 파 수사들은 혹시나 그것에 이교의 토템 분위기가 배어 있는 것이 아닐까 우려하게 되었다. 하지만 그들은 그것을 거부하기보다는 수도원 교회로 옮기는 쪽을 택했다. 그리고 18세기에 한 부지런한 수사가 좀더 사람의 모습을 갖추도록 그것을 다듬었다. 그는 인형 같은 얼굴을 조각해 넣고, 광택이 나도록 칠하고, 화관을 씌우고, 다양한 색깔로 수놓은 옷을 입혔다. 그것은 라 에스페란사(La Esperanza)라는 공식 이름을 갖게 되었고, 비록 과달루페에 있는 '장미의 성모 마리아(Our Lady of the Roses)' 보다는 덜 유명하지만, '맨드레이크 뿌리의 성모 마리아(Lady of the Mandrake Root)' 라는 이름으로 널리 알려지게 되었다. 지금도 하코나 성당에 가면 그것을 볼 수 있다.

맨드레이크가 마법과 관련이 있다는 생각은 비교적 최근까지도 이어졌다. 1930년대에 신문 연재 만화를 그린 리 포크(Lee Folk)와 프레드 프레더릭스(Fred Fredericks)는 마법사 맨드레이크라는 이름의 주인공을 창조했다. 그 주인공은 인기를 끌었고, 열광자들도 나타났다.

독말풀도 여러 가지 위험한 독소를 분비하는 식물 중 하나이다. 이 식물은 감자와 토마토 같은 친숙한 작물들과 함께 가지과에 속한다. 이 식물의 독소는 씨에 가장 많이 들어 있지만, 뿌리에도 어느 정도 들어 있다. 중세 학자들은 히오스시아민, 히오스신, 아트로핀 같은 활성 성분들은 몰랐겠지만, 독말풀의 씨를 먹으면 정신 착란이 일어날 수 있고, 급성 중독의 후유증으로 장기간 미친 행동을 보인다는 것은 알고 있었다. 유럽에서는 그 식물이 중추신경계에 어떤 영향을 미치는지를 보여주는 기이한 사례들이 보고되어왔다.

이 식물은 불같은 광란과 격노를 일으키고, 마녀와 마법사뿐 아니라 인류 전체를 시달리게 하는 광인들의 불가해한 행동과 관련이 있다. 수도사의 복장, 판사의 긴 겉옷, 의사의 가운을 입은 미신에 사로잡힌 어리석은 사람들은 악마의 법정에서 악마 같은 재판을 진행해서 이 식물에 피해를 입었을 뿐인 사람들을 불길에 던져 넣거나 핏물 속에 익사시켰다.

— L. 레빈(L. Lewin)의 글에서

향신료도 질병과 기타 액운들을 막는 식물들의 목록에서 빠질 수 없었다. 약초꾼 여성들이 직접 재배할 수 있을 만한 향신료는 거의 없었다. 그것들은 이질적인 지역에서 들여오는 것이었기 때문이다. 그래도 향신료는 수요가 아주 많았고 중세 유럽의 주요 수입품이 되었다. 향신료는 멀리 고대 이집트 시대부터 사람의 생사를 가르는 중요한 역할을 해왔다. 기자에 있는 피라미드의 상형문자 문서에는 피라미드를 짓는 일꾼들의 힘을 북돋기 위해 마늘과 양파를 먹였다고 적혀 있다. 또 장례 의식을 다룬 이집트의 문서들을 보면, 일부 향신료들이 다른 냄새들을 막는 강력한 향기 이외에 방부 효과까지 있었다는 것이 알려져 있었으므로, 그것들이 파라오를 비롯한 귀족들을 미라로 만들 때 필수 성분이 되었다는 것을 알 수 있다(4장 참조). 이런 용도로 쓰이면서 향신료는 영생이라는 개념과 이어지게 되었다. 후대에 수세기 동안 아라비아의 상인들이 향신료를 사고 팔러 다니는 데 이용했던 이른바 '사마르칸트의 황금길'은 중국에서 남아시아의 사막과 산맥을 가로질러 중동까지 이어지는 육상 무역로 중 가장 유명한 축에 들게 되었다.

고대 그리스와 로마 시대에도 향신료와 특정한 풀들을 요리용 이상으로 귀중하게 여겼고, 그럼으로써 온갖 파급 효과가 나타났다. 월계수(Bay Laurel, *Laurus nobilis*)는 방부 효과가 있다는 것이 알려져 있었으므로, 영생의 상징으로 여겨지게 되어 아폴론과 의술의 신인 아스클레피오스에게 봉헌되었다. 그래서 두 신 모두 월계수 왕관을 쓴 모습으로 그려졌다. 이것을 모방해서 올림픽 경기의 첫 우승자들에게 축하의 의미로 월계수와 파슬리(*Petroselinum crispum*)로 만든 관을 씌워주었고, 그 결과 월계수 관은 승리의 상징으로 널리 알려지게 되었다. 월계수는 아폴론과 관련을 맺으면서 시와 지혜의 상징이 되었고, 델포이에서 신탁을 내렸던 여사제 퓌티아(Pythia)가 월계수 가지를 태운 연기를 들이마심으로써 비범한 능력을 얻는다는 말이 있을 정도로 월계수는 중요하게 여겨졌다. 또 월계수는 제우스의 번개로부터 보호해준다고도 알려졌으며, 고대 그리스와 로마에서는 집을 보호하기 위해 월계수 가지를 걸어두기도 했다.

같은 논리에서, 월계수가 시들면 재앙의 전조라고 여겼다. 네로 황제가 서기 64년 로마를 불태우기 전 겨울에 월계수 나무의 잎이 모두 시들었다는 전설도 있다. 중세 시대의 셰익스피어 작품에서도 월계수 나무가 전조를 보여준다는 이야기가 나온다. 희곡 『리처드 3세*Richard III*』에는 다음과 같은 문장이 있다. "왕이 돌아가신 듯하오. 이대로 있을 수 없소. 전국의 월계수들이 모두 시들고 있고, 유성들이 하늘의 붙박이별들을 놀라게 하고 있소." 17세기 인물인 컬피퍼는 이 생각을 뒤집어 월계수가 마법을 막아주는 성질이 있다고 격찬했다. "그것은 마법에 저항하는 힘이 아주 강하고, 토성이 인체에 미칠 수 있는 적지 않은 모든 해악도 막아주며, 미잘두스■가 잘못 생각하는 것이지, 나는 마녀도 악마도 천둥도 번개도 월계수 옆에 있는 사람을 해치지 못할 것이라고 확신한다." 지금은 이런 월계수에 관한 믿음들이 많이 사라졌지만, 그것이 시와 관련이 있다는 생각은 지금도 '계관시인'이라는 말 속에 남아 있다.

■ Antonius Mizaldus, 16세기 프랑스의 의사로서 천문학과 점성학에도 많은 연구를 남겼다. 본명은 Antonie Mizauld이며, 주요 저서로 『자연의 비밀에 관하여*De Arcanis Naturae*』가 있다.

틀린 채 자란 이 버드나무를 보면 옛 사람들이 오래된 나무를
비 및 마법과 연관지었으리라는 것을 쉽게 짐작할 수 있다.

# 9

## 상상의 식물들 : 길가메시를 따라서

어느 시대든 간에 사람들은 상상의 세계에서만 존재하는 동식물들을 떠올리곤 했다. 유니콘, 설인(雪人), 레비아탄(구약성서에 등장하는 바다의 용/옮긴이) 같은 환상 속의 동물들은 신화, 전설, 설화를 통해 이미 우리에게 익숙하지만, 인간은 오로지 상상 속에서만 존재하는 식물들도 창조해왔다. 신화적인 식물들을 꿈꾸기 시작한 때가 언제인지 확실히 알 수는 없지만, 고대 근동과 극동 지역의 전통 사회에 그런 식물들이 있었다는 것은 분명하다. 유럽에서 상상의 식물들에 대한 믿음은 중세 시대까지, 심지어 르네상스 시대를 넘어서까지 지속되었다.

성서 창세기의 저자들이 상상했던 지식의 나무와 생명의 나무에 대해서는 이미 다룬 바 있다(5장). 다른 허구의 식물들도 찾아볼 수 있으며, 그 중에는 정말 기이한 것들도 있다. 나무가 이미 정신적으로 중요한 의미를 지니고 있었으므로, 신화적인 범주에 들어가는 식물은 대부분 나무지만, 결코 존재한 적이 없는 식물 중에 그보다

더 작은 것들도 있었다.

불로불사의 영약, 즉 이승에서 영생할 수 있는 열쇠가 정체를 파악하기 어려운 어떤 신비로운 식물이 지닌 마력에 들어 있다는 믿음은 인류 역사의 아주 이른 시기부터 있어왔으며, 완전히 사라진 적이 결코 없었다. 강인함과 긴 수명 때문에 나무는 삶과 생식력의 강력한 상징이 되었으므로, 불멸의 상징을 꼽을 때 가장 자주 마주칠 수밖에 없을지도 모른다. 하지만 때로는 더 작은 식물들도 그 대열에 합류하곤 했다. 메소포타미아의 『길가메시 서사시』는 생명의 식물에 관한 전통이 있었다는 증거들 중 가장 연대가 빠른 편에 속한다. 이 서사시는 약 4천5백 년 전 점토판에 처음 기록되기 시작한 방대한 전설이다. 이 전설에는 신성한 나무, 생명의 여신이 사는 집, 뱀 등을 비롯해 후대의 성서 창세기 저자가 베껴 썼던 몇 가지 요소들이 들어 있다. 『길가메시 서사시』에는 주인공이 영원한 생명을 가져다준다고 알려져 있는 식물을 찾아 떠나는 여행 이야기도 있다.

가장 초기의 기록에 따르면, 길가메시는 기원전 2800년부터 2500년 사이에 살았던 수메르의 왕이었다. 그는 죽음을 속여 넘길 수 있는 은밀한 방법을 찾는 일에 몰두했다. 수메르에 구전되던 이야기들을 집대성한 『길가메시 서사시』는 단지 신화의 기원만을 설명하고 있는 것이 아니다. 그 안에는 신들이 주기를 거부했던 영원한 생명을 추구하고자 하는 인간이라는 주제가 반복되어 나타난다. 그 전설의 다른 부분을 보면, 길가메시가 가장 가까운 친구이자 동맹자인 엔키두(Enkidu)가 죽은 자의 땅으로 사라진 사건에 깊이 영향을 받았다는 이야기가 나온다. 그는 자신에게도 똑같이 닥쳐올 끔찍한 운명을 피할 방법을 필사적으로 찾기 시작했다. 마침내 그는 '생명을 발견한 자' 라는 의미의 우트나피시팀이라는 정체 모를 인물의 집으로 가게 된다. 인간 중에서 우트나피시팀만이 신들로부터 영원한 생명이라는 은혜를 입었다. 처음에 우트나피시팀의 아내는 인간이 생명의 물에 몸을 담근다 해도 잠이라는 거울을 통해 죽음이 불가피하다는 것을 끊임없이 상기하게 된다는 것을 지적하면서 더 이상 꿈을 좇지 말라고 그를 단념시키려 했다. 하지만 길가메시는 설득당하지 않았고, 결국 우트나피시팀의 안내로 모든 생명의 원천인 태고의 바다 아브주(Abzu) 바닥으로 내려 갔다. 바다 밑에 내려간 그는 영원한 생명의 식물을 찾으라는 말을 듣는다.

길가메시여, 엄중히 지키던 것을 보여주겠소.
신들의 비밀을 알려주겠소.
뿌리가 낙타가시나무■ 같은 식물이 있소.
장미의 가시 같은 것에 〔손을〕 찔릴 것이오.
스스로 그 식물을 얻을 수 있다면, 〔회춘을〕 얻을 것이오.

—『메소포타미아 신화』

길가메시는 우트나피시팀의 가르침을 따라 물 속 깊은 곳으로 들어갔다. 우트나피시팀이 말한 대로 거기에는 신비한 식물이 있었다. 그는 그것을 움켜쥐고서 성공에 뿌듯해하며 지상으로 돌아왔다. 하지만 그가 얻은 것은 무참하고 덧없는 환상에 지나지 않았다. 자신의 수도인 우루크로 돌아오는 긴 여행중에 길가메시는 몸을 씻고 기운을 차리기 위해 호숫가에 멈췄다. 그는 물가에 그 식물을 내려놓았다. 하지만 누군가 그것을 눈독 들이고 있었다.

길가메시는 시원한 물이 담긴 연못을 보았다.
그는 물 속으로 들어가 몸을 씻었다.
뱀 한 마리가 그 식물의 향기를 맡았다.
뱀은 소리없이 다가와서 식물을 갖고 사라졌다.
그것을 갖고 가면서, 뱀은 비늘이 달린 피부를 벗었다.
그리하여 길가메시는 주저앉아 통곡했다.

—『메소포타미아 신화』

■ camel-thorn, 콩과식물의 일종인 *Alhagi maurorum*.

메소포타미아 신화의 영웅 길가메시는 태고의 바다 바닥에서 영원한 생명을 주는 식물을 얻었지만, 얼마 지나지 않아 뱀에게 빼앗기고 말았다.

어디에서나 악과 지식의 영원한 대변자였던 뱀은 길가메시의 꿈을 무너뜨렸고, 그럼으로써 허물을 반복해 벗으면서 끝없이 새롭게 부활하는 지혜와 영원한 생명의 화신이 되었다.

간혹 유명한 신들조차도 영생의 지위를 유지하거나 회복하려면 마법력을 지닌 식물에 의지해야 할 때가 있었다. 『길가메시 서사시』와 같은 시기의 수메르 문헌 중에 『인안나의 지하 세계 여행*Inanna's Descent to the Underworld*』이 있다. 이 신화가 그리스도 수난 이야기의 원형이라는 점은 거의 확실하다. 인안나가 발가벗겨지고 매 맞고 심판받고 '못 박혀' 매달려 처형당했다가, 사흘 밤낮이 지난 뒤에 부활했다는 이야기를 비롯해서, 비교하지 않을 수 없는 내용들이 많이 있다. 하지만 마력을 지닌 식물이라는 맥락에서 볼 때 가장 흥미로운 부분은 인안나가 죽음에서 소생한 방법이다. 이 이야기의 가장 오래된 수메르 판본에 따르면, 성별이 없는 두 기이한 존재가 신들의 명령을 받들어 생식력이나 회춘과 관련된 일에 함께 쓰이곤 하는 도구 두 가지를 지니고 지하 세계로 갔다고 나온다. 그 도구는 생명의 물과 정체 모를 생명의 나무였다. 그들은 그것들을 이용해 인안나가 다시 영원한 생명을 얻도록 도왔다.

식물과 생명의 여신 사이에 상징적인 유대

가 강하다는 점을 생각할 때, 특정한 풀이 수태시키는 신비한 힘을 지니고 있다고 여겨지게 된 것도 놀랄 일은 아니다. 고대 세계에서 불임은 아주 심각한 문제였다. 소유한 땅을 경작하고, 늙어서 편안히 지내고, 재산을 대물림하는 데 필요한 혈통을 유지하려면 자손을 꾸준히 낳아야 했다. 한 예로 고대 이스라엘에는 아이 없이 남편을 여읜 부인을 위해 역연혼법이 있었다. 과부가 아이를 낳을 수 있도록 남편의 형제에게 맡겨졌던 것이다. 게다가 아내가 아이를 낳지 못할 때에는 법으로 첩을 둘 수도 있었다.

실제로 여성의 불임을 치료할 수 있는 화학 물질을 분비하는 식물은 없었지만, 신화에 그런 식물이 등장하는 것을 볼 때 그 문제가 대단히 중요했다는 것은 분명하다. 우리는 그런 신비한 상상의 식물들에 대해  자세히 알 수는 없지만, 그것들이 다산의 여신과 관련이 있었을 것이라고 추측할 수는 있다. 기원전 6, 7세기 메소포타미아 지역에서 바빌로니아 시대의 점토판에 기록된 키쉬의 에타나(Etana of Kish) 전설은 뚜렷한 사례가 된다. 하지만 그 이야기는 훨씬 오래 전부터 있었으며, 아마도 기원전 3000년경 중반에 생겨난 것 같다. 몇몇 일화를 담은 장면들이 그 시대의 원통형 인장들에 새겨져 있기 때문이다.

길가메시와 마찬가지로 에타나도 수메르의 신화적 영웅 중 하나였다. 왕이었던 그는 자신의 왕비가 아이를 가질 수 있는 방법을 필사적으로 찾았으며, 이슈타르 여신에게 잉태 능력을 얻기 위해 독수리에 올라타고 천상으로 갔다. 여신을 알현하기 위해 에타나는 매일 태양신 사마슈에게 기도를 올렸다.

> 오 사마슈여, 저는 양을 잡아 가장 좋은 부위를 당신에게 바쳤나이다.
> 땅은 내 새끼양들의 피를 마음껏 마셨나이다.
> 저는 신들을 경배하고 죽은 자들의 영혼을 존중해왔나이다.
> 해몽가들은 내 향을 모두 썼나이다.
> 신들은 잡은 내 새끼양들을 모두 가져갔나이다.

오 신이여, 한마디만 해주기를.

제게 출산의 식물을 내려주기를.

출산의 식물을 보여주기를!

제 치욕을 없애고 아들을 점지해주기를!

— 키니어 윌슨(J. V. Kinnier Wilson)이 해독한 글에서

우리는 에타나의 노력이 성공했는지 실패했는지 결코 알지 못한다. 그가 탄 독수리가 천상에 있는 이슈타르의 궁전 문 앞에 도착하는 장면에서 이야기가 끝나기 때문이다. 그 전설이 온전히 담겨 있는 점토판은 아직까지 발견되지 않았다.

메소포타미아 북부 아나톨리아(지금의 터키)의 고대 히타이트 문명에도 출산의 식물이라는 상상의 식물이 있었던 듯하다. 히타이트인들은 안다하숨(Andahasum)이라는 축제를 열곤 했다. 그것이 어떤 의식이었는지 거의 알려져 있지 않지만, 히타이트의 새해가 시작되는 봄에 열렸다는 것과 한 신비한 식물이 의식의 중심에 있었다는 것은 분명하다. 그리고 이 식물의 일부를 먹는 것이 의식의 핵심을 이루고 있었다는 것도 분명하다. 그 식물이 새로운 생명의 탄생과 다산의 상징이었는지는 전혀 알려져 있지 않지만, 안다하숨이 아카드인의 다산의 여신인 이슈타르 숭배와 관련이 있었다는 것은 알려져 있다. 얼마 안 되는 정보나마 얻을 수 있는 문서에는 "이슈타르의 악기들을 연주하다"라고 적혀 있다.

고대 그리스와 로마 사람들도 이따금 환상적인 식물들을 상상해내곤 했는데, 그 중에는 버섯도 있었다. 그리스 의사인 테오프라스토스는 기원전 4세기에 자신이 들은 이야기를 적었다.

헤라클레스의 기둥(지브롤터 해협/옮긴이) 근처 바닷물이 깊은 곳 주위에 버섯이 자라고 있는데, 사람들은 그 버섯이 햇빛을 받으면 돌로 변한다고 한다.

테오프라스토스가 말한 것은 사실 버섯이 아니라 작은 해양 동물들이 만든 것으로 석화한 산호였다. 탄산칼슘 물질을 바큇살처럼 뻗고 있는 산호 군체들이 주로 버섯 모양을 이루고 있는 것도 그렇게 잘못 생각한 이유 중 하나일 것이다. 사람들은 정말 돌로 변한 버섯들을 보고 있다고 믿었다.

하지만 수많은 상상의 식물들이 등장한 것은 유럽 중세 시대였다. 그렇게 신비한 식물들을 상상해낸 것은 설명되지 않는 사건들을 둘러싼 수수께끼들과 미신들을 몰아내기 위해서였다. 무지한 사람들에게 질병의 원인과 생식력 같은 수수께끼들을 설명하기 위해 인간의 모습을 한 상상의 식물들이 등장했다. 또 부와 기쁨에서 빈곤과 슬픔에 이르기까지 다양한 추상적인 개념들을 구현한 상상의 식물들도 만들어졌다. 그런 식물들이 실제로 존재한다는 확신은 중세 시대의 식물지 저자들에게까지 거의 고스란히 이어졌다.

가장 잘 알려진 사례는 '따개비나무(Barnacle Tree)'에 관한 신기한 이야기이다. 열매가 익으면 새로 변한다는 나무 이야기가 언제 어디에서 생겨났는지 아무도 모르지만, 독일 철학자 알베르투스 마그누스(1200~1280)가 그 이야기를 회의적으로 기술했다는 점을 생각할 때 적어도 13세기까지 거슬러올라가는 것은 분명하다. 아프로디테가 에게 해에 떠다니던 가리비 껍데기에서 매혹적인 나체로 걸어나왔던 유럽 고전 시대 이후로, 작가들은 바다 거품이 생식력을 지니고 있다고 상상했다. 조개껍데기에서 생물들이 생겨난다는 생각도 중세 저자들의 상상을 사로잡았다. 그들은 거품에서 만들어진 조개껍데기나 바다에 자라는 나무에서 다양한 새들이 생겨난다고 기록했다. 존 제라드가 1597년에 펴낸 『식물지』에는 맨 섬의 해변에서 자란다는 한 나무의 그림이 실려 있다. 그는 그곳이 "랭커셔에 있는 파울더의 더미(Pile of Foulders)라고 불리는 작은 섬"이라고 했다. 제라드의 설명에 따르면, 따개비나무는 조개삿갓(Goose Barnacle)이라는 조개처럼 생긴 열매를 맺는다. 그 열매가 흰얼굴기러기(Barnacle Goose)의 머리처럼 흑백 얼룩무늬가 나 있어서 그런 이름을 갖게 되었다. 그 '열매'는 물가에 떨어졌다가 익으면 갈라지는데, 그 부분에 "깃털이 모여서 기러

제라드의 『식물지』에 그려진 신비한 따개비나무.
사람들은 흰얼굴기러기가 이 나무에서 생긴다고 믿었지만 제라드는 믿지 않았다.

기보다는 작고 물오리보다는 큰 새로 자라났다".

상상력이 풍부한 중세 시대 작가들은 바닷가에서 자라는 따개비나무 외에도 다양한 식물들을 상상해냈다. 그들은 호박(琥珀)도 비슷한 방식으로 생긴다고 설명했다. 그것이 어떻게 생기는지 몰랐으므로, 마법사나 주술사는 호박이 기이한 능력을 지니고 있다고 믿었다. 바다 거품이 굳어서 생긴다는 둥, 호박어라는 물고기에서 생긴다는 둥, 특정한 나무의 수지에서 생긴다는 둥 다양한 주장들이 나왔다. 의사이자 약초학자인 야코프 마이덴바흐는 1491년 『건강 식물지 *Hortus sanitatis*』에 이런 온갖 기발한 생각들을 종합해서 거품이 이는 바다에 나무가 한 그루 솟아 있고 그 밑에 물고기가 헤엄치는 그림을 그려놓았다! 오늘날 우리는 마이덴바흐의 생각이 완전히 틀린 것은 아니라는 사실을 알고 있다. 사실 호박은 호수와 바닥에 잠긴 고대 나무들의 수지가 굳은 화석이기 때문이다.

중세 시대에 순진한 유럽인들 사이에는 더 기이한 이야기들도 떠돌았는데, 대부분 중동과 극동에 관한 것이었다. 그 지역들은 극소수 대담한 여행가들 외에는 갈 수 없었던 아주 먼 곳에 있었기에, 정말로 이국적인 곳이었다. 먼 세계는 언제나 기상천외한 이야기를 지니고 있게 마련이었다.

향신료가 지닌 신비한 분위기는 근원을 따지면 고대 근동 지역에서 유래한 것이었다. 그곳에는 향신료의 기원에 관한 신화들이 선사 시대부터 전해 내려왔다. 최초의 인류 문명들 중 메소포타미아에 세워졌던 수메르, 아시리아, 바빌로니아 문명들은 적어도 기원전 3000년경부터 향신료 무역을 했다. 신화에 향신료가 등장한 최초의 기록은 기원전 1000년경의 아시리아 문헌이다. 거기에는 참깨의 씨가 향신료로 쓰였다는 것과 창조신인 안(An)이 세계를 만들기 전날 밤에 참깨술을 마셨다는 이야기가 나온다. 그 신화는 아마도 약 7천 년 동안 구전되어오던 것을 적은 듯하다.

이집트는 성서에 언급되면서 꽤 많은 신비를 간직한 곳이라는 명성을 얻었다. 특히 파라오와 거짓말 같은 웅장한 건물들 이야기가 한몫을 했다. 이집트도 극동에 거의 버금갈 정도로 가기 어려운 곳이었다. 보통 사람들의 마음속에 나일 강은 무궁무진한 신비를 간직한 곳이었다. 나일 강의 수원이 도저히 알 길이 없는, 전설이 가득한 아프리카의 오지 깊숙한 곳에 자리하고 있기 때문이기도 했다. 따라서 나일 강을 다룬 글들이 과장과 허구로 가득하다고 해도 놀랄 일은 아니었다. 14세기 초에 프랑스의 귀족이며 역사가인 장 드 주앵빌〔Jean de Joinville, 1225~1315, 세네샬 드 상파뉴(Seneschal de Champagne)라고도 불린다〕은 『성 루이의 생애*Le Livre des saintes paroles et des bonnes actions de St Louis*』라는 긴 제목을 가진 루이 9세의 일대기를 편찬했다. 그 책의 첫 절에는 1270년 튀니스에서 죽은 성 루이의 일화들이 담겨 있지만, 본문에 해당하는 두번째 절은 사실상 1250년 이집트로 십자군 원정을 떠났을 때 자신이 겪은 일을 쓴 자서전이나 다름없었다. 원본은 사라졌지만, 파리 국립도서관에 두 권의 복사본이 남아 있다. 주앵빌은 이집트 너머로 나일 강이 뻗어 있는 지역에 관한 신비한 이야기들을 적고 있다.

프랑스령 폴리네시아의 소시에테 제도에 속한 테티아로아 섬의 해질 녘 광경.
이곳도 '향신료 제도' 라는 전설을 지닌 곳이었으며, 육두구와 정향의 산지로 유명했다.

이 강이 이집트로 흘러들기 전의 상류에 사는 사람들은 생계를 강에 의지한다. 그들은 매일 저녁 나일 강에 그물을 치고 그대로 놔둔다. 그리고 새벽에 그물을 거두어 걸린 것들을 이집트로 가져가서 무게 단위로 판다. 이것들은 지상의 낙원에서 나온 듯하다. 생강, 대황, 알로에, 계피 같은 것들이 그렇다.

'지상의 낙원' 이라는 말은 아마도 그리스 작가인 플리니우스의 저서에서 따온 듯하다. 하지만 플리니우스는 아프리카가 아니라 스리랑카를 두고 한 말이었다. 그의 시대에는 타프로바네(Taprobane)라는 인도양의 한 섬에 관한 전설이 전해지고 있었다. '세 번 축복을 받은 섬' 이라는 그곳에서는 바람에 향긋한 냄새가 스며 있다고 했다. 자신의 물품들이 기이한 곳에서 가져온 것이라고 꾸며냄으로써 가능한 한 비싼 값에 팔고자 애썼던 창의적인 아라비아 무역상들은 그런 이야기들을 널리 퍼뜨렸다. 스리랑카는 희귀한 것들, 달콤한 향내가 나는 것들, 입안에서 살살 녹는 것들이 가득한 땅으로 여겨졌다. 또 이 지상의 낙원에 들어갈 수 없는 보통 사람들을 신들이 가엽게 여겨서 극락조들에게 향기가 나는 풀들과 향신료들을 모아 해변으로 가져가도록 했기에, 인도양을 항해하는 뱃사람들은 그곳에서 그것들을 쉽게 모을 수 있다고 했다. 이런 목가적인 시대에도 상업적인 이해 관계가 얽혀 있었다. 그곳 원주민들이 자기 문 앞에 있는 식물들이 가치가 있다는 것을 금방 깨닫고 장사꾼 기질을 발휘하기 시작했기 때문이다. 그러면서 향신료는 비싼 것이 되었다! 아라비아 상인들은 향신료를 독점했다. 그러다가 14세기에 탐험가 마르코 폴로(Marco Polo)가 아시아의 다른 지역에서도 향신료 식물이 자란다는 것을 알리면서 독점이 무너졌다. 이 사실이 알려지자, 바스코 다 가마(Vasco da Gama), 크리스토퍼 콜럼버스(Christopher Columbus), 페르디난드 마젤란(Ferdinand Magellan) 등 포르투갈의 뱃사람들은 동방에 있는 향신료의 땅으로 향한 항로를 개척하러 나섰다. 포르투갈 사람들에게, 당시 실론(Ceylon)이라고 알려져 있던 스리랑카는 주요 향신료 무역소 중 한 곳이 되었다.

향신료를 들여오는 곳이 아주 먼 나라, 대개 갈 수 없는 땅이었으므로, 향신료의

기원과 신비한 성질을 놓고 온갖 전설들이 생겨나는 것도 당연했다. 향신료 제도(Spice Islands)라는 신비한 분위기를 풍기면서 온갖 상상을 자극하는 지명들도 등장했다. 사실 향신료 제도는 술라웨시와 서(西)이리안 사이에 있는 암본 섬, 할마헤라 섬, 세람 섬 등으로 이루어진 몰루카 제도이며, 지금은 인도네시아에 속한다. 역사적으로 볼 때, 이 제도는 1512년에 포르투갈에 넘어갔으나 그 이전에는 아라비아의 이슬람인들이 통치했다. 이슬람인들이 통치할 때 이곳은 육두구와 정향의 산지로 널리 알려져 있었다.

향신료 중에는 화끈한 맛을 내는 것들이 많다. 그것들은 불과 관련된 속설들을 낳았고, 결국 상상의 새인 불사조와 이어졌다. 불사조는 이집트에서 오랫동안 영생의 상징으로 숭배되어왔다. 불사조는 언제나 오직 한 마리밖에 존재하지 않는다고 했다. 불사조는 5백 년을 살다가 향기를 내는 식물들에서 얻은 물질들로 지은 둥지에서 불에 탄다. 그러면 그 재에서 새로운 불사조가 나온다. 중세의 한 문헌은 계피의 기원을 불사조와 연관짓고 있다.

> 플리니우스는 옛 사람들의 계피 이야기를 전했다. 새의 둥지, 특히 불사조의 둥지가 바로 계피로 지어졌는데, 저절로 떨어지기도 하고, 화살을 쏘아 떨어뜨리기도 했다.

후추처럼 흔한 '화끈한' 향신료들도 비슷한 신비적인 분위기를 지니고 있었다. 검은 후추 열매는 흰 후추가 불꽃에 그을린 것이라고 여겨졌다. 16세기의 영국 저술가 바솔로뮤 데 글랜빌(Bartholomew de Glanville)에 따르면, 후추 열매는 독사들이 우글거리는 숲에 자라는 나무에서 열리는데, 후추를 수확하려면 불로 뱀들을 쫓아내야 했다.

향신료 및 그와 관련된 신비한 분위기는 익숙한 일상용어 표현을 만들어냈다. 때로는 호메로스가 쓴 『오디세이아』와 『일리아드』의 모험담 전통을 그대로 좇아서, 어떤 기이한 곳으로 항해했다는 것을 강조하기 위해 신비한 식물 이야기를 '양념처럼'

창작하기도 했다. 동양이라는 놀라운 세계는 항해자들이 바다 괴물 이외의 이야기들까지 갖고 돌아오는 가장 인기 있는 무대 중 한 곳이 되었다. 중국[카타이(Cathay)라고 불렸다]을 최초로 방문했던 사람들은 말레이 제도 근처에 사는 보훈 우파스(Bohun Upas)라는 무시무시한 나무 이야기를 들려주어 청중을 즐겁게 했다. 최초로 인쇄된 이국적인 여행기 중에는 그 나무를 그린 상상의 그림이 실려 있었고, 15세기 무렵에는 서양에서 그 나무를 모르는 사람이 없을 정도였다. 그 나무는 독이 있는 증기를 뿜어내 사방 몇 킬로미터에 걸쳐 살아 있는 것들을 모두 죽인다고 했으며, 죄수들을 보훈 우파스의 줄기에 묶어 처형한다는 주장도 있었다.

이 상상의 식물에 관한 초기 기록들은 아마 동남아시아의 정글에서 자라는 진짜 나무인 뽕나무과에 속하는 우파스나무(Upas, Bausor Tree, *Antiaris toxicaria*)에 토대를 둔 것 같다. 전통적으로 말레이족 사냥꾼들은 이 나무의 수액이나 진을 입으로 불어 쏘는 화살의 촉에 바르는 독으로 썼다. 이 수액에는 심장혈관계에 영향을 미치는 화학 물질들이 들어 있다. 이 우파스나무도 보훈 우파스에 못지않은 명성을 얻었다. 18세기에 찰스 다윈의 할아버지인 의사 이래즈머스 다윈(Erasmus Darwin)은 자바를 방문한 뒤 우파스나무를 무시무시한 용어로 묘사했다. "우파스나무, 죽음의 히드라나무가 있는 황폐한 곳에는 소름 끼치는 정적이 감돈다."

러시아 시인 알렉산드르 푸슈킨(Aleksandr Pushkin, 1799~1837)도 우파스나무에 관심이 있었던 것이 분명하다. 그는 『안차르*Anchar*(독 나무)』라는 시집을 냈다. 그의 시에 메마르고 불타는 스텝 지역의 환경이 묘사된 것으로 볼 때, 그는 우파스나무의 서식지를 잘못 알고 있었던 듯하다.

범접하지 못할 황량한 사막에서, 햇살의 저주를 받는 토양에서
안차르는 무시무시한 보초처럼 홀로 서 있다. 우주에 홀로 말이다.
태양에 고문당하고 갈증에 시달리는 스텝 지역은 한낮의 분노 속에 그것을 낳았다.
그리고 칙칙한 초록빛 잎과 뿌리에 독이 든 즙을 먹였다.

줄기 껍질에서 짙은 독이 스며나와 한낮에 녹았다가
다시 저녁에 엉겨붙어 매끈하고 투명한 수지가 된다.
어떤 새도 그 가지에 내려앉지 않고
어떤 호랑이도 그 나무에 다가가지 않는다.
컴컴한 폭풍우만이 그것을 휘감았다가 독액을 마시고는 달아난다.
기이한 비구름이 빽빽하게 난 동요하지 않는 잎들을 적시면
가지에서 독한 이슬이 맺혀 타는 듯한 모래에 떨어진다.
하지만 한 사람이 오만하게 빛나는 그 나무에 누군가를 보낸다.
가여운 노예는 여행에 나서서 새벽에 독을 갖고 돌아온다.
그는 독이 든 수지와 시든 잎 몇 개가 달린 가지를 가져온다.
그의 창백한 이마에서 땀이 돋아 줄기를 이루면서 굵게 흘러내린다.
독을 가져온 그는 무서운 왕의 발치에 기절해 쓰러진다.
그는 가지 위에 엎어진 채 한마디도 못하고 죽는다.
그러나 왕은 비밀스런 방법으로 자신의 화살을 그 독에 담근다.
그는 독 발린 화살로 적들에게 죽음을 내린다.

상상의 식물을 만들고자 할 때 가장 먼저 떠올리는 식물은 나무일 것이다. 힌두 신화에는 다섯 종류의 장엄한 나무가 등장한다. 모두 히말라야 산맥에 있는 힌두교의 낙원인 메루 산에서 신들이 돌보고 있다. 그 중에는 식물학적으로 파악이 안 되는 것들도 있다. 이 낙원의 나무들은 칼파브르크사(kalpavrksa), 즉 '소원의 나무'라고 알려져 있다. 소원을 들어준다고 믿었기 때문이다. 칼파브르크사는 힌두교의 우주관에서 다섯 시대를 각각 상징하며, 각 시대는 43억 2천만 년이다. 인간의 기준으로 보면 길지만 창조신 브라흐마(Brahma)에게는 하루에 불과한 기간이다. 다섯 가지 나무 중 하리칸다나-브르크사(haricandana-vrksa)는 단향이다. 단향의 가루와 기름은 힌두교 숭배 의식에서 중요하게 쓰인다. 칼팔라타-브르크사(kalpalata-vrksa)는 나무라기보

다는 상상의 덩굴식물에 가깝다. 만다라-브르크사(mandara-vrksa)는 산호나무(Coral Tree, *Erythrina indica*)이다. 파리자타-브르크사(parijata-vrksa)는 또 다른 종류의 산호나무로 여겨지고 있다. 다섯번째인 산타나-브르크사(santana-vrksa)는 정확히 알려져 있지 않지만, 지위가 좀 낮은 신의 화신이다.

칼파브르크사는 인도 예술에서 종종 볼 수 있는데, 건물의 아치형 문 위쪽에 장식용으로 새겨놓기도 한다. 그 조각의 전통적인 형태를 프라브하토라나(prabhatorana)라고 하는데, 위쪽에서 후광이 낙원의 나무 꼭대기에 비치는 형상이다.

더 동쪽에 있는 중국의 도교 전통에서는 복사나무가 영원한 생명의 나무로 여겨진다. 하지만 이것은 평범한 과일나무가 아니다! 중국에서 선사 시대부터 신성하게 여겨온 복사나무는 흥미로운 신화를 간직하고 있다. 도교에서 서쪽 하늘은 서왕모(西王母)가 다스리고 있다. 서왕모는 장수의 여신이기도 하며, 영생을 주는 복사나무를 키우고 있다. 서왕모는 원래 재앙을 일으키는 여신이었지만(고대『산해경(山海經)』에는 송곳니를 내민 무시무시한 모습으로 그려져 있다), 도교가 발전하면서 더 온화한 모습을 띠게 되었고, 인간들의 수명을 다스리는 일을 맡게 되었다. 해가 지는 곳인 서방을 다스리는 존재였으므로, 그녀는 자연스럽게 가을 및 노년기와 연관지어졌지만, 장수 및 때로는 영생이라는 축복을 내리기도 했다.

복사나무 전설에 따르면, 서왕모는 중국 서쪽 곤륜 산맥 어딘가에 있는 황금으로 된 궁전에 산다. 이곳은 과거에 중원에 사는 사람들에게는 거의 알려지지 않은 오지였으므로, 신비와 주술 이야기들이 나오기에 딱 맞았다. 민간 설화에 따르면, 이 상상의 복사나무는 궁전 마당에서 자라며, 열매가 맺히는 데 3천 년이 걸리고 익는 데 다시 3천 년이 걸린다. 서왕모는 자신의 생일에 잔치를 열었는데, 분위기가 절정에 달했을 무렵 이 복숭아를 내놓았다. 서왕모의 궁전을 찾은 가장 중요한 손님들 중에 한(漢)나라의 황제 무제(武帝)가 있었다. 그는 기원전 2세기의 인물이었다. 관례에 따라 서왕모는 자신의 생일에 무제에게 영생의 복숭아를 선물했다. 무제는 그 선물을 먹지 못한 듯하다. 기록에 따르면, 그의 수명은 일반인과 다르지 않았으니까 말이다.

불로불사의 영약이 담긴 식물에 관한 전설들이 으레 그렇듯이, 서왕모가 키우는 천상의 복숭아를 먹을 때에도 엄격한 금기가 있었다. 이 이야기는 하늘의 궁사 예(羿)의 전설에 나와 있다. 그의 이야기는 기원전 2세기에 편찬된 『일주서(逸周書)』에 나오지만, 훨씬 오래 전부터 구전되어온 것이 분명하다. 아스가르드(Asgard)의 신들을 위해 발할라(Valhalla)를 세웠던 스칸디나비아 신화의 거인들처럼(아스가르드는 신들의 거주지로 이곳에 오딘의 집이자 지상의 전투에서 전사한 영웅들의 거주지인 발할라가 있다/옮긴이), 예는 서왕모를 위해 옥(옥도 불로불사의 영약으로 여겨진 돌이었다)으로 궁전을 지어주겠다고 약속했다. 그 보상으로 서왕모는 예에게 복숭아 즙으로 만든 불사약을 주었다. 하지만 거기에는 조건이 붙었다. 예는 일 년 동안 금식을 한 뒤에야 그 약을 먹을 수 있었다. 그래서 그는 그것을 잘 간수하기 위해 지붕 위에 숨겨놓았다. 하지만 그의 아내〔달의 여신 항아(嫦娥)/옮긴이〕가 그 비밀을 알아차리고 그것을 마셔버렸다. 그녀는 그 약을 마시자마자 자신의 몸이 떠오르는 것을 느꼈고, 창문을 통해 밖으로 날아갔다. 예는 아내를 잡으려고 했지만, 아내는 달까지 재빨리 날아가버렸다. 그녀는 그곳에서 다리가 셋인 두꺼비로 변했다. 물론 이 이야기는 길가메시와 그가 잠시 지녔던 생명의 식물 이야기에 담긴 교훈을 떠올리게 한다. 죽을 운명을 지닌 인간은 그 누구도 영생을 얻을 수 없다는 것이다. 불로불사의 영약을 얻은 자는 반드시 그것을 빼앗긴다. 길가메시는 뱀에게 빼앗겼고, 아담과 이브도 뱀에게 낙원을 잃었다. 예는 아내를 잃었고, 그 아내는 곧 인간의 모습을 잃었다. 이 모든 이야기들에서 뚜렷이 알 수 있듯이, 설령 예

영원한 생명을 나타내는 복숭아를 들고 있는 중국의 팔선 중 하나.

가 그 약을 잘 간직했다 해도 그는 아마 그 혜택을 보지 못했을 것이다. 일 년을 채우기도 전에 굶어죽었을 테니 말이다!

그렇지만 도교에서는 도를 닦아 영생을 얻은 사람들이 있다고 본다. 그 중 가장 유명한 인물들이 팔선(八仙)이다. 그들 중 한 명인 한상(韓湘)은 9세기에 살았던 인물로 알려져 있으며, 다른 신선들에 이끌려서 신성한 복사나무 꼭대기로 올라갔다가 영원한 생명을 얻었다. 중국 예술에서 한상과 종리권(鍾離權), 장과로(張果老)는 영생의 복숭아를 지니고 있는 모습으로 그려지곤 한다.

상상의 식물들은 지금도 우리 곁에 남아 있다. 상상의 식물들은 식물의 이름에 남아 있기도 한다. 금어초(*Antirrhinum*)는 진짜 꽃이지만, 그 이름의 연원이 된 동물은 그렇지 않다. 금어초는 스냅드래곤(Snapdragon)이라고도 불리는데, 꽃이 마치 용의 입이 열렸다 닫혔다 하는 것처럼 보이기 때문이다.

유럽에서 겨우살이는 선사 시대부터 신비한 명성을 누려왔다. 주로 참나무나 사과나무에서 자란다는 점과, 황금빛이 감도는 독특한 색깔 때문이었다.

# 10

## 삶과 죽음을 부르는 식물들

전세계 각지에 특별하고 신비한 분위기를 지닌 식물이 많이 있지만, 그 중에서도 가장 특별한 식물이 몇 종류 있다. 우리 조상들이 정신적인 힘을 가장 강하게 느꼈던 식물이 나무라는 점을 생각하면, 이 특별한 식물 중에 진정한 의미의 나무가 전혀 없다고 말하면 아마 놀랄 것이다. 하지만 하나는 신성한 나무와 아주 밀접한 관계가 있고, 다른 것들도 나무의 특징을 어느 정도 지니고 있다. 특히 둘은 서양에서 특별한 지위를 누렸고, 나머지 셋은 동양에서 그러했다.

### 겨우살이

겨우살이(Mistletoe)는 숭배 의식, 신화, 전설, 설화 등에서 정말로 흥미로운 지위를 차지해왔다. 크리스마스 때 이 묘한 황금빛이 감도는 초록 식물의 가지를 걸어놓고 입맞춤을 하기 위해 누군가를 그 밑으로 데려가고자 애쓰는 기이한 전통은 도대체 왜,

어디서 생겼는지 궁금해하는 사람들이 많을 것이다. 초록 덮개에 관한 의문들이 대개 그렇듯이, 그 대답은 우리 옛 조상들의 주술적, 종교적 행위에서 찾을 수 있다.

드루이드교도들은 참나무를 신성하게 여긴 한편, 참나무가 자신의 굵은 가지에서 자라는 기이한 기생식물에게도 신성함을 나누어준다고도 믿었다. 이런 생각은 그 뒤로도 오랜 세월 변함 없이 이어졌다. 1600년대에 의사, 약초학자이자 점성술사인 니콜라스 컬피퍼는 『완전 식물지』에 겨우살이에 관해 이렇게 썼다.

> 참나무에서 자라는 그것이 목성의 성질 중 무언가를 지니고 있는 것은 당연할 수 있다. 참나무가 목성의 나무 중 하나이기 때문이다… 하지만 참나무에 자라는 것이 왜 가장 가치가 있는가라고 물으면, 나는 그것이 가장 희귀하고 찾아보기 힘들기 때문이라는 이유밖에 대지 못하겠다.

전세계에서 발견되는 겨우살이는 크게 세 종이다. 그 중 하나인 서양겨우살이(*Viscum album*)만이 영국 제도를 포함한 유럽 온대 지역에 널리 퍼져 있다. 이 겨우살이는 반(半)기생식물로 살면서 숙주를 약하게 만들었다가 결국 죽이고 만다. 서양겨우살이는 스코틀랜드와 아일랜드에는 살지 않는다. 북아메리카에도 고유종인 미국겨우살이(*Phoradendron flavescens*)가 있는데, 주로 미국꽃단풍(Red Maple)과 느릅나무에 산다. 세번째 종은 잎이 없이 꽃만 피는 난쟁이겨우살이(*Arceuthobium pusillum*)인데, 영국에는 아주 드물고, 침엽수에 큰 피해를 입힌다.

서양의 설화와 전설에 나오는 겨우살이는 서양겨우살이다. 이 겨우살이는 본래 참나무에 기생하지만, 로마 시대 저술가 클루시우스(Clusius)에 따르면, 당시에는 적어도 배나무에도 흔했다. 오늘날 서양겨우살이는 사과나무와 사시나무 같은 다른 낙엽수들에서 더 흔히 볼 수 있다. 아주 높은 가지에서 덤불처럼 수북이 자라곤 한다. 이 덤불은 숙주의 나무껍질에서 달라붙은 부위와 가지를 두껍게 만들면서 자란다. 처음에는 즙이 많고 황록색을 띠다가 오래될수록 목질화가 이루어진다. 잎은 다소 달걀형이며, 두껍고 살집이 있는 가죽 같은 느낌을 준다. 꽃은 아주 작고 작은 꽃잎이 달려 있다. 겨우살이는 한겨울에 가장 눈에 잘 띈다. 반투명한 하얀 장과가 두드러져 보이는데, 부드럽고 다소 끈끈한 과육 안에 씨가 하나 들어 있다. 'Mistletoe' 라는 이름은 앵글로색슨족의 단어에서 온 것으로서, '똥' 이라는 의미의 '미스틸(mistel)' 과 '나뭇가지' 라는 의미의 '탠(tan)' 이 합쳐진 것이다. 그 이름은 씨를 퍼뜨리는 방법에서 비롯된 것이다. 새가 열매를 먹으면 끈끈한 씨는 창자를 그대로 통과해 배설물과 함께 나뭇가지에 쌓인다. 또 새가 먹다가 부리에 달라붙은 씨를 나무껍질에 대고 비벼대서 떨어뜨리는 경우도 있다. 어느 쪽이든 간에 씨는 나뭇가지의 갈라진 틈이나 파인 곳에 자리를 잡고 싹을 틔우게 된다.

플리니우스는 겨우살이를 의식에 이용하는 장면과 겨우살이와 달의 신비적인 관계, 드루이드교도들이 식물을 대하는 태도를 서술하면서 간결하면서도 놀라울 정도로 현대적인 통찰력을 보여준다.

> 겨우살이는 아주 희귀해서 만나기가 쉽지 않다. 그러다가 겨우살이를 발견하면 사람들은 그 주위에 모여 엄숙한 의식을 치른다. 무엇보다도 행사는 그 달의 엿새째 되는 날에 연다. 그 달, 그 해, 30년 주기가 시작되는 날로부터 6일째 되는 날이다. 달의 엿새째에는 정기가 넘치며, 달이 반도 차지 않은 상태이기 때문이다. 나무 밑에서 산제물을 바치고 축제를 열 준비가 되면, 그들은 겨우살이가 만물의 치료약이라고 큰 소리로 외치면서, 뿔을 한 번도 묶은 적이 없는 하얀 황소 두 마리를 데리고 온다. 하얀 예복을 입은 사제 한 명이 나무 위로 올라가서 황금 낫으로 겨우살이를 잘라내 그것을 흰옷에 받는다. 그런 다음 황소를 제물로 바치면서 신에게 번영을 기원한다. 사람들은 겨우살이로 만든 약물이 새끼를 낳지 못하는 동물들에게 새끼를 갖게 할 것이고, 겨우살이가 모든 독을 치료한다고 믿는다.

클루시우스는 플리니우스의 짧은 말에다가, 겨우살이를 자를 때 쇠를 써서는 안

되며, 자른 것이 땅에 닿으면 마법의 효력이 사라진다고 덧붙였다. 클루시우스는 그 이유를 전혀 설명하지 않았지만, 중세 시대의 마법이라는 맥락에서 보면 뚜렷이 알 수 있다. 땅에서 떨어져서 자라고 있거나 땅에 닿지 않은 채로 있는 것에는 마녀의 힘이 미치지 못한다는 미신이 있었기 때문이다. 겨우살이는 마법을 막는 데 특히 효험이 있다고 믿어졌다. 그것은 겨우살이가 땅에서 자라는 것이 아니라는 사실에도 힘입은 바 컸다.

중세 시대에는 마녀가 다가오지 못하도록 겨우살이 가지를 문 위에 걸어두었고, 17세기에 니콜라스 컬피퍼는 『완전 식물지』에서 겨우살이 가지를 목에 걸면 마법에 걸리지 않을 것이라고 조언했다.

플리니우스가 묘사한 의식에는 겨우살이가 자라는 나무 밑에서 황소 두 마리를 도살하는 과정도 있었다. 참나무에서 자라는 겨우살이는 다산과 관련 있는 주술적인 특성이 특히 강하다고 여겨졌다. 그리고 황소도 고대 세계에서 다산의 상징이었다. 따라서 이 의식은 겨우살이와 황소의 마력을 결합시키려는 목적을 지닌 것이 분명하다. 고대 켈트족은 독특한 생활 방식 때문에 부족민뿐 아니라 가축의 번식력을 매우 걱정했다. 제물을 바치는 일이 끝났을 때, 드루이드교도들이 문헌에 나온 켈트족의 관습을 그대로 따랐다면, 점치는 행사가 있었을 것이고, 미래가 어떠할지 알기 위해 잡은 동물의 피와 내장을 조사했을 것이다. 하지만 2천 년이 흐른 지금 우리는 겨우살이 의식의 정확한 의미와 목적이 어떠했을지 살펴볼 때 주로 추측에 의존할 수밖에 없다. 로버트 그레이브스는 『하얀 여신』에서 황소 도살이 신성한 숲에서 다산의 여신을 위로하기 위해 젊은 후계자가 늙은 사제를 거세하고 살해하는 행위를 상징하는 것이라고 주장한다. 하지만 우리는 켈트족에게서 이런 암살이 실제로 벌어졌다는 확실한 증거를 갖고 있지 못하다.

알프스 산맥 북쪽에 살았던 고대 켈트족만이 겨우살이를 신성한 식물로 숭배한 것은 아니었다. 겨우살이의 명성은 고대 그리스와 로마에도 퍼져 있었다. 또 다른 로마 저술가 베르길리우스(Vergilius)의 저서들에는 겨우살이를 자르는 의식이 동지에 아주 가까운 겨울에 이루어졌다는 것이 명확히 암시되어 있다. 이 무렵은 겨우살이의 열매가 한창 무르익을 때이며, 헐벗은 참나무 가지 사이에 있는 겨우살이의 모습을 뚜렷이 볼 수 있는 시기이기도 하다. 또 베르길리우스는 겨우살이와 저승 세계의 관계를 명쾌하게 보여준다. 그의 장편 서사시 『아이네이스*Aeneid*』 6권에 아폴론의 신탁을 전하는 무녀인 시빌(Sybil)들이 아이네이아스(Aineias)에게 죽은 아버지 안키세스(Anchises)와 이야기를 나누는 방법을 가르쳐주는 장면이 나온다. 지하 세계의 왕비인 페르세포네가 통치하는 왕국으로 가는 길은 음침한 계곡에 있었지만, 죽은 자들의 관문을 통과해 다시 안전하게 살아 있는 자들의 세계로 돌아오려면, 먼저 의식을 올릴 필요가 있었다.

> 그늘을 드리운 나무에 황금빛 잎과 나긋나긋한 줄기로 된, 지하 세계의 유노(페르세포네)에게 봉헌된 가지가 숨어 있다. 숲 전체가 이것을 감추고 있으며, 그늘이 음침한 계곡을 덮고 있다. 하지만 그 나무에서 황금빛 잎이 달린 열매를 잡아뜯은 사람 외에는 땅 밑의 숨겨진 곳을 지나가지 못한다. 이것은 아름다운 페르세포네 자신이 정한 규칙이다. 첫번째 가지가 찢어져도, 두번째는 그렇지 않을 것이고 금광석과 똑같은 잎을 지니고 있을 것이다. 그럼 이제 눈을 들어 찾아보라. 찾았으면 손으로 잡아뜯어라. 그것이 스스로 편하고 쉽게 당신을 따를 것이다.
>
> —『아이네이스』

아이네이아스는 그곳에 도착해서 시빌이 보낸 비둘기 두 마리의 뒤를 따랐다. 여기서 베르길리우스는 겨우살이가 홈참나무(Holm Oak, *Quercus ilex*)에서 자란다고 적었다. 또 제임스 프레이저 경이 『황금 가지』에서 주장한 것처럼, 베르길리우스가 겨우살이를 디아나 네모렌시스 여신에게 봉헌된 아리키아의 유명한 숲에 있다는 신비한 황금 가지와 동일시하려고 한 의도가 명확히 보이는 듯도 하다. 이 장면은 윌리엄 터너의 그림 덕분에 유명해졌다.

뒤쪽 그림: 이탈리아 아리키아에 있는 디아나 네모렌시스 여신의 신성한 숲에 있는 황금 가지를 그린 윌리엄 터너의 그림. 로마 시인 베르길리우스에게 영감을 받아 그린 것이다.

비둘기들은 재빨리 날아올랐다가 상쾌한 공기를 가르고 내려가 둘로 갈라진 나무에 앉는다. 가지들 사이에 다양한 색조의 황금빛이 반짝이고 있다. 추운 겨울에 숲 한가운데에서 겨우살이는 이질적인 나무에 꿰매어진 채 기이한 잎을 피우고 있고, 날씬한 줄기에 노란 열매를 달고 있다. 그늘진 홈참나무 위에 잎 모양의 황금이 놓여서 산들바람에 그 금박이 살랑살랑 흔들리는 듯했다.

— 『아이네이스』

프레이저는 사제이자 왕을 주기적으로 살해하는 네미(Nemi) 숲의 의식들이 세월이 흐르면서 덜 폭력적인 양상을 띠게 되었고, 숲의 수호자를 살해하는 행위가 도망친 노예를 '숲의 왕', 즉 렉스 네모렌시스(Rex Nemorensis)와 맞붙게 하는 풍습으로 대체되었다고 주장했다. 노예에게는 숲의 한가운데에 있는 신성한 나무의 일부를 꺾어야 하는 과제가 주어졌다. 노예가 그 일에 성공하고 왕과 싸워서 이기면, 일 년 동안 숲의 왕 자리를 맡게 되었다. 프레이저는 이 풍습이 지하 세계로 가기 전에 보호 수단으로 겨우살이를 움켜쥔다는 베르길리우스가 말한 아이네이아스 전설을 상징적으로 재현한 것이라고 보았다. 여기에는 네미 숲의 신성한 나무에 겨우살이가 자란다는 것이 암시되어 있다.

전래되었든 독자적으로 생겨났든 간에, 겨우살이를 다산 및 죽음과 연관짓는 풍습은 게르만과 북유럽 민족들에서도 나타난다. 겨우살이는 오딘의 아들인 발드르가 기이한 죽음을 맞이할 때 핵심적인 역할을 했다. 발드르는 북유럽에서 죽음과 부활의 신이었으며, 다산의 신이기도 했다. 바이킹의 에다 시편 중 '무녀들의 예언'인 「볼루스파(Voluspa)」에는 전혀 해가 없어 보이는 겨우살이 가지가 치명적인 무기로 돌변해 발드르를 죽일 것이라고 나와 있다.

나는 고귀한 신, 발드르,
위그의 사랑하는 아들, 그의 숨겨진 운명을 보았네.

높은 나무들 위에
초록빛으로 빛나는 겨우살이가 살았네.
눈먼 전쟁의 신이 던지자
그 가느다란 가지는
살해 무기가 되었네.

—『운문 에다』

12세기의 아이슬란드 역사가인 스노리 스툴루손은 이 비극적인 이야기를 더 상세히 서술했다. 발드르가 꿈에서 자신이 겪을 운명을 보자, 그의 어머니 프리그(Frigg)는 아들에게 어떠한 위험도 닥치지 않도록 해줄 방법을 찾았다. 세상의 모든 것이 발드르를 해치지 않겠다고 약속했다. 하지만 맹세하지 않은 존재가 하나 있었다. 신들의 왕인 로키(Loki)가 프리그에게 물었다. "모두가 발드르를 해치지 않겠다고 맹세한 게 아니었소?" 프리그는 대답했다. "발할라의 서쪽에 나무의 싹이 자라고 있어요. 겨우살이라고 하지요. 맹세를 요구하기에는 너무 어린 것 같아요." 그러자 로키는 신들이 모이는 곳으로 겨우살이의 가지를 가져왔다. 그곳에서는 발드르가 어떤 것에도 다치지 않는다는 것을 증명하기 위해 발드르에게 이것저것 던지는 장난이 벌어지곤 했다. 그 연회장의 한쪽 구석에 눈먼 신인 호드르(Hodr)가 서 있었다. 로키는 눈치채지 못하게 호드르의 손에 겨우살이 가지를 쥐어주고는 어디로 던져야 할지 말해주었다. 호드르는 겨우살이를 던졌다. 그러자 해를 끼칠 것 같지 않던 그 가지는 치명적인 무기가 되었고, 발드르는 쓰러져 죽고 말았다. 발드르를 죽인 그 식물은 역설적으로 새로운 생명을 약속하기도 했다. 파멸의 시간인 라그나뢰크가 찾아온 뒤 발드르가 부활해서 새로운 세대의 신들을 이끌었기 때문이다. 고대 세계의 신앙들에서 흔히 볼 수 있듯이, 죽음과 생식력이라는 주제는 서로 떼어낼 수 없이 얽혀 있었다. 이런 전통들과 신화들 덕분에 겨우살이는 번식에 효험이 있는 강력한 부적으로 자리를 잡았을 뿐 아니라, 발드르의 비극적인 죽음 이후에는 역설적으로 사악한 기운을 물리치는 부적 역할도 했다. 베르길리우스의 아이네이아스가 겨우살이를 페르세포네에게 바치고 지하 세계에서 안전하게 돌아왔다면, 보통 사람들을 어둠의 힘으로부터 보호하는 역할도 했을 것이다.

우리는 겨우살이와 관련된 전통들을 이것저것 잡탕처럼 살펴보았다. 이제 몇 가지 고고학적 증거들을 살펴보기로 하자. 비록 이 증거들이 얼마나 중요한 것인가에 관해서는 논란의 여지가 있지만 말이다. 요크셔에서 발견된 청동기 시대의 목관을 분석한 결과 겨우살이의 흔적이 나왔다. 또 체셔의 린도모스(55쪽 참조)에 묻혀 있던 켈트족 의식 때 산 제물로 바쳐진 사람의 위에서도 겨우살이의 열매 조각이 발견되었다. 따라서 그가 죽기 전에 겨우살이가 섞인 제사 음식을 먹었다고 성급하게 결론을 내릴 수도 있겠지만, 겨우살이 열매가 다른 이유로 그의 위장에 들어갔을 수도 있다. 플리니우스는 켈트족이 겨우살이를 치료제로 여겼으며, 그것을 '만병통치약'으로 불렀다고 했다. 그는 간질과 종양의 확산 등 겨우살이 추출물로 치료할 수 있는 질환이 최소한 11가지는 된다고 적었다. 따라서 린도모스에 던져진 희생자가 이미 병을 앓고 있었을 수도 있다. 간질은 사악한 영혼이 들어왔다는 징표로 여겨졌다. 따라서 간질은 린도인이 겨우살이를 먹은 이유뿐 아니라 일찍 죽음을 맞이한 이유가 될 수도 있다. 아니면 그가 암을 치료하기 위해 겨우살이를 먹었을 수도 있다.

겨우살이와 관련된 여러 신비한 풍습 중에 현재까지 사라지지 않고 가장 굳건히 버티고 있는 것이 있다. 그것은 겨우살이를 생식력 및 한겨울에 낡은 한 해를 보내는 일과 관련짓는 것이다. 그것은 왜 크리스마스 때 겨우살이 밑에서 입맞춤을 하는가라는 질문에 대답해준다. 그 풍습은 겨우살이를 걸어두고 리본과 장식으로 꾸몄던 18세기 영국에서 시작되었다. 사실상 우리는 일 년 중 자연이 죽은 듯이 보이는 시기에 저승 세계의 세력으로부터 우리 자신을 보호하고 겨울이 봄으로 바뀔 때 좋아하는 누군가와 함께 아이를 가질 수 있는 능력을 강화하기 위해, 작은 의식을 올리는 셈이다!

연꽃

겨우살이에 맞먹을 만큼의 후광을 지니고 있는 식물을 들라면, 인도의 신성한 연꽃(Lotus, *Nelumbo nucifera*)이 꼽힐 것이 확실하다. 힌두교에서 연꽃은 선사 시대부터 신성한 식물로 여겨졌다. 연꽃은 생명의 나무이자 행운의 나무이다.

연꽃은 수련과에 속한다. 산스크리트어로 파드마(padma)라고 한다. 이 말은 원래 붉은색이나 분홍색 연꽃을 지칭하지만, 사실상 하얀색이나 파란색 변종을 비롯한 모든 색깔의 연꽃에 쓰이게 되었다. 연꽃은 토양이 아니라 자신의 '모체' 내에서 번식을 하는 유별난 식물학적 습성을 지니고 있다. 대다수 식물이 꽃을 피운 뒤에 열매를 맺고 시드는 데 반해, 연꽃은 열매가 익을 때 꽃을 피운다. 주로 이런 습성 때문에 연꽃은 스스로 생성될 수 있는 신성한 꽃이라고 믿어지게 되었다. 그렇게 해서 연꽃은 인도인의 모든 종교에서 우주와 우주 창조의 상징이 되었고, 수많은 신들의 속성으로 여겨지게 되었다. 하지만 예술에서 봉오리로 그려지느냐 완전히 핀 상태로 그려지느냐에 따라 연꽃이 지닌 상징적인 의미는 달라질 수 있다.

창조신인 비슈누는 대개 한 손에 연꽃 봉오리를 들고 있으며, 이렇게 벌어지지 않은 상태의 연꽃은 겨우살이와 마찬가지로 강한 생식력의 상징이 된다. 또 비슈누와 연관되어 있다는 것은 연꽃이 창조 과정에 어떤 역할을 한다는 것을 말해준다. 전통적으로 힌두교 상징 체계에서, 비슈누의 본처인 슈리데비(Shridevi) 여신은 꽃잎이 열려서 열매껍질(발달하고 있는 씨방을 감싸고 있는 벽)이 드러난 연꽃을 든 채, 비슈누의 오른쪽에 서 있거나 앉아 있는 모습으로 나온다. 그녀는 '연꽃을 지닌 자'라는 뜻의 파드마바티(Padmavati)라고도 불린다. 비슈누의 두번째 부인인 부데비(Bhudevi) 여신은 그의 왼쪽에서 꽃잎이 완전히 자라긴 했지만 닫혀 있는 연꽃을 오른손에 들고 서 있다. 위대한 신인 브라흐마도 가끔 비슈누의 배꼽에서 솟아나온 연꽃의 열매껍질 위에 앉아 있는 모습으로 그려진다. 한편 완전히 핀 연꽃은 비카시타파드마(vikasita-padma)라고 하는데, 그것은 봉오리 상태일 때와 전혀 다른 상징적인 의미를 지니고 있다. 성숙한 상태인 연꽃은 힌두교의 태양신 수르야(Surya)의 상징이다. 그는 대개 두 송이의 연꽃을 들고 있다. 힌두교의 가장 오래된 경전인 고대 시가 『리그베다*Rig Veda*』에는 수르야의 눈이 파란 연꽃과 같다고 나와 있으며, 깨달음을 얻고자 하는 사람이 해가 뜰 때 부르는 한 찬가에는 이런 기도문이 들어 있다. "당신은 세상에 하나밖에 없는 연꽃이오! 나를 중생의 유일한 연꽃이 되게 하소서."

연꽃은 재생의 힘 외에, 대단한 아름다움을 지니고 있다는 점에서도 찬미의 대상이었다. 이 점에서 연꽃은 그다지 호감이 가지 않는 모습을 지닌 겨우살이와 확연히 다르다. 고대 세계에서 연꽃이 순수와 완성의 상징이 된 것도 놀랄 일은 아니다. 힌두교의 가르침을 전하는 경전 중에 『파드마 수트라*Padma Sutra*』와 『파드마 푸라나*Padma Purana*』처럼 연꽃의 이름이 붙은 것들도 있을 정도이다. 경전들에 따르면, 연꽃은 네 가지 미덕을 지니고 있다. 향기, 순수함, 부드러움, 사랑스러움이 그것이다. 불사의 존재들이 다양한 모습의 연꽃으로 묘사되는 이유를 짐작하고도 남을 것이다. 힌두교의 또 다른 위대한 경전인 『브르하다라냐카 우파니샤드*Brhadaranyaka Upanishad*』는 사람의 영원한 본질이 "황금의 옷, 하얀 양털, 붉은 딱정벌레, 불꽃, 하얀 연꽃, 갑자기 치는 번개와 같다"고 말한다. "이 사실을 깨달으면 눈부신 세계가 펼쳐진다."

인도에서 연꽃이 어떤 위치에 있는지를 보여주는 가장 놀랍고 유별난 사례는 1986년 뉴델리에 세워진 바하이(Baha'i) 사원일 것이다. 이 사원은 콘크리트로 짓고, 하얀 대리석을 겉에 붙인 건물인데, 연꽃이 벌어진 모양을 쏙 빼닮았다. 평원 한가운데에 꽃잎이 아홉 개씩 세 겹으로 둘러싸고 있는 연꽃이 우뚝 솟아 있는 모습이다. 안쪽의 두 겹은 안으로 굽어서 돔을 감싸고 있고, 맨 바깥을 싸고 있는 꽃잎들은 밖으로 굽어서 입구를 이루고 있다. 이 건물은 에펠 탑이나 타지마할보다도 더 많은 관광객이 찾는 명소가 되고 있다. 그보다 훨씬 덜 화려하지만, 만다라도 가끔 연꽃 모양으로 그려지곤 한다. 18세기에 세워진 티베트의 한 사원에는 보살들이 연꽃 모양으로 모여 있는 모습을 담은 탱화가 걸려 있으며, 남인도의 탄자부르에 있는 브르하데스바라(Brhadesvara) 사원은 연꽃의 기하학적 모양을 본뜬 파드마가르바 만다라

호숫가에 피어 있는 '부처의 대좌' 인 연꽃.

(padmagarbha mandala)라는 형상으로 배치되어 있다.

연꽃은 불교에서도 그에 못지않은 상징성을 지니고 있다. 불교에서는 연꽃의 꽃과 열매가 동시에 달리는 것이 과거와 현재와 미래를 동시에 보여주는 것이라고 본다. 또 연꽃은 부처가 앉는 자리이기도 하며, 부처는 연꽃에서 태어나는 것으로 여겨지는데, 따라서 그것은 혈통의 순수성을 상징하는 것이기도 하다. 부처들을 '연꽃족' 이라고 하기도 한다. 하지만 서양 사람들은 이해하기가 쉽지 않은 더 추상적인 개념들도 있다. 부처는 감화력을 지니고 있다고 믿어진다. 영적인 엑토플라즘(ectoplasm, 영매의 몸에서 흘러나온다고 하는 일종의 물질/옮긴이)이라는 개념과 흡사하다. 이런 감화력 가운데 하나가 부처의 화신이 전하는 불법이다. 역사적으로 이런 쪽으로 가장 유명한 인물은 8세기에 라마교를 창시한 티베트의 승려인 파드마삼바바(Padma-sambhava)일 것이다. 그는 깨달은 사람이었다. 그는 아미타불의 화신이라고 여겨진다. 파드마삼바바는 '연꽃에서 태어난' 사람이라는 뜻이다. 그가 연꽃에서 태어났다는 전설에서 비롯된 이름이다.

가장 신비주의적인 형태의 불교인 금강승에서 연꽃은 여성의 본질, 즉 여성의 생식기를 상징하기도 한다. 따라서 금강승에서 연꽃은 힌두교의 요니(yoni)와 같다. 또 연꽃은 구제를 약속하는 상징이기도 하다.

아주 극단적인 고행을 중시하는 자이나교에서 연꽃은 '위대한 스승들' 중 여섯 번째인 티르탄카라 파드마프라바(tirthankara Padmaprabha)를 상징했다. 또 연꽃은 라마교, 즉 티베트 불교의 창시자를 상징했다.

'연화좌', 즉 파드마사나(padmasana)는 부처의 대좌를 비롯해 힌두교, 불교, 자이나교에서 선호하는 것이 되었고, 전형적인 요가 자세의 하나가 되기도 했다. 양쪽 발을 교차해 허벅지에 올리고 몸을 곧추세운 결가부좌가 바로 그것이다.

연꽃의 신비한 분위기는 고대 근동과 인도로부터 다른 지역에까지 영향을 미쳤다. 고대 그리스 작가인 호메로스는 『오디세이아』에서 오디세우스가 북아프리카 해안에서 연꽃만을 먹고사는 기이한 사람들과 만나는 이야기를 하고 있다.

> 열흘째 되는 날 우리는 연꽃 먹는 자들의 땅에 도착했다. 그들은 그 향기 나는 열매만 먹는다. 우리는 해안에 상륙해서 물을 구했고, 배 옆에서 허겁지겁 식사를 했다. 식사를 끝낸 뒤, 나는 어떤 사람들이 살고 있는지 알아보라고 동료 몇 명을 보냈다. 그들은 곧 연꽃 먹는 자들과 마주쳤다. 그들은 내 동료들을 쫓아낼 생각을 하지 않았다. 오히려 동료들에게 맛보라고 연꽃 열매를 주었다. 그 달콤한 열매를 먹은 동료들은 소식을 전하기 위해 돌아오고 싶은 생각이 싹 가셨다. 오직 연꽃 먹는 자들과 함께 머물면서, 그 열매를 먹으면서 고향으로 항해하고픈 생각은 접어두고 싶은 욕망뿐이었다.
>
> —『오디세우스』

나중에 연꽃의 이미지는 중국으로도 퍼져나갔고, 도교에서 중시하는 대상이 되었다. 도교에서 연꽃은 여름과 다산의 상징이다. 연꽃은 일본에서도 숭배되었다. 13세기에 창립된 니치렌(日蓮) 불교 종파는 『파드마 수트라』의 가르침에 바탕을 둔 교리를 택했다.

## 장미

겨우살이와 연꽃에 맞먹는 수준의 명성을 누리는 꽃이 또 있다면 장미일 것이다. 장미는 대단히 아름답기 때문이다. 전세계에 자연적으로 자라는 장미는 약 250종에 달하며, 그 외에도 무수한 잡종들이 있다. 장미류는 장미과에 속하며, 전세계의 북부 온대 지역에서 자연적으로 자란다. 가시가 있는 관목 또는 덩굴식물로서, 흰색, 노란색, 분홍색, 빨간색 등의 꽃잎이 다섯 장 달린 꽃을 피우며, 나중에 빨간 열매가 익는다. 현대의 잡종 장미는 크게 몇 종류로 나뉘며, 그 중 하이브리드 티(hybrid tea)와 플로리번다(floribunda)가 가장 유명하다.

성서 시대 이후로 장미는 사랑과 순결의 상징이 되어왔다. 꽃 색깔 때문이었다. 붉은 장미는 사랑, 흰 장미는 순결을 뜻한다. 맨 처음 장미를 상징으로 삼은 것은 다산의 여신인 이슈타르였지만(205쪽 참조), 그 뒤 장미는 성모 마리아의 상징으로 흔히 쓰이고 있다. 그리고 로마 가톨릭은 성당을 지을 때 장미창(窓)을 달곤 한다. 그 중 가장 잘 알려진 것이 영국 서섹스에 있는 아룬델(Arundel) 성당의 장미창이다. 로마 가톨릭의 성무 일과서에 성모 마리아는 '다윗 장미의 동정녀'라고 나와 있다.

중세 시대 영국에서 왕위 쟁탈전을 벌이던 두 가문이 있었는데, 양쪽 다 장미를 가문의 문양으로 삼고 있었다. 1455년에서 1485년에 걸쳐 일어난 이른바 장미전쟁에서 승리한 랭카스터 왕가는 붉은 장미를 상징으로 삼았고, 요크 왕가는 흰 장미를 상징으로 삼았다. 지금도 붉은 장미는 영국을 상징한다. 19세기에 꽃의 상징적인 의미를 놓고 낭만적인 관심이 불었을 때, 연인들은 정열을 은밀히 알리고자 붉은 장미를 주고받았고, 스코틀랜드의 시인 로버트 번즈(Robert Burns)는 명문을 남기기도 했다. "오, 내 사랑은 6월에 새로 피어난 붉은, 아주 붉은 장미 같도다." 흰 장미는 때로 붉은 장미와 대비되어 슬픔의 상징으로 여겨지기도 했다. 시인 테니슨(Alfred

요크 왕가의 상징인 흰 장미의 토대가 된 개장미(Dog Rose, *Rosa canina*).

Tennyson)은 이렇게 썼다.

그녀가 오네, 내 귀여운 이, 내 사랑이.
그녀가 오네, 내 생명, 내 운명이.
붉은 장미가 외치네, "그녀가 가까이 왔어, 그녀가 가까이 왔어."
흰 장미가 외치네, "그녀가 늦는구나."

17세기에 독일에서 생겨나 유럽의 많은 지역으로 퍼져나간 신비주의 종파인 장미십자회도 장미를 상징으로 삼았다. 1484년 크리스티안 로젠크로이츠(Christian

Rosenkreuz)가 내세운 형제애에 바탕을 두고 설립된 장미십자회의 상징은 장미 십자가이다.

사족이긴 하지만, 장미를 '예리코의 장미(Rose of Jericho)' 또는 '부활의 식물'이라고 부르는 것과 혼동해서는 안 된다. 예리코의 장미는 근동 지역에 사는 여러해살이풀인 아나스타티카 히에로크훈티카(*Anastatica hierochuntica*)를 말한다. 이 식물은 건기인 여름이 되면 잎을 모두 떨구고 몸을 돌돌 말아서 견딘다. 그러면 마치 바람에 이리저리 날리는 고리버들로 엮은 공처럼 보인다. 이런 식으로 수분을 보존함으로써 이 식물은 건기를 견디고 다시 소생한다. 또 장미를 성서에 나오는 또 다른 식물인 성 요한의 풀(St. John's Wort)이라는 이름으로도 불리는 샤론의 장미(Rose of Sharon, 무궁화, *Hibiscus syriacus*)와 혼동하지 말라.

## 국화와 모란

극동 지방에서는 두 종류의 꽃이 연꽃과 장미에 못지않은 명성을 누렸다. 국화와 모란이다. 중국에서 국화는 전통적으로 가을을 상징한다. 또 국화는 초겨울의 서리에도 견딜 수 있기 때문에 정절의 식물로 여겨진다. 국화속은 국화과에 속하며, 약 2백 종의 풀과 관목으로 이루어져 있고, 거의 전세계에 퍼져 있다. 일본에서 국화꽃은 왕가와 왕족이 앉는 자리를 상징한다. 일본 왕가는 태양의 여신 아마테라스 오미카미(天照大御)의 혈통이라고 하는데, 아마테라스가 국화 옥좌에 앉아 있었다는 것이다.

모란은 중국과 일본 왕실의 중요한 상징이며, 그것이 지닌 신비적인 분위기는 세월이 흐르면서 서쪽의 터키와 이란까지 전해졌다. 중국에서 모란은 약 천5백 년 전부터 재배되었다. 아름다움을 감상하려는 의도도 있었지만, 뿌리가 약초로 쓰였기 때문이기도 했다. 모란은 초본인 작약류와 목본인 모란류로 나뉘는데, 유럽과 북아메리카의 정원에 자라는 것은 주로 작약류이다. 더 정확히 말하면, 모란류는 키가 2.5미터를 거의 넘지 않는 관목에 속한다. 야생형은 중국에서만 발견되며, 정원에서 자라는 모든 모란류는 이 종에서 나온 잡종이다.

장미 및 국화와 마찬가지로, 중국인들은 모란을 사랑과 정절의 상징으로 여겼다. 또 꽃이 아주 화려하기 때문에 여성다움과도 연관지었다. 동양에서는 그 꽃의 아름다움과 여성의 아름다움을 동일시했기에, 옛 일본 기생들은 모란이 수놓아진 옷을 입기도 했다. 6세기부터 중국의 제후들과 신하들은 황제에게 모란을 공물로 바쳤다. 1997년 영국이 홍콩을 중국에 반환할 때, 장시(江西) 성 정부는 홍콩 정부에 '홍콩의 반환을 축하하는 상징' 으로 모란이 그려진 도자기를 선물하기도 했다. 중국 달력에서는 4월을 모란의 이름을 따서 목단이라고 한다. 모란꽃은 붉은색, 분홍색, 노란

모란은 중국 황실을 상징하는 꽃이었기에 중국의 예술작품에서 자주 다루어졌다.
19세기 중국 화가 일묘제(一苗齋)가 그린 수묵화 〈벌과 모란〉.

색, 흰색 등 여러 색깔이 있다. 서양에 존재하지 않는 파란 장미를 둘러싼 전설들이 있는 것처럼 신비한 파란 모란을 둘러싼 이야기들도 있다. 1860년대에는 중국 황제의 정원에 파란 모란이 수북이 피어 있다는 이야기가 떠돌면서 유럽의 모란 애호가들이 흥분의 도가니에 빠진 적이 있다.

역사적으로 보면 특정한 시기에 신비와 마법을 지니고 있다는 말이 떠돈 꽃들이 많이 있다. 하지만 그 중에서 겨우살이, 연꽃, 장미, 모란, 국화에 필적할 만한 명성을 얻은 것은 없다. 이들 중 하나는 다른 식물과 연관됨으로써 신비감을 얻었지만, 다른 것들은 진정한 아름다움을 지니고 있었기에 신비감을 얻었다. 성서의 마태오복음에 나온 다음과 같은 말은 그 꽃들의 가치와 매력을 가장 잘 요약하고 있는 듯하다.

> 또 너희는 어찌하여 옷 걱정을 하느냐? 들꽃이 어떻게 자라는가 살펴보아라. 그것들은 수고도 하지 않고 길쌈도 하지 않는다. 그러나 온갖 영화를 누린 솔로몬도 이 꽃 한 송이만큼 화려하게 차려입지 못하였다.

영국의 전통 축제인 오월제와 밀접한 관계가 있는 식물 중 하나인 사과나무의 꽃.

# 11

## 오월제

절기가 지나가는 것을 알리는 이교 축제 중 아마 가장 중요한 것은 오월제(May Day)일 것이다. 오월제는 겨울이 끝나고 여름이 시작되는 것을 찬미하는 축제이기 때문이다. 오월제는 기나긴 추운 겨울 밤과 길고 풍성한 여름 낮을 가르는 중심점이 된다. 또 오월제는 달력에서 독자적으로 존재하고 다른 절기와 달리 기독교의 특징이 스며들지 않은 극소수의 진정한 이교 절기 중 하나이기도 하다.

켈트족의 시대에는 오월제를 벨테인(Beltane) 축제라고 했다. '밝다' 는 뜻의 Bel과 '불' 이라는 뜻의 Tan에서 유래한 말이다. 그것이 불의 축제였다는 것은 거의 확실하다. 켈트족은 뜨거운 여름 태양이 안전하게 귀환하기를 호소하는 공감 주술의 일환으로 축제 때 모닥불을 피웠다. 축제는 5월 1일 전날 밤 달이 뜰 때 시작했다. 5월 1일은 겨울 동안 외양간과 우리에 갇혀 있던 소떼를 다시 풀밭으로 내보내는 첫날이기도 했다. 그것도 오래 전부터 내려온 풍습이었다. 벨테인 축제는 '발푸르기스의 밤'■이라는 모호한 기독교 축제와는 그저 우연히 날짜만 같을 뿐이지만, 십자가를 뜻하는 고대 영어에서 유래한 말인 십자가날(Rood Day)이나 루드마스(Rudemas)로 불리기도 한다. 기독교 지도자들은 교구의 밭을 돌면서 행진하는 무리를 축복함으로써 옛 이교 축제를 인정해주었다. 이교 축제는 시골에서 막 자라나는 봄의 새싹들과, 앞으로 동물들과 작물들이 자손을 많이 퍼뜨리리라고 기원하는 다산 의식에 중점을 두었다. 하지만 최근 들어서는 오월제가 다가올 여름에 대한 기대를 표현하고 풍작을 이루기를 바라는 주술 의식이었다기보다는 지역 공동체의 힘과 단합을 도모하기 위한 것이었다는 쪽에 더 무게가 실리고 있다. 봄이 훨씬 더 늦게 찾아오는 스칸디나비아를 비롯한 유럽 북부 지역에서는 5월 1일이 아니라 한여름에 비슷한 축제가 열렸다.

'메이(May)' 라는 단어는 고대 그리스 로마 시대의 정체가 다소 모호한 대지의 여신 마이아(Maia)에서 유래한 것으로 여겨진다. 마이아는 호메로스 이전 시대에 있던 산의 신에서 유래했으며, 그 뒤에 제우스의 배우자 중 하나가 된 듯하다. 로마인들은 마이아를 플로라(Flora)라고 불렀으며, 그녀를 유피테르(Jupiter)의 지위 낮은 배우자 정도가 아니라 메르쿠리우스(Mercurius)의 어머니로 승격시켰고, 밭에서 자라는 작물들의 여신으로 숭배했다. 로마 제국에 정복당한 지역의 사람들이 채택한 것이 바로 이 로마의 플로랄리아(Floralia) 축제였다.

과거에 오월제는 사회의 성적 규범이 잠시 느슨해지는 시기였으며, 오월제 전날 연인들은 숲으로 가 신선한 잎과 꽃을 모으면서 '흥겨운 놀이를 즐겼다'. 19세기에는 분장한 초록 인간이 등장해서 오월제 축제에서 널리 인기를 끌었다. 초록 인간은 아마도 중세 시대부터 있었을 것이다. 대개 고리버들로 틀을 만들어 그 위를 내다볼 수 있는 작은 틈만 남겨두고 나뭇잎으로 온통 뒤덮은 것을 뒤집어써서 분장을 했다. 그는 흥겨워하는 무리를 이끌고 거리를 행진했다. 굴뚝 청소부처럼 얼굴을 까맣게 칠한 무리는 북을 두드리고 삽과 장대를 들고 그의 주위를 돌며 춤을 추면서, 휘파람을

■ Walpurgisnacht, 오월제의 전야제, 즉 4월 30일 밤에서 5월 1일 새벽 사이에 중부 독일의 브로켄 산에서 벌어지는 온갖 요정과 마녀들의 축제.

대지의 여신 마이아를 묘사한 시리아의 모자이크화.

불며 돈을 모았다.

카린티아(Carinthia, 지금의 오스트리아 남부)에는 초록 조지(Green George)라는 그리 다르지 않은 분장 인물이 있었다. 이 인물은 오월제가 아니라 성 조지 축제일에 모습을 보였다. 마을의 젊은이 한 명이 고리버들이 아니라 자작나무 가지들로 몸을 휘감은 뒤 풍악과 함께 거리를 행진했다. 축제가 끝날 때쯤, 노래를 부르면서 초록 조지 분장을 한 사람이나 대신할 허수아비를 강이나 연못에 던져 넣었다.

초록 조지를 데려왔네.
초록 조지가 함께 왔네.
그가 우리 가축들을 잘 먹여주기를.
안 그러면 물에 빠뜨릴 거야.

그것은 풍작이 이루어지도록 생장기인 여름 동안 밭에 물이 잘 공급되기를 바라는 공감 주술이었다. 초록 인간 같은 존재들은 전통 풍습의 하나로 오늘날까지 살아남았다. 하지만 그런 존재들이 낟알을 수확하고 뿌리는 일과 직접 연관된 죽음과 소생의 속성을 지니고 있었다는 증거는 전혀 없다. 아마도 그는 크게 보면 봄 전체, 구체적으로 보면 오월제 축제와 관련이 있는 신록의 정령이었던 듯하다.

전통적으로 영국을 비롯한 유럽 각지에서 사람들은 그날의 행사를 주관할 오월의 왕과 여왕을 뽑았다. 그들은 로빈 후드(Robin Hood)와 그의 연인 매리언(Marian) 같은 전설에 나오는 인기 있는 인물처럼 분장하기도 했다. 하지만 예전에는 아마도 대지의 여신과 그 젊은 배우자로 분장했을 것이다. 프랑스 같은 가톨릭 국가에서는 교회가 오월의 여왕에서 이교적인 색채를 모조리 없애버렸다. 그래서 현재 오월의 여왕 역을 맡은 여성은 성모 마리아를 상징하게 되었고, 오월제는 그녀를 기리는 행사처럼 되었다.

종교개혁기에 영국의 청교도들과 유럽의 동조자들 중 일부는 오월제 축제를 비난하고 나섰다. 대서양을 건너 나중에 미국이 될 곳으로 떠난 청교도 이민자들은 그런 태도도 함께 지니고 갔다. 그 결과 북아메리카에서는 오월제가 유럽만큼 널리 퍼지지 않았다. 그렇지만 북아메리카의 많은 마을과 도시에서 비슷한 축제들이 벌어지고 있다. 아이들은 오월의 여왕을 뽑고 봄꽃이 담긴 작은 종이 바구니를 친구들과 이웃들의 문에 걸어놓는다.

영국 의회는 1644년 오월제를 금지하는 법을 통과시켰고, 이런 조치는 1660년 찰스 2세가 왕정 복고를 한 뒤 긴축 정책을 풀면서 함께 해제되었다. 하지만 예전에 그 축제에 담겨 있던 성적인 요소는 여전히 배제되어 있었고, 그런 분위기는 그 뒤로도 계속 변함이 없었다. 빅토리아 여왕 시대에 오월제는 철저하게 도덕적인 분위기에 휩싸이게 되었다. 처녀들이 새하얀 옷을 입고 꽃다발을 드는 등 순수하게 봄을 즐기는 행사로 바뀌었다.

기독교가 득세하면서 신성한 나무 전통이 사라졌을 것이라고 생각하는 사람이 있을지 모르겠지만, 나무 숭배 의식은 놀라울 정도로 완강하게 남아 있다는 것이 입증되어왔다. 오월제 기둥 세우기는 지금도 유럽 전역에서 오월제 축제의 주요 행사이다. 이 기둥이 남근을 상징한다는 주장이 있지만, 오월제 기둥(Maypole)이 고대 근동 지방의 신성한 나무나 북구의 위그드라실에서 유래했을 가능성도 충분히 있다. 전통적으로 오월제 때에는 숲에서 살아 있는 나무를 베어 가지를 쳐낸 뒤 마을로 운반해서 기둥을 세운다. 영국의 옛 부조들을 보면, 장대가 아주 거대했으며 리본으로 장식되고 화환으로 둘러싸였다는 것을 알 수 있다. 영국에서는 1888년경부터 더 짧은 장대가 쓰이기 시작했고, 곧 그것이 표준으로 자리를 잡았다. 비록 이따금 높은 장대가 쓰이기도 하지만 말이다. 전통적으로 장대는 교회 근처 마을 풀밭에 세워졌고, 이교 풍습에서 유래한 것이 분명한 대상을 이렇게 교회 근처에 세운 것도 기독교측의 반발을 불렀다. 해를 지나면서 늘어났던 오월제 기둥들은 교회의 명령에 따라 없애버렸고, 결국 새로 나무를 베는 풍습도 중단되었다.

간혹 옛 지명을 통해서 그곳이 오월제 기둥이 세워진 곳이었음을 알 수 있다. 노팅엄셔에는 1780년까지 오월제 기둥이 세워진 곳이 있는데, 그 뒤 그곳에 '옛 모퉁이 깃대(Old Corner Pin)' 라는 이름의 선술집이 들어섰다. 영국에서 행사의 중심이 된 오월제 장대는 대개 작았지만, 웨스트요크셔 엘머트에 있는 바위크 마을에서는 전통적으로 큰 기둥을 세웠으며, 지금도 매년 놀라울 정도로 큰 기둥이 세워지고 있다. 런던 시에는 성 앤드류 언더샤프트(St. Andrew Undershaft)라는 신기한 이름의 교회가 있다. 레든홀 가에 자리한 이 교회는 초서(Geoffrey Chaucer)가 '콘힐의 거대한 기둥(Great Shaft of Cornhill)' 이라고 말한 엄청난 오월제 기둥에서 이름을 딴 것이다. 이 기둥은 공위 기간에 크롬웰의 청교도 무리가 없애버렸다.

유럽의 다른 지역에서는 오월제 기둥과 다산의 관련성이 더 강하게 남아 있었다. 유럽 대부분의 지역에서는 오월제 때 살아 있는 나무, 특히 어린 전나무와 자작나무를 사용했다. 숲에서 막 베어 마을로 가져와 리본과 꽃으로 장식해놓고 성대한 행사를 벌였다. 독일과 체코에서는 오월제 전날 청년들이 여자친구의 침실 창문 앞에 자그마한 오월제 기둥을 세우는 풍습이 있었다. 오월제 기둥 중에 가장 큰 것은 높이가 40미터에 달했다. 바이에른 지방에 지금도 세워지고 있는 마이바우멘(maibaumen)이라는 것이 한 예인데, 그 기둥들에는 공예품과 교회 같은 마을의 큰 건물을 그린 것들을 나뭇가지처럼 달아매곤 한다. 이런 전통은 16세기로 거슬러올라간다.

의식 행사 때는 오월제 기둥을 중심으로 서서 기둥 꼭대기에 묶어 늘어뜨린 색색의 리본들의 끝을 잡고서 복잡한 무늬를 그리며 춤을 춘다. 사람들은 서로 나왔다 들어갔다 엇갈리며 춤을 추면서 리본들로 장대를 완전히 휘감는다. 그것은 신성한 나무를 금속 띠와 색색의 천으로 장식하던 고대 풍습을 어렴풋이 떠올리게 한다. 나무나 상징적인 기둥을 중심으로 추는 이런 리본 춤은 전세계에 아주 널리 퍼져 있다. 스페인에서는 그런 춤을 바일레 델 코르돈(baile del cordon)이라고 하며, 스페인에게 정복당하기 전 라틴아메리카 전역에 퍼져 있던 춤에서 유래한 것이다. 인도의 전통 민속에도 비슷한 춤이 있다.

초록 덮개를 찬미하는 축제들 중 오월제가 가장 널리 열리고 있기는 하지만, 다른

기둥을 중심으로 벌어지는 오월제 축제는 고대부터 내려왔으며, 이교의 나무 숭배 흔적이 남아 있다.

축제들도 많이 있다. 하지만 다른 축제들은 대부분 기독교적인 색채가 가미된 것이다. 부활절과 성령 강림 대축일 때에는 주목이나 겨우살이 같은 옛 신성한 나무들을 베어서 교회 안에 걸어두곤 하며, 장미나 다른 봄꽃들도 화환을 만들어 걸어둔다. 이런 풍습들은 거의 대부분 기독교와 별 관계가 없으며, 살아 있는 세계를 신성하게 여기는 마음과 공통점이 많다.

기원일 전 일요일(Rogation Sunday)은 겉으로 보면 자라는 작물들을 축복하는 행사이지만, 한때는 '경계선 두드리기'(beating the bounds, 막대기로 마을, 밭 등의 경계가 되는 울타리 등을 두드리며 소리지르는 행사/옮긴이)라는 의식이 포함되어 있었다. 이것도 기독교 교리와 거의 관계가 없다. 옛 기록을 보면, 영국 남부의 버프햄이라는 작은 마을에서는 동쪽의 나무껍질이 벗겨진 늙은 물푸레나무가 있는 곳까지 사람들이 행진하는 풍습이 있었다. 사람들은 이곳에서 다시 남쪽으로 레이디스코피스(Lady's Coppice)라는 숲으로 향했다가 다시 생울타리에 있는 단풍나무로 갔다. 사람들은 그 나무 옆에 돌무더기를 쌓았다. 그런 다음 우물이 있는 곳으로 행진해서 호두나무 옆에서 멈추었다. 그곳에서 맥주를 마시면서 치즈와 케이크를 먹었다. 그 의식은 마을의 요충지 네 곳에 있는 신성한, 그리고 수호자이기도 한 나무들을 축복하는 행사에 다름 아니었다.

흔히 그렇듯이 초록 덮개와 관련된 풍습들은 겉으로 보이는 것과 다를 수가 있다. 사람들이 꽃과 잎으로 치장하는 행동이 농경 축제와 거의 관계 없는 경우도 있으며, 배경을 제대로 이해하지 못하면 그들의 행사가 왠지 잘못된 것처럼 보일 수도 있다. 한 예로 말레이시아에서는 해마다 1월 말이나 2월 초에 타이푸삼(Taipusam)이라는 축제가 열린다. 이 축제 때 사람들은 카바디(kavadi)라는 것을 운반한다. 이것은 색종이, 금속 조각, 꽃, 과일 등을 나뭇가지인 양 달아맨 것으로 나무와 흡사해 보인다. 이 풍습이 오월제의 초록 인간과 흡사하다는 생각이 금방 떠오를 것이다. 이 풍습은 누군가를 달래기 위한 것이다. 하지만 대상이 자연 신은 아니다.

타이푸삼 의식은 수브라흐마냐(Subrahmanya)나 무루칸(Murukan)의 모습을 한 힌두교의 전쟁신인 스칸다(Skanda)를 찬미하기 위해 열린다. 쾰라룸프르의 힌

기독교 이전 시대에는 오월제 때 자작나무를 베어 마을로 들여오곤 했다. 잎과 가지가 이루는 섬세한 자태 때문에 자작나무는 여성적인 것으로 여겨졌다.

두교도들은 해마다 카다비를 들고 셀란고르에 있는 바투 동굴로 성지 참배를 간다. 무게가 상당하기 때문에 그것을 가져가는 것은 일종의 고행이기도 하다. 그들은 그것을 신상이 있는 거대한 동굴에 둔다. 말레이시아에서는 7월에 꽃축제(Flora Fest)라는 일종의 오월제가 열린다. 일주일 동안의 축제가 끝날 때쯤 화려하게 장식된 꽃수레들이 지나가는 꽃 행렬이 벌어진다.

꽃축제는 종교색이 짙은 행사가 아니라, 아열대 지방에서 일 년 내내 풍성하게 피는 꽃들의 아름다움을 생각하고 즐기기 위한 행사이다.

스리랑카의 차 수확 장면. 차는 스리랑카의 주요 산물 중 하나이다.

# 12

## 축복과 저주

식물은 치유 효과를 지닌 물질 외에 다른 화학 성분도 만들어내며, 그것이 식물에게 더 특수한 신비감을 부여할 때도 있다. 어떤 식물들은 사회 조직의 한 부분이 되었고, 그것을 대할 때 거의 종교 의식에 가까운 예의와 법도가 수반되기도 했다. 이 화학 성분은 대부분 중추신경계에 영향을 미침으로써 마음 상태에 변화를 가져온다. 이것을 정신 활성 물질이라고 하며, 크게 각성제와 진정제로 나뉜다. 차나무속(*Camellia*), 커피나무속(*Coffea*), 코코아속(*Theobroma*)의 종들은 식물이 자연적으로 만들어내는 각성제 중 사회적으로 가장 널리 쓰이는 물질인 카페인의 주요 공급원이다.

### 차

차나무(*Camellia sinensis*)는 기나긴 역사 동안 상업과 사회 풍습에 가장 강한 영향을 미쳐왔다고 말할 수 있을 것이다. 차나무과에 속한 종인 이 식물은 중국이 원산지이며, 키가 2미터 정도까지 자라는 둥그스름한 모양의 관목이다. 차나무는 강한 열기와 가뭄을 견디고 가을에 잎겨드랑이에서 하얀 꽃을 피운다.

차는 중국에서 처음 마시기 시작했으며, 차나무의 잎을 쓰기 시작한 것은 5천 년쯤 전부터였음이 확실하다. 전설에 따르면, 중국의 신농(神農) 황제가 기원전 2737년경 나라를 돌아보던 중에 뜨거운 물로 차를 우려 찻물을 만드는 방법을 발견했다. 신농이 측근들과 함께 길옆에서 잠시 쉬고 있는데 우연히 뜨거운 물이 담긴 냄비로 찻잎이 떨어졌다. 물 색깔이 변하고 향내가 나자 호기심이 동한 황제는 한번 맛을 보았다. 그렇게 해서 차가 퍼지게 되었다.

중국인들은 주로 명상의 수단으로 차를 마셨다. 차는 정신을 맑게 유지하는 데 도움이 되었다. 차가 중국 문화에 끼친 영향은 아주 커서 서기 약 800년경 『다경(茶經)』이라는 차에 관한 내용들을 집대성한 책이 나올 정도였다. 이 책은 선승인 육우(陸羽)가 저술한 것으로, 그는 차나무 재배의 대가였으며 다양한 차 재배법을 개발하기도 했다.

차를 마시는 풍습은 중국에서 생겨났지만, 예술적인 형식으로 발전한 것은 일본에서였다. 전하는 이야기에 따르면, 서기 8세기경 수도승인 사이초(最澄) 선사가 차나무의 씨를 중국에서 일본으로 가져왔다고 한다. 그 이야기가 사실인지 여부를 떠나, 일본인들은 오래 전부터 차를 즐겨 마셨으며, 차 문화는 소개될 때부터 일본 왕실의 승인을 받았다. 기록에 따르면, 8세기 일본의 쇼무(聖武) 천황은 궁전에 승려 백 명을 초청해 차를 마시는 연회를 열기도 했다.

일본에서는 거의 종교적이라 할 정도로 격식을 갖추어 차를 마시는 풍습이 발전했다. 하지만 처음에는 거의 격식 없이 차를 홀짝거리는 수준이었다. 차를 마실 때 격식을 갖추어야 한다는 생각은 1267년 선승인 다이오(大応)에 의해서 알려졌다. 그러나 15세기 무로마치 시대가 되어서야 널리 받아들여졌다. 다도를 널리 보급하는 데 가장 큰 기여를 한 사람은 선승인 잇큐(一休, 1394~1481)와 그의 제자인 무라타 슈코(村田珠光, 1422~1502)였다. 그 뒤 또 다른 선승인 센노 리큐(千利休, 1521~

전통 다실 주위에 있는 일본 게이샤들을 찍은 1900년의 사진.

1591)가 그것을 더 세련되게 다듬었고, 그의 노력에 힘입어 다도는 거의 종교 의식처럼 발전했다. 센노 리큐는 다도의 간소함을 유지하려 애썼지만, 마시는 방법과 장소에 관해서는 엄격한 법도를 세우고 싶어했다. 여기에는 사용하는 다기의 종류(아주 아름다운 것들도 있었다), 다실 내부의 배치, 심지어 다실 주위의 정원 설계에 관한 사항까지 포함되었다. 다실의 설계와 운치에 관한 본래의 개념은 소박한 시골집 분위기를 재현하자는 것이었다. 센노 리큐가 얼마나 열의를 갖고 다도를 보급했던지, 15세기 말 쇼군 아시카가 요시마사(足利義政, 1435~1490)가 교토 근처에 있는 자신의 영지에 있는 은각사(銀閣寺) 내에 도진사이(同仁齋)라는 다실을 만들 정도였다. 이 차시추(茶室)는 모든 일본 다실의 원형이 되었다. 다도를 위해 봉사하는 것도 특수한 분

야가 되었고, 그 일은 게이샤가 맡았다.

불행히도 세월이 흐르면서 초기의 소박함은 사라져갔고, 다도는 점점 더 허례허식에 치우쳐갔다. 부유한 일본 귀족들 사이에서는 투다(鬪茶)라는 놀이가 벌어졌다. 참가자들이 각종 차의 이름을 알아맞히는 놀이로서, 이긴 자는 큰 상을 받았다. 선불교의 믿음과 행동거지에 전혀 어울리지 않는 행동이었다.

차를 음미하는 즐거움을 맨 처음 기록으로 남긴 사람은 포르투갈의 예수회 사제인 하스페르 데 크루스(Jasper de Cruz)인 듯하다. 그가 1560년에 쓴 글은 차에 관한 유럽인의 상상을 자극했고, 그 결과 차 무역이 급격히 활기를 띠게 되었다. 처음에는 리스본이 차 무역의 중심지였다가 그 다음에는 네덜란드의 수도인 헤이그가 중심지가 되었다. 하지만 차가 유럽과 새로운 정착지인 아메리카 식민지 양쪽에서 대중의 상상을 사로잡아 크게 유행한 것은 17세기가 되어서였다.

16세기 중반까지도 차는 유럽에서 부자들만 즐길 수 있는 사치품이었다. 영국에 차가 유행하기 시작한 것은 그로부터 거의 백 년이 지난 뒤였다. 1654년 런던에 최초로 차를 실은 배가 도착했다. 오히려 북아메리카에는 그보다 몇 년 전부터 차가 수입되었다. 스튜어트 왕가의 찰스 2세(Charles II)는 젊은 시절에 헤이그에서 꽤 오래 살았기 때문에 이미 차 한 잔이 주는 즐거움을 잘 알고 있었다. 게다가 그와 혼인한 포르투갈의 왕녀 캐서린 드 브라간사(Catherine de Braganza)도 차를 아주 즐기는 사람이었다. 그러나 영국의 차 소비량이 다른 국가들을 초월하고, 유럽의 주요 차 소비국이 된 것은 1800년대 초였다. 영국은 평균적으로 매년 백 톤이 넘는 차를 수입했다. 국민 음료인 맥주가 두번째로 밀려날 정도였다.

동인도회사가 처음 이름을 알리게 된 것은 동양과의 차 무역이 활기를 띠면서였다. 차 무역이 활발해지면서 동인도회사도 꾸준히 부를 축적해갔다. 유럽 구매자들과 중국 판매상들 사이에 협상이 이루어지면서 '피진 영어'라는 독특한 언어까지 생겨났다. '피진(pidgin)'은 상업을 뜻하는 북경어가 변형된 것이다. 차 재배는 아직 중국에 국한되어 있었다. 중국은 당연히 귀한 상품을 독점하고자 애썼다. 차를 구매하려면 상당히 많은 돈이 있어야 했기에, 영국은 아편을 통화로 삼는 물물교환 방식을 유도했다. 마약을 지불하고 차를 샀으므로, 영국은 국부가 유출되는 바람직하지 못한 상황을 피할 수 있었다. 하지만 그 결과 훨씬 더 큰 사회적 대가를 치러야 했다. 중국과의 아편 거래는 영국 무역사의 큰 오점 중 하나로 기록되었다.

결국 아메리카 무역상들이 영국의 차 무역 독점 상태를 깨뜨렸다. 그들은 중국에 마약이 아니라 금을 지불했기 때문이다. 오랫동안 아메리카 사람들은 동인도회사를 통해 거래할 수밖에 없었다. 미국 독립전쟁의 계기가 된 것도 영국이 식민지 주민들에게 부과한 차 세금이었다. 식민지 주민들은 대서양 반대편에서 차 열풍이 불기 약 50년 전부터 차를 마셔왔다. 1700년경에 이미 보스턴과 뉴욕에 다원(tea garden)들이 들어서 있었다. 프랑스와 식민지 전쟁을 벌이기 위해 영국은 신대륙으로 이주한 사람들의 지지를 얻으려 애썼다. 그랬기에 식민지 주민들에게 과중한 재정적 부담이 가해지자 그렇지 않아도 쌓여왔던 대서양 저편에 대한 적개심이 더 치솟은 것은 당연했다. 영국 정부는 온갖 가혹한 세금들을 부과하는 정책을 폈고, 1767년에는 차에까지 세금을 매겼다. 식민지 주민들은 불쾌해했고 영국에서 차를 수입하기를 거부하고 네덜란드에서 차를 수입함으로써 이에 맞섰다. 세입이 크게 줄어들 기미를 보이자 영국도 발빠르게 대응했다. 영국 정부는 아메리카의 차 소비자들에게 차를 판매하는 행위를 허가제로 함으로써 아메리카의 수입업자들에게 타격을 입히려 시도했다. 하지만 분노한 식민지 주부들이 들고일어나서 그 계획을 저지시켰고, 결국 보스턴 주민들이 대량의 영국 차를 항구에 내다버리는 파괴 행위를 저지르면서 위기 상황으로 치달았다. 그것을 보스턴 차 사건이라고 한다. 영국 정부는 모든 선박의 보스턴 항 출입을 막고, 보스턴 시에 계엄령을 선포하는 것으로 대응했다. 이 가혹한 조치는 화약에 불을 당기는 꼴이 되어 식민지 주민들이 폭동을 일으켰다. 이를 시작으로 전역에서 영국에 대한 적개심이 분출되었고, 미국 독립전쟁이 일어났다.

전쟁이 끝난 뒤, 미국인들은 극동으로 가서 직접 차를 사오기로 결정했다. 1800년대 중반이 되자 중국, 유럽, 미국을 오가면서 차를 실어 나르는 쾌속 범선들 사이에 시간 단축 기록 깨기 경쟁이 벌어졌다. 선장들 사이의 경쟁은 나중에 영미간의 정기 항해 경기로 자리를 잡게 되었다. 이런 사건들이 벌어지는 와중에도 중국은 차 공급을 독점하고 있었다. 중국은 차나무의 씨와 묘목이 유출되는 것을 철저히 막았다. 그러다가 19세기 말 아편전쟁이 끝난 뒤, 로버트 포천(Robert Fortune)이라는 스코틀랜드 식물학자가 중국에서 몰래 차나무 씨를 반출하는 데 성공했다. 그 씨는 인도와 극동의 다른 지역에서 시험 재배되었다. 처음에는 시행착오가 많았지만, 결국 차나무 재배 기술이 발전하면서 인도와 동남아시아 거의 대부분의 지역에서 드넓은 차밭이 형성되었다.

어떤 의미에서 예전의 영국 사회는 비록 의도하진 않았겠지만 일본의 다도를 흉내내고 있었다. 그러다가 19세기에 들어설 무렵 베드퍼드(Bedford) 공작 부인인 애너(Anna)가 차를 마실 때 작은 샌드위치와 케이크를 곁들이는 방식을 유행시켰다. 그리고 얼마 지나지 않아 다원 형태의 야외 모임 공간이 자리를 잡기 시작했다.

'차 문화'에 동참한 나라들은 다기를 만들어내는 나름대로의 관습을 만들어냈다. 영국에서는 갈색 찻주전자가 기본적인 다기로 자리를 잡은 반면, 러시아 같은 몇몇 나라들은 더 정교한 사모바르(Samovar) 같은 찻주전자를 탄생시켰다. 사모바르는 티베트에서 쓰이던 엉성한 물 끓이는 기구에서 발전된 것으로서, 러시아 가정에서 흔히 볼 수 있는 도구가 되었다. 주로 온종일 천천히 물을 끓이는 데 쓰였다. 또 차에 섞는 재료도 문화마다 달랐다. 영국에서는 차에 우유를 섞어 마시는 것이 유행한 반면, 러시아에서는 은 용기에 담긴 유리컵에 감미료와 심지어는 잼을 첨가해서 차를 마셨다.

현재 일본은 그렇지 않지만, 중국에서는 차와 관련된 예식은 거의 잊혀진 상태이다. 선불교의 이상인 일상사에 대한 배려와 소박한 경의는 선불교의 승려들이 처음 실천했던 가장 높은 경지의 '다도' 속에 지금도 남아 있다. 오늘날 다도는 일본의 교양 있는 여성들이 배우는 예법이 되었다.

현대의 차는 여러 차나무 품종들의 잎을 말려서 만든다. 찻잎을 딴 뒤에 얼마나 발효시켰는가에 따라 차의 종류가 달라진다. 유럽에서 마시는 차는 대부분 이른바 홍차이다. 홍차는 잎을 완전 발효시킨 것으로서, 찻물이 강한 향을 지니고 호박색을 띤다. 가장 인기 있는 홍차는 잉글리쉬블랙퍼스트일 것이다. 녹차는 잎을 발효시키지 않은 것인데, 일본 차는 주로 녹차이다. 녹차는 홍차보다 찻물 색깔이 더 연하며 미묘한 맛을 지닌다. 녹차는 주로 동양에서 마시며, 차 소비량 전체로 보면 10퍼센트에 미치지 못한다. 하지만 영국과 유럽에서 점점 더 인기를 끌고 있다. 일본에서 차의 주산지는 교토에서 멀지 않은 우지(宇治) 지방이다. 세번째 종류의 차는 우롱차인데, 홍차와 녹차의 중간 형태이다. 독특하고 풍부한 맛과 향기를 지니고 있으며, 중국에서 특히 인기가 높다. 우롱차는 원래 푸젠(福建) 성이 주산지였으나, 지금은 중국 내 여러 곳에서 생산된다.

### 커피

두번째로 가장 많이 팔리는 카페인 공급원은 커피이다. 커피나무속(*Coffea*)의 상록 관목이다. 꼭두서니과에 속하는 이 속에는 서너 종이 있으며, 전세계 열대 지역에 분포한다. 커피는 이 식물의 씨('콩')에서 얻는다. 커피에는 차나 코코아보다 많은 양의 카페인이 들어 있다. 커피 한 잔에는 카페인이 평균 65~115밀리그램 들어 있는데 반해, 비슷한 양의 차에는 60밀리그램 정도밖에 들어 있지 않다.

기원전 900년의 역사 기록을 보면, 아랍 국가들이 커피 콩을 으깬 것을 끓는 물에 넣어 만든 음료를 맨 처음 마셨음을 알 수 있다. 커피는 이슬람 경전인 코란에도 언급되어 있다. 당연히 커피가 각성제 역할을 한다는 사실을 어떻게 발견했는지를 설명하는 전설들도 많다. 그 중 가장 잘 알려진 것은 칼디(Kaldi)라는 한 에티오피아 염소지기의 이야기이다. 그는 염소들이 덤불에 있는 붉은색 열매를 뜯어먹고 난 뒤에는 이상하게 활기와 힘이 넘친다는 것을 알아차렸다. 호기심이 동한 그는 그 열매를 몇 개 먹어보았다. 그러자 그도 염소처럼 정신이 맑아지고 기운이 솟았다. 그는 새로 알아낸 비밀을 동네 수도원의 수도사들에게 전했다. 수도사들은 장기간 명상과 기도를 할 때 깨어 있도록 도움을 주는 것이 있다고 하자 당연히 관심을 가졌다. 그래서 그들

커피나무의 열매, 즉 커피 콩은 기원전 900년경부터 음료로 쓰였다.

도 그 열매를 시험해보았다. 처음에는 커피 콩을 씹어 먹었으나 곧 커피를 즐기는 더 나은 방법이 있다는 것을 알아냈다. 더 입맛에 맞는 방법은 씨를 으깨서 뜨거운 물에 풀어 음료를 만드는 것이었다. 커피 콩을 볶는 방법이 알려진 것은 그로부터 몇 세기가 더 흐른 뒤였다. 아마 서기 1000년에서 1200년 사이였을 것이다. 맛이 더 좋아지자, 커피는 곧 중동 전역으로 급속히 퍼져나갔다. 하지만 커피 콩은 아직 야생에 열린 것을 따는 수준에 머물러 있었다. 15세기가 저물 무렵에는 오토만 제국의 전역에서 커피집을 흔히 볼 수 있었고, 터키는 그 열풍의 중심지가 되었다. 커피가 사회적으로 너무나 큰 영향을 미치게 되자, 여러 통치자들이 커피 마시는 것을 금지시키려 시도했다. 각성 효과가 대중을 불안하게 만든다고 믿었기 때문이다. 그 중 가장 유명한 것이 1656년 오토만 제국의 수상이 내린 금지령인데, 그는 터키의 커피집들을 모두 강제 폐쇄하는 등 커피를 전면 금지시키려 시도했다. 하지만 그 뒤의 금지 조치들이 모두 그랬듯이 억지로 커피를 마시지 못하게 하려는 시도는 실패하고 말았다.

커피나무(*Coffee arabica*) 재배는 1600년대에 예멘에서 시작된 듯하다. 재배가 시작될 무렵부터 중동 전역에서 커피 산업은 철저한 통제를 받았다. 중국이 차나무 유출을 막기 위해 애썼듯이 말이다. 커피나무가 자라는 나라들은 커피나무나 발아할 수 있는 씨의 반출을 엄격히 금했고, 오직 햇빛에 말리거나 볶아서 발아할 수 없는 커피콩만 팔도록 했다. 만일 17세기 초에 한 젊은이가 살아 있는 묘목을 아라비아의 모카항(모카커피의 어원이 된 항구)에서 암스테르담으로 몰래 반출하지 않았더라면, 아라비아의 커피 재배 독점은 더 오래 이어졌을지도 모른다. 반출된 그 식물은 배에 실려서 아주 조심스럽게 네덜란드령 동인도로 보내졌다. 그리고 자바 섬에서 아라비아 이외의 지역 중 처음으로 커피가 생산되었고, 암스테르담은 커피 국제 무역의 중심지가 되었다.

유럽에서 커피를 마시는 취미는 베네치아에서 시작된 듯하다. 베네치아는 17세기 초에 상당량의 커피를 수입한 최초의 항구였다. 서유럽에서 커피를 공식 승인한 사람은 프랑스의 '태양왕' 루이 14세였다고 한다. 기록들 사이에 모순되는 점들이 있긴 하지만, 그는 1669년 한 터키 사절의 방문을 받은 뒤로 열렬한 커피 애호가가 되었다고 한다. 그 '모든 것을 가진 사람' 에게는 커피 콩을 선물로 받은 것이 아마도 색다른 경험이었을 것이다. 그와 달리 1714년 암스테르담 시장이 아마도 비슷한 이유로 루이 14세에게 커피 묘목들을 선물로 보낸 뒤에 왕이 커피에 관심을 갖게 되었다는 이야기도 있다. 그 묘목들은 파리 식물원에 심어졌다. 곧 프랑스 사회에는 커피 마시기 열풍이 불었고, 1686년 파리 최초의 커피집인 르 프로코페(Le Procope, 지금까지 남아 있다)가 문을 열었다. 영국에서도 17세기 중엽부터 커피집들이 대유행했다. 커피집은 남성들의 세계였다. 남성들은 그곳에 모여서 사업과 정치 이야기를 했다. 하지만 유럽 대륙의 몇몇 국가들, 특히 프랑스에 비하면 영국의 커피 열풍은 떨어지는 수준이었다. 18세기 초에 북아메리카 이주민들에게 커피 열풍을 퍼뜨린 것도 프랑스인들이었다. 미국인들은 커피에 금방 입맛을 들인 반면, 영국인들은 국민 음료인 차를 한결같이 고수했다.

18세기 중반이 되자, 요한 제바스티안 바흐(Johann Sebastian Bach)가 커피를 찬미하는 〈카페-칸타테(Kafee-Kantate)〉라는 약간 경박스러운 제목의 칸타타를 작곡할 정도로 유럽 대륙은 커피에 푹 빠졌다. 바흐는 커피를 "천 번의 입맞춤보다 더 사랑스럽고, 무스카텔 포도주보다 더 달콤한" 것이라고 묘사했다. 하지만 이때까지 커피 가격은 소수의 재배자들이 통제하고 있었고, 그들은 계속 커피를 비싸게 팔았다. 아직 커피는 부유한 자들만 즐기는 사치품이었다.

현재 세계 최대의 커피 생산지인 남아메리카에 커피나무가 들어오게 된 데에는 낭만적인 이야기가 있다. 이야기는 1720년대에 한 브라질 외교관이 네덜란드의 식민지인 가이아나(Guyana)로 간 데에서 시작된다. 그는 그곳 총독의 부인과 밀애를 나누었다. 예전의 아랍 국가들이 그랬듯이, 네덜란드도 커피 생산을 계속 독점하기 위해 심혈을 기울이고 있었으며, 자국 영토에서 커피나무 묘목 반출을 금지하고 있었다. 하지만 그 귀부인은 브라질에서 온 애인이 떠날 때 꽃 한 다발을 선물로 주었다. 그 안에는 발아할 수 있는 커피 씨들이 숨겨져 있었다. 그녀가 전한 사랑의 표시가 결국 브라질의 방대한 커피 산업을 일으켰고, 보통 사람들도 값싸게 커피를 마실 수 있는 시대를 열었다.

현재 커피의 주산지는 남아메리카와 중앙아메리카, 동아프리카, 자메이카이다. 인도의 마이소르 지역에서도 일부가 생산되고 있다. 상업적 가치가 있는 종 가운데 커피나무(*C. arabica*)는 북아프리카가 원산지이며, 대개 이 종의 커피 맛이 가장 좋다고 알려져 있다. 그리고 말레이시아와 가이아나에서 자라는 리베리카커피나무(*C. liberica*)가 있는데, 커피 맛이 약간 떨어진다. 커피속의 종들은 모두 아름다운 잎을 피우며, 잎자루 쪽에 작고 하얀 꽃이 무리지어 피어난다. 열매는 장과로서, 처음에는 녹색이었다가 익으면서 노란색으로 되었다가 붉은색으로 변한다. 재배하는 커피나무는 대개 수확하기 쉽도록 키가 3미터 이상 자라지 못하게 가지치기를 한다. 수확한 씨를 발효시킨 뒤 햇볕에 말렸다가 볶고 가는 과정을 거친 것이 물에 타 마시기에 적합한 커피이다.

기록상 맨 처음 코코아를 각성제로 사용한 것은 아스텍인이었다. 몬테수마 2세는 하루에 초콜릿을 50잔씩 마셨다고 했다.

## 코코아

코코아〔카카오(cacao)가 와전되어 생긴 단어다〕는 자연적으로 생기는 카페인의 세번째 주요 공급원이다. 코코아 분말은 카카오나무(*Theobroma cacao*), 이른바 '초콜릿나무'의 씨를 갈아서 만든 것이다. 이 식물은 적도와 아적도대의 우림 하층에 자라는 작은 나무들로 이루어진 벽오동과의 한 종이다.

기록상으로 볼 때, 코코아를 각성제로 맨 처음 사용한 사람은 아스텍인이었다. 멕시코 역사의 고전 시대에 마지막 황제 몬테수마 2세(Moctezuma II, 1466~1520년경)는 살해당하기 전까지 하루에 초콜릿을 50잔씩 마셨다고 한다. 스페인 정복자들의 파괴를 피해 살아남은 아스텍의 문헌인 『멘도사 문서 *Codex Mendoza*』에는 몬테수마에게 세금으로 바치는 공물이 코코아 콩 100카르가(carga)에 해당한다고 나와 있다. 한 카르가는 씨 2만 4천 개에 해당한다.

멕시코 탐사대를 이끌었던 스페인의 에르난 코르테스는 1527년 코코아를 유럽에 소개했다. 유럽은 곧 초콜릿 열풍에 빠졌고, 그 결과 코코아 콩 수입량이 급격히 늘

아스텍인들이 코코아 콩을 재배하고 수확하는 모습. 아스텍 문헌인 『피렌체 문서 *The Florentine Codex*』에 실려 있다.

어났다. 코코아는 온갖 민간요법에 쓰였다. 코코아는 방부 효과와 이뇨 효과에다가 기생충을 죽이는 효과까지 있다고 여겨졌다. 코코아 버터는 탈모증, 화상, 건조한 피부, 열, 나른함, 말라리아, 신장 질환, 관절염뿐 아니라 주름살 제거에도 쓰였다. 또 초콜릿으로 만든 코코아가 성욕을 증진시킨다는 주장도 널리 퍼져 있다!

코코아속(*Theobroma*)의 식물들은 주로 중앙아메리카와 남아메리카의 저지대와 낮은 산지에서 자란다. 특히 브라질의 아마존 강과 오리노코 강의 따뜻하고 습한 계곡에서 잘 자란다. 코코아나무는 작고 하얀 꽃을 피우며, 거기에서 길이 25센티미터, 폭 10센티미터나 되는 커다란 꼬투리가 자란다. 즙이 많은 달콤한 과육 안에 씨가 들어 있다. '코코아 콩' 이라고도 불리는 씨에는 지방이 많이 들어 있으며, 그것에서 코코아 버터를 추출하고, 코코아 분말을 만든다. 열매는 일 년 내내 수확할 수 있다. 먼저 칼로 나무에 달린 열매를 떼어낸 다음, 일주일 정도 발효시킨 뒤 햇볕에 말리고 볶는다. 그 다음 씨를 으깨서 단단한 껍데기를 제거하고, 남은 덩어리로 버터와 분말을 만든다. 초콜릿은 코코아에 설탕과 바닐라 같은 첨가제를 넣어 만든 것이다.

현재 중앙아메리카와 남아메리카, 서아프리카, 보르네오 같은 주요 생산지에서 연간 수확되는 코코아 콩은 백만 톤이 넘는다. 유럽에서 소비되는 초콜릿만 따져도 어마어마한 양이다. 연간 소비량은 스위스가 제일 많다. 일인당 연간 약 9킬로그램을 소비한다. 영국도 그에 못지않은 초콜릿 '중독' 국가로서, 일인당 연간 약 8킬로그램을 먹는다.

## 식물 독

겉으로 보기에는 똑같은 두 식물이 하나는 사람에게 전혀 해가 없는 반면, 다른 하나는 상당한 불쾌감과 심하면 고통스러운 죽음을 안겨줄 수 있다는 것은 역설적이다. 자연이 왜 그런 함정을 만들어야 했는지 논리적으로 설명이 안 되지만, 식물의 신비감이라는 측면에서 그것들이 우리의 흥미를 자극한다는 것은 분명하다. 독에 관한 사항을 다루는 기관에서는 공식적으로 식물 중독을 다음과 같이 정의하고 있다. "예민한 사람이 뿌리나 씨 등 식물의 일부를 먹었을 때, 건강을 정상적인 상태에서 심각하게 벗어나게 하는 것." 다시 말해 식물 중독은 독성이라는 의미로만 볼 수 없다. 알레르기 반응도 해당되기 때문이다. 의학 지식이 부족하고 미신을 잘 믿는 사람은 같이 먹고도 남들은 멀쩡한데 한 사람만 영향을 받는 것을 보고서 신이 그 사람에게만 벌을 내렸다고 상상하기가 쉬울 것이다.

식물이 만드는 독은 현명하게 사용하면 대단히 도움이 될 수 있으며, 현대 약물들 중 많은 것들이 그런 식물의 독을 토대로 삼아 만들어지고 있다. 하지만 이런 독소들에 관한 지식이 널리 알려진 것은 최근의 일이며, 수천 년 동안 그것은 신비와 종교의식 속에 숨겨져 있었다. 오랜 세월을 거치면서 사람들은 특정한 식물들이 죽음이나 치료를 가져오는 마력을 지니고 있다는 것을 알게 되었다. 숲에 있는 어떤 식물은 상처를 치료하는 마력을 지니고 있었고, 어떤 식물은 먹으면 죽음을 안겨주었다. 또 어떤 식물은 그것을 먹은 사람을 신들의 힘과 생각을 이해할 수 있는 천상의 세계로 여행하게 해주었다.

21세기에 사는 우리는 사람들이 꽤 최근까지도 특정한 식물들과 그 효과를 미신의 관점에서 바라보았다는 사실을 이해하기 어려울 것이다. 하지만 독성이 있는 식물들이 일으키는 증상들을 생생하고 뚜렷이 보여주는 기록들을 보면, 질병에 대한 현대적인 지식이 없었던 대중들이 금방 겁에 질리고 질병을 악마가 일으키는 것이라고 쉽게 믿는 이유를 어느 정도 이해할 수 있다. 다음의 글은 산형과의 식물인 독미나리(*Cicuta virosa*)의 뿌리를 아티초크(artichoke)로 잘못 알고 먹은 뒤 죽은 빅토리아 여왕 시대의 한 아이의 사례이다.

먼저 창자가 아팠다. 아이는 재빨리 화장실로 갔지만 아무 소용이 없었다. 토한 것을 보니 방금 씹어먹은 듯한 찻숟가락만 한 뿌리가 있었다. 아이는 토한 직후 경련을 일으켰고, 죽을 때까지 경련을 하다가 그치기를 반복했다. 의사들은 흥건히 배어나온 땀과, 온몸의 근육이 약하게 떨리다가 이어서 격렬하게 수축하고 뒤틀렸다가 잠시 불완전하게 이완되는 모습과, 눈동자가 팽창한 눈알이 핑핑 돌아가는 모습과, 이빨을 갈아대는 소리와, 턱의 경련과, 입과 코에서 피가 섞인 거품이 나오는 장면과, 이따금 간질에 걸린 듯 부들부들 떠는 모습을 지켜보았다.

20세기의 독일 작가 L. 레빈(L. Lewin)은 식물에 대한 실상과 미신이 불가분의 상태로 얽혀 있던 옛 사람들의 생각을 날카롭게 분석했다. 그는 『환각제, 마약, 각성제*Phantastica, Narcotic and Stimulating Drugs*』(1931)에서 환각 성분이 있는 풀인, 유럽에서 손애플(Thorn Apple), 짐슨위드(Jimson weed)로 불리는 독말풀을 이렇게 설명하고 있다.

이 식물은 불같은 광란과 격노를 일으키고, 마녀와 마법사뿐 아니라 인류 전체를 시달리게 하는 광인들의 불가해한 행동과 관련이 있다. 수도사의 복장, 판사의 긴 겉옷, 의사의 가운을 입은 미신에 사로잡힌 어리석은 사람들은 악마의 법정에서 악마 같은 재판을 진행해서 이 식물에 피해를 입었을 뿐인 사람들을 불길에 던져 넣거나 핏물 속에 익사시켰다.

가지과에 속한 이 식물은 한해살이풀이며, 북반구의 온난한 위도대 전역에서 자란다. 영국과 유럽의 더 북쪽 지역에서도 이따금 나타난다. 키가 1미터쯤 자라며, 가지에서 길고 섬세하며 연한 파란색의 꽃이 피며, 침엽수의 열매를 연상시키는 가시가 삐쭉삐쭉 난 커다란 열매가 열린다. 모든 부위에 독성이 있지만, 씨에 독 성분이 가장 많다. 중독은 꽤 느릿느릿 진행되며, 술 취한 것처럼 정신이 오락가락하기 시작해서 결국 정신 착란을 일으키고 미치기까지 하는 데 며칠이 걸리기도 한다. 심하면 가사 상태에 빠졌다가 죽기도 한다.

중세 시대에 독말풀의 씨는 외용 진통제로 널리 쓰이던 연고의 주성분이었는데, 아주 효과가 좋아서 만병 통치약으로 여겨지기도 했다. 그래서 아프리카 일부 지역에서는 그 식물을 '루쿠마(Lukuma)' 라는 비밀스런 이름으로 부르기도 했다. 또 남아프리카에서는 학교에서 신고식을 할 때 아이들이 다른 아이에게 독말풀의 씨를 먹이기도 했다. 그 지역에서는 그 씨를 '웃음보(laughboontjie)' 라고 한다.

고대 그리스와 로마의 사람들에게 헴록(Hemlock, *Conium maculatum*)은 가장 위험한 식물 중 하나였다. 두해살이풀인 헴록은 북반구 온대 지역 전역의 축축한 초원, 덤불, 탁 트인 숲에서 키 큰 덤불을 이루어 자란다. 헴록은 고대 그리스에서 정치범을 사형시키는 공식 방법으로 쓰였으며, 그렇게 죽은 사람들 중 아마 철학자 소크라테스가 가장 잘 알려진 인물일 것이다. 대단히 보수적인 당시 사회에서 소크라테스는 분열을 일으키는 급진적인 인물로 여겨졌다. 그는 기원전 339년 신앙심이 없으며 젊은이들을 타락시켰다는 죄목으로 사발에 담긴 헴록을 마실 것을 언도받았다. 헴록의 독소는 남아메리카에서 화살촉에 바르는 독인 쿠라레(curare)와 비슷한 효과를 낳는다. 먼저 몸의 말단부터 신경계가 서서히 마비되면서, 결국 심장과 호흡기의 신경까지 마비되어 죽는다. 당시의 기록을 보면, 소크라테스는 죽을 때까지 의식을 온전히 유지했다고 한다.

그 독소는 소량을 섭취할 때는 죽지 않고 마비 효과만 일으키며, 성적인 색채가 짙은 수수께끼 같은 그리스의 엘레우시스(Eleusis, 고대 아테네의 주요 종교 축제/옮긴이) 제의 때 헴록이 쓰인 것도 이 점을 염두에 둔 것이 분명하다. 이 제의에는 다산의 여신인 데메테르를 섬기는 고위 사제와 여사제 사이의 상징적인 성교 행위도 포함되어 있었다. 헴록은 사제의 성욕을 적절한 수준으로 통제하는 효과를 빚어냈을 것이 분명하다. 후대의 식물학자 컬피퍼는 그 잎들을 헝겊에 이겨 차갑게 만든 것을 "은밀한 곳에 붙여서 음탕한 생각들을 막았다"고 썼다.

헴록은 고대 그리스의 엘레우시스 제의 때 마약으로 쓰였다.
이 식물은 성적인 색채가 짙은 의식이 벌어지는 동안 사제들의 성욕을 억제하는 역할을 했다.

윌리엄 셰익스피어도 헴록이 마법적이고 신비한 특성을 지니고 있다는 것을 알았다. 그는 『맥베스』에서 마녀의 약에 헴록이 들어간다고 했으며, 유령인 뱅쿼(Banquo)는 '제정신인 죄수에게 미치광이 뿌리'를 먹인다고 한탄했다. 또 헴록은 중세 마녀들의 이른바 '비행 연고(flying ointment)'에 들어가는 재료라고도 했다.

세계 온대 지역 전체에 분포하는 투구꽃속(*Aconitum*)의 식물들은 개화식물 중 가장 독성이 강한 축에 속한다. 미나리아재비과의 일종인 이 식물들 중 원예종인 아코니툼 나펠루스(*A. napellus*)는 긴 꽃차례에 피는 파란 꽃과 깊게 갈라진 연녹색의 잎이 아름다워서 정원에 흔히 심곤 한다. 이 식물에서 치명적인 독성을 띠는 화합물은 아코니틴이라는 알칼로이드이다. 이 물질은 호흡계를 마비시켜서, 치사량(2밀리그램 정도)을 먹으면 24시간 내에 사망한다. 그사이에 졸음, 환각, 경련 같은 증상들이 나타난다.

서기 98년부터 117년까지 통치했던 로마 황제 트라야누스(Trajanus)는 투구꽃류의 위험을 너무 우려한 나머지 재배를 금하고, 위반하면 사형을 시켰다. 유럽에서는 앵글로색슨족의 시대부터 이 식물의 즙을 화살촉에 발랐다. 그래서 이 식물은 늑대독(Wolfsbane)이라는 이름으로도 불리게 되었다. 16세기에는 죄수를 처형하는 데에도 시험삼아 쓰이곤 했다. 하지만 많은 유독 식물들이 그렇듯이, 투구꽃류도 팅크로 만들어서 약으로 쓰곤 했는데, 관절염과 통풍에 바르는 약으로 흔히 사용되었다. 이 식물의 신비감을 더한 것은 아코니딘의 해독제가 벨라도나(*Atropa belladonna*)의 추출물에 들어 있는 아트로핀과 디기탈리스의 성분인 디기탈린이라는 점이었다. 디기탈리스 추출물 자체도 중세 시대에 화살촉에 바르는 독이자 사약으로 쓰였다.

가지과의 식물인 벨라도나도 독성이 있는 식물이다. 고대 로마인들은 이 식물을 아주 기이한 용도로 사용했다. 이 식물은 여러해살이 관목으로서, 주로 북반구의 온대 지역에서 자라지만, 로마 점령지 주변에서 야생화해서 퍼져 나간 곳도 많다. 키는 1.5미터이며, 줄기는 옆으로 축 늘어진다. 긴 달걀형 잎과 관 모양의 칙칙한 자주색 꽃이 핀다. 열매는 검게 빛나는 장과이다. 이 식물은 모든 부위가 독성이 있는데, 열매가 마치 사탕처럼 보여서 아이들이 먹고 중독되는 사례가 많다. 중독되면 독말풀 중독과 증상이 비슷한데, 먼저 대단히 흥분해서 몸을 홱홱 움직이는 등 거의 폭력적이라고 할 만한 행동을 보인다. 또 얼굴이 붉게 달아오르고, 눈동자가 팽창하고 거의

벨라도나의 열매. 고대 로마의 귀부인들은 이 식물의 팅크를 눈에 넣어 눈동자를 크게 했다.

움직임이 없어서 마치 유리 같은 눈으로 응시하는 듯한 느낌을 준다. 그 다음에 무력감과 심한 갈증이 일어나고, 극단적일 때에는 혼수 상태에 빠졌다가 죽음을 맞이한다. 이 식물을 먹으면 중독되는 것이 당연하지만, 로마 궁정의 귀부인들은 이 식물의 추출물을 화장하는 데 썼다. 그래서 '벨라도나', 즉 '아름다운 귀부인'이라는 이름이 붙었다. 당시에는 '크고 검은 눈동자'를 지닌 여성이 매력적이라고 생각했기에, 여성들은 벨라도나 팅크를 눈에 넣어 눈동자를 확장시켰다.

식물의 독성은 때로 기이한 식으로 다른 것들과 연관을 맺는다. 고대 로마 시대부터 아이비(*Hedera helix*)의 잎은 숙취를 없애준다고 잘못 알려져왔다. 그래서 디오니소스의 로마 신에 해당하는 술의 신인 바쿠스는 아이비로 만든 왕관을 쓰고 있었다. 이런 생각은 중세 시대까지 이어져 아이비 나무로 깎은 술잔이 흔히 쓰이곤 했다. 실제로 아이비 열매를 먹으면 메스꺼움, 구토, 설사 같은 불쾌한 증상이 일어나긴 하지만, 그래도 진정(또는 정신을 번쩍 들게 하는) 작용이 있긴 하며, 치통을 완화시키는 데에도 사용되었다. 이런 약효 때문에 다른 전설들이 생기기도 했다. 레오나르도 다 빈치는 보아뱀들이 상처를 입으면 아이비가 있는 곳으로 가서 뒹군다고 쓰기도 했다.

개화식물들만이 독을 품고 있는 것은 아니다. 고전 시대에는 특정한 버섯들이 더 악명을 떨쳤다. 로마에서는 알광대버섯(*Amanita phalloides*)이 유명했다. 서기 54년 클라우디우스(Claudius) 황제의 야심 만만한 부인 아그리피나(Agrippina)는 황제의 요리사들과 짜고 남편의 식탁에 이 버섯을 몇 개 올려놓았다. 알광대버섯은 녹색이 감도는 약간 매끄러운 갓과 하얀 주름이 있으며, 자루 밑동에는 어린 버섯을 보호하기 위해 덮여 있는 막이 찢어지면서 생긴 고리가 달려 있다. 언뜻 보면 독이 없는 버섯 같다. 이 버섯은 고대 그리스와 로마 사람들에게 제우스와 유피테르의 상징이었던 참나무에서 주로 자란다. 클라우디우스 황제는 이 버섯과 비슷한 식용 버섯인 달걀버섯(*Amanita caesarea*)을 아주 좋아했다고 한다. 티베리우스(Tiberius, 14~37) 황제 때의 로마 미식가 아피쿠스(Apicus)도 달걀버섯의 가치를 찬미했다. 식탁에 알광대버섯이 오른 결과 네로(Nero)가 황제 자리를 계승하게 되었다.

리 남용되고 있는 환각제를 만드는 데 쓰이는 삼의 잎.
대에 진통제로 쓰인 이래 약으로도 사용되었다.

# 13

## 환각을 일으키는 식물들

차나무, 커피나무, 코코아나무 같은 종들에서 합성되는 화학 물질들은 세계의 각 문화에 없어서는 안 될 요소로 받아들여지고 있다. 차, 커피, 코코아는 일반적으로 해가 없는 각성제로 여겨지고 있다. 하지만 일부에서는 중독성이 있다고 주장하며, 과용하면 역효과가 나타날 수 있음을 시사하는 의학적 증거도 있다. 약물을 만드는 식물들 중에는 이들보다 사회적으로 덜 받아들여진 것들도 있으며, 마약성과 중독성을 지니고 있어서 사회적으로 큰 고통과 타락을 야기하는 것들도 있다. 삼은 술과 똑같이 즐기기 위한 약물로 널리 쓰이고 있지만, 찬반 논쟁을 불러일으키고 있다. 또 식물이 만드는 화학 물질들 중에는 사회적, 생리적, 심리적으로 심각한 손상을 일으키고, 대규모 조직 범죄의 근원이 되는 것들도 있다. 그것들은 이른바 '강력한 마약'에 속한다. 그 중에는 중추신경계에 각성제로 작용하는 것과 진정제로 작용하는 것이 있다.

## 삼

인류가 취하기 위해 사용하고 남용해온 식물 중에 현대에 들어서 가장 유명세를 타고 있는 것은 삼과에 속한 몇몇 종이다. 이것들은 환각제인 마리화나의 원료가 된다. 삼(*Cannabis sativa*)과 인도삼(*C. indica*)은 전세계에서 자라지만, 상업적인 생산은 주로 인도 아대륙, 북아프리카, 카리브 해, 레바논 지역에서 이루어진다. 약물은 싹, 어린 잎, 꽃에 가장 많이 들어 있으며, 자라는 지역마다 품질이 다르다. 싹과 두상화(頭狀花)를 말려서 '마리화나' 라는 약초 형태로 팔지만, 생산지에서 수지 형태로 추출해서 팔기도 한다. 이 수지를 '해시(hash)' 또는 '해시시(hashish)' 라고 한다. 삼의 세번째 형태는 진하고 끈끈한 기름인데, 이것은 수지를 정제한 것으로서 '해시 오일(hash oil)' 이라고 한다.

고대부터 삼은 다양한 치료에, 주로 진통제로 사용되어왔다. 삼이 사용되었음을 보여주는 최초의 기록은 기원전 3000년 초 중국에서 신농 황제가 지었다는 의서이다. 파라오들이 통치하던 시대의 테베에서 나온 기록에도 삼으로 아편과 비슷한 효과를 내는 음료를 만들었다는 이야기가 나온다.

삼이 정신에 영향을 미치는 특성을 지니고 있음에도 불구하고, 이상하게도 아메리카 원주민 부족들은 삼에 별 관심이 없었던 듯하다. 비록 멕시코 북서부의 테페카노(Tepeccano) 인디언과 베라크루스의 푸에블로 인디언은 예외이긴 하지만 말이다. 둘 다 삼을 사회적으로 사용한다. 이 원주민들이 가장 애용하던 환각제는 페요테선인장(Peyote cactus)에서 얻는 메스칼(mescal)이지만, 메스칼을 얻을 수 없을 때 그들은 삼에 의지했다. 기독교의 영향을 받은 뒤, 삼은 산타로사(Santa Rosa)로 불리게 되었고, 성모 마리아와 대화를 나누는 데 쓰인다고 한다.

인도삼은 아시아, 특히 힌두교에서 널리 쓰인다. 인도삼은 신비의 식물인 소마(Soma), 즉 소마 신의 화신으로 여겨지기도 하며, 인드라(Indra)와 시바(Shiva)를 비롯한 여러 주요 신들에게 바치는 방(bhang)이라는 음료의 원료가 된다. 삼 추출물은 물이나 우유와 섞어서 시바를 상징하는 남근인 부바네스와르에 있는 링가라이

(Lingarai) 사원의 남근상을 씻는 데도 쓰인다. 또 인도삼은 티베트에서 신성한 식물로 여겨지며, 히말라야 산맥의 저지대 비탈에서 재배된다. 탄트라 불교에서는 삼을 명상의 도구로 사용하며, 붓다가 보리수 아래에서 깨달음을 얻는 동안 매일 삼 씨 하나로 연명을 했다는 이야기도 있다. 영국의 빅토리아 여왕은 주기적으로 찾아오는 통증을 달래기 위해 삼으로 만든 약을 섭취했다고 한다.

이 약물이 이렇게 정신을 흐릿하게 만드는 역할을 하기 때문에 각국은 다양한 방식으로 그것을 규제해왔다. 영국에서는 1950년대부터 삼이 사교용 마약으로 쓰였다. 처음에는 서인도 제도 이민자들 사이에서 유행하다가 십대들의 모임과 클럽으로까지 확산되었다. 삼은 담배와 섞거나 섞지 않은 상태로 피우기도 하며, 그것을 '조인트(joint)'나 '리퍼(reefer)'라고 한다. 또 케이크나 과자에 섞어서 먹기도 한다. 또 뜨거운 물에 녹여서 마실 수도 있다. 영국에서는 1928년 이전까지는 삼을 자유롭게 사용할 수 있었지만, 현재는 삼을 사용하는 것이 불법이다. 하지만 의학계 사람들과 관련 집단들은 삼이 다발성경화증이나 말기 암 같은 만성 질환에 수반되는 통증을 줄여주는 효능이 있으므로 합법화해야 한다고 강력한 주장을 펼치기도 한다.

## 담배

인간의 신경계에 영향을 미치는 특성을 지닌 모든 식물들 중에 전세계에 걸쳐 가장 잘 알려져 있고 가장 널리 사용되는 것은 담배〔담배속(*Nicotiana*) 종류〕이다. 가지과에 속하는 담배속에는 서너 종류의 식물이 있으며, 그 중 신대륙에 자라는 야생종은 니코티아나 아테누아타(*N. attenuata*)이다. 담배는 잎에서 만들어지는 알칼로이드인 니코틴이 폐를 통해 흡수되었을 때 독특한 생리적 효과를 미친다는 것이 발견되면서 널리 쓰이기 시작했다.

담배 연기를 들이마셨을 때 어떤 효과가 나타나는지는 아마 처음에 우연히 발견되었을 것이다. 누군가가 요리하기 위해 불을 피우다가 우연히 담배를 태웠을지도 모른다. 담배를 사용했음을 보여주는 최초의 기록은 과테말라의 우악사크툰에서 나온 서기 500년경의 마야 도기 파편에 새겨진 그림일 것이다. 그 그림은 한 원주민이 말아서 끈으로 동여맨 담뱃잎을 피우는 모습을 담고 있다. 하지만 담배의 효과는 그보다 훨씬 오래 전부터 알려져 있었던 것이 틀림없다. 지금 고생물학자들은 오늘날 존재하는 담배 식물이 기원전 6000년경 남북아메리카 대륙에서 처음 진화했으며, 기원전 1세기경에 원주민들이 그 잎을 씹거나 피움으로써 치료용으로 쓸 수 있다는 것을 발견했을 것이라고 믿는다.

북아메리카의 많은 원주민 부족들은 담배의 말린 잎을 사교용이나 치료용으로 사용해왔다. 진통 효과가 있다고 알려져 있었기 때문이다. 또 그들은 담배 잎을 종교 의식 때에도 활용했다.

담배는 지금도 의식 행사의 가장 중요한 부분 중 하나이며, 행사 때는 씹지 않고 피운다. 원주민에게 담뱃대는 가장 소중한 물건 중 하나이다. 원주민이 죽으면 그가 행복한 사냥터로 편안히 길을 떠날 수 있도록 무덤 안에 담뱃대를 나란히 놓아둔다. 담배의 잎뿐 아니라 줄기도 쓰였지만, 그러면 담배의 맛이 별로 안 좋기 때문에 대개 줄기는 정령에게 '선물' 로 바치거나 손님에게 대접하기 위해 따로 보관해두었다.

담배 식물의 기원을 설명하는 많은 신화들 중 하나를 보자. 주신(主神)이 숲 속 모닥불 곁에서 깊은 잠에 빠져 있었다. 세상은 아주 평화로웠다. 그런데 사악한 신이 그 모습을 보고 자신의 호적수를 불꽃이 있는 곳으로 밀어버리자는 생각을 품었다. 그가 주신의 몸을 굴리자 주신의 머리카락에 불이 붙었다. 당황한 주신은 벌떡 일어나 허둥지둥 숲 속을 달려갔다. 그의 뒤로 불꽃과 그을린 머리카락들이 점점이 떨어졌다. 그것들은 땅에 닿자 뿌리를 내리면서 담배 식물이 되었다.

'평화의 담뱃대(Pipe of Peace)' 가 생긴 유래를 설명하는 신화에도 주신이 나오며, 무대는 북아메리카 원주민들의 성지로 여겨진 레드파이프스톤 암(Red Pipestone Rock)이다. 의식용 담뱃대들은 모두 이것으로, 즉 나무가 아니라 돌로 만들어졌으며, 따라서 땅을 파서 캐내야 했다. 이곳으로 순례 여행을 했던 부족이 적어도 40개는 되는 것으로 알려져 있다. 이곳에는 광택 있는 석영으로 이루어진 진짜 벽이 있다. 이

의식용으로 쓰이는 평화의 담뱃대를 들고 있는 아메리카 원주민 샤먼. 19세기 폴 러그랜드(Paul Legrand)의 판화.

벽은 높이 약 10미터에 길이가 거의 3킬로미터에 달하며, 미시시피 강의 지류 중 하나의 수원이 있는 빅수(Big Sioux)라는 곳에 있다. 이 절벽의 밑쪽으로 붉은 암석이 드러나 있다. 신화에 따르면, 주신이 이곳에 모든 부족들을 모아놓고 붉은 암석으로 거대한 담뱃대를 만들었다. 주신은 그 색깔이 부족들의 살과 피를 상징한다고 말했다. 부족들은 이 암석으로 평화의 담뱃대를 만들었다. 이곳에서는 감정에 격해서 전투용 곤봉과 가죽을 벗기는 칼을 들어올리는 짓을 해서는 안 되었다. 평화의 담뱃대는 원주민 남자들이 각각 하나씩 지니고 있었으며, 치료용 담뱃대와는 달랐다. 평화의 담뱃대는 섬세한 무늬가 있으며 의식 때에만 쓰는 특수한 도구였다.

담배를 약초로 썼다는 내용이 적힌 최초의 문헌은 『바르베리니 문서 *Codex Bar-*

*berini*』이다. 라틴어로 된 이 책은 16세기에 멕시코 틀라틸루코 대학의 두 학생이 쓴 것이었다. 그 중 한 명은 아스텍 문명의 약초 지식을 기록한 바 있는 마르티누스 데 라 크루스였다. 1552년에 씌어진 라틴어 원본은 현재 바티칸 도서관에 소장되어 있으며, 1569년 니콜라스 모나르데스(Nicholas Monardes)가 『도스 리브로스 *Dos Libros*』라는 제목으로 스페인어 번역본을 냈다. 이 책에는 니코티아나 종을 언급한 곳이 세 군데 있다. 니코티아나 루스티카(*N. rustica*)는 '피시예틀(Piciyetl)' 이라고 하는데 '배탈' 과 '재발성 질환' 에 효과가 있다. 그리고 '콰포케틀(quappo-quietl)' 이라는 이름만 알려져 있는 다른 종은 통풍에 좋다고 했다.

담배가 어떤 용도로 쓰이는지 처음 전한 유럽인은 로버트 페인(Robert Pane)이라는 탐험가였다. 그는 1493년 포르투갈 선장 크리스토퍼 콜럼버스의 두번째 항해 때 함께 갔던 인물이었다. 그 전해 10월에 콜럼버스는 산살바도르 섬에 발을 디딤으로써 신대륙을 발견했다. 그곳의 원주민인 아라와크족은 그에게 '독특한 향기가 나는 말린 나뭇잎' 을 비롯한 다양한 선물을 주었다. 콜럼버스의 일지에는 그 잎들이 아무 가치가 없어 보여서 내버렸다고 적혀 있었다. 하지만 얼마 지나지 않아 유럽인들은 담배 맛을 알게 되었다. 1493년 11월 쿠바에서 로드리고 데 헤레스(Rodrigo de Jerez)는 원주민들이 어떤 관 속에 그 잎을 말아 넣고 한쪽 끝에 불을 붙인 뒤 연기를 '들이마시는' 광경을 목격했다. 헤레스는 그들을 따라함으로써 담배를 피운 최초의 유럽인이 되었다. 그 새로 얻은 습관은 헤레스에게 축복이자 저주가 되었다. 그는 고향으로 돌아가 신이 나서 주변 사람들에게 담배 피우는 법을 보여주었다. 그런데 그의 코에서 연기가 피어나오는 것을 본 스페인 종교재판소는 즉시 그를 악마 숭배자로 낙인찍었다. 그 결과 그는 7년을 감옥에서 지내야 했다. 그가 감옥에서 풀려날 즈음, 담배 피우기는 이미 스페인과 포르투갈 전역에서 유행하고 있었다. 비록 교황이 1600년대에 신성한 장소에서 담배 피우는 것을 금지하긴 했지만 말이다. 담배는 테베(Thevet)라는 프랑스 탐험가가 1556년 브라질에서 니코티아나 타바쿰(*N. tabacum*) 식물들을 들여옴으로써 프랑스에도 독자적으로 소개되었다.

담배 피우기는 신대륙에서 영국으로도 전해졌다. 1586년 엘리자베스 여왕 시대의 탐험가 월터 롤리 경이 들여왔다고 널리 알려져 있지만, 사실은 그보다 몇 년 전에 이미 소개되었다. 월터 롤리는 다른 영국 탐험가인 프랜시스 드레이크 경에게 담배 피우는 법을 배웠다. 드레이크는 인디언 치료사들이 담배 피우는 것을 보고 배운 것이었다. 드레이크는 담배가 거의 모든 것을 치료하는 '경이의 약' 이라고 기록했다! 하지만 1564년 작가인 윌리엄 캠던(William Camden, 1551~1623)은 플리머스에서 존 호킨스 경(Sir John Hawkins)의 명령으로 배에서 내렸던 버지니아 이주민들 중 몇몇이 새로 구한 담뱃대에서 연기가 나는 것을 보고 야단법석을 떨었다고 썼다. 캠던은 이렇게 썼다. "따라서 내가 알기로는 다시 귀국한 이들이 타바카와 니코티아, 또는 토바코라고 부르는 인디언 식물을 영국에 들여온 최초의 사람들이었다."

수세기 동안 담배는 건강에 좋다고 여겨졌다. 이튼 칼리지의 기록을 보면, 1665년 학생들은 의무적으로 담배를 피워야 했다. 담배는 당시 '부드러운 풀(softweed)' 이라는 애칭으로 불렸다. 매일 담배를 피우면 건강을 유지할 수 있고, 역병에도 걸리지 않는다고 믿었다.

담배 애용 인구가 급속히 늘어나면서 담배를 비난하는 사람들도 곧 나타났다. 1612년 중국에서는 담배를 심지도 피우지도 말라는 황제의 명령이 내려졌다. 일 년 뒤 로마노프 왕가가 집권하고 있던 러시아에서도 비슷한 조치가 내려졌다. 1674년 무렵에 이미 러시아인들은 흡연이 죽음을 불러올 수 있다는 것을 알았지만, 그 금지 조치는 1676년에 폐지되었다.

아메리카 이주민들 사이에서도 담배가 좋다는 말에 동의하지 않는 사람들이 나타났고, 1639년에 뉴암스테르담(나중의 뉴욕 시)에서는 흡연 금지 조치가 내려졌다. 영국에서도 흡연 반대 운동이 벌어졌다. 반대자들은 흡연이 남성을 발기 불능으로 만든다고 믿었다. 1617년 윌리엄 본(William Vaughn) 박사는 그 '풀' 에 대해 결코 찬사라고 할 수 없는 시를 썼다.

담배는 기이한 풀
두뇌를 흐리게 하고 정자를 망치네.
정신을 둔하게 하고 시야를 뿌옇게 만들지.
담배는 여성에게 권리를 빼앗네.

담뱃대로 담배를 피우는 방식이 아닌, 궐련을 만들어 피우는 방식은 크림전쟁 때 프랑스와 터키의 군대에서 시작된 듯하다. 두 군대는 담배를 종이에 말아 피웠는데, 그것을 '파피로시(papirossi)'라고 했다. 그 방법은 곧 영국 군대에도 퍼졌다. 1881년에는 궐련을 마는 자동 장치가 등장했고, 이것은 궐련의 대량 생산으로 이어졌다.

담배는 남북아메리카, 터키, 근동, 인도뿐 아니라 세계 각지의 문화에 깊이 뿌리를 내렸다. 담배는 수연통을 이용해 피우기도 했는데, 의식용보다는 사교용이었다. 서양에서는 수연통을 흔히 '후커(hookah)'라고 불렀다. 수연통은 관과 그릇으로 된 정교한 기구로서, 담배 연기를 물로 지나가도록 해서 거르고 차갑게 식히도록 되어 있다. 수연통은 주로 남자들이 이용했지만, 멋쟁이 여자들도 썼다. 수연통은 인도에서 발명되어 이란으로 전해졌다가 아랍 세계 전체로 퍼져나갔다. 그것이 가장 인기를 끈 것은 터키에서였다. 1601년 신대륙에서 처음으로 담배를 들여올 때부터 터키에서는 커피집에 수연통이 없어서는 안 될 비품이 되었다. 담배 문화가 전래될 때 으레 그렇듯이 그 새로운 유행을 모두가 반긴 것은 아니었다. 1633년 터키의 술탄인 무라드 4세(Murad IV)는 담배를 용납할 수 없는 악덕이라고 보고, 담배를 피우는 사람은 모두 처형하도록 했다. 그 포고령은 14년 동안 지속되었다. 하지만 그 법을 기꺼이 무시하려는 사람들이 너무나 많았기에 그런 강제 조치는 결국 실패할 수밖에 없었다.

수연통을 이용하는 흡연가들은 불을 붙이고 연기를 빨아들이는 과정을 예법의 형태로 점점 정교하게 다듬어갔고, 그것은 지켜야 할 엄격한 예의범절이 되었다. 이란산 검은 담배는 아주 독해서 서너 차례 물로 걸러야 했고, 참나무 숯으로 불을 붙이도록 되어 있었다. 인도에서 발명된 수연통은 원래 코코넛 껍데기로 만든 것이었는데,

아주 엉성했다. 장인들은 점점 더 세련되고 멋들어진 수연통을 개발했으며, 담뱃대는 수정이나 은으로 만들고 물부리는 대개 호박으로 만들었다. 호박이 병균을 덜 옮긴다고 생각했기 때문이다.

수연통으로 돌려가며 담배를 피우는 것은 주로 친목을 도모할 때 쓰는 방법이었는데, 함께 담배를 피우는 행위가 상대를 신뢰한다는 것을 뜻한다는 점에서 북아메리카 원주민들의 담뱃대를 이용한 의식과 어느 정도 비슷한 점이 있었다. 주인이 손님들에게 수연통을 내놓지 않는다면 그것은 모욕으로 받아들여졌다. 실제로 1841년 오토만 제국의 술탄이 프랑스 대사에게 담배를 피우지 않겠다고 하자, 두 나라 사이에 외교 분쟁이 빚어지기도 했다.

담배속 중 담배 생산용으로 재배되는 것은 주로 타바쿰(*N. tabacum*)과 루스티카(*N. rustica*)이다. 담배 식물은 키가 1~3미터까지 자라며, 분홍색, 흰색, 연한 녹색의 꽃을 피운다. 담뱃잎을 수확해서 두 달 정도 말린 뒤에 다시 그 정도 기간만큼 발효시킨다. 현재 북아메리카와 중국, 인도 그리고 옛 소련 연방에 속했던 중앙아시아 지역이 주산지이다.

## 베텔과 빈랑나무

인도와 동양의 여러 나라에서는 담배를 피우는 사람보다 베텔(betel)을 씹는 사람들이 더 많으며, 베텔도 약한 각성제이기 때문에 비슷한 생리적 효과를 일으킨다. 비록 담배 못지않게 건강에 안 좋다는 의학적 연구 결과들이 있긴 하지만 말이다. '베텔'은 빈랑나무(*Areca catechu*, Areca 또는 Betel Palm)의 열매에다가 베틀후추(Piper betle, Betel Pepper)의 잎을 섞은 것이다. 빈랑나무의 열매인 '빈랑자'는 말려서 찐 뒤 사용한다. 빈랑자에 있는 알칼로이드는 약하기는 하지만 창자의 기생충을 없애는 효과가 있다. 하지만 구리 함량이 높아서 구강암을 일으킬 위험이 있다. 빈랑자를 담배, 석회와 섞은 마와(mawa)는 특히 더 위험하다. 담배가 그렇듯이, 일부 전통 사회에서는 베텔을 씹는 행위가 종교 의식의 중요한 한 부분을 이루고 있다.

아시아 시장에서 팔리고 있는 빈랑자. 베텔은 씹으면 약한 각성 효과가 있기 때문에 담배 대용으로 쓰인다.

빈랑나무의 유래를 설명하는 이야기들은 많이 있다. 베트남에는 탄(Tan)과 랑(Lang)이라는 형제 이야기가 전해진다. 둘은 서로를 꼭 빼닮았으며, 아주 친한 형제였다. 세월이 흘러 형이 스승의 딸과 혼인하자, 형제는 서로 소원해졌다. 그 때문에 랑은 무척 슬펐다. 랑은 집을 떠나 방랑자가 되었다. 떠돌던 그는 어느 날 어느 강둑에 닿았다. 그는 그곳에 앉아 나룻배를 기다렸다. 하지만 나룻배는 오지 않았고, 그는 하염없이 기다리다가 그만 죽고 말았다. 그는 죽어서 빈랑나무로 변했다. 탄도 사라진 동생을 찾아 집을 떠났다. 운명의 장난으로 그는 동생이 죽은 강둑까지 왔다. 랑을 찾지 못해 가슴이 찢어질 듯 아팠던 그는 빈랑나무에 세게 머리를 들이받아 죽고 말았다. 죽은 그는 석회암으로 변했다. 한편 남편과 시동생을 잃은 탄의 아내도 결국 둘을 찾아 나섰다. 그녀 역시 그 운명의 강둑까지 왔다. 그녀는 남편인 줄 알지 못하고 그 석회암에 기댄 채 죽고 말았다. 그녀는 그 바위 주위를 기는 베틀후추로 변했다.

세월이 흐른 뒤에 그 나라의 왕이 여행을 하다가 그 강둑에 도착했다. 그는 베틀후추의 잎과 빈랑나무 열매를 함께 씹었다. 맛이 좋았고 침도 많이 고였다. 그는 씹던 즙을 하얀 석회암에 뱉었다. 그러자 침이 닿은 곳이 붉게 변했다(열매의 색소 때문이었다). 이곳이 탄, 랑, 탄의 아내가 서로를 사랑하다가 죽은 곳이라는 것을 알게 된 왕은 그 즙의 색깔이 셋의 인연을 상징하는 것이라고 선언했고, 그곳에 셋을 기리는 사당을 세웠다. 베트남 전통 혼례식 때 베틀후추 잎과 빈랑자가 예물로 사용되는 것도 여기에서 유래한다.

## 육두구와 요힘베

육두구 열매는 쓰임새가 그다지 잘 알려져 있지 않지만 비교적 강한 효과를 낸다. 육두구(*Myristica fragrans*)는 키가 약 15미터까지 자라는 상록수로서, 잎은 커다란 달걀형이며, 잎겨드랑이에서 꽃이 핀다. 열매는 작은 서양배 모양이며, 바깥에 다육질 껍질과 가죽 같은 진홍색 속껍질이 있고 그 안에 씨(nutmeg)가 들어 있다. 속껍질은 메이스(mace)라고 하는데 따로 떼어내 판다. 씨와 속껍질은 인체의 에너지 공급을 조절하는 부신에 영향을 미치는 기름 성분들을 지니고 있다.

육두구 씨는 서기 5세기부터 아랍 세계에서 거래되었으며, 그것을 운반하던 선원들은 그 씨를 씹으면 통증이 줄어들고 황홀경이 느껴진다는 것을 알았다. 15세기와 16세기에 육두구 씨기름은 중요한 약재로 여겨졌고, 관절염과 소화불량 등 다양한 질환에 처방되었다. 또 최음 효과가 있으며 신경 쇠약에도 효험이 있다고 여겨지기도 했다. 더 나중에 유럽에서는 육두구 씨가 낙태를 일으키는 약으로 팔렸으며, 거리에서 그것을 파는 행상들을 '육두구 아줌마'라고 했다.

미리스티카속(*Myristica*) 말고도 성욕을 증진시키고 성 기능을 강화하는 식물들은 얼마든지 있다. 코리난테 요힘베(*Corynanthe yohimbe*)의 나무껍질은 '알려져 있는

육두구 씨를 저울에 달고 있는 상인을 그린 18세기 판화. 육두구의 씨는 약한 각성 효과가 있다.

가장 강력한 최음제' 라고 여겨져왔으며, 따라서 그에 걸맞는 신화가 있기 마련이다. 이 나무는 서아프리카, 콩고, 카메룬의 열대 숲에서 자라며, 키가 15~18미터이다. 그곳에서는 이 나무껍질을 혼례춤을 출 때 사용해왔다. 반투족은 요힘베를 먹고 '일주일 넘게' 북을 치고 춤추며 사랑을 나누는 등 떠들썩한 잔치를 벌이곤 했다고 한다. 요힘베 나무껍질은 가루로 만들어 끓는 물에 넣어 차로 마시기도 한다. 또 태워서 연기로 들이마시는 방법도 있다. 최근에 염산요힘빈이라는 가루 형태의 순수한 화학 물질이 추출되기도 했다. 요힘베 추출물은 전세계의 건강식품 상점에서 판매되고 있다.

## 선인장 즙

신경계에 영향을 미치고 정신 상태에 변화를 일으키는 천연 약물 중 가장 강력한 것은 메스칼린(mescaline)이라는 알칼로이드이다. 메스칼린은 서너 종류의 선인장에서 만들어진다. 그 중 가장 널리 알려져 있고 가장 집중적인 연구가 이루어진 식물은 건조한 지방에서 자라는 로포포라 윌리암시(*Lophophora williamsii*)이다. 흔히 페요테 선인장이라고 하는 이 식물은 중앙아메리카 고유종으로서, 북쪽으로 텍사스까지 퍼져 있다. 주로 치우아우안 사막에서 발견되는데, 다른 관목들이나 더 큰 다육식물들 밑에 약간 그늘이 진 곳에서 무리 지어 자라기도 한다. 좀 떨어져서 보면 마치 가시가 없는 청록색 방석처럼 보인다.

페요테선인장은 스페인 정복자들이 오기 전에 멕시코에서 일종의 환각제로 쓰였다. 아마 기원전 1000년이나 그 이전부터 그런 용도로 쓰인 듯하다. 세월이 흐르면서 페요테선인장은 북쪽 지방까지 알려져서 나바호, 코만치, 수, 키오와 등 아메리카 평원에 사는 원주민 부족들에게도 널리 퍼져 종교 의식 때 사용되었다. 그들은 페요테선인장이 정령 세계로 들어갈 수 있게 해주고 깊숙이 숨겨진 정신의 내면을 이해할 수 있게 해준다고 믿었다.

1896년 미국의 화학자 아서 헤프터(Arthur Heffter)는 메스칼린을 순수한 물질로 추출하는 데 성공했다. 식물성 환각제를 실험실에서 분리해낸 최초의 사례였다. 현재 북아메리카에서는 메스칼린 사용이 불법이다. 다만 1800년대부터 종교 의식에 그것을 써온 아메리카 원주민들은 예외이다. 그들의 종교 의식에는 사용이 허가되고 있다.

그 외에 환각 성분이 있는 것으로 알려진 선인장으로는 멕시코 북부에서 도나나(Donana)라고 하는 코리판타 마크로메리스(*Coryphantha macromeris*)와 에콰도르와 페루의 안데스 산맥 특산종인 산페드로(San Pedro)라는 트리코케레우스 파카노이(*Trichocereus pachanoi*)가 있다. 둘 다 현재 원예식물로 재배되고 있다. 한마디 더 하자면, 메스칼린을 멕시코 지역에서 마시는 음료인 '메스칼'과 혼동하지 말도록. 메스칼에는 메스칼린이 들어 있지 않다. 메스칼은 아마릴리스속(*Amaryllis*)의 커다란 다육식물인 용설란으로 만든다. 용설란은 사이잘 밧줄을 만드는 데에도 쓰인다(7장 참조).

## 아편

식물에서 자연적으로 만들어지는 물질 중 사회적으로 남용되고 있는 약물 가운데 아마 가장 악명이 높은 것은 양귀비(Opium Poppy, *Papaver somniferum*)에서 합성되는 알칼로이드일 것이다. 진짜 양귀비는 유럽의 중부와 동부 및 아시아에서 자라며, 서유럽이나 영국 제도에서는 거의 찾아볼 수 없다. 양귀비는 터키와 인도에서 주로 재배되고 있다. 양귀비는 양귀비과 양귀비속에 속한 식물이다. 양귀비속에는 세계적으로 약 50종이 있다. 주로 한해살이풀이며, 대개 배수가 잘 되고 탁 트인 곳에서 자란다. 양귀비류를 밭에서 흔히 볼 수 있는 것도 그 때문이다. 양귀비류는 꽃이 아주 화려하기 때문에 마약의 원료로서가 아니라 원예식물로 가치가 있다. 양귀비는 1.5미터쯤 곧추 자라며, 여름 내내 꽃을 피운다. 줄기는 갈라지지 않으며, 잎은 털이 나 있지 않고 반질반질하며 가장자리가 거친 톱니 모양이다. 꽃은 아주 크며 대개 하얀색이다. 열매 꼬투리는 크고 둥글며, 검은 씨들이 들어 있다. 씨는 빵을 구울 때 넣기도 하며, 말려서 기름을 짜기도 한다.

서유럽에서 양귀비라고 부르는 것은 양귀비의 아종인데, 지중해 지역이 원산지이다. 이 아종은 널리 재배되어왔으며, 유럽과 영국 제도에서는 야생으로 퍼져나가서 바닷가나 습지 가장자리 같은 버려진 땅에서 자라기도 한다. 이 식물의 꽃잎은 엷은 자색에 밑부분에 자주색 반점이 나 있다. 열매 꼬투리는 익으면 갈라져 그 틈새로 씨들이 드러난다. 이 식물은 진짜 양귀비와 달리 마약 성분을 그다지 많이 만들지 않는다.

인류가 양귀비를 사용하기 시작한 것은 수천 년 전부터이며, 스위스의 유적지에서 나온 화석 증거들을 보면 신석기인들이 빵을 구울 때 양귀비 씨를 넣었다는 것을 알 수 있다. 양귀비를 정신 상태를 변화시키는 약재로 사용한 기록도 적어도 4천 년

중앙아시아에서의 양귀비 수확 장면. 주로 터키와 인도에서 재배되고 있다.

전으로 올라간다. 고대 근동 지방의 수메르 문서가 최초의 기록이라고 할 수 있다. 점토판에 새겨진 기록들에는 양귀비가 '기쁨의 식물' 이라는 의미의 '훌길(hul-gil)' 이라고 적혀 있다. 이 식물의 효능이 그때부터 아랍 세계에 알려져 있었던 것이 분명하며, 몇 가지 증거들을 볼 때 고대 이집트인들도 알고 있었던 듯하다.

고대 그리스 신화에는 어머니 여신인 데메테르가 하데스(Hades)의 지하 세계로 납치된 딸 페르세포네를 찾아 돌아다닐 때, 신들이 그녀의 주위에 양귀비를 피어나게 했다고 나와 있다. 그녀는 몸을 굽혀 그 꽃들을 살펴보다가 자극적인 향기를 맡으면서 씨를 맛보고 싶은 유혹을 느꼈다. 그렇게 해서 신들은 잃어버린 딸을 걱정하는 그녀의 마음을 가라앉히면서 그녀에게 휴식을 취하도록 했다. 고대 그리스인들은 그 식물이 마약 성분을 지니고 있다는 것을 잘 알고 있었다. '모르핀(morphine)' 이라는 단어는 '형성(form)' 이라는 의미의 그리스어에서 유래했다. 모르핀이 꿈이나 정신의 형성을 유도하는 능력을 지니고 있다는 것이다. 모르페우스(Morpheus)라는 이름도 어원이 같다. 고대 그리스에서 모르페우스는 잠의 신인 힙노스(Hypnos)의 아들로서 꿈의 신이다. 힙노스는 밤의 신의 아들이다.

그 식물의 의학적 특성을 맨 처음 기록한 사람은 기원전 3세기경의 그리스 학자 테오프라스토스였다. 그는 그것을 메코니움(meconium)이라고 했다. 의사인 히포크라테스(Hippocrates, 기원전 460~357)는 양귀비의 즙이 진통제라고 하면서, 쐐기풀의 씨와 섞어야 효과가 가장 좋다고 했다. 이 특이한 배합을 어떻게 생각해냈는지는 17세기의 식물학자 컬피퍼의 말을 들으면 이해가 된다. 그는 화성의 지배를 받는 쐐기풀의 씨가 "독이 있는 생물에 찔렸거나, 미친 개에게 물렸거나, 헴록, 사리풀, 까마중류, 맨드레이크 등 감각을 둔하게 또는 멍하게 만드는 독성을 지닌 식물들을 먹었을 때 치료제가 된다"고 썼다. '파피(Poppy)'라는 단어는 색슨어의 포피그(popig)에서 온 듯하며, 젖꼭지(pap)라는 말과 어원이 같다. 그것은 엄마들이 아기를 재우기 위해 젖에다가 양귀비 씨를 섞어서 먹였다는 것을 시사한다.

아편은 중동 지방에서 터키로 퍼졌으며, 서기 7, 8세기에 아랍 상인들이 처음에는 인도, 그 다음에는 중국까지 가서 팔았던 듯하다. 중국에서는 아편을 주로 약재로 썼다. 하지만 아편이 중국에서 쓰인 기록은 그보다 몇백 년 전부터 나타난다. 중국의 의사 화타(華佗, 220~264)는 환자에게 아편을 먹인 뒤에 수술을 했다고 한다.

17세기에 중국인들은 아편을 연기 형태로 들이마실 수도 있다는 것을 발견했다. 네덜란드 상인들은 자바를 통해 중국으로 담배 피우는 법을 전수했고, 중국인들은 담배와 아편을 섞어 피우기 시작했다. 이때부터 아편은 기분 전환용 약(recreational drug)으로 인식되기 시작했고, 중독자들이 생기면서 심각한 문제를 불러일으켰다. 아편 수요가 급증하면서 영국은 국제 아편 무역을 주도하게 되었고, 그 결과 중국과 두 번에 걸쳐 아편전쟁을 벌이게 되었다.

중국에 맨 처음 아편을 대량으로 수출한 유럽 국가는 포르투갈이었다. 그러다가 1700년대 말에 영국의 동인도회사가 세계 최대의 아편 무역회사로 부상하면서 그 역

중국의 아편굴. 영국의 동인도회사는 아편의 공급 가격과 양을 통제했다. 결국 아편 무역은 19세기에 아편전쟁을 불러왔다.

할을 가로챘다. 동인도회사는 시장을 독점하다시피 했으며, 따라서 공급량과 가격을 얼마든지 통제할 수 있었다. 마치 영국이 신대륙에 차를 공급할 때와 똑같은 상황이었다. 그 결과 영국은 대량의 수익을 올릴 수 있었다. 프랑스도 아편 무역에 끼어들었다. 중국 정부는 아편 수입을 금지했지만, 영국은 비록 도덕적으로는 변명의 여지가 없었어도 아편 거래를 합법화하기 위해 모든 조치를 취했다. 양귀비는 인도에서 재배되고 있었고 아편도 합법적으로 팔리고 있었다. 당시 인도는 양귀비의 주산지였다. 그 아편이 중국으로 밀수되기 시작했다. 중국 정부는 처음에 빅토리아 여왕에게 접근해서 도움을 요청했지만, 거절당했다. 그래서 중국 황제는 중국 영토로 들어오는 아편을 몰수해서 약 2만 배럴을 없애버렸다. 많은 돈을 날릴 위기에 처한 영국 정부는 광둥(廣東) 성을 공격했다. 중국 정부에 압박을 가해서, 영국에 많은 돈을 벌어주고 있는 아편과 차, 비단 등을 계속 거래할 수 있도록 상하이 같은 항구들을 개방시키도록 하기 위해서였다. 결국 1856년 영국은 중국과 조약을 맺어 홍콩을 할양받고, 아편 수출을 합법화했으며, 아편 이외의 다른 상품들도 거래할 권리를 얻었고, 6천만 파운드의 배상금까지 받았다.

양귀비와 관련된 이야기는 계속 생겨났다. 아서 코넌 도일 경(Sir Arthur Conan Doyle)의 책 주인공인 셜록 홈스(Sherlock Holmes)가 아편 중독자였다는 이야기도 있다. 빅토리아 여왕 시대에 많은 사람들이 아편에 중독되어 있었다는 것은 확실하며, 그들은 대개 아편 팅크(laudanum, 아편을 알코올에 녹인 것)의 형태로 아편을 섭취했다. 알약으로 만든 아편도 널리 쓰였다.

양귀비가 만드는 알칼로이드에는 마약 성분인 모르핀과 코데인(Codeine)이 있다. 둘 다 효과적인 진통제이며, 즐거움과 황홀한 감정을 일으키기도 한다. 하지만 아편을 지속적으로 섭취하면 중독될 수 있으며, 중독된 뒤에는 섭취하지 않을 때 극도로 불쾌한 금단 증세가 나타난다. 모르핀은 1805년 독일의 한 약제사가 실험실에서 분리해냈다. 그는 그것을 모르피움(morphium)이라고 불렀다. 이어서 양귀비에서 다른 알칼로이드들이 추출되었다. 1832년에는 코데인이, 1848년에는 파파베린(papaverine)이 분리되었다. 모르핀의 수용성 유도체인 헤로인(Heroin), 즉 디아모르핀(diamorphine)은 모르핀보다 효과는 더 강하며 부작용은 더 적은 것으로서, '모르핀의 안전한 비중독성 대체물' 이라는 주장과 함께 1874년에 처음 제조되기 시작했다. 하지만 헤로인이 일부 사람들에게 끔찍한 부작용과 함께 심각한 의존 현상을 일으킨다는 것이 곧 드러났다. 영국은 1920년 위해 약물법을 제정해서 헤로인과 아편을 불법화했다. 그리고 북아메리카에서도 비슷한 법들이 제정되었다.

아편 유도체들은 현재 의학계에서 합법적으로 사용되고 있으며, 주로 말기 질병에 걸린 환자들의 통증을 줄이는 데 쓰인다. 런던 브롬프턴(Brompton) 병원에서 처음 사용했던 '브롬프턴 합제' 형태로 쓰이곤 한다. 불법적인 측면을 보면, 현재 미국에만 50만 명이 넘는 헤로인 중독자가 있으며, 영국과 유럽의 중독자까지 합치면 수는 훨씬 더 늘어난다.

오늘날 헤로인 제조에 쓰이는 생아편은 주로 아시아 남서부와 남동부, 멕시코, 남아메리카에서 생산된다. 동남아시아는 세계에서 연간 생산되는 헤로인의 약 절반을 공급하고 있는데, 2백 톤이 넘는 양이다. 라오스, 미얀마, 태국의 고지대와 중국 남부와 베트남 남서부가 아편의 불법 생산지로 유명하며, '골든 트라이앵글' 이라고 알려져 있다. 남반구에서는 대개 농민들이 0.4～1.2헥타르의 밭에서 소규모로 양귀비를 재배하는데, 11월과 12월의 긴 여름을 이용하기 위해 10월 말에 씨를 뿌린다.

아편은 양귀비의 유액, 즉 진을 말려 만든다. 유액은 덜 익은 열매의 껍질에서 흘러나온다. 생산자들은 꽃잎이 떨어진 뒤 약 2주 동안 열매 껍질에 상처를 낸 다음 스며 나온 유액을 긁어모은다. 판매되는 아편은 갈색을 띤 부드럽고 끈끈한 덩어리이며, 시간이 지나면 굳고 검어진다.

## 코카인

코카나무(*Erythroxylon coca*)는 남아메리카 고지대가 원산지인 관목이며, 오스트레일리아, 인도, 아프리카에서도 자란다. 코카나무는 사회적으로 큰 영향을 미치고 있는 또 다른 향정신성 화학 물질인 코카인의 원료이다. 코카나무의 잎에 가장 많이 들어 있는 알칼로이드인 코카인은 중추신경계에 영향을 미치는 강력한 각성제이며, 행복감을 오래 지속시키는 역할을 한다. 하지만 섭취량이 증가할수록 금단 증세도 더 심해진다. 코카잎은 주로 페루와 볼리비아에서 수출되지만, 스리랑카, 자바, 대만에서도 재배되고 있다.

남아메리카 원주민들은 수천 년 전부터 코카인의 효과를 알고 있었지만, 그 약물에 대한 기록을 맨 처음 남긴 사람들은 15세기에 절정기를 이룬 잉카 문명의 주인들이었다. 전통적으로 잉카인들은 침에 코카인이 잘 녹아 나오도록 코카나무의 잎과 석회를 함께 씹었다. 그러면 활성 성분들이 입의 점막을 통해 흡수된다. 코카잎은 원래 잉카 왕족만 이용하다가 나중에 모든 계급이 이용하게 된 듯하다. 잉카인들은 코카잎에서 나오는 즙이 배고픈 느낌을 줄이고 정력을 증진시킨다는 것을 알아차렸다.

남아메리카를 침략한 스페인 정복자들은 코카잎을 씹는 행위가 퇴폐적이고 부도덕하다고 주장하면서, 코카잎을 씹지 못하게 금지시키려 시도했다. 하지만 코카잎을 씹지 못하게 되자, 원주민들이 밭이나 은광에서 일하는 능력이 눈에 띄게 떨어졌다. 그래서 로마 가톨릭 당국은 정책을 바꾸었고, 원주민들의 노동력을 유지시킬 수 있도록 농장을 만들어 코카나무를 재배하기 시작했다. 16세기에 스페인 식민지 이주자들은 유럽으로 코카나무를 갖고 돌아갔고, 곧 코카잎은 기분 전환용 약으로 널리 이용되기 시작했다. 코카잎이 배고픈 느낌을 줄이는 효과가 있다는 것이 알려지면서, 1814년 영국의 정기 간행물인 『젠틀먼스 매거진*Gentlemans Magazine*』에는 코카잎이 '살빼기 수단'이며, '한 달 이상' 다른 음식물을 대체할 수 있을지 좀더 조사할 필요가 있다는 주장이 실리기도 했다.

코카잎 하나에는 코카인이 0.1~0.9퍼센트로 비교적 소량 들어 있지만, 잎을 가공한 코카 반죽(coca paste)은 코카인 함량이 60~80퍼센트나 된다. 1860년 독일의 화학자 알베르트 니만(Albert Niemann)은 코카인을 분리해내는 데 성공했다. 그 뒤 코카인은 염산코카인 형태로 이용할 수 있게 되었다. 처음에 코카인은 다양한 질병에 쓰일 수 있는 치료제로 특허를 받았고, 국부 마취제로도 쓰였다. 그리고 유럽에서 코카인을 기분 전환용 약으로 써본 사람들이 새로운 경험을 하게 되면서, 코카인은 '불로불사의 영약'으로 선전되어 팔려나갔다. 또 코카인을 알코올에 녹이면 약효가 더 커진다는 것도 발견되었고, 19세기에는 몇몇 잘 팔리는 포도주에 첨가되기도 했다. 빈 마리아니(Vin Mariani)라는 포도주가 대표적이었다. 지그문트 프로이트(Sigmund Freud)는 코카인의 가장 열렬한 지지자 중 하나였으며, 코카인의 가치를 찬미하는 논

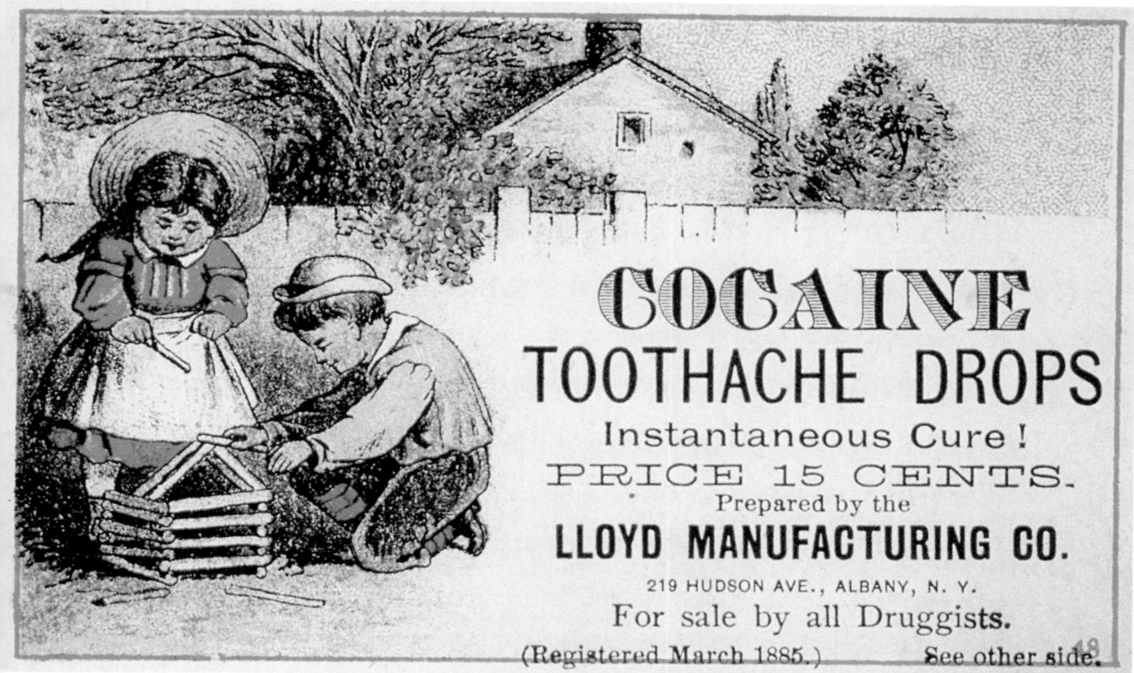


20세기 초 판매가 금지되기 전에 코카인은 진통제이자 강장제로 널리 쓰였다.
코카콜라라는 음료의 이름도 코카인에서 유래했다. 원래 코카콜라에는 코카인이 소량 첨가되었다.

문들을 모으기도 했다. 역사적으로 보면 코카인 가루를 코로 들이마시거나, 주사하거나, 태워 연기를 마시는 것이 유행하기도 했으며, 의존성이 심해져서 장기적으로 건강에 심각한 영향을 초래하기도 했다. 그 결과 20세기 초부터 많은 나라들은 코카인 판매를 금지시켰다. 영국에서는 1916년에 판매를 금지시켰다. 그전만 해도 코카인은 헤로즈(Herrods) 같은 런던의 유명 상점에서도 쉽게 구할 수 있었다. 북아메리카에 금지 조치가 내려지기 전에, 가장 성공한 형태의 코카잎 가공품은 아마도 코카콜라라는 탄산 음료였을 것이다. 코카콜라는 1886년 애틀란타의 약제사 존 스티스 펨버튼(John Stith Pemberton)이 만들었다. 1903년경까지 코카콜라에는 코카인이 소량 들어갔으며, '탁월한 두뇌 활력제' 라고 선전되었다. 현재 코카콜라 회사는 남아메리카에서 매년 약 8톤씩 코카잎을 수입한다고 알려져 있다. 하지만 가공 처리를 거쳐 코카인은 모두 제거되며, 코카잎은 단지 맛을 내기 위해 첨가할 뿐이다.

### 메꽃류

중앙아메리카의 원주민 부족들 사이에서 강력한 정신적 의미를 지닌 식물 중에 메꽃류와 샐비어가 있다. 둘 다 먹었을 때 기분을 바꿔놓는 화학 물질들을 만든다. 샤먼들은 이 식물들을 먹고 무아지경에 빠져서 영혼과 대화를 나눔으로써 환자가 병에 걸린 원인이 무엇인지, 잃은 물건을 어떻게 하면 찾을 수 있는지 알아냈다.

메꽃과의 고구마속(*Ipomoea*)은 약 5백 종으로 이루어져 있으며, 교목, 관목, 덩굴식물, 초본 등 형태가 다양하다. 이들은 크고 눈에 띄는 꽃을 피우기 때문에 흔히 '모닝 글로리(Morning Glory)'라고 불린다. 그 중 두 종은 커다란 덩이뿌리를 만든다. 하나는 고구마(*I. batatas*)로서, 현재 전세계의 열대와 아열대 지역에서 식량으로 널리 재배되고 있지만, 원래는 남아프리카 특산종이다. 또 하나는 얄랍(Jalap, *I. purga*)으로서 멕시코 열대 지방에만 산다. 붉은 꽃을 피우며, 순무처럼 생긴 뿌리는 하제로 쓴다.

둥근잎나팔꽃(*I. purpurea*)은 북아메리카 남동부에 널리 퍼져 있는 덩굴식물이다. 잎은 심장 모양이며, 흰색, 분홍색, 자주색의 크고 아름다운 꽃을 피운다. 남아메리카 고유종인 이포모에아 인디카(*I. indica*)는 꽃이 아름답기 때문에 미국에서 원예식물로 인기가 높으며, 야생화해서 미국 여러 지역에 퍼져나가 있다. 이런 종들은 잘 자라는 잡초이기도 하며, 하얀 꽃을 피우는 나팔꽃속(*Convolvulus*)의 식물들과 함께 유럽 곳곳과 영국 제도로 퍼져나가 있다.

이포모에아 비올라케아(*I. violacea*)의 씨에는 리세르그산(lysergic acid, 천연 LSD의 일종)이 들어 있으며, 이런 환각 성분 때문에 멕시코의 사포텍족 사이에서 신성시되어왔다. 사포텍족은 지금도 이 식물을 종교 의식 때 사용하고 있고, 약재로도 쓰고 있다. 이 씨를 갈아서 천으로 싸서 물에 담가두었다가 꺼내 먹는다. 현재 미국에서 판매되고 있는 씨는 불법적인 용도로 쓰지 못하도록 유독한 화학 물질을 처리한 것이다.

## 샐비어

살비아 디비노룸(*Salvia divinorum*)은 꿀풀과의 식물로서, 키가 1.5미터까지 자라는 작은 여러해살이 덤불이다. 잎은 가장자리가 톱니 모양인 달걀형이며, 은백색이 감돈다. 샐비어속에서는 유일하게 이 종만이 정신에 영향을 미치는 화학 물질을 만든다. 신성한 약초, 성모 마리아의 잎 등 여러 이름으로 불리는 이 식물은 아시아가 원산지였을 수도 있다. 몇몇 전문가들은 이 식물이 스페인 정복자들에 앞서 중앙아메리카로 들어왔다고 믿는다. 현재 이 식물은 멕시코 오악사카에서만 자란다. 시에라마드레 산맥 동쪽의 마사텍 지역의 아주 높은 지대(해발 1,800미터까지)의 구름이 감도는 숲의 하천 둑에서 주로 자라고 있다. 살비아 디비노룸은 아주 접근하기 어려운 산골짜기에서만 자라고, 아주 희귀하고 영적인 가치가 높기 때문에, 원주민 부족들은 다른 부족이 알지 못하도록 이 식물이 자라는 곳을 비밀로 유지한다. 아주 보기 어렵기 때문에, 서양의 식물학자들이 이 식물을 알게 된 것은 1939년 J. B. 존슨(J. B. Johnson)이 학계에 보고하면서였다. 이 식물의 씨는 대개 발아하지 않으므로 야생 상태에서 제대로 번식할 수 없다. 그래서 이 식물이 종이 아니라 품종에 불과하다고 주장하는 학자들도 있다. 북아메리카에서 많은 시도가 이루어졌지만, 이 식물을 재배하기란 거의 불가능하다는 것이 드러났다. 1962년 원예학자 고든 워슨(Gordon Wasson)이 오악사카에서 씨를 채집해서 하와이로 가져간 워슨 품종만이 유일하게 재배에 성공한 것이다.

이 식물의 잎에서는 테르펜(terpenes)과 살바노린(salvanorin)이라는 알칼로이드가 생산된다. 모닝 글로리에 들어 있는 화학 물질들과 마찬가지로 이 화학 물질들도 정신을 정상적인 상태에서 벗어나게 한다. 이 식물은 무아지경에 빠지게 하고 예언력을 갖게 하는 능력이 대단히 뛰어나다고 한다. 마사텍족 샤먼들은 이 식물을 피필신트신틀리(Pipilzintzintli)라고 부르는데, 의식을 거행할 때 이 식물을 씹는다.

## 버섯

녹색식물만이 환각제를 만드는 것은 아니다. 광대버섯(1장 참조)을 비롯한 버섯들도 환각 물질을 분비하는 것으로 잘 알려져 있다. 자유의 모자(Liberty Cap)라고 하는 프실로키베 세밀란케올라타(*Psilocybe semilanceolata*)도 그렇다. 이 종과 같은 속의 몇몇 종들은 사일로신과 사일로시빈이라는 화학 물질을 만든다. 아마 산업혁명 이전 시대의 유럽 마녀들은 이런 '마법의 버섯들'이 지닌 특성들을 잘 알고 있었을 것이다. 중세 시대에 마녀 박해가 시작되면서 이런 버섯들에 대한 지식도 사라져갔을 것이 분명하다. 오늘날에는 마약에 취하고 싶은 사람들이 불법적으로 그런 버섯들을 열심히 찾아다니고 있다. 웨일스에서는 매년 은밀한 장소에서 은밀하게 프실로키베 축제가 열린다.

비슷한 버섯인 프실로키베 멕시카나(*Psilocybe mexicana*)는 중앙아메리카와 남아메리카의 여러 지역에서 자라며, 사회적으로 아주 귀하게 여겨지고 있다. 노파들은 그것을 이용해서 주술을 걸고 저주를 하곤 한다.

치명적인 물질을 지닌 버섯들도 있고 환각 물질을 지닌 버섯들도 있다. 게다가 버섯은 모양도 기이하고 신비한 분위기도 풍긴다. 이런 이유들 때문에 식용 버섯을 먹을 때 기이한 풍습이 따라붙기도 했다. 영국을 포함한 몇몇 나라에서는 야생 버섯을 먹으면 위험하다는 생각이 오래 전부터 있어왔으며, 최근에서야 조금씩 야생 버섯이 관심을 끌고 있다. 역사적으로 볼 때, 유럽의 다른 지역들은 버섯에 훨씬 더 관심이 많았다. 버섯 요리와 관련된 풍습들도 많았다. 티베리우스 황제 때의 인물인 로

광대버섯은 환각 성분이 있으며, 유럽 북부와 시베리아의 샤먼들은 정령 세계와 접촉하고자 할 때 이 버섯을 사용했다.

마의 미식가 아피쿠스는 버섯 요리 항목이 따로 있는 요리책을 저술하기도 했다. 로마 시대에는 땅에서 자라는 독버섯 같은 버섯들은 나무에서 자라는 버섯들과 구분하기 위해 볼레티(boleti)라고 불렀다. 오늘날에는 볼레티라는 말이 갓 밑에 주름이 아니라 구멍(관공)이 나 있는 버섯들만을 지칭하기 때문에 이 용어는 다소 혼란을 일으킨다.

아피쿠스는 버섯 요리를 할 때는 볼레타리움(boletarium)이라는 특수한 그릇을 써야 하는데, 로마 가정집의 하인들은 볼레타리움을 제대로 다루지 못한다면서 분개했다. 로마 상류층에서 이국적이고 특이한 음식을 선호하는 열기가 수그러들기 시작할 무렵, 로마의 작가이자 해학가인 마르티알리스(Martialis)는 “이름은 거창하게 볼레티라고 붙여놓고서, 내온 것은 방울다다기양배추라니, 차마 말하기가 부끄럽구나”라고 비꼬았다.

중앙아메리카 신화에 나오는 거대한 세이바나무.
마야 문명의 후손들은 이 나무가 세계의 중심에 있다고 생각했다.

14

# 세상에서 가장 신성한 나무들

메소포타미아 문명과 고대 켈트족만이 나무의 신성함을 받든 것은 아니었다. 전세계적으로 각기 다른 시대의 많은 사회가 독자적으로 나무를 숭배해왔다. 일부 문명에서는 거대한 나무가 세상의 중심에 놓여 있다고 보았으며, 그 나무를 하늘과 땅과 지하세계를 잇는 계단이나 사다리로 여겼다. 그 나무는 신앙의 중심이 되었으며, 각 사회는 어느 시점에 이르면 자신들이 그런 신성한 나무를 지니고 있다는 주장을 펼치게 되었다.

대표적인 것이 세이바나무(*Ceiba pentandra*)에 관한 신화이다. 중앙아메리카에 있는 고대 마야 문명의 후손인 부족들은 이 나무가 세계의 중심에 있다고 보았다. 아프리카에 있는 바오밥나무의 친척인 세이바나무는 남아메리카와 중앙아메리카의 열대 전역에 퍼져 있으며, 봄박스과에 속하는 큰 속의 대표적인 식물이다. 대개 아주 거대하게 자라는데, 완전히 자란 세이바나무는 키가 40미터를 넘어 우림의 다른 모든 식물들을 거의 내려다볼 정도다.

세이바나무는 장엄한 크기에 못지않게 모양도 대단히 웅장하다. 그런 겉모습도 신화를 낳는 데 기여했다. 나무 줄기는 수직으로 까마득히 곧장 솟아올라가며, 연한 회색을 띤다. 가지들은 줄기 끝에서 우산처럼 펼쳐지는데 거의 수평으로 뻗어 있다. 잎은 손바닥 모양이며, 종 모양의 커다란 꽃이 핀다. 줄기 밑동에는 거대한 뿌리가 드러나서 공중에 뜬 부벽(扶壁)처럼 보인다. 세이바나무가 마야인의 신성한 나무이자, 그들 세계의 중심에 놓이게 된 것도 놀라운 일이 아니다. 줄기 꼭대기에서 펼쳐져 있는 가지는 마치 하늘에 닿아 있는 듯하며 하늘에 있는 연단처럼 펼쳐져 있다. 게다가 드러난 뿌리는 저승까지 뻗어간 듯이 깊이 박혀 있다. 다른 신화적인 요소들도 개입한다. 남아메리카의 수리들 중 가장 큰 하피수리(Harpie Eagle)는 마야의 창조신을 상징하는 것 중 하나인데, 세이바나무의 나무갓에 둥지를 튼다. 그리고 마야인에게 지하 세계를 상징하는 존재인 박쥐는 이 나무의 뿌리와 줄기 사이에 난 공간에 산다. 세이바나무는 대단히 많은 종류의 동식물들을 부양하고 있다. 나무갓에는 브로멜리아드(Bromeliad) 같은 공중에 사는 식물을 비롯해 곤충에서 포유동물까지 많은 동물들이 살고 있다. 이 나무에 붙어서 맨 꼭대기에서 땅까지 축축 늘어져 있는 덩굴식물들은 마야인에게 하늘과 땅을 잇는 사다리처럼 보였을 것이다. 지금도 중앙아메리카의 벌목꾼들은 세이바나무를 베지 않으려 한다. 그래서 예전에 숲이었던 밭을 보면 이 장엄한 나무만이 홀로 높이 솟아 그늘을 드리우고 있는 모습을 볼 수 있다.

세이바나무는 정신적인 역할말고 상업적인 가치도 지니고 있다. 이 나무는 케이폭나무(Kapok tree)나 비단솜나무(Silk Cotton tree)라고도 불리는데, 열매에 대단히 가볍고 탄성이 있는 솜 같은 섬유가 대량으로 들어 있기 때문이다. 현재는 합성 섬유로 거의 대체되어 있지만, 케이폭은 예전에 구명복과 방한복에서 자동차 좌석 충전재에 이르기까지 다양한 용도로 쓰였다. 현대적인 대체물이 등장하기 전까지 인도네시아의 자바 섬은 케이폭의 주산지였다.

인도의 힌두교에서는 서너 종류의 아주 친숙한 나무들을 신성시했는데, 그 중 가장 중요한 것은 보리수(*Ficus religiosa*)일 것이다. 무화과속(*Ficus*)은 뽕나무과에 속하며, 교목, 관목, 덩굴식물 등 약 8백 종이 있다. 그 중 흔히 재배되는 무화과나무(*F. carica*)는 키 작은 낙엽수로서, 소아시아(터키)가 원산지지만, 식용 열매를 얻기 위해 전세계에서 재배되고 있다. 보리수와 구약성서(5장 참조)에 나오는 무화과인 피쿠스 시카모루스(*F. sycamorus*)는 짙은 녹음을 드리운다. 보리수는 인도의 많은 지역에서 '아슈밧타(asvattha)' 라고 불린다. 옮기면 '말을 세우는 곳' 또는 '밑에 말이 서 있는 나무' 라는 뜻이다. 또 일부 지역에서는 피팔라(pippala)나 피팔(pipal)이라고도 불린다.

아슈밧타는 힌두교의 세 창조신인 브라흐마, 비슈누, 시바(보존자, 창조자, 파괴자)에게 봉헌된 나무이다. 또 인도 북부에서는 마을신인 그라마데바타(gramadevata)를 통칭하는 이름인 타쿠르 데오(Thakur Deo)에게 봉헌된 나무이기도 하다. 고대 힌두교의 한 기도문은 이렇게 되어 있다. "브라흐마가 뿌리를 만들고, 비슈누가 몸통을 만들고, 시바가 우듬지를 만들었으니, 나무의 왕에게 경배하세!" 힌두교의 서사시 『마하바라타*Mahabbharata*』 중 제6권인 「바가바드기타(Bhagavadgita)」에서 크리슈나(krishna) 신도 아르주나(Arjuna) 왕자에게 "내가 신성한 보리수, 아슈밧타이니라" 라고 말하고 있다.

보리수는 많은 열매를 맺으므로 다산의 의미도 지니고 있다. 또 놀라운 재생 능력을 지니고 있다. 이 점에서 보리수는 주목처럼 다산 제의와 관련된 다른 식물들과 공통점이 있다. 모체에서 새로운 싹이 계속 뻗어나오므로 계속해서 새로워지는 것이다. 아슈밧타라는 이름은 이런 측면에서도 의미가 있다. 말은 힌두교에서 정력의 상징이기 때문이다. 힌두교에서 보리수는 사랑의 상징이기도 하며, 처녀가 보리수를 발로 차면 붉은 꽃이 핀다는 전설도 있다.

인도보리수, 즉 반얀나무(Banyan Tree, *Ficus bengalensis*)는 인도에서 바타(vata) 또는 냐그로다(nyagrodha)라고 하는데, 이 나무도 힌두교 신인 비슈누와 시바의 상징이다. 힌두교 신화에서는 창조와 파괴라는 이 대조적인 두 신이 떼려야 떼어낼 수 없이 얽혀 있다. 이 반얀나무는 먼저 파괴되지 않으면 아무것도 창조될 수 없는 우주를 상징한다.

인도 신화에는 빌바나무(bilva) 또는 벨나무(bel)라고도 하는 목사과(Wood Apple, *Aegle marmelos*)도 나오는데, 이 나무는 우주의 파괴자이자 고행하는 신인 시바와 밀접하다. 스리팔라(sriphala), 즉 사과라고 부르는 이 나무의 열매는 시바의 위대한 능력을 보여주는 증거로 여겨진다. 매년 2월에서 3월 사이에 열리는 시바를 기리는 축제인 시바라트리(Shivaratri)에는 이 나무의 잎이 중요한 역할을 해왔다. 시바를 믿는 사람들은 빌바나무의 잎과 열매를 직접 따거나 신전 바깥의 노점상들에게서 사서 신전으로 가져온다. 벨(bel)이라는 단어는 고대 사회들 사이에 서로 교류가 있었음을 보여주는 생생한 사례이다. 벨은 켈트족의 신성한 나무인 빌라와 같은 인도-아리안어에서 유래한 것이 거의 확실하다.

예상할 수 있겠지만, 힌두교에서 신성하게 여긴 나무들은 기원전 6세기에 인도 북부에서 창시된 불교에서도 신성하게 여겨졌다. 칼파브르크사(kalpavrksa, 소원의 나무)는 미술에서 붓다의 상징으로 그려지곤 하며, 허공장보살이나 지장보살 같은 보살은 단지에 담긴 칼파브르크사를 손에 들고 있기도 한다.

불교에서 보리수(*F. religiosa*)는 신성한 나무이다. 이 나무 중 하나인 보디브르크사(bodhivrksa), 즉 '정각수(正覺樹)' 아래에서 '살아 있는 붓다' 인 고타마 싯다르타가 7일 동안 나무를 응시한 끝에 깨달음을 얻었기 때문이다. 이 나무는 아소카(ashoka)라고도 하는데, '슬픔이 없음' 이라는 뜻이다. 기원전 3세기에 힌두교에서 불교로 개종한 아소카 왕을 기리기 위해 붙여진 이름이다.

정각수는 신성한 갠지스 강의 지류인 니련선하(尼連禪河)의 서쪽 둑에 있는 부다가야에 있었고, 그 나무가 언급되어 있는 최초의 기록은 『본생경*Kalingabodhi Jataka*』이다. 원래의 보리수는 죽은 지 오래지만, 붓다와 관련이 있었기에 많은 전설들이 탄생했다. 기이한 전설 중 하나는 부다가야에 있던 그 나무를 브라만교 승려들이 힌두교를 버린 데 대한 보복으로 베어서 불에 태웠다는 것이다. 하지만 아소카 왕

스리랑카 콜롬보에 있는 강가라마(Gangarama) 사원의 조각. 붓다가 부다가야 나무, 즉 깨달음의 나무 밑에 앉아 묵상을 하고 있다.

은 그 그루터기 주위에 흙을 덮은 뒤 뿌리에 우유를 뿌렸다. 그러자 남은 뿌리에서 기적적으로 새로운 보리수가 자라났다. 아소카 왕은 이 자연의 기적에 경외심을 느낀 나머지 불교로 개종했고, 불교의 수호자가 되었다. 또 그는 새로 난 보제수에 정기적으로 우유를 뿌리도록 했다. 야소카 왕이 그렇게 나무를 돌보는 일에 푹 빠져 있자, 질투심에 사로잡힌 왕비가 그 나무를 잘라버렸다. 다행히 이번에도 기적이 일어났다. 또 다시 나무가 자랐고 그 나무는 키가 37미터까지 자랐다. 아소카 왕은 그 나무 주위에 돌로 높이가 3미터쯤 되는 담을 쌓았다.

서기 6~7세기에 보제수는 다시 파괴되었다. 사이비테(Saivite) 종파에 속한 호전적인 벵골 통치자인 세산카(Sesanka) 왕이 파괴한 것이다. 하지만 이번에도 마가다 왕국의 불교 지도자 푸르나바르마(Purnavarma)의 명령으로 암소 천 마리의 젖으로 나무를 살려냈다. 그는 서기 620년경에 그 새로 자란 묘목을 심었다.

부다가야에 가면 현재 있는 나무가 원래의 정각수라는 이야기가 있긴 하지만, 더 사실적인 기록에 따르면, 가장 마지막까지 살아남은 나무는 1876년 늙고 병들어 죽었다. 영국의 고고학자 커닝햄(Cunningham)은 1862년에 그곳을 처음 방문했다가, 그 나무가 거의 썩어가고 있으며 가지 세 개만 살아 있다는 것을 알았다. 3년 뒤 다시 갔을 때 그 나무는 완전히 죽어 있었고, 유일하게 남아 있던 줄기도 1875년의 폭풍 때 쓰러지고 말았다. 하지만 보제수가 영속하는 특성을 지니고 있다는 전설 중에는 맞는 부분도 있는 듯하다. 그것은 보리수의 재생 능력 때문이다. 오래된 줄기가 썩어갈 때, 이미 그 줄기 안에는 어린 나무들이 자라고 있다.

보제수는 다른 지역으로도 퍼졌다. 기원전 300년경에 아소카 왕의 딸인 상가미타(Sanghamitta) 비구니가 원래의 보디브르크사 중 일부를 잘라서 스리랑카로 가져갔다. 그녀는 그 묘목을 아누라다푸라에 있는 마하메가(Mahamegha) 사원의 마당에 심었고, 그 나무는 지금까지 살아 있다고 한다. 현재 있는 나무의 수명이 2천 년이 넘었을지 의심스럽기는 하지만 말이다. 이 나무가 세계에서 가장 오래된 것이라는 말에 경외심을 느낀 신자들은 우유, 백단, 장뇌향 등을 바치면서 이 나무를 숭배한다.

1931년 마하보디(Mahabodhi) 협회를 창립한 아나가리카 다르마팔라(Anagarika Dharmapala)가 아누라다푸라에 자라는 이 보리수의 일부를 잘라갔다는 기록은 더 신뢰성이 있다. 그는 그것을 바라나시(Varanasi, 베나레스)라는 고대 도시에서 몇 킬로미터 떨어진 사르나스(Sarnath)로 가져가 붓다가 맨 처음 설법을 전했다고 하는 곳에 심었다. 이 사르나스 보리수는 원래의 보디브르크사에서 3대째 되는 식물이다. 하지만 이런 이야기들을 받아들이지 않는 종파들도 있다. 그들은 붓다가 설법을 전한 곳에 서 있던 나무가 보리수가 아니라, 그 친척인 인도보리수, 즉 반얀나무였다고 한다. 부다가야 나무는 더 많이 잘려서 인도 전역의 불교 성지 곳곳에 심어졌다. 그 중 가장 잘 알려진 것이 우타르 프라데시의 스라바스티 고대 유적 근처에 있는 제타바나(Jetavana) 사원의 마당에 서 있는 제타바나 보리수이다.

불교의 신성한 나무는 인도 종교 예술에 흔히 등장하며, 붓다를 상징하는 것으로 여겨진다. 그의 머리에 줄지어 나 있는 머리카락들인 우슈니샤(usnisa)에서 어린 보리수들이 솟아나고 있는 조각들도 있다. 하지만 가장 초기의 불교 예술에는 붓다가 깨달음을 얻은 순간에 그의 발치에 왕관이 떨어지는 것으로 묘사하고 있다. 또 보리수는 악으로부터 중생을 지켜주는 부적이나 진언에 현신한다는 다섯 존재 중 하나인 위대한 수호자 마하프라티사라(Mahapratisara)에게 봉헌되기도 한다. 게다가 불교에서 보디브르크사는 더 많은 존재들의 상징이 되어왔으며, 특히 '나뭇잎으로 옷을 해 입은 여성'이라는 의미의 파르나사바리(Parna-Savari)를 상징한다.

유럽과 비교할 때 인도의 자연 숭배가 유독 강하다고는 볼 수 없지만, 인도의 남부에 살면서 북부 지역과는 크게 다른 언어와 문화를 지니고 있는 타밀 사람들은 수천 년 동안 적극적으로 나무들을 숭배해왔다. 타밀 사람들은 힌두교를 전래의 부족 문화와 융합시킨 듯하며, 그들은 숲에 사는 다양한 수호 신령들을 숭배했다. 그 수호 신령들을 브르크샤카(vrkshakas)라고 했다. 인도 예술에서 이 나무 신령들은 성별에 따라 키가 작고 배가 볼록 나와 있거나 관능적이고 요염한 존재로 그려진다.

불교가 일어난 것과 비슷한 시기에 인도 북부에서 자이나교라는 좀 덜 알려진 종교가 탄생했다. 자이나교의 창시자인 마하비라(Mahavira)는 세계수라는 거의 보편적인 개념에 관심을 가졌고, 결국 독자적인 세계수를 창조해냈다. 자이나교의 세계수는 염부수(閻浮樹, jambu, *Eugenia jambolana*)이다. 유럽의 위그드라실에 해당하는 염부수는 자이나 민족주의의 상징이 되었다. 신화에 따르면, 메루 산의 정상에는 거대한 염부수가 자란다. 메루 산은 인도 대륙의 한가운데에 있는 히말라야 산맥에서 신들이 사는 곳이며, 그 주위를 일곱 대륙이 둘러싸고 있다고 한다.

마하비라는 진화 단계에 관계없이 모든 생명은 신성하다고 생각했으며, 비록 식물을 가장 낮은 단계에 놓긴 했지만 식물이 재생을 통해 정신적으로 완벽한 존재가 될 수 있을 것이라고 보았다. 그는 가뭄과 열기와 불길에 황폐해진 한 이름 없는 나무의 두 가지가 신성한 나무들로 다시 태어날 것이며, 그 나무들에서 인류가 탄생하고 깨달음을 얻을 것이라고 예언했다. 마하비라는 식물들도 다른 고등생물들과 마찬가지로 생로병사를 겪으며, 두려움과 선악에 대한 반응 같은 감정들을 보일 수 있으므로 어느 정도의 지능을 지니고 있고, 식욕과 색욕도 지니고 있다고 주장했다. 자이나교는 식물들이 동물과 마찬가지로 인식하는 능력인 의식을 지니고 있으며, 주변 상황을 파악하고 있다고 보았다.

자이나교의 신화 중에는 사마라디탸(Samaraditya)라는 아주 탐욕스러운 사람이 죽어 자신의 보물들이 묻힌 곳 위에 야자나무로 자라났다는 우화가 있다. 그 나무는 인간이었을 때와 마찬가지로 아주 탐욕스러워서 뿌리를 뻗어 보물을 휘감고 있다고 한다. 이 이야기는 야자나무와 그 열매도 인도에서 신성하게 여겨졌다는 것을 말해주며, 이 식물의 산물도 힌두교 신들에게 제물로 바쳐지곤 했다.

중국과 일본의 불교에서는 은행나무(*Ginkgo biloba*)도 보리수에 버금가는 신성한 지위를 누리고 있다. 은행나무는 2억 년에서 1억 3,500만 년 전 공룡들이 어슬렁거리던 쥐라기 때 크게 번성한 고대의 한 겉씨식물목 중에서 유일하게 살아남은 나무이다. 은행나무는 수많은 나라에서 재배되고 있으며, 주로 사원 주변에 심는다. 이 나무가 서양에 알려진 것은 18세기가 되어서였다. 그 무렵에 처음으로 묘목들이 유럽으로 도입되었다. 영국 큐 왕립식물원에는 1762년에 심은 은행나무가 지금도 자라고 있다.

## 영원한 생명을 지닌 나무

영생을 상징하는 나무는 거의 모든 신화에 등장하며, 그것은 그런 개념이 여러 지역에서 독자적으로 생겨났다는 의미이기도 하다. 북유럽 신화에서는 사과나무가 영원한 삶을 주는 존재이다. 기독교에서는 사과나무가 창세기에 언급된 생명의 나무라는 생각이 주류를 이루고 있지만, 스칸디나비아 신화를 지은 사람들이 기독교에서 그 개념을 빌렸다는 증거는 전혀 없다. 에다 시편들에는 시의 신 브라기(Bragi)의 연인인 이둔 여신이 아스가르드(스칸디나비아의 천상 세계)의 신들에게 영원한 젊음을 주고 있는 황금 사과를 지킨다고 적혀 있다. 그러다가 배신자인 로키(Loki) 신이 그녀를 납치해서 자신의 발할라 성을 지어준 신들의 적인 거인들에게 넘겨주자, 신들은 늙기 시작했다. 다행히 자신의 열매와 능력을 간직하고 있던 이둔을 구출함으로써 신들은 비참한 상황에서 벗어날 수 있었다.

밤의 여신인 헤스페로스(Hesperus)의 딸들로서 세계의 서쪽 끝에 사는 헤스페리데스(Herperides)가 지키는 황금 사과가 같은 범주에 속하는지는 불확실하다. 그리스 신화에서 헤스페리데스 네 자매는 해가 저물 때 황금빛으로 물드는 구름을 인격화한 것이다. 하지만 고대 그리스어에서 '사과'는 '양떼'와 같은 단어였으며, 따라서 헤스페리데스는 사실상 사과의 수호자가 아니라 황금빛 양떼를 돌보는 하늘의 양치기들이었을지도 모른다.

아마 과일나무는 모두 생명의 나무 후보자가 될 수 있을 듯하다. 유럽 및 서아시아에서 멀리 떨어진 힌두교에도 비슷한 이야기가 있다. 킨수카(kinsuka) 또는 팔라사(palasa)라고 하는 바테아 프론도사(*Batea frondosa*)는 소마 신의 상징이다. 소마 신은 힌두교에서 신성한 음료의 화신이다. 캄보디아의 크메르족도 바테아 프론도사를 생명의 나무로 여겼으며, 탈로크(talok)라고 불렀다.

중국에서는 뽕나무(*Morus alba*)도 생명을 주는 힘을 지니고 있다고 여겨졌다. 기원전 2000년경의 하(夏)나라 때 아이를 밴 한 여인이 홍수를 피해 달아나면서 절대 뒤를 돌아보지 말라는 하늘의 명령을 어기는 바람에 뽕나무로 변하고 말았다. 나중에 다른 여인이 오디를 따러 왔다가 아기 울음소리를 듣고 나무 속을 들여다보니, 거기에 아기가 들어 있었다. 아기는 자라서 이윤(伊尹)이라는 큰 인물이 되었다. 그는 부패한 하를 무너뜨리고 은(殷)을 세우는 데 큰 공을 세웠다. 이 이야기에는 생명을 낳는 과일나무라는 이야기와 홍수를 통해 타락한 사람들을 몰아내고 '깨끗한' 새 사회를 건설한다는 이야기가 뒤섞여 있다. 낙원과 홍수라는 성서의 창세기 이야기와 흡사한 점이 많다.

아주 척박한 토양에서도 자랄 수 있는 뽕나무는 중국, 일본, 동남아시아 국가들에서 자라며, 중동에는 비슷한 종인 모루스 니그라(*M. nigra*)가 자란다. 그리고 북아메리카에 자라는 것은 모루스 루브라(*M. rubra*)이다. 더 실용적인 측면에서 볼 때 뽕나무류는 식용 열매를 수확하기 위해 재배하기도 하지만, 18세기와 19세기에 유럽에서는 누에에게 먹이를 공급하기 위해 널리 재배했다.

중국 신화에 묘사된 죽음과 재생이라는 주제는 스칸디나비아의 세계수 위그드라실 이야기에도 들어 있다. 위그드라실은 불에 이어서 물이 찾아와 옛 신들의 체제에 있던 죄악들을 모두 불태우고 씻어버려서 땅을 깨끗이 하는 운명의 날인 라그나뢰크가 오고 있다는 전조를 보여준다. 위그드라실과 생명의 나무의 또 한 가지 공통점은 뱀과 연관을 맺고 있다는 것이다. 뱀은 세계 모든 곳에서 지혜, 불멸, 악이라는 복잡한 명성을 지니고 있는 듯하다. 성서의 창세기에 나온 나무와 마찬가지로 위그드라실에는 니드호그(Nidhogg)라는 뱀이 살고 있다. 스노리 스툴루손은 니드호그가 위그드라실의 뿌리를 갉아먹는다고 말한다.

> 그 나무의 뿌리는 세 갈래로 나뉘어 아주 멀리까지 뻗어 있다. 하나는 아사신족에게로, 다른 하나는 긴눙가가프(Ginnungagap, 천지창조 이전에 존재하던 태초의 빈 공간/옮긴이)가 있었던 곳인 서리거인들(신들의 적)의 세계로 뻗어 있다. 세번째는 니플하임(Niflheim, 지하 세계)으로 뻗어 있으며, 그 뿌리 밑에는 흐베르겔미르(Hvergelmir, 샘 또는 우물)가 있다. 니드호그는 그곳에서 뿌리 밑을 갉아먹고 있다.
>
> —『운문 에다』

에다 시편인 「그림니르의 노래(Lay of Grimnir)」는 이미 손쓸 수 없이 시들어가고 있는 약한 곳에 자리를 잡고 있는 포식자, 뱀 이야기를 하고 있다.

> 물푸레나무인 위그드라실은 병에 걸렸네.
> 사람들이 깨닫고 있는 것 이상으로

위에서는 사슴이 뜯어먹고, 속은 썩어가고
밑에서는 니드호그가 갉아먹고 있네.

—『운문 에다』

스칸디나비아 문화가 출현하기 오래 전, 남쪽으로 수백 킬로미터 떨어진 지중해 지역의 그리스와 로마의 고대 예술가들은 생명의 나무를 그대로 받아들이지 않았지만, 그 이미지를 바쿠스의 덩굴과 메르쿠리우스의 지팡이인 카두세우스(caduceus)에 담았다. 카두세우스는 신성 불가침과 갈등이나 다툼의 해결을 상징하기도 했다. 건강 악화는 몸의 내면적인 갈등으로 여겨졌으므로, 카두세우스는 그리스의 의술의 신 아스클레피오스(Asklepios)의 상징이 되었다. 그리스인들과 로마인들은 그 생명의 상징을 뱀과 떼어놓기를 주저했고, 그래서 아스클레피오스의 '생명의 지팡이'는 뱀이 나무를 휘감고 있는 모습으로 묘사되기도 했다.

그리스 문명의 기원을 추적해가면, 미노아 문명에 도달한다. 미노아 문명은 같은 시대에 서아시아에 있던 메소포타미아 문명과 유럽의 청동기 시대 미케네 문명을 잇는 다리였다. 미노아인들은 신성한 나무들과 밀접한 관련이 있는 신들을 숭배한 듯하며, 미케네인들도 그랬다.

지중해의 크레타 섬에 있는 크노소스에서 19세기 영국의 위대한 고고학자인 아서 에번스 경(Sir Arthur Evans)은 기원전 2000년경 미노아 문명의 전성기 때 나무와 기둥 숭배가 활기를 띠었다는 증거를 찾아냈다. 그가 발굴한 것들 중에는 다산의 여신의 모습이 담긴 행렬 장면도 있었다. 이것은 신상을 신성한 숲으로 가져가서 씻기는 히타이트인의 의식과 밀접한 관계가 있는 듯 보인다. 히타이트 풍습 중 일부가 고대에 유럽으로 전해진 것이 거의 확실하다. 에번스가 찾아낸 장면은 신성한 나무 밑에 옥좌가 놓여 있는 성지로 숭배자들이 나아가는 모습을 담고 있다. 크노소스 유적지에서는 커다란 황금 반지들도 상당히 많이 발굴되었는데, 그 중에는 무화과나무나 올리브나무 같은 장엄한 나무와 함께 그것이 성지에서 자라고 있다는 것을 나타내는 담이 함께 새겨져 있는 것들이 많았다. 그 나무는 사원이나 성지로 여겨지는 건물이나 제단 옆에 그려져 있기도 했다. 낙소스에서 발견된 한 반지에는 야자나무와 그 옆에 제의용 술단지들이 놓인 탁자와 창을 들고 있는 남자가 새겨져 있다. 또 나무 앞에서 사람들이 춤추는 장면들이 그려져 있는 것들도 있으며, 그것은 메소포타미아에서 그랬듯이 그 나무가 신, 대개 여신을 상징한다는 것을 뜻한다.

고대 그리스와 로마 사람들은 디오스코리데스와 플리니우스 같은 작가들의 연구를 통해 식물을 최초로 식물학적인 측면에서 이해했다고 주장할 수 있을 것이다. 하지만 그 새로운 과학적 인식은 초록 세계에 대한 깊은 정서적인 관점을 저해하지 않았다. 고대 그리스에서 나무들은 신성한 것이었으며, 신성한 숲, 즉 테메노스(temenos)라는 개념은 아마도 메소포타미아와 관계 없이 독자적으로 생긴 듯하다. 테메노스는 나무 한 그루를 둘러싸고 있는 공간일 수도 있었고, 축제가 열리는 숲일 수도 있었다.

초기 유럽의 성지들이 고대 그리스의 테메노스로 진화할 때, 나무와 돌기둥이 둘 다 그 안에 들어갔지만, 나무가 더 중요시되었고 나무의 종별로 각기 다른 신을 상징하게 되었다. 아테나 여신의 도시인 아테네의 아크로폴리스에는 그 도시의 지속성을 나타내는 올리브나무가 서 있었다. 기원전 480년 페르시아인들이 판드로소스(Pandrosos) 여신의 신전을 불태웠을 때, 그 옆에 있던 나무가 즉시 새순들을 내밀었다는 전설이 있다. 또 그리스의 테메노스에서는 인간과 동물이 제물로 바쳐졌으며, 이런 제의들은 아마도 여신이나 그녀의 여사제들이 신성한 나무에 목을 맸다는 신화에서 유래했을 것이다. 나무들에 동물 가죽들을 걸어놓은 것은 고대 사냥 풍습의 흔적이었다.

고전 시대에 나무와 숲에는 거의 예외 없이 여신이 있었으며, 이따금 여신들이 자기 나무의 가지에 앉아 있는 모습이 새겨진 동전들도 발견되었다. 올리브나무는 아테나의 나무였으며, 아테네에는 올리브나무로 깎은 거대한 아테나 신상이 있었다. 올림피아에서는 올림픽 경기 우승자들의 머리에 신성한 올리브나무 가지로 만든 왕관을 씌워주었다. 올리브나무는 제우스 모리오스(Zeus Morios)라고 알려진 제우스에게 바쳐진 나무이기도 했다.

참나무는 켈트족에게 숭배된 것 못지않게 고대 그리스와 로마 문명에서도 숭배되었다. 가장 유명한 신성한 참나무 중에 제우스에게 바쳐진 것이 하나 있었다. 그 나무는 그리스 북부의 산맥에 자리한 에피로스 근처 도도나(Dodona)라는 고대의 신전에 있었다. 월계수는 아폴론에게 바쳐진 나무였고, 디뒤마의 아폴론 신전에 서 있던 것이 가장 유명했다. 은백양은 헤라클레스의 나무였다. 델로스 섬에는 레토 여신에게 바쳐진 야자나무가 있었다. 그녀는 야자나무나 올리브나무에 기댄 채, 혹은 월계수 나무 두 그루를 움켜쥔 채 아르테미스와 아폴론을 낳았다고 한다. 이것은 그리스에서 다산의 여신들과 관련이 있는 특정한 나무들이 출산에 도움이 된다고 믿었다는 것을 강하게 시사한다. 제우스의 아내인 헤라 여신의 신전이 사모스 섬에 있는데, 그 신전에서 자라는 버드나무를 사실상 거대한 제단으로 삼을 정도로 그리스인들은 신성한 나무들을 섬겼다.

또 나무들은 신탁을 내린다고, 즉 신의 말을 전한다고도 여겨졌다. 나뭇잎들이 살랑거릴 때가 특히 그랬다. 소크라테스는 도도나의 제우스 신전에서 참나무가 예언의 말을 했다고 썼으며, 호메로스도 자신의 서사시에 참나무를 여러 번 언급했다. 『오디세이아』에서 그는 오디세우스가 "키 크고 무성한 참나무로부터 제우스가 어떤 조언을 하는지 듣고자" 도도나에 들렀다고 썼으며, 『일리아드』에는 아킬레우스가 트로이 군대에 승리를 거둘 수 있도록 신탁을 내려달라고 기도하는 장면이 실려 있다.

도도나의 제우스, 펠라스기인의 신이여.
오, 저 멀리 있는 신이여! 춥고 혹독한 도도나의 통치자여!
당신의 말을 전하는 자들인 셀리는 씻지 않은 뿌리 같은 맨발로 다니고
딱딱한 땅에서 잠을 자고 있나이다.
신이시여, 여기 내 기도를 들으소서, 내게 영광을 주소서.

아카이아 군대를 벌하고

다시금 저의 소망을 이루어주소서.

—『일리아드』

셀리(Selli) 또는 셀로이(Selloi)는 원래 트로이 전쟁이 일어나기 수백 년 전에 이집트에서 미노아와 미케네로 전파된 여사제들로 여겨진다. 나중에 남성 사제들도 나타났고, 그 사제 집단들은 그리스로 계승되었다가 결국 남성 사제를 선호하는 풍조에 휘말려 여사제들은 사라지고 말았다. 셀리가 하는 일은 신탁을 해석하는 것이었다. 고대 그리스 저술가들은 도도나의 나무가 무엇이었는지를 놓고 견해 차이를 보였다. 헤로도투스는 너도밤나무라고 했지만, 참나무라는 견해가 우세했다.

나무 숭배 전통은 로마 제국으로도 이어졌다. 서기 46년경에 태어난 그리스의 작가 플루타르코스(Plutarchos)는 그리스와 로마의 유명 인사들의 전기를 저술했다. 그 중에 로마를 세운 신화상의 영웅인 로물루스(Romulus)의 이야기도 있었다. 플루타르코스는 로물루스와 레무스(Remus)라는 쌍둥이 왕자가 그들을 경계한 알바롱가의 왕의 명령으로 티베르 강에 버려졌다고 묘사하고 있다. 그들을 담은 작은 상자는 강을 따라 흘러가다가 나중에 로마가 세워질 곳에 닿았다. 그들은 그곳에서 늑대의 젖을 먹고 자랐다. 그들이 닿은 바로 이 강둑에 무화과나무가 자라났다고 한다. 이 이야기를 근거로 삼아 무화과나무는 로마인들에게 신성한 나무가 되었다. 특히 로마의 공공 광장에 있던 나무는 숭배를 받았고, 이 나무 또는 그 후손 나무들이 서기 410년 서고트족에게 로마가 약탈당할 때까지 살아 있었던 것이 분명하다.

그리스와 로마에는 나무들 외에, 신과 관련이 있는 꽃들도 있었다. 수선화는 데메테르의 딸로서 나중에 하데스의 왕비가 되는 페르세포네에게 바쳐진 꽃이다. 그리고 백합은 아프로디테, 장미는 디오니소스의 꽃이었다.

나무는 불멸 및 장수와 관련이 있었기에, 사람의 안녕을 평가하는 척도로도 쓰이게 되었다. 이런 생각은 오늘날까지도 이어지고 있다. 사람의 생명과 나무의 생명이 연관되어 있다는 생각은 고대 그리스 시대까지 거슬러올라간다. 호메로스의 서사시에는 숲의 여성 정령들인 드뤼아드(Dryad)들이 나온다. 드뤼아드들은 나무, 특히 참나무에 깃들어 있다. 드뤼아드라는 이름도 참나무에서 비롯된 것이다. 그리스어로 참나무가 드뤼스(drys)이기 때문이다. 고대 그리스 그림을 보면, 드뤼아드들이 참나무 잎으로 만든 왕관을 쓰고서 참나무 주위를 돌며 춤을 추는 장면이 나온다. 도끼 같은 무기를 들고 있는 모습도 있다. 그것은 외부의 공격으로부터 자기 고장을 지키는 무기였다. 하마드뤼아드(Hamadryad)들은 나무와 너무나 긴밀한 관계를 맺은 나머지 나무의 일부가 된 정령들이다. 따라서 나무 정령들의 운명은 자신이 깃들어 있는 나무의 생존과 건강에 달려 있었다.

영국, 프랑스, 이탈리아 독일, 러시아 같은 유럽 국가들에서는 아이를 낳으면 나무를 심는 풍습에서도 인간과 나무의 삶이 연관되어 있다는 것을 알 수 있다. 그 나무는 아이의 또 다른 자아처럼 된다. 아이가 자랄 때 나무도 함께 자라며, 그 나무는 특별한 보호를 받는다. 그가 살아 있는 동안 나무가 베어지면, 그도 곧 죽을 것이라고 여겨졌다. 이런 생각은 오늘날까지 이어지고 있으며, 지금은 세례 같은 탄생과 관련된 정통 의식들에서 벗어나 대안적인 의식들을 찾는 추세에 힘입어 탄생 때 나무를 심는 풍습도 다시 활기를 띠고 있다. 사람이 태어나서 죽을 때까지 자신의 나무와 연결되어 있다는 생각은 나무가 모든 생물 중 가장 오래 살 뿐 아니라 인간과 수명이 비슷한 나무들이 많다는 점을 생각하면 그리 놀라운 일도 아니다.

이와 유사한 풍습들은 전세계에 존재한다. 뉴질랜드의 마오리족 거주 지역을 비롯해서 폴리네시아의 곳곳에서는 탄생 의식 때 탄생 기념으로 심은 나무 밑에 탯줄을 묻는다. 그 나무가 시들거나 죽으면, 그 사람의 생명에도 다소 심각한 영향이 미칠 것이라고 본다. 탄생수는 주관적이고 의인화한 특성도 지니고 있다고 여겨져왔다. 참나무나 사과나무처럼 잘 견디고 울퉁불퉁한 모습의 나무들은 남성적이라고 여겨져왔고, 버드나무와 자작나무 등은 여성적인 나무라고 여겨져왔다. 개암나무는 오래 전부터 지혜와 관련지어져왔다. 반면에 예수 그리스도에 대한 배신과 관련이 있는 딱총나

수양버들은 수천 년 전부터 슬픔을 연상시키는 나무로 여겨져왔으며,
성서는 이 나무를 이스라엘인들이 바빌론에서 겪은 고초와 연관짓고 있다.

무와 죽음의 나무인 주목처럼 아기 탄생을 축하할 때 금기시하는 나무들도 있었다. 또 마가목, 블랙손(Balckthorn), 물푸레나무는 모두 마녀와 깊은 관련이 있어서 피해야 하는 나무로 여겨져왔다.

때로는 나무의 안녕이 단지 개인 차원이 아니라 가문의 운명과 연결되어 있기도 한다. 스코틀랜드 에든버러 인근에 자라는 에지웰나무(Edgewell Tree)라고 알려진 유명한 참나무는 댈후지(Dalhousie) 백작 집안의 건강을 나타내는 '척도'로 여겨져왔으며, 그 관습은 아주 고대의 일족부터 전해 내려온 것이라고 한다. 1874년 7월 고요한 날에 갑자기 그 참나무의 굵은 가지 하나가 부러졌는데, 그 가지가 땅에 쿵 닿는 순간에 11대 백작인 팍스 몰(Fox Maule)이 죽었다는 무서운 이야기가 전한다.

비록 언제나 주변에서 흔히 볼 수 있는 것은 아니지만, 고대로부터 내려온 나무와의 관계는 지금도 다양한 방식으로 남아 있다. 중국 대부분의 지역에서는 산책을 나온 온갖 부류의 사람들이 나무의 힘을 얻기 위해 고대 나무 숭배 의식에 참여하고 있다. 마오쩌둥 시대에는 이른 아침마다 태극권을 수련하는 사람들을 볼 수 있었지만, 지금은 나무의 신비한 기운을 얻기 위해 나무를 붙잡고 껴안고 비비면서 정신적인 '깨우침' 을 얻고자 하는 사람들이 점차 늘어나고 있다.

언뜻 보면 주술이라고 해도 좋을 만한 이유로 신비하다고 알려지게 된 나무들도 있다. 하지만 그런 능력이 있다는 주장들 속에는 우리가 미처 알지 못하는 어떤 진리가 들어 있을지도 모른다. 수맥 탐사용 막대가 사례가 될 수 있다. 북아메리카의 건조지대에 살던 원주민들은 오랜 세월 이 기술을 사용해왔다. 마녀풍년화(Witch Hazel, *Hamamelis virginiana*)의 둘로 갈라진 나긋나긋한 가지는 근처에 물이나 귀중한 광물이 있을 때 반응을 보인다. 둘로 갈라진 나뭇가지의 양끝을 하나씩 손으로 가볍게 쥐고서 물 가까이 가져가면 그것이 까딱거린다. 유럽에서는 개암나무의 친척인 코릴루스 아벨라나(*Corylus avellana*)의 가지를 사용한다.

개암나무속(*Corylus*)은 유럽과 아시아의 온대 지방 전역에 퍼져 있다. 숲과 덤불에서 큰 관목이나 작은 교목의 형태로 자라며, 낙엽수로서 톱니가 있는 달걀형 잎이 나며, 초봄에 노랗게 수꽃들이 이삭 모양을 이루어 핀다. 열매는 삐죽삐죽 튀어나온 초록색 깍정이 안에 들어 있다. 먼 옛날에 개암나무는 켈트족에게 마법의 식물로 숭배를 받았다. 하지만 한여름에 열리는 불의 축제와 다산 제의와 더 관련이 깊었다. 모닥불 옆으로 소들을 끌어와서, 연기가 피어나는 개암나무 가지로 소의 등에 난 털을 그을려 표시한 다음, 방목을 한다. 아일랜드에서는 그 나무를 콜(Coll)이라고 하며, 예전에는 그것을 무단 벌목하면 사형에 처할 정도로 신성하게 여겼다. 아일랜드의 『땅의 유래*Dinnshenchas*』의 시에는 개암나무 아홉 그루가 나온다. 이 나무들은 티퍼러리 근처 콘라 우물(Connla' s Well)로 알려진 신성한 연못 위로 가지를 드리우고 있었고, 꽃과 열매가 동시에 달렸다고 한다. 이 연못에는 연어가 출몰해서 개암을 먹었으며, 먹은 열매만큼 연어의 등에 반점이 생겼다는 기이한 이야기도 전한다. 아

켈트족은 개암나무(위는 이삭처럼 달린 수꽃들)가 강한 마법을 지니고 있다고 생각했다.
개암나무는 아일랜드의 신성한 나무 중 하나이며, 가지를 잘라 수맥 탐사용 막대로 쓰기도 한다.

일랜드 전설에서 연어는 현명한 물고기로 여겨지며, 개암도 중요한 지식의 원천이었다. 개암나무 가지가 집 위로 드리워져 있으면, 집이 번개에 맞지 않는다고도 했다. 개암을 뜻하는 '카브넛(cobnut)'은 비교적 최근에 생긴 용어이다. 19세기에 아이들은 구슬치기의 원조격에 해당하는 놀이를 했는데, 그 놀이를 '카브(cob)'라고 했다.

개암나무가 귀중한 지하자원을 찾아내는 능력이 있다는 이야기가 어디에서 나왔는지는 불확실하며, 그런 가지로 수맥 탐사가 이루어지는 방식도 마찬가지로 불명확하다. 수맥 탐사 막대는 적어도 16세기부터 사용되어왔지만, 그와 관련된 설화는 헤브루인의 성서에서 유래한 듯싶다. 탈출기에 따르면, 유대인들이 약속의 땅으로 가기 위해 이집트를 떠나기 전에 신은 모세의 나무 지팡이에 기적 같은 힘을 부여했다. 유대인들이 신(Sin) 광야를 가로질러 가다가 마실 물을 찾을 수 없자, 모세는 신의 인도에 따라 자신의 지팡이로 어느 바위를 두드렸다.

> 내가 호렙의 바위 옆에서 네 앞에 나타나리라. 네가 그 바위를 치면, 물이 터져나와 이 백성이 마시게 되리라.
>
> — 출애굽기 17:6

성서에는 모세의 형 아론도 마법의 지팡이를 가지고 있다고 나와 있다. 민수기에는 모세가 12부족의 족장들에게 지팡이를 하나씩 건네주었다고 써 있다. 이 지팡이는 모세의 율법을 거역했을 때 쓸 권위의 홀이었다.

> 모세는 그 가지들을 증거의 장막 안 야훼 앞에 놓아두었다. 이튿날 모세가 증거의 장막 안에 들어가 보니 레위 가문을 대표한 아론의 가지에 싹이 돋고 꽃이 피었으며 감복숭아 열매가 이미 익어 있었다.
>
> — 민수기 17: 22～23

17세기의 프랑스나 독일 수맥 탐사자들은 갈라진 막대기로 수맥에서
잃어버린 보물에 이르기까지 지하에 묻혀 있는 것들을 찾아 다녔다.

이 기적 같은 일은 사실 꺾꽂이의 일종인 원예 기술에서 비롯된 것이다(6장 참조). 어린 나무의 줄기를 잘라 땅에 꽂고 적절한 조건을 조성해주면 먼저 뿌리를 내리고 새순을 피우면서 급속히 재생한다.

이 탐사 방법은 16세기와 17세기에 독일에서 영국으로 전해졌다. 독일에서는 주로 광부들과 보물 사냥꾼들이 이 방법을 애용했다. 물론 숨겨진 우물과 샘을 찾는 데에도 쓰였다. 모세의 지팡이는 치료 능력도 보여주었다. 1523년 라이스터셔 샙코트

출신의 존 손튼(John Thornton)이라는 사람은 자신이 30년 동안 지팡이로 동물들을 치료해왔다고 주장했다. 그리고 모세의 지팡이를 만드는 방법이 적힌 중세 시대의 문헌도 많이 남아 있다. 중세 시대는 마법을 혐오하는 종교적 광기가 절정에 달한 시기였기에, 이 수맥 탐사 기술도 드러내놓고 쓰다가는 위험에 빠질 수 있었다. 수맥 탐사는 마법과 거의 흡사하다고 여겨졌고, 사실 마녀와 마법사 사이에서는 나름대로의 방법이 전수되고 있었다. 그것은 아주 전통적인 사회에서 비전통적인 방법을 사용하는 사람들을 지칭하는 '교활한 사람' 들의 마법 및 점성술과 같은 부류의 것으로 여겨졌다. 17세기 영국의 유명한 점성술사 중 하나인 윌리엄 릴리(William Lilly)는 수맥 탐사 막대를 알리는 데 큰 역할을 했으며, 수도가 보급되기 전에는 전국에서 그런 식으로 수맥을 찾아내는 사람들이 많았다. 지금은 보물 사냥에 막대보다는 금속 탐지기가 쓰이지만, 막대기로 지하 수맥의 깊이와 흐름을 추측하는 사람들도 아직 많으며, 가끔 꽤 성공을 거두기도 한다. 또 이 방법은 현대 마법의 한 부분을 이루고 있다. 하지만 지금은 개암나무 가지 대신 금속 막대가 쓰인다. 양쪽으로 똑같이 갈라진 가지를 찾기가 어렵기 때문이다.

개암나무 가지를 언제 어떻게 잘라야 하는지에 관한 속설들도 생겨났다. 조금씩 차이가 있긴 하지만, 유럽 대부분의 지역에서는 성 요한의 날인 6월 23일 전날에 자른다. 오스트리아 티롤 지방에서는 성 금요일에 자른 것만 효력이 있다고 본다. 현대의 마법 추종자들은 개암나무를 지배하는 행성인 수성과 상현달이 뜨는 적절한 때에 적절한 의식을 거행하면서 잘라야 한다고 말한다.

토착식물과 외래식물이 뒤섞여 있는 서섹스의 셰필드 공원.
이런 공간들은 식물과 초록 덮개에 대한 우리의 정서를 보여준다.

# 15

## 정원과 현재의 초록 덮개

지난 3백 년을 되돌아보면, 18세기에 식물을 바라보는 태도가 크게 변하기 시작했다는 것을 알 수 있다. 거기에는 식물학이라는 과학의 발전이 큰 기여를 했다. 그 이전까지는 식물들의 목록을 만들고자 할 때, 과학적 특징이 아니라 인간에게 얼마나 쓸모 있는가를 기준으로 삼았다. 앞서 말했듯이, 어떤 풀이 자연의 질서에서 차지하는 '지위' 는 서로 관계없는 두 요인에 따라 주로 정해졌다. 첫번째는 각각의 식물이 정해진 천체의 영향을 받는다는 점성술이었다. 두번째는 식물의 형태, 색깔, 겉모습이 그 식물의 용도를 나타낸다는 생각이었다. 레세르켈란디네는 뿌리가 치질의 혹처럼 생겨서 '파일워트' 라고 불렸다. 사실 그 식물은 미나리아재비 같은 식물들과 친척이었지만, 사람들은 그런 생각을 전혀 하지 못했다.

식물에 대한 이런 시대에 뒤떨어진 관점은 색슨족의 시대부터 계속 이어지다가, 린네(1707~1778)가 등장하면서 바뀌었다. 그는 동식물의 이름을 짓는 과학적 규칙들을 확립했다. 그는 중세 약초학자들의 관심을 끌었던 기이한 형태적 특징들이 아니라 꽃의 특징을 토대로 삼아 식물을 분류하는 체계를 만들었다. 그는 꽃잎, 꽃받침, 수술의 형태와 수 및 배열, 그리고 씨가 생기는 씨방의 구조를 토대로 삼아 식물들을 여러 집단으로 나누었다. 1737년 『식물의 속*Genera plantarum*』, 1753년 『식물의 종*Species plantarum*』이 출간된 뒤, 린네의 분류 체계가 국제적인 표준으로 자리를 잡음으로써 각 식물에 혼동 없이 고유의 이름을 붙일 수 있게 되었다. 그가 오늘날까지 사용되고 있는 이명법을 내놓음으로써 자연사에 큰 기여를 했다는 점이 인정되어 1788년 런던 린네학회가 설립되기도 했다.

린네를 비롯한 학자들의 연구는 전세계에서 식물들을 찾아내고 채집하는 열풍을 불러일으켰다. 식물 사냥에 몰두하는 사람들도 무수히 나타났다. 그 중 가장 유명한 사람은 18세기의 괴짜 영국인인 조지프 뱅크스 경(Sir Joseph Banks, 1743~1820)이었다. 그는 현대 식물 채집의 아버지라고 불린다. 그는 넉넉한 재산에 힘입어 식물학에 마음껏 몰두할 수 있었다. 뱅크스는 1766년 뉴펀들랜드와 래브라도를 탐사하면서 자연학자로서 명성을 쌓기 시작했다. 그가 7개월 동안 여행을 하면서 모은 말린 표본들은 현재 런던 자연사박물관에 보관되어 있다. 1768년 그는 유명한 쿡 선장의 탐험대에 끼여서 엔데버 호를 타고 남태평양으로 갔다. 그 3년 동안의 항해 때 그는 엄청난 양의 식물 표본들을 채집했다. 그는 오스트레일리아 대륙에서 탐사대가 최초로 발을 디뎠던 뉴사우스웨일스 해안 지역에서 아주 많은 표본들을 채집했기에, 그곳에 '식물학 만(Botany Bay)'이라는 이름을 붙이기도 했다. 엔데버 호는 1771년 7월 영국으로 돌아왔다. 뱅크스가 모은 표본들에는 새로운 종이 천 3백 가지, 새로운 속이 백 가지나 있었다. 하지만 아쉽게도 산 채로 가져온 것 중에 살아남은 것은 하나도 없었다.

뱅크스가 새롭고 이국적인 식물들을 가져와 영국의 정원에 심었을 것 같지는 않다. 하지만 그의 모험은 왕족의 흥미를 끌었고, 그는 런던에서 서쪽으로 몇 킬로미터 떨어진 큐라는 마을에 있는 조지 3세의 별장으로 초대를 받았다. 그 자리에서 그는

빅토리아 여왕 시대의 유명한 식물 사냥꾼인 조지프 후커 경(Sir Joseph Hooker)이 식물 표본을 받고 있는 모습.
이런 모험가들의 활약 덕분에 유럽에 수많은 이국적인 식물들이 도입되어 재배되었다.

국왕을 설득해 큐에 새로운 정원을 꾸미도록 했다. 캐퍼빌러티 브라운(Capability Brown)이 설계한 그 식물원은 영국 식민지들에서 자라는 모든 꽃들을 모아서 연구하기에 딱 알맞은 곳이 되었다. 그전의 소유주였던 헨리 케이펄 경(Sir Henry Capel)이 이미 이전 세기에 식물들을 채집했기에 큐에는 이미 희귀하고 이국적인 식물들이 자라고 있었다. 그렇게 해서 국왕의 승인 아래 큐 왕립식물원이 조성되었다.

18세기의 식물학자들이 식물에 대한 과학적 관점을 일깨운 것은 사실이지만, 그들은 니콜라스 푸생(Nicholas Poussin)이나 마인데르트 호베마(Meindert Hobbema) 같은 17세기의 유럽 고전주의 풍경화 화가들이 지니고 있던 정서적이고 낭만적인 자연관에 다시 활력을 불어넣기도 했다. 이 화가들은 나무, 밭, 물로 이루어진 아주 목가적이고 때로는 이상적이기까지 한 풍경들을 그렸다. 그런데 식물학자들을 통해 유럽의 대중들은 백 년 전에는 전혀 볼 수 없었고, 뱃사람들이나 탐험가들이 해주는 온갖 기이하고 경이로운 이야기들과 그림을 통해서만 접할 수 있었던 이국적인 식물들을 갑자기 '눈으로' 직접 볼 수 있게 되었다. 그 결과 대중이 식물에 관심을 갖게 되었고, 그것은 목판화와 그림에서 식물을 정확히 표현해야 한다는 분위기를 조성했다. 19세기에 이런 열기는 낭만적인 쪽으로도 뻗어나갔다. 목판화가들과 인쇄업자들은 이국적인 꽃들의 모습을 완벽하게, 그러면서도 매혹적으로 세세하게 담아냈다. 벤자민 포셋(Benjamin Fawcett)이 펴낸 『잎이 아름다운 식물들*Beautiful Leaved Plants*』(1861)과 『잎이 아름다운 새로운 식물들*New and Beautiful Leaved Plants*』(1870)은 새로 개발된 색채 재현 기술을 멋지게 보여주었다. 새러 오스틴(Sarah Austin)이 쓴 『끝없는 이야기*The Story without an End*』(1868) 같은 동화책들에도 C. G. 라이튼(C. G. Leighton) 같은 인쇄업자들과 조각가들의 솜씨가 발휘된 마법과 신비가 가득 담긴 듯한 식물들의 그림이 실리게 되었다. 리처드 도일(Richard Doyle)이 쓴 『요정나라*In Fairyland*』에도 식물에 대한 상상이 마음껏 발휘되어 있었다. 그 책에는 조각가 에드먼드 에번스(Edmund Evans)가 새긴 꽃들 사이에서 노는 요정들과 엘프들을 담은 섬세한 목판화들도 실려 있었다.

사람들은 정원을 경이로 가득한 은밀한 장소로 생각하게 되었고, 많은 대저택들에 벽이나 높이 치솟은 생울타리로 둘러싸인 비밀의 정원들이 생겨났다. 프랜시스 호지슨 버넷(Frances Hodgson Burnett, 1849~1924)이 1909년에 쓴 빅토리아 시대 고전 소설인 『비밀의 정원*The Secret Garden*』은 이런 낭만주의를 산뜻하게 담아냈다. 이 책은 지금까지도 출간되고 있다.

정원과 조경은 현대의 우리가 초록 덮개에 대해 어떤 감정을 갖고 있는지를 고스란히 보여주는 한 가지 사례이다. 조경 열기는 나라마다 다른데, 영국에서는 거의 종교적인 수준이라고 할 정도다. 정원용품 시장과 종묘 산업은 상당한 규모를 이루고 있으며, 사람들은 개인의 낙원을 꾸미고 유지하기 위해 상당한 돈을 투자한다. 시골에 있는 넓은 땅이든, 도시 건물의 창틀에 놓인 화분이든 간에 말이다. 농지를 멋진

프랑스 화가 니콜라스 푸생(1593~1665)이 그린 〈봄〉. 당시의 낭만적인 관점이 담겨 있다.

정원으로 바꿈으로써 각종 계획법을 어기고 말썽을 일으키는 사람들도 많다.

조경 열풍이 현대적인 현상처럼 보일 수도 있지만, 사실 고대부터 있어온 일이다. 정원의 발전 역사를 돌아본다는 것은 쉬운 일이 아니다. 본래 정원은 허약하고 파괴되기 쉽기 때문이다. 하지만 눈을 즐겁게 하고 정신을 북돋아줄 목적으로 정원을 만든 것은 수천 년 전부터였다. 창세기에 신이 최초로 조성해 아담과 이브가 살도록 했다는 지상 낙원은 정원 형태였다. 에덴 동산이라는 신화는 오랜 세월 시인들과 화가들의 상상을 사로잡았다. 헤브루어에서 에덴(eden)은 '기쁨' 이라는 뜻이다. 하지만 '황무지' 를 뜻하는 고대 아카드어인 에디누(edinu)에서 유래했다는 설도 있다. 에덴 동산이 어디 있었는지를 알아내기 위해 온갖 시도들이 이루어졌지만, 여전히 가설 수준에서 벗어나지 못하고 있다. 창세기의 저자는 그것이 '동쪽 어딘가'에 있다고만 말했다. 팔레스타인에서 볼 때, 그것은 메소포타미아(현재의 이라크) 어딘가를 뜻한다. 또 창세기에는 그 정원에서 네 줄기의 강이 흘러나온다고 되어 있는데, 실제로는 티그리스 강과 유프라테스 강 둘밖에 없다. 에덴에는 생명의 나무(열매를 따 먹는 것이 금지된 영생의 나무), 지식의 나무, 올리브나무, 각종 과일나무들이 있으며, 신이 인류를 위해 그 정원을 만들었다고 나와 있다. 아담은 이 동산을 '돌보라'(창세기 2:15)는 지시를 받았으며, 현대 유럽인들이 정원을 꾸미고자 하는 마음속에는 이 간결한 명령에서 비롯된 부분들이 많다.

하지만 유대 문화와 전통에 직접적인 영향을 받지 않은 고대 세계들도 정원에 많은 관심을 보였다.

정원은 바빌로니아와 이집트 궁전들의 중요한 요소였으며, 부유한 이집트 가문들은 꽃, 야채, 향료, 과일나무 등을 정원에서 길렀다. 또 구약성서를 보면 정원이 묘지로도 쓰였다는 것을 알 수 있다.

> 므나쎄가 그 선조들과 같이 잠들자 우짜 정원이라고도 하는 왕실 정원에 안장되었다.
>
> — 열왕기하 21:18

성서에 완곡하게 씌어진 내용을 보면, 정원이 쾌락과 번영의 상징이었다는 것도 알 수 있다.

> 야훼가 시온을 불쌍하게 보고
> 다 허물어진 그 모습을 가엾게 여기리라.
> 그리하여 그 황무지를 에덴처럼 만들고
> 그 벌판을 야훼의 동산처럼 만들어
> 흥겨움과 즐거움이 넘치고

감사의 노랫가락이 울려 퍼지게 하리라.

— 이사야 51:3

이사야서의 더 뒷부분은 그 비유를 더 끌고 나가며, 구원된 영혼에게 풍요로운 정원을 주려는 것 같다. 정원과 물은 영혼을 정화하는 두 가지 요소이며, 창세기에도 그런 정서가 배어 있다.

야훼가 너를 줄곧 인도하고
메마른 곳에서도 배불리며
뼈 마디마디에 힘을 주리라.
너는 물이 항상 흐르는 정원이요,
물이 끊어지지 않는 샘줄기.

— 이사야 58:11

바빌론의 전설적인 공중 정원은 에덴의 동산에 필적할 만한 명성을 지니고 있다. 하지만 그 정원이 그리스 시인들과 역사가들의 상상에 불과할 뿐 실제로 존재하지 않았다는 주장도 있다. 디오도로스 시쿨루스(Diodorus Siculus, 기원전 90~21)는 『세계사*Bibliotheca Historica*』에서 신바빌로니아를 통치했던 네부카드네자르 2세(Nebuchadnezzar, 기원전 604~562)가 공중 정원을 지었다고 썼다. 디오도로스 시쿨루스는 어린 시절을 보냈던 메디아 지역의 풍경을 그리워하는 왕비를 위해 왕이 그 정원을 만들었다고 했다. 고대 세계의 7대 불가사의라는 말을 처음 썼던 스트라보와 비잔티움의 필로(Philo of Byzantium)도 공중 정원 이야기를 자세히 썼지만, 실제로 바빌론에 가본 적은 없었다.

공중 정원은 땅에서 떨어진 곳에서 식물들을 키우며, 나무들의 뿌리는 지상에 있지 않

18세기 독일 화가 프리드리히 베르투히(Friedrich Bertuch)가 상상한 바빌론의 공중 정원. 그 정원이 실제로 존재했는지 여부는 아직 밝혀지지 않았다.

고 위에 설치한 단에 박혀 있다. 이 정원 전체를 돌기둥들이 떠받치고 있다.

— 비잔티움의 필로

신기한 점은 네부카드네자르 2세와 같은 시대를 살았던 바빌로니아의 저자들이 그 궁전과 도시를 상세히 다룬 저서들을 남겼으면서도, 그 정원 이야기는 전혀 하지 않았다는 사실이다. 구약성서에는 크세르크세스 1세(Xerxes, 기원전 485~465)라고도 하는 페르시아의 아하수에루스(Ahasuerus) 왕이 통치할 때 유배 생활을 하던 유대인들 중 하나였던 에스델(Esther)이 지나가듯이 말한 것 외에는 그 정원에 관해 아무런 언급이 없다.

이 기간이 끝나자 왕은 다시 궁궐 안뜰 정원에다 칠 일 동안 잔치를 베풀고, 모든 수사 성민을 가리지 않고 초대하였다

— 에스델 1:5

그러나 현대의 우리는 몇 가지 고고학적 증거들을 가지고 있다. 바그다드에서 약 50킬로미터 남쪽에 있는 유프라테스 강의 동쪽 둑인 고대 바빌론의 남쪽 궁전 근처에 있는 유적 발굴지에서는 기원전 약 600년경의 것으로 추정되는 두꺼운 벽들로 된 둥근 건물들과 관개 시설이 나왔다. 디오도로스 시쿨루스는 이 정원이 유프라테스 강에서 멀지 않은 곳에 있어서 강물이 정원으로 흘러들어 물을 공급했다고 했다. 한편 티그리스 강과 유프라테스 강의 물길은 오랜 세월이 흐르면서 상당히 변했다고 알려져 있다. 유적지에서 강둑을 따라 두껍게 세워져 있는 벽들은 디오도로스 시쿨루스가 묘사한 특징들을 보여주는데, 나무가 있던 단이었을지도 모른다.

> 정원으로 가는 길은 산비탈을 오르는 것 같으며, 구조물들이 층층이 서너 단으로 늘어서 있다… 각 단마다 흙더미가 쌓여 있다. 정원은 아주 크고 매혹적인 온갖 종류의 나무들이 빽빽이 들어서 있어서 기쁨을 안겨준다. 물은 보이지 않는 곳에 숨겨진 장치를 통해 대량으로 강에서 끌어올려졌다.
>
> — 디오도로스 시쿨루스

동양에서도 고대부터 정원은 사랑을 받았다. 일본은 조경과 문화적 미학을 가장 절묘하게 버무린 곳이다. 일본의 경관 설계자들은 신도(神道)와 불교 상징주의에 깊은 영향을 받았다. 선원(仙苑)은 화초, 나무, 물, 바위, 자갈로 인위적으로 조성한, 거의 추상적이라 할 만한 절제된 단순성을 극단적인 수준으로 보여준다. 이런 정원 양식은 절제미를 추구했던 16세기 다도의 대가들이 완성시킨 것이다. 선원은 대비, 선, 공간이 놀라운 솜씨로 배합됨으로써 완벽한 고요와 조화가 이루어져 있다. 돌 하나를 세심하게 배치함으로써 산 전체를 표현하고자 한 의도에는 '작은 것이 아름답다' 라는 격언이 담겨 있다.

최근의 유럽 역사를 보면, 정원은 부유한 자들만의 탐닉 대상이었을 때가 대부분이었다. 따라서 부유한 지주들이 지닌 원래의 계획서, 설계도, 그림들을 보면 그들이 어떤 생각을 했는지 어느 정도 파악할 수 있다. 영국의 조경은 캐퍼빌러티 브라운(Capability Brown, 1716~1783) 같은 위대한 설계자들이 활동했던 18세기에 전성기를 맞이했다. 놀랍게도 그때까지 사람들은 고대 그리스와 로마 제국 이래로 그다지 달라지지 않은 원칙들을 토대로 해서 정원과 공원을 계획하고 꾸며왔다. 고전 양식이 기하학적 형식미에 치우칠 때도 자주 있었다. 하지만 브라운은 조경 양식의 진정한 창시자인 윌리엄 켄트(William Kent, 1685~1748)의 개념을 더 발전시켰다. 그는 유럽 대륙에서 여전히 선호되고 있던 파리 튈르리(Tuileries) 궁전의 정원들로 대표되던 형식에 치우친 설계에서 벗어나 영국만의 독특한 양식을 발전시켰다. 브라운은 자유로움을 더 가미함으로써 자연을 세련되게 모방한 정원을 만들어내는 것을 목표로 삼았다. 그의 가장 큰 업적으로 꼽히는 것은 1765년에 조성한 블렌하임(Blenheim) 궁전의 정원이었다.

19세기 유럽의 정원들은 캐퍼빌러티 브라운의 혁신에서 비롯된 독특한 신비감을 지니게 되었고, 이런 새로운 식물학적 낙원들은 옛 시골 아낙네들이 실용적인 목적으로 식물들을 재배했던 약초원과 공통점이 거의 없는 정서적인 목적을 지니고 있었다. 정원의 명판에서 종종 볼 수 있었던 빅토리아 여왕 시대의 시는 이런 태도를 요약하고 있다.

> 태양은 은혜로운 입맞춤을 하고, 새들은 명랑하게 노래를 하네.
> 정원은 그 어느 곳보다도 신의 마음에 가까이 있네.

정원은 현실로부터 도피하는 곳이 되기 시작했으며, 더 드넓은 자연 세계에서는 모두가 행복하다는 환상을 품게 했다.

부유층들은 장엄한 경관을 조성하는 일에서부터 공원과 정원을 조성하는 것에 이르기까지 조경과 관련이 있는 다양한 분야로 관심의 폭을 넓혔다. 20세기에 조경은 잔디밭, 작은 길, 화단 같은 작은 사적인 공간으로까지 확대되었다. 사람들은 교외의

1765년 캐퍼빌러티 브라운이 조성한 옥스퍼드 근처 블렌하임 궁전 정원의 당시 모습. 영감으로 가득한 가장 전성기의 작품이다.

한 뙈기의 땅 수만 군데에 전원 풍경을 조성했다. 하지만 이런 양식 변화는 브라운 같은 선각자들이 보여준 '원대한 설계들'에 비하면 그다지 눈에 띄지 않았다. 그래도 북아메리카의 스미스소니언 연구소는 식민지 시대부터 현재에 이르기까지 조성되었던 정원들의 모습을 담은 약 3만 점에 달하는 가치를 따질 수 없는 컬러 슬라이드를 소장하고 있다. 그리고 1920년대에 손으로 직접 유리판에 색깔을 칠해 만든 환등 슬라이드도 거의 3천 점 지니고 있다. 이 슬라이드들은 아메리카 가든 클럽이 1992년에 스미스소니언에 기증한 것이다. 건축 설계도, 계획서, 사적인 기록 등이 기증되면서 자료는 계속 늘어나고 있다. 현재 북아메리카 43개 주의 정원들에 관한 자료들이 보관되어 있으며, 1890년대 초부터 현재까지의 사진들을 볼 수 있다.

영국에서 가장 최근에 이루어진 발전 중 하나는 문 앞에도 초록이 필요하다는 것을 깨달음으로써 나온 전원 도시(Garden City) 개념이다. 산업혁명이 빚어낸 도시의 만성적인 과밀 상태에 대한 반발로, 시골이 주변을 둘러싸고 있고 공동체가 땅과 위락 공간을 소유하도록 설계된 소도시 개념이 나온 것이다. 전원 도시 개념을 처음 생각해낸 사람은 영국의 도시 계획가인 에버니저 하워드 경(Sir Ebenezer Howard, 1850~1928)이었다. 그의 착상이 맨 처음 실현된 사례 중 하나가 1903년 하트퍼드셔에 세워진 레치워스(Letchworth)였다. 1908년 햄스테드(Hampstead), 1920년 웰윈(Welwyn) 전원 도시가 그 뒤를 이었다. 하워드의 착상은 유럽 전역으로 퍼져나갔다.

현대에 사는 우리는 과거의 식물 지식에서 비롯된 신비주의 전통들을 여전히 무수히 간직하고 있다. 꽃의 색깔은 여전히 '서명'과 관련이 있다고 여겨지고 있다. 흰 꽃들 중에는 집으로 가져오면 불행을 불러온다고 여겨지는 것들이 많다. 특히 봄에 피는 흰 꽃들이 그렇다. 5월에 피는 꽃들과 블랙손이 특히 기피 대상이다. 이유는 혼란스럽다. 흰 꽃은 동정과 순결의 상징으로 간주되기도 하지만, 죽음과도 연관되어서 혼동을 일으킨다. 고대에 죽음은 전염성이 있다고 믿어졌고, 산 사람이 죽은 사람과 접촉하지 않도록 조심할 필요가 있었다. 순결의 상징인 흰색은 최고의 보호 수단으로 여겨졌다. 전통 장례식에 쓰이는 수의의 색깔이 흰색인 것도 그 때문이다.

흰색을 죽음과 연관지은 전통 문화들도 있다. 율리우스 카이사르는 흰색 토가를 입고 있을 때 암살당했고, 그의 죽음 이후로 흰색은 로마 제국에서 애도의 색깔로 정해졌다. 고대 그리스 신화에서 비극의 주인공 나르키소스(Narcissus)는 물의 요정 에코(Echo)의 사랑을 거부했기에 신들에게 벌을 받았다. 그는 에코의 샘에서 물에 비친 자신의 얼굴을 영원히 바라보라는 저주를 받았다가 권태에 못 이겨 죽었다. 나르키소스(수선화)로부터 혼수 상태(narcosis)라는 말이 나왔고, 고대 그리스인들은 그 꽃이 두통, 그리고 극단적일 때에는 죽음을 불러오는 향기를 내뿜는다고 믿었다. 지하 세계의 여신인 페르세포네는 벌판에서 흰 꽃들을 따 모으다가, 하데스의 왕국으로 납치되었다. 머리에 장식된 흰 꽃들은 특히 죽음과 동일시되며, 그래서 흰 백합과 은방울꽃은 혼례식뿐 아니라 장례식에서도 선호되는 꽃이다. 은방울꽃은 성모의 눈물(Tears of Our Lady)이라고도 한다. 성모 마리아가 예수를 위해 흘린 눈물이 떨어진 곳에서 그 꽃이 피어났다는 것이다.

제1차 세계대전을 통해 개양귀비는 희생의 상징이 되었다.
특히 플랑드르의 전쟁터를 떠올리는 꽃이 되었다.

예상하겠지만, 빨간색 꽃은 피를 연상시키며, 가장 잘 알려진 사례는 두 차례의 세계대전에서 사망한 사람들을 기리기 위해 휴전 기념일에 꽂는 개양귀비이다. 플랑드르의 벌판에 자라는 개양귀비(*Papaver rhoeas*)는 기회주의자 같은 모습을 보여준다. 그 씨는 몇 년간 흙 속에서 휴면 상태로 있다가 땅이 교란되면 발아해서 꽃을 피워 벌판을 진홍색으로 물결치게 한다. 1914년에서 1918년 사이에 전쟁이 벌어졌을 때 군인들은 참호를 파고 웅크리고 있었고 그 위에 집중적인 포격이 가해졌다. 그 결과 개양귀비들이 발아하기에 이상적인 조건이 형성되었다. 그것은 사실상 드넓은 벌판을 갈아엎는 것과 같았으며, 개양귀비들은 그 기회를 놓치지 않았다. 양귀비들은 전례 없이 대량으로 피어났고, 그럼으로써 전쟁을 기념하는 꽃이 되었다.

전쟁과 양귀비를 처음 연결지은 사람은 존 매크래(John McCrae) 대령인 듯하다. 그는 캐나다의 첫 파견 부대에 소속되어 프랑스로 간 군의관이었다. 매크래는 1918년 5월 부상이 도져 사망했다. 하지만 그보다 3년 전 이프르에서 두번째 전투가 벌어질 때 그는 응급 진료소 하나를 맡았다. 그때 그는 유명한 시를 한 편 썼다. 인생의 고통과 상실을 상징적으로 쓴 시였다.

플랑드르 벌판 십자가들이 줄지어 늘어선 사이로
양귀비들이 물결치고 있구나.
그곳이 우리가 있을 자리이니.
밑의 총소리가 거의 들리지 않는 높은 하늘에서는
종다리들이 여전히 용감하게 노래를 부르고 있네.
우리는 죽어 있네. 며칠 전 우리는
살아서 새벽을 감상하고 저녁놀을 바라보았지.
사랑하고 사랑받았지.
지금 우리는 플랑드르 벌판에 누워 있네.
우리의 싸움을 이어받아라.
우리가 던진 횃불을 너희 손으로 받아라.
횃불을 높이 들어라.
죽은 우리와의 신뢰를 깬다면
플랑드르 벌판에 양귀비꽃들이 빛나고 있을지라도
우리는 잠을 못 이룰지니.

그 뒤 모이라 마이클(Moria Michael)이라는 미국인이 매크래의 시에 화답하는 감동적인 후편을 썼다.

오! 플랑드르 벌판에 잠든 이들이여
깊이 잠들라.
당신들이 던진 횃불을 우리가 받아 새로 치켜들었으니.
그리고 죽은 이들의 맹세를 존중하고 있으니.
또 용사들이 있던 벌판에서 자라던 붉은 양귀비도 소중히 하고 있으니.
그 꽃은 피끓는 영웅들이 결코 죽지 않음을 하늘에 알리는 듯하니.

플랑드르 벌판에 죽은 이들 위로 피어난 그 꽃의 붉음에 영광을 바치리.

그리고 지금 횃불과 양귀비가 죽은 이들의 영예를 입고 있으니.

헛되이 죽었다고 생각하지 말기를.

당신들이 플랑드르 벌판에서 가르친 교훈을 배우고 있으니.

지난 2세기 동안 종을 채집하고 그것들을 더 좋은 보존 시설에서 키우려는 과학적인 노력들이 집중되는 한편으로 식물을 낭만적으로 바라보는 태도가 확산되어온 데에는 자연계가 위태로운 상황에 처해 있다는 인식이 어느 정도 반영되어 있다. 우리는 그 사라진 것들 대신 소비 욕구에 자신을 내맡겨왔다. 지금의 자연을 보면, 농업과 상업의 약탈이 진행되면서 야생 시골의 아름다움이 많이 사라졌다는 것을 알 수 있다. 유럽 대다수 지역에서 꽃으로 가득한 초원은 이제 먼 과거의 풍경이 되었으며, 과학적 연구를 위해 지정된 보호 구역만이 남아 있다. 이렇게 자연으로부터 기쁨을 얻지 못하는 상태에서, 조경에 대한 열정은 계속 커져왔다. 불행히도 물질적 안락함을 원하는 소비 사회의 욕구를 충족시키기 위해 서식지 파괴는 점점 더 가속되었다.

최근 몇 년 동안 언론의 관심을 끈 주제 중에 지구 온난화는 가장 규모가 큰 축에 든다. 그것은 우리의 소중한 지구가 우리 자신의 묵시록적 행위 때문에 황혼을 향해 나아가고 있다는 악몽 같은 개념이다. 온실 가스는 상층 대기에 계속 축적되고 있고, 태양 복사선 중 가장 해로운 부분을 차단해 우리를 지켜주고 있는 오존층에는 구멍이 뚫려 있다. 어떤 기후학자들은 우리가 자신의 근시안적 행위로 생기는 유해 기체들에 서서히 질식되어가거나 구워져서 고통스러운 종말을 맞이할 것이라고도 한다.

이런 예측들이 사실인지 여부는 아직 알 수 없다. 신문 전면을 장식하는 사건들과 거리를 두고 더 멀리서 바라본다면, 온실 기체들이 미칠 영향은 과거에 자연적으로 일어났으며 아마도 다시 일어날 운명인 기후 변화와 비교하면 하찮게 여겨질 수도 있다. 미래 예측자들을 그토록 경계하게 만드는, 현재 일어나고 있는 미미한 기온 상승은 우리의 산업 시설에서 배출되는 이산화탄소와 상관없는 다른 장기적인 원인들 때문일 수도 있다. 하지만 우리가 지구의 환경, 생물권, 그리고 모든 생물들을 지탱하는 복잡하고 예민한 상호 작용들에 이루 헤아릴 수 없는 막대한 피해를 입히고 있는 것도 분명하다.

미래 예언자들 가운데 노스트라다무스(Nostradamus)라는 이름으로 더 잘 알려져 있는 프랑스의 점성술사이자 예언자인 미셸 드 노트르담(Michel de Notredame)은 파멸을 예언함으로써 거의 5백 년 동안 사람들의 상상을 사로잡아왔다. 1503년에 태어난 그는 모호한 예언들을 했는데, 그 예언집은 한 번도 절판된 적이 없이 계속 출간되었으며, 지금도 여전히 전세계에서 열렬히 읽히고 있다. 노스트라다무스가 미친 괴짜였는지 아니면 천재였는지 우리는 결코 알지 못하지만, 그의 예언 중 몇 가지는 실현된 듯이 보이며, 아마 앞으로 실현될 것들도 있을지 모른다. 그가 한 가장 도발적인 예언 중에 우리 아이들의 미래에 관한 터무니없는 수수께끼처럼 보이면서도 두려움을 일으키는 것이 있다. 노스트라다무스가 변형시켜 쓴 프랑스어 원문은 이렇다.

> La voix ouye de l'insolit oyseau
> Sur le canon du respiral estage:
> Si hault viendra du froment le boisseau
> Que l'homme d'homme sera Antropophage.
>
> — 사행시 75. c11

옮기면 이런 의미가 된다. "기이한 새의 울음소리, 숨쉬는 바닥의 관에서 들려오는. 밀 통들이 너무 높이 솟아올라서, 사람이 동료를 먹게 될 것이다." 노스트라다무스 연구자들은 이 시의 모호한 의미를 찾아내려 시도했다. 그들은 비유에 몰두하다보니 글자 그대로의 의미는 무시하고 있다. 곡식이 많아져 그렇게 높이 솟아오른다면, 살기 위해 이웃들을 먹어야 하는 극단적인 상황에 직면할 가능성은 거의 없을 것이다. 따라서 노스트라다무스가 말한 높이는 결핍, 그러므로 희생을 뜻하는 것임에 분명하다. '숨쉬는 바다의 관' 은 으스스하지만 지구의 허파, 즉 우리가 쉴새 없이 벌목을 함으로써 계획적으로 없애고 있는 나무들을 묘사하는 것이라고 볼 수 있다. 노스트라다무스는 나무들이 우리에게 주는 가장 귀중한 산물들인 산소와 물이 부족해지고, 나무가 있을 때에는 우리가 숨쉬는 공기에서 제거되었을 이산화탄소가 축적될 때, 우리 세계가 멸망하기 시작할 것이라고 예측한 셈이다. 황량한 세상에서 울어대는 기이한 새란 죽음의 새뿐일 것이다.

최근 미국의 인류학자 말로 모건(Marlo Morgan)은 오스트레일리아 오지에서 떠돌아다니는 원주민들과 직접 생활하며 겪은 일들을 『지하의 돌연변이 메시지*Mutant Message Down Under*』라는 소설로 썼다. 생명에 대한 원주민들의 태도를 적은 모건의 기록이 믿을 만하다면, 이 원시 부족은 비록 노스트라다무스가 중세 시대에 한 예언을 들은 적이 없을지라도 그의 비관적인 견해에 동의하는 듯하다. 오스트레일리아 정부가 존재 자체를 부정하는 그 부족은 오스트레일리아 대륙의 토착 문화를 고스란히 보존하고 있으며, 그 어느 지역의 부족들보다도 자연 세계와 가장 밀접한 관계를 맺고 있다. 충격적으로 받아들여질지 모르겠지만, 그들은 자발적으로 금욕 생활을 해왔다. 그 부족은 자신들이 의지하고 있는 세계가 죽어가고 있다고 확신한다. 오지에서 물을 찾기가 점점 더 어려워지고 기억할 수 없는 먼 옛날부터 그들이 의지하던 동식물들도 사라지고 있으므로, 그들은 더 이상 충분한 영양분을 섭취할 수 없다. 그들은 살아 있는 지구가 죽어가고 있다는 것을 확신하며, 자신들도 함께 죽을 것이라고 말한다. 여기서 초록 덮개의 실용적인 측면과 신비적인 측면은 서로 떼어낼 수 없을 정도로 뒤섞여 하나가 되고 있다.

20세기는 인류가 역사상 다른 어떤 시대보다 더 자연 환경을 파괴한 시대로 여겨질 것이다. 북반구의 물질주의자들이 제3세계의 자원을 체계적으로 약탈하는 속도가 급격히 빨라지고 있고, 비대해져가는 소비 사회는 환경을 고려하자는 주장에 코웃음을 친다. 인류는 과학이 문제를 해결하고 수요를 충족시키는 실질적인 능력을 지니고 있다는 것을 믿게 되었다. 그런 가속화는 19세기에 시작되었다. 일상적인 마법에서 벗어나 기술이라는 매혹적인 보장 수단에 의지하게 되면서 생각이 바뀜에 따라, 자연도 경제 발전과 소비라는 가공할 욕구에 굴복하게 되었다. 그런 변화에 무관하게, 초록 세계를 마음껏 유린하게 되면서 남아 있던 숭배의 자취들은 사라졌다. 21세기에 들어선 지금, 우리는 첨단 세계에 살아 있으면서도, 기술이 막을 힘이 없고 과학이 해결책을 내놓을 수 없는, 지구 전체에 닥칠 파국을 맞이할 가능성을 앞두고 있다. 이미 우리는 도처에서 경고를 들을 수 있다. 세계 각국은 대단히 심각한 기후 변화를 겪고 있다. 역설적으로(아니 개선하기에 너무 늦지 않았다면 뜻밖으로), 이 상황은 인간의 정신이 물질주의에 의지했던 태도를 버리고 신비주의와 신의 섭리라는 옛 시대에 의지했던 것들에게로 돌아가도록 부추긴다.

인류가 도시의 편안함과 멋을 즐기기 위해 자연 세계를 공경하는 자세를 버리고 스스로를 땅과 격리시키기 시작한 로마 시대 이래로 처음으로, 우리의 환경이 소중하다는 인식이 새롭게 나타나고 있다는 징후가 여기저기서 보이고 있다. 지금 유럽의 여러 나라에는 녹색당이 활약하고 있으며, 다른 나라들에서도 비슷한 활동이 벌어지고 있다. 지구의 벗들(Friends of the Earth) 같은 국제 단체들은 50년 전에는 생각도 못했을 수준까지 정부 정책에 영향을 미칠 수 있는 힘을 지니게 되었다. 환경 전사들은 이제 더 이상 사회의 변두리에 있는 주변인이 아니라, 중산층을 기반으로 한 진정한 힘을 지닌 세력이 되었다.

2000년 영국에서 야생 식물 보호 자선 단체인 플랜트라이프(Plantlife)의 의뢰로 작성된 『그 많은 꽃들은 어디로 갔나? *Where have all the flowers gone?*』라는 보고서는 실상이 어떠한지를 보여준다. 영국의 환경보호론자 피터 매런(Peter Marren)이 쓴 이 보고서는 영국의 상황에 초점을 맞추고 있지만, 사실상 유럽의 다른 국가들, 아니 지구 전체의 추세라고 보아도 무리는 없다. 보고서는 야생 식물들이 누구도 미처 상상하지 못했을 정도로 곤경에 처해 있다는 것을 보여준다. 시골 지역의 식물 다양성이 무자비하게 침식되어감에 따라, 흔하던 식물들은 점점 더 보기 어려워지고 있으며, 희귀한 종들은 사라지고 있다. 보고서는 국지적으로 일어나는 멸종이 점점 누적되어가고 있으며, 그 결과 시골이 영감과 기쁨과 경이를 안겨주는 능력을 서서히 잃어 가는 조짐이 보이고 있다고 말한다.

야생 식물 멸종 통계 자료는 최근까지도 그다지 널리 알려지지 않았다. 하지만 영국에서는 지난 150년 동안 적어도 21종의 토착 식물이 사라진 것으로 드러났다. 영국의 각 지역별로 조사하면 상황은 더 심각해진다. 상황이 가장 심각한 지역에서는 해마다 한 종 이상씩 사라지고 있다. 야생화 중 가장 아름답다고 할 수 있는 난초는 해마다 우려할 만한 속도로 사라지고 있다. 하지만 보호론자들은 그런 추세를 역전시키기 위해 애쓰고 있다. 정부, 기업, 대중은 행동에 나서라고 재촉을 받고 있다. 농경을 좀더 자연 친화적으로 바꾸고, 서식지 파괴를 막고, 환경 오염을 줄이고, 외래 식물의 유입을 억제하는 등의 노력이 그에 해당한다. 또 플랜트라이프 같은 단체들은 토착 식물에 관한 자료를 충분히 확보하고 관련된 연구가 이루어져야 한다는 점을 강조한다.

생태적 재앙이 임박해지면서, 인류는 '살은 풀이다'라는 원리를 점점 더 뼈저리게 느끼고 있다. 이미 아프리카에서는 우림 파괴가 지구에 어떤 결과를 가져올지를 보여주는 현상들이 일어나고 있다. 유엔 환경 계획이 최근에 내놓은 자료를 보면, 육지 표면은 149억 헥타르에 달하며, 그 중 61억 헥타르가 건조 지대이다. 그리고 건조 지대 중 10억 헥타르는 자연적으로 아주 메마른 곳, 즉 사막이다. 심각한 문제는 나머지 건조 지대도 이미 사막이 되었거나 사막으로 변하고 있다는 것이다. 모래가 이동하고, 바람이 심하게 불고, 그늘의 기온이 섭씨 55도 이상까지 치솟는 이런 드넓은 지역에서는 고립된 오아시스에서 살아가는 대추야자말고는 거의 아무것도 살 수 없다. 세계 인구의 4분의 1이 이 지역에서 살거나 이 지역에서 생계를 유지한다는 것을 생각하면, 이런 지역의 초록 덮개가 사라질 때 얼마나 큰 영향이 미칠지 짐작할 수 있다.

현재 사하라 사막은 점점 더 남쪽으로 확장되고 있다. 한때 비옥했고 많은 생물들이 살았던 땅이 해마다 점점 더 많이 사막으로 바뀌고 있다. 그 결과 아프리카의 뿔

뒤쪽 그림: 서식지 상실은 식물 종의 멸종으로 이어진다. 보호가 필요하다는 것을 더 심각하게 인식하지 못한다면, 무성하게 피어나 봄이 왔음을 알리는 전령인 눈꽃(*Galanthus nivalis*)도 사라지고 말 것이다.

지역에서는 수백만 명의 사람들이 기아에 허덕이고 있다. 21세기에 들어선 지금 환경 보호론자들이 가장 우려하는 사항 중 하나는 모리타니아, 말리, 니제르, 차드 같은 서아프리카의 사헬(Sahel)이라고 알려진 지역이 심각한 피해를 입고 있다는 것이다. 사헬은 사하라 사막과 그 남쪽의 열대 식생을 나누고 있는 넓은 띠 모양의 사바나 지대이다. 그런데 잘못된 농경 방식과 삼림 파괴로 사헬의 모습이 급격하게 바뀌고 있다. 사바나 사막 전체가 남쪽 사헬로 확장되고 있다는 생각은 잘못된 것이다. 아직 둘 사이에는 꽤 안정한 식생으로 이루어진 초록 띠들이 남아 있기 때문이다. 하지만 사헬에서 경작이 이루어지고 있는 지역에서는 눈에 띄게 비 오는 날이 줄어들고 내리는 양도 적어졌다. 게다가 남아 있는 초록 띠들도 위험에 처해 있다. 그런 변화는 자연 숲을 파괴하고 거기에 경작을 하는 화전 농업에서 비롯된 것이다. 기장류(millet) 같은 한해살이 작물을 재배하기 위해 여러해살이 식물들을 없애는 것이다.

삼림 훼손은 식민지 시대부터 시작되었을 것이다. 당시 식민지 정부는 세금을 더 많이 걷기 위해 농민들에게 땅콩을 재배하도록 장려했다. 땅콩 농사는 1970년대까지 계속되었다. 그러다가 병충해가 도는 바람에 농민들은 대신 기장류를 재배해야 했다. 기장류는 상황을 더 악화시켰다. 수확한 뒤에 남은 줄기들을 태워버렸기 때문이다. 그러면 겉흙이 바람에 휘말려 사라지는 것을 막아줄 식생이 거의 남지 않는다. 그 결과 현재 작물 생산량은 크게 줄어들었고, 니제르에서만 한때 비옥했던 땅이 해마다 2천 5백 평방킬로미터씩 사막으로 바뀌고 있다. 초록 띠들이 계속 화전이 되어 사라진다면, 사하라 사막이 이 지역 전체를 삼키는 것을 막을 수 없을 것이고, 끔찍한 '도미노 효과'가 일어날 것이다.

남아메리카에서도 비슷한 상황이 벌어지고 있다. 국지적인 화전 외에도 근시안적인 벌목 사업이 벌어지면서 아마존 우림이 파괴되어 토양의 비옥도가 급격히 낮아지고 있다. 이미 지역 주민들의 삶은 심각한 피해를 입고 있다. 아프리카의 동쪽 해안에 있는 마다가스카르 섬은 다른 곳에서는 볼 수 없는 수십 종의 생물들이 안전하게 살고 있던 인도양의 낙원이었다. 그런데 삼림 파괴로 그런 야생 생물의 보고가 심각한 환경 재난을 맞이하고 있다. 아프리카 중부와 동남아시아의 정글도 비슷한 상황에 처해 있다.

에덴 재단 같은 곳들은 초록 덮개의 미래를 우려하고 대책을 세우려 애써왔다. 1985년에 설립되어 스웨덴과 노르웨이에 본부를 두고 있는 국제적인 비정부 기구인 에덴 재단은 서아프리카에서 벌어지고 있는 생태적 재앙을 막기 위해 애쓰고 있다. 이 단체는 니제르의 진더 주에 있는 타노우트에서 활동하고 있다. 에덴 재단의 목표는 삼림 파괴를 막는 것이다. 재단은 농민들에게 여러해살이 식물이 침식을 억제해서 밭을 보호해주는 역할을 한다는 것과, 여러해살이 식물을 함께 심으면 더 적은 농지로도 더 건강한 한해살이 작물을 키울 수 있고 수확량도 더 많아진다는 것을 알려왔다. 1991년부터 그곳 농민들에게는 여러해살이 식물의 씨를 직접 뿌리는 데 적합한 복합 비료가 보급됨으로써, 씨를 뿌리고 기존 식물들의 생육을 촉진해 숲을 복원하는 활동이 벌어지고 있다. 장기적인 목표는 현재 척박해진 농토에서 잘 싹트고 자랄 수 있는 식물들을 도입함으로써 화전 농업을 포기하도록 하고 자연 식생을 복원하는 것이다.

1992년 리우데자네이루에서 열린 이른바 지구 정상 회의는 초록 덮개에 대한 우리의 태도를 바꾸는 데 큰 자극제가 되었다. '환경과 개발에 관한 유엔 회의' 라는 명칭으로도 불리는 이 회의의 목적은 지속 가능한 성장, 즉 사회적으로 받아들일 수 있고 경제적으로 존속 가능하고 생태적으로 건강한 성장에 토대를 둔 미래를 만들기 위한 기본 틀을 짜는 것이었다. 참가국들의 동의를 바탕으로, 의제 21이 작성되었다. 의제 21은 폭넓은 대중 참여를 통해 지속 가능한 개발의 전략을 짤 것을 각국 정부에 요구하고 있다. 생물 다양성 협약도 그런 결과들 중 하나이다. 생물 다양성 협약은 유전자에서 종을 거쳐 생태계에 이르기까지 생물의 다양성을 보존하고 생물 자원들을 지속 가능한 방식으로 이용할 것을 각국에 요구하고 있다. 기후 변화 협약도 그에 못지않은 성과이다. 사실 의제 21의 취지를 살리고 상호 협력을 통한 변화를 이끌어내려면, 개인, 지역 공동체, 기업 등이 각자 역할을 맡아서 노력해야 한다. 하지만 이런 노력은 2000년 온실 기체 배출량을 줄이기 위해 열린 세계 정상 회담이 실패로 돌아감으로써 심각한 위기에 처해 있다. 미국의 부시 행정부는 그런 배출량 삭감에 반대했다.

리우 회의에서 나온 성과들 중 하나는 에덴 재단과 이름이 비슷한 미래 지향적인 계획이 수립된 것이다. 에덴 단지(Eden Project)라고 알려진 이 계획은 영국 헬리건의 잃어버린 정원(Lost Gardens of Heligan, 영국 콘월 지역에 있는 아름다운 정원으로서, 제1차 세계대전 이후 버려졌던 것을 팀 스미트가 복원했다/옮긴이)을 복원한 팀 스미트(Tim Smit)가 생각해낸 것이다. 비록 아직 초기 단계이긴 하지만, 입안자들은 이 단지가 착취에서 보존으로, 두려움에서 희망으로, 단편적인 노력에서 진정한 인본주의적 과학과 공학으로 전환하려는 인류의 욕망을 담은 진정한 상징이라고 말한다. 이 단지는 1997년 영국 남부의 콘월 리비에라에서 국제적인 기금을 동원해 짓기 시작해서 2001년 봄에 문을 열었다. 성 오스텔 동쪽 보덜바의 버려진 고령토 채석장에 설치된 이 단지는 한 지붕 아래에 지구에 존재하는 모든 자연 서식지들을 재현시키려는 목적을 지니고 있다. 에덴 단지에 든 초기 비용은 7천5백만 달러였으며, 그 중 밀레니엄 위원회가 3천7백만 달러를 기부했고, 민간 부문을 비롯한 기타 기부자들이 2천7백만 달러를 내놓았다. 이 시설은 곧 지구의 생명 다양성과 인류가 식물에 의존하고 있다는 것을 보여주는 전시장이 되었다. 이 시설은 관람객에게 개방되어 있지만, 더 중요한 점은 식물학자들과 생태학자들이 식물 다양성과 지속 가능한 개발을 이해하는 데 이런 첨단 시설이 필수적이라는 사실이다. 이 시설의 주요 목적 중 하나는 인류가 식물에 의존하고 있다는 생각을 더 널리 심도 있게 연구하고, 이런 내용들을 가능한 한 대중에게 널리 알리는 것이다. 이 단지는 우리가 식물계에 의존한다는 말에는 물질적인 차원만이 아니라 정서적인 차원도 담겨 있다는 것을 강조한다. 이 단지는 식물과 음악, 식물과 건강, 식물과 예술 등 입안자들이 우리 지구의 '정원 유산'이라고 부르는 것을 이루고 있는 모든 요소들을 결합시키는 데 관심을 기울이고 있다.

축구 경기장 30개가 들어갈 만한 12헥타르의 면적이 서로 연결되어 있는 투명한

콘월 성 오스텔 근처 보덜바에 지어지고 있는 에덴 단지의 거대한 바이옴(biome) 캡슐 중 하나를 조성하고 있는 장면. 팀 스미트가 계획한 이 시설은 2000년 말에 일반에게 공개되었다.

캡슐들로 서서히 덮여가고 있다. 덮개 하나에 생물군계(biome) 하나가 들어가며, 그 안의 기후는 통제되고 있다. 이 캡슐들은 종 하나하나가 아니라 식물 군집 전체를 보존하는 데 목적을 두고 있다. 에덴 단지 내에는 네 가지 주요 기후 지역이 재현되어 있다. 우림, 반사막, 아열대, 지중해 기후 지역이다. 단지는 아주 방대한 규모이다. 남쪽 벽 주변에 들어선 습한 열대 생물군계는 티크와 마호가니 같은 키 큰 나무들과 가장 기기묘묘한 열대 식물들이 자랄 수 있을 정도로 크다. 단지 계획에는 대서양 우림 보존, 남아프리카 세이셸과 케이프핀보스의 생물 다양성 연구, 가이아나의 민족식물학 연구, 말레이시아의 숲 생태학, 잉글리시 네이처의 히스 복원에 애쓰는 집단들이 참여하고 있다.

의학 분야에서도 급격한 사고 전환이 이루어지고 있다. 항생제 같은 현대 약물에 지나치게 의존하고 그것을 남용하다보니 그런 약물들이 더 이상 듣지 않게 되었고, 그에 따라, 효능이 입증된 약초 요법 등 옛 방식으로 돌아가고 있는 것이다. 현대 의약품들이 듣지 않는다는 것이 명확해짐에 따라, 질병을 몸의 조화가 깨져서 일어나는 현상이라고 보고 그것을 바로잡는 데 중점을 두는 원리를 이용한 약초가 점점 더 각광을 받고 있다. 고고학은 적어도 6만 년 전 네안데르탈인 조상들 때부터 식물을 의식용 및 치료용으로 사용해왔다는 것을 밝혀냈다. 현재는 오스트레일리아 원주민들을 비롯한 고대 전통 사회의 생존자들만이 호박과 사향, 백단과 프랑지파니(frangipani, 협죽도과의 관목으로 인도양 주변의 열대 지역 등지에서 자라며, 꽃은 향수와 화장품으로 쓰인다/옮긴이)를 이용하는 것이 아니다. 전세계 사람들은 다시금 식물 세계에 대한 정신적인 믿음을 회복해가고 있다. 기술이 발전한 모든 세계의 도시의 아파트, 교외 주택, 시골 별장에서, 허브, 향료, 수지 등이 실용적인 수준을 넘어서서 부엌, 욕실, 화장대에서 활용되고 있다. 똑같은 성분들이 시대를 넘어서서 새로운 용도로 쓰이고 있는 것이다. 순수한 정신적인 의미로 보면, 소나무, 삼나무, 샐비어, 라벤다로 만든 향은 마녀의 제단을 떠올리게 하겠지만, 오늘날에는 북아메리카와 유럽의 사무실, 치료실, 가정에서 이런 향들을 심심치 않게 볼 수 있다.

옛날에 인류는 자연을 무시하고 초록 덮개를 학대한다면 천벌이 내린다고 믿었다. 식물들은 정령이 깃든 곳이었다. 나무들은 신성한 존재의 상징이었다. 그러다가 그런 생각들이 유별나고 시대에 뒤떨어진 것이 되었다. 하지만 오늘날 우리의 어리석음이 어떤 결과를 빚어냈는지가 명확해지면서, 우리는 옛 사람들이 식물들에 느꼈던 정서를 다시 느끼고 있으며, 식물들에 점점 더 많은 도덕적 의미를 부여하고 있다.

1950년대부터 인류는 자연을 함부로 대하면 어떤 결과가 빚어지는지 어렴풋이 느낄 수 있었다. 1951년에 존 윈덤(John Wydham)의 미래 지향적인 과학소설 『트리피드의 날*The Day of the Triffids*』이 출간되었는데, 이 소설은 십 년쯤 뒤 영국에서 영화로 만들어져 깊은 인상을 심어주었다. 이 소설은 인간을 잡아먹는 식물들이 폭풍과 함께 찾아온 번개에 우왕좌왕하는 시민들을 정복하는 끔찍한 상황을 그리고 있다. 이 이야기는 더 나은 쪽으로 변화를 도모할 수도 없고 외부의 위협을 깨닫지도 못하는 맹목적인 사회에 대한 풍자이다. 1950년대에 런던의 해머 영화사가 만든 〈쿼터매스 실험(The Quatermass Experiment)〉이라는 인기 영화도 비슷한 악몽 같은 상황을 다루고 있다. 우주 여행을 떠났다가 외계 생물체에 영향을 받아서 절반은 인간이고 절반은 선인장으로 변한 한 돌연변이 우주 비행사가 런던을 위협한다는 내용이었다. 1960년에 로저 코먼(Roser Corman)이 만들고 1980년대에 뮤지컬로도 각색된 〈흡혈 식물 대소동(The Little shop of Horror)〉이라는 좀더 화려하고 우스꽝스러운 컬트 영화도 비슷한 주제를 다루고 있었다. 작은 마을의 야채 가게에 있는 불운한 종업원이 말하고 노래 부르는 거대한 식물을 기르게 되었는데, 그 식물은 피만을 먹는다는 내용이었다. 이 살아 움직이는 식물 괴물은 실제로 있는 육식성 식물인 벌레잡이통풀(Nepenthes)을 모델로 한 것이 분명하다.

내 사무실 창 밖을 내다보면, 영국 서부의 데번셔 시골 풍경이 한눈에 들어온다. 들판은 초록빛이며, 거대한 참나무들과 물푸레나무들은 비록 한겨울이라서 헐벗은 유령 같은 분위기를 풍기지만 서 있는 모습은 당당하다. 하지만 몇 년 전에 닥쳤던 여름의 극심한 가뭄을 못 견디고 죽은 채 서 있는 나무들도 있다. 이번 12월에는 유례 없는 겨울 폭풍과 홍수가 들이닥쳤다. 기온도 예년보다 두 배나 더 높았고, 한겨울에 깊이 잠들어 있어야 할 꽃들도 피어났다. 이 모든 일들은 영국의 초록 덮개들에게 악조건에 해당한다. 오늘 아침 텔레비전 뉴스에는 아메리카 중서부가 때 이른 변덕스러운 눈보라로 거의 마비된 상황을 담은 영상이 흘러나왔다. 나는 최근에 스웨덴 남부를 방문했다가, 침엽수와 자작나무 조림지로 난 수백 킬로미터에 걸쳐 있는 길을 자동차로 지나갔다. 그들은 가을의 풍경 속에서 찬란하게 빛나는 듯했다. 하지만 자세히 살펴보면, 그 지역이 산성비에 허약해지는 징후가 맨 처음 나타난 곳임을 알게 된다. 유럽에는 체르노빌에서 뿜어진 방사능 낙진의 흔적이 어렴풋하게나마 남아 있는 곳들이 많다. 그런 지역들의 토양에서는 수십 년 동안 방사성 세슘이 유해한 에너지를 뿜어내고 있을 것이다.

그렇다, 나는 내 후손들의 초록 세계가 어떤 모습일지 두렵다. 1922년 제임스 프레이저 경이 『황금 가지』에서 자연의 마법과 종교를 개괄했던 시대 이후로 우리는 많은 일들을 겪어왔다. 프레이저는 그의 세대와 그 이후 세대들이 생물권에 엄청난 피해를 입히리라는 것을 깨닫지 못했다. 사실 생물권이라는 말조차 없었다. 『황금 가지』는 이미 사라져가고 있던 세계를 다룬 낭만적인 이야기이다. 죽어 가는 경관을 가로지르는 감상적인 여행이다. 그것은 초록 세계에 유서 깊은 전통 사회들이 있다고 말하지만, 그 책 어디에도 보존이라는 말은 한마디도 나오지 않는다. 그러나 우리에게는 지식이 있다. 우리는 진상을 알고 있다. 우리가 그 지식을 제대로 활용할 지혜와 재치를 지니고 있는지는 시간만이 알려줄 것이다.

# 옮기고 나서

식물은 동물에 비해 생동감이 덜하다. 텔레비전에서 동물을 다룬 프로그램들이 유행하고 있는 데에서 알 수 있듯이, 동물들의 표정과 행동은 사람들에게 즐거움, 슬픔, 애처로움, 따스함 등 온갖 감정을 불러일으킨다. 식물들은 그렇지 못하다. 싹이 터서 자라고 꽃을 피우고 열매를 맺은 뒤 시들어가는 모습을 여러 계절에 걸쳐 필름에 담았다가 빠르게 틀어주면 또 모를까.

하지만 식물은 그 대신 신비를 간직하고 있다. 태고의 숲, 수백 년을 산 듯한 아름드리 나무, 쌓인 눈 사이로 고개를 내민 꽃은 동물이 결코 줄 수 없는 깊은 감정과 상념을 불러일으킨다. 즉 식물들은 정신적인 측면에서 인간과 깊은 관계를 맺고 있다.

이 책은 식물의 그런 정신적인 측면들을 살펴보고 있다. 우리보다 앞서 살았던 네안데르탈인도 무덤에 꽃을 뿌렸다는 데에서 알 수 있듯이, 인류는 오래 전부터 식물에 정신적인 속성을 부여해왔다. 식물은 온갖 신들의 화신이었고, 경배하고 존중할 대상이자 함부로 대하면 벌을 주는 대상이었다. 게다가 신이나 정령, 죽은 자들과 대화를 나누는 매개체가 되기도 했다.

원래 식물의 이런 정신적인 속성들은 자연을 합리적으로 설명하고자 하는 열망에서 나온 것이다. 원시 사회에서 식물의 정신적인 속성들은 이해하기 어려운 자연 현상들을 설명해줄 수 있었다. 그런 까닭에 식물에는 온갖 미신과 신비한 이야기들이 덧붙여졌다.

그러다가 과학이 발전하고 자연을 점점 더 합리적으로 이해하게 되면서, 미신들과 신비한 이야기들은 낡은 것이 되어 사라져갔다. 그와 함께 식물이 지녔던 신비한 분위기와 정신적인 속성들도 빛을 잃어갔다. 그 결과 식물은 그저 착취하고 이용하는 대상으로 격하되었다. 많은 숲들이 사라졌고, 숲과 나무가 신성하므로 보호해야 한다는 주장은 미신으로 치부되었다.

각종 오염과 지구 온난화, 생물 다양성 상실 등으로 미래에 대한 위기감이 널리 퍼진 지금에서야 인류는 다시 식물에 관심을 갖기 시작했다. 식물이 없으면 인류도 없다는 것을 깨달은 것이다.

이 책은 그런 사고 방식을 인간과 식물이 맺었던 정신적인 관계의 부활이라는 관점에서 살펴보고 있다. 저자는 인류와 식물의 관계는 본래 실용적인 측면과 정신적인 측면을 아우른 것이었다고 본다. 그러다가 정신적인 측면이 미신적인 것으로 격하되면서, 인류와 식물의 관계도 단편적인 것이 되고 말았다는 것이다. 이 책은 그런 둘의 관계가 변해온 과정을 원시 사회부터 살펴보고 있다.

이 책은 식물과 관련된 각종 고고학적 자료들과 문헌들을 동원해서 인류가 식물들을 어떻게 대했으며, 식물들이 문화 및 관습과 어떤 관계를 맺고 있었는지를 거의 전세계에 걸쳐 살펴보고 있다. 이 책에는 약재, 독초, 커피와 차, 마약 등 온갖 용도로 쓰이는 식물들이 등장해서, 인류와 맺어왔던 다양한 관계들을 보여준다.

과학은 미신과 자연에 대한 부정확한 인식을 제거했다. 그렇지만 식물이 지닌 신비감은 여전히 그대로 남아 있다. 식물은 과학과 신비를 한 몸에 간직하고 있는 셈이다. 저자는 인류와 식물이 과거에 맺었던 관계인 두 측면인 실용적인 측면과 정신적인 측면을 다시 복원시켜야 한다고 말한다. 그리고 식물과 인간이 불가분의 관계라는 인식이 확산되면서 그런 본연의 관계를 회복시키려는 노력으로 이어지고 있다고 말한다.

이 책에는 많은 지명, 인명, 식물명 등이 나오기 때문에, 옮기는 데 적잖이 힘이 들었다. 함께 고생한 지호 편집자들에게 감사를 드린다. 그래도 미진한 부분이 있다는 느낌이 드는 것은 어쩔 수 없다. 이런 모자란 부분들은 옮긴이가 져야 할 몫일 것이다. 책을 옮길 때 늘 품는 생각이지만, 우리나라 식물을 대상으로도 이런 책이 나왔으면 좋겠다.

# 참고 문헌


Allegro, John, *The Sacred Mushroom and the Cross*, Hodder (1970)

Culpeper, Nicholas, *The British Herbal and Family Physician*, Milner, London (1652)

Frazer, Sir James G., *The Golden Bough*, Macmillan (1983)

Gerard, John, *The Herball* (1597)

Graves, Robert, *The White Goddess*, Faber (1961)

Baker M., *The Folklore of Plants*, Shire, (1971)

Bentham and Hooker, *Handbook of the British Flora*, Reeve (1954)

Grimal, P., *Dictionary of Classical Mythology*, Penguin (1991)

Hollander, Lee, *The Poetic Edda*, Texas University Press (1962)

Jordan, M., *The Encyclopedia of Gods*, Kyle Cathie (1992)

Jordan, M., *Eastern Wisdom*, Carlton (1997)

Jordan, M., *Plants of Mystery and Magic*, Cassell (2001)

Keble Martin, W., *The New Concise British Flora*, Ebury Press/Michael Joseph (1982)

Skinner, C. M., *Myths and Legends of Flowers, Trees, Fruits and Plants*, Philadelphia (1911)

Thistleton-Dyer, T. E., *The Folklore of Plants*, London (1889)

Vickery, R. A. A., *Dictionary of Plant Lore*, Oxford University Press (1995)

# 사진 출처

사진을 제공해주고 책에 실을 수 있도록 허락해준 분들과 박물관에 감사드린다.
우리는 모든 저작권자들에게 승인을 받기 위해 노력했지만 혹 빠트린 부분이 있다면 사과드린다.

p. 2~3 Mick Sharp Photography
p. 6 Alan Bull/English Heritage
p. 15 Peter Turnley/Corbis
p. 16 Archiv für Kunst & Geschichte, Berlin/AKG, London
p. 18 AKG, London
p. 23 Historical Picture Archive/Corbis
p. 28 Niall Benvie/Oxford Scientific Films
p. 33 Daniel J. Cox/Oxford Scientific Films
p. 34~35 David Muench/Corbis
p. 40 British Museum
p. 42 Charles and Josette Lenars/Corbis
p. 44 Bjorn Svensson/A-Z Botanical
p. 50 Mick Sharp Photography
p. 52 Mick Sharp Photography
p. 59 National Museet, Copenhagen, Denmark
p. 61 Rheinisches Landes museum/AKG London
p. 64 Mary Evans Picture Liberary
p. 69 Mick Sharp Photography
p. 92 Nik Wheeler/Corbis
p. 96 Mick Sharp Photography
p. 105 British Museum
p. 109 Archaeological Museum, Eleusis/AKG, London
p. 111 Liverpool Museum/Werner Forman Archive
p. 115 Mary Evans Picture Liberary
p. 118 Galleria degil Uffizi/ Art Archive/Dali Orti;
p. 134 Christine Osbourne/ Corbis
p. 140 James L. Amos/Corbis
p. 145 Metropolitan Museum of Art, New York/Bridgeman Art Library
p. 147 Hal Horwitz/Corbis
p. 151 Michael Jordan
p. 155 Michael Jordan
p. 158 Mary Evans Picture Library
p. 164 Pharmazie-Histor Museum, Basel, Switzerland/AKG London
p. 167 British Library/Art Archive
p. 168 Biblioteca Nazionale Marciana Venice/Art Archive/Dagli Orti
p. 171 Mary Evans Picture Library
p. 175 CWB Archives
p. 177 Adrian Thomas/A-Z Botanical
p. 182 AKG, London
p. 186 Bibloteque Nationale de France, Paris/Art Archive
p. 189 G. I. Bernard/Oxford Scientific Films
p. 190 Michael Jordan
p. 192~193 Gareth Lovett Jones/A-Z Botanical
p. 195 Nationalbibiothek, Vienna/AKG London
p. 200 Mick Sharp Photography
p. 204 Iraque Museum, Baghdad/AKG London
p. 208 Mary Evans Picture Library
p. 211 Douglas Peebles/Corbis
p. 216 Oriental Museum, Durham Museum/ Bridgeman Art Library
p. 218 Niall Benvie/Corbis
p. 224~225 The Tate Gallery, London
p. 231 Deni Brown/Oxford Scientific Films
p. 234 Michael Jordan

p. 236 Victoria and Albert Museum/
Bridgeman Art Library
p. 238 Robert Estall/Corbis
p. 241 Church of Miirate, Syria/AKG London
p. 245 Hulton Getty
p. 246 Michael Jordan
p. 248 Waina Cheng/Oxford Scientific Films
p. 251 AKG London
p. 256 Malkolm Warrington/Oxford Scientific
Films
p. 259 Alastair Shay/Oxford Scientific Films
p. 266 Dan Sams/ Oxford Scientific Films
p. 268 Steven Taylor/Oxford Scientific Films
p. 273 Private Collection/ Bridgeman Art
Library
p. 278 Wolfgang Kaehler/Corbis
p. 280 Gianni Dagli Orti/Corbis
p. 283 Christophe Loviny
p. 285 Bettman Archive/Corbis
p. 289 Corbis
p. 292 Michael Jordan
p. 294 Macduff Everton/Corbis
p. 299 Jeremy Horner/Corbis
p. 310 Michael Jordan
p. 312(위) Michael Jordan
p. 312(아래) Mick Sharp Photography
p. 314 Mary Evans Picture Library
p. 316 Michael Busselle/ Corbis
p. 319 Art Archive
p. 321 Musee Louvre/AKG, London
p. 324 Archiv für Kunst & Geschichte, Berlin/
AKG, London
p. 327 Guildhall Library/Bridgeman Art
Liberary
p. 329 Michael Jordan
p. 336~337 Mick Sharp Photography
p. 341 Apex Photo Agency

# 찾아보기 | 인명 · 용어

* 진하게 표시된 숫자는 해당 그림의 쪽수임.

# 찾아보기 | 식물명

* 진하게 표시된 숫자는 해당 그림의 쪽수임.

# 초록 덮개

식물에 대해 우리가 잃어버린 지식들

마이클 조던 | 이한음 옮김

초판 1쇄 인쇄일 | 2004년 12월 8일
초판 1쇄 발행일 | 2004년 12월 15일

발행처 | 지호출판사
발행인 | 장인용
출판등록 | 1995년 1월 4일
등록번호 | 제10-1087호
주소 | 서울시 마포구 서교동 410-7(1층) 121-840
이메일 | chihopub@yahoo.co.kr
전화 | 325-5170
팩시밀리 | 325-5177

표지 디자인 | 오필민
편집 | 김철식 천승희
영업 | 전형세

종이 | 대림지업
인쇄 | 대원인쇄
제본 | 경문제책

ISBN 89-5909-000-X